Rolf Haubl
Neidisch sind immer
nur die anderen

Rolf Haubl

Neidisch
sind immer
nur die anderen
Über die Unfähigkeit,
zufrieden zu sein

Verlag C.H.Beck

Mit 13 Abbildungen

ISBN 3 406 48095 0

Zweite Auflage. 2002
Umschlaggestaltung: Uwe Göbel, München
© C.H. Beck Verlag oHG, München 2001
Satz: Janß, Pfungstadt
Druck und Bindung: Pustet, Regensburg
Gedruckt auf säurefreiem, alterungsbeständigem Papier
(hergestellt aus chlorfrei gebleichtem Zellstoff)
Printed in Germany

www.beck.de

Inhalt

Allgegenwärtiger Neid

Nein, sagen Sie nicht, Sie seien nicht neidisch. Denn das sagen die meisten. Aber denen glauben wir nicht. Jeder von uns kennt Menschen, die er für «Neidhammel» hält – andere Menschen, versteht sich. Dabei lassen sich rasch einige Episoden aufzählen, die Ihnen nicht völlig fremd sein dürften. Einige dieser Episoden werden Sie zudem vielleicht daran erinnern, wie Sie sich selbst schon einmal so oder ähnlich gefühlt haben:

• Ferienanfang auf der Autobahn. Auf beiden Spuren kriechen Fahrzeugkolonnen. Ein Fahrer wechselt immer wieder die Spur. Ganz gleich aber, ob er rechts oder links fährt, sofort ärgert er sich, daß die Fahrer auf der anderen Spur sehr viel schneller vorwärtskommen.

• In einer sozialen Einrichtung herrscht seit Jahren große Büroraumnot. Deshalb haben die meisten Angestellten kein eigenes Büro, was sie als Zeichen mangelnder Wertschätzung beklagen. Überraschend verbessert sich die Situation. Ein neues Büro wird geschaffen. Ein junger Mann erhält es zugeteilt, dessen Probezeit gerade abgelaufen ist. Seitdem schneidet ihn ein älterer Kollege, der sich anfangs sehr um ihn gekümmert hat.

• Nach einem längeren Krankenhausaufenthalt ist eine hochbetagte wohlhabende Frau verstorben. Schon während dieser Zeit belauern sich die Erben. Zwischen den Zeilen versuchen sie in ihren Gesprächen über die Tante herauszufinden, wer Anspruch auf welches Erbstück erhebt. Die alte Frau hat ein Testament hinterlassen, dessen Wortlaut bislang keiner ihrer Verwandten kennt. Die Atmosphäre vor der Testamentseröffnung ist spürbar feindselig. Als dann die wertvollen Antiquitäten an einen Neffen gehen, der seit langem im Ausland lebt und mit seiner Verwandtschaft gebrochen hat, ziehen alle lange Gesichter. Laute Empörung bricht los. Wutentbrannt beschwert sich eine der enterbten Töchter: «So eine Gemeinheit, wo ich sie doch so oft im Seniorenstift besucht habe!»

• Ein fünfjähriges Mädchen ist mit seiner Mutter bei Freunden zu Besuch. Im Arbeitszimmer des Mannes entdeckt es ein kleines lustiges Spielzeugflugzeug, das es fasziniert. Das Flugzeug läßt sich aufziehen, fährt dann los und schlägt Purzelbäume. Als Mutter und Tochter wieder aufbrechen wollen, ist das Spielzeug verschwunden. Der Mann fragt die Fünfjährige, ob sie wisse, wo das Flugzeug geblieben sei. Zunächst schüttelt sie den Kopf. Dann greift sie in die Jackentasche, kramt darin herum und zieht ihre verschlossene Hand heraus. Da der Mann sie freundlich anlächelt, öffnet sie die Hand und hält ihm das Spielzeug hin. Als er die Fünfjährige fragt, warum sie ihm sein Flugzeug wegnehme, sagt sie: «Weil ich es noch nicht habe.»

• Zwei siebenjährige Buben sitzen um eine Spielzeugkiste, in der sich Spielfiguren befinden. Jeder von beiden holt eine Figur heraus: muskelbepackte Krieger mit entschlossenen Gesichtern und schweren Waffen. Die Buben spielen Zweikampf. Ihre Figuren umschleichen einander und fallen dann unter Gebrüll übereinander her. Da hält einer der Buben inne, sieht auf seinen eigenen Krieger, der eine Streitaxt schwingt, und vergleicht ihn dann mit dem Krieger seines Spielkameraden, der eine Laserkanone in Anschlag bringt. Plötzlich wirft er seine Figur weg und reißt die andere an sich. Sein Spielkamerad ist zunächst verblüfft. Dann wird er wütend. Und schon haben sich beide Buben ineinandergekrallt und wälzen sich auf dem Boden. Achtlos bleiben die Spielfiguren liegen.

• Ein luxuriöses Feriendomizil auf den Malediven. Ein Paar sitzt in der Sonne bei einem Longdrink an einem Tisch, auf dem Ansichtskarten ausgebreitet liegen, einige bereits beschrieben. Wer noch soll eine bekommen? Da blitzen die Augen des Mannes auf, und er erinnert seine Frau an letztes Jahr: Da hat ihnen ein Nachbar, mit dem sie sich eigentlich nicht besonders gut verstehen, völlig überraschend eine Karte aus Las Vegas geschrieben. Mit herzlichen Urlaubsgrüßen. Ehrlich gesagt, sie haben sich geärgert. Jetzt ist die Gelegenheit, es ihm heimzuzahlen. Auch sie werden ihm herzliche Urlaubsgrüße schicken und dafür die prächtigste Ansichtskarte aussuchen, die sie finden können.

• Freundinnen an der Universität. Die eine: groß, schlank, erotisch. Eine Traumfrau und deshalb von allen Männern begehrt. Mittelpunkt aller Feten, auf die sie oft eingeladen wird. Und wohin sie stets ihre Freundin mitbringt. Die ist unscheinbar, dafür aber im Studium sehr erfolgreich. Beide sind unzertrennlich, weil es eine unausgesprochene Arbeitsteilung zwischen ihnen gibt. Die Unscheinbare macht die Bekanntschaft von Männern, die sie sonst nicht beachten würden, die Traumfrau profitiert von gewissenhaften Prüfungsvorbereitungen. Die Freundschaft hält bis zu einem bestimmten Abend: Da hat die Unscheinbare endlich einen Mann kennengelernt, dem sie glaubt, daß er wirklich sie meint und es nicht eigentlich auf ihre attraktive Freundin abgesehen hat. Die aber drängt sich dazwischen und flirtet mit ihm. Einfach so, als ob sie nicht wüßte, daß sie jeden haben kann. Zwar verhalten sich die Freundinnen danach, als sei nichts gewesen. Aber die Unscheinbare wartet nur darauf, sich bei der nächsten Prüfung zu revanchieren!

◆ Nachdem ein Mann zum Lottomillionär geworden ist, steht bei ihm das Telefon nicht mehr still. Zwar hat er einigen von seinem Glück erzählt, den meisten von denen, die ihn jetzt anrufen, aber sicher nicht. Viele der Gespräche sind mehrdeutig. Die Bekannten – bei manchen muß er überlegen, woher er sie denn kennt – gratulieren ihm, kommen dann aber schnell auf eigene finanzielle Sorgen zu sprechen. Sogar ein Wildfremder ruft an, um sich ein paar tausend Mark von ihm zu leihen. Zunehmend verstörter geht der Lottomillionär schließlich gar nicht mehr ans Telefon und läßt sich von der Post eine Geheimnummer geben. Eines Morgens hört er seine Frau mit von Ekel erfüllter Stimme nach ihm rufen: Jemand hat alle Treppenstufen, die zu seiner Wohnungstür führen, dick mit Kot beschmiert.

Für alle diese Episoden dürfen wir vermuten, daß Neid zu den treibenden Kräften gehört. Einmal mehr, einmal weniger harmlos. Wahrscheinlich zieht er weit häufiger die Fäden, als wir es wahrhaben wollen. Aber das ist nicht erst seit heute bekannt: «Ich glaube nicht, daß es ein zu geistiger Reife gelangtes menschliches Wesen gibt, das nicht irgendeinmal von diesem Gefühle in vollem Ernste erfüllt gewesen wäre, und doch habe ich bis jetzt noch keinen getroffen, der anders als im Scherz einzugestehen wagte, sich seiner schuldig gemacht zu haben. Daß wir uns dieses Fehlers so allgemein schämen, ist jener starken Gewohnheit der Heuchelei zu verdanken, durch deren Hilfe wir von der Wiege an gelernt haben, sogar vor uns selbst die ungeheure Macht und all die verschiedenen Abarten unserer Selbstliebe zu verbergen.»[1]

Die zitierten Worte, die Neid als eine Form der Selbstliebe vorstellen, stammen aus dem frühen 18. Jahrhundert. Geschrieben hat sie der englische Arzt und Philosoph Bernard Mandeville (1670–1733). Ihm verdanken wir «Die Bienenfabel» (1714), ein Buch, das noch heute lesenswert ist, weil seine Fragestellung die Zeit überdauert: Wie bewältigen Menschen starke Gefühle, zumal solche, die zerstörerische Folgen haben können? Welche Funktion und Bedeutung kommt ihnen im öffentlichen und im privaten Leben zu?

In punkto Neid fällt mir als vorläufige Antwort ein Witz ein. Ich weiß nicht mehr, wo und wann ich ihn zum ersten Mal gehört habe. Dieser Witz ist aber so treffend, um ein Buch über Neid einzuleiten, daß ich ihn erzählen möchte. Er kann als Motto dienen: «Geht ein Amerikaner mit seinem Freund die Straße entlang. Kommt ein großer Cadillac vorbei. Sagt der Amerikaner zu seinem Freund: So einen Wagen fahre ich auch noch mal! – Geht ein Deutscher mit seinem Freund die Straße entlang. Kommt ein großer BMW vorbei. Sagt der Deutsche zu seinem Freund: Der Typ geht auch noch mal zu Fuß!» Jemand anderes besitzt ein Gut, das ich begehre, weshalb ich ihn um dieses Gut beneide.

Für diesen Fall stellt der Witz zwei Möglichkeiten gegenüber, mit Neid umzugehen. Die erste Möglichkeit ist konstruktiv: Der Neider gönnt dem Beneideten das Gut. Er sieht den Besitz dieses Gutes als ein Ziel, das ihn anspornt, dem Beneideten nachzueifern, um ebenfalls das Gut zu erlangen. Die zweite Möglichkeit ist dagegen destruktiv: Der Neider mißgönnt dem Beneideten das Gut, glaubt vielleicht, sein Besitz sei für ihn unerreichbar, und wünscht dem Besitzer deshalb Schlechtes.

Neid ist universal. Völkerkundliche Studien belegen das.[2] Alle Menschen sind fähig, Neidgefühle zu empfinden. Der Witz unterstellt aber, daß es nationale Unterschiede gibt. Solche Unterschiede sind den Weltreisenden aller Zeiten immer schon aufgefallen. So berichtet etwa der Danziger Natur- und Völkerkundler Georg Forster (1754–1794) in seinen «Ansichten vom Niederrhein» (179c) über einen Besuch in der holländischen Stadt Leiden: «Wer mit allen Vorurteilen gegen die Niederländer, die man zumal in Deutschland bis zum Überdruß wiederholt, plötzlich hierher verschlagen würde, dem könnte wohl ein Zweifel aufsteigen, ob er sich wohl auf Holländischem Boden befände; so vereinigen sich hier die gründlichsten Kenntnisse mit echter Urbanität und milden Sitten, vor allem aber mit der Bescheidenheit und der aufmerksamen Achtung gegen Fremde, die sich auf ein Gefühl vom eigenen Werte gründen und nie zur kleinlichen Eitelkeit der Pedanten herabsinken. Der gute Ton unter den hiesigen Professoren ist eine natürliche Folge dieser Selbstachtung, verbunden mit der willigen Anerkennung ihrer gegenseitigen Verdienste. Vielleicht trägt auch der Umstand, daß die meisten eigenes Vermögen besitzen und einige zu den wohlhabendsten Einwohnern des Ortes gezählt werden, etwas dazu bei, den kleinlichen Neid und die Scheelsucht zu verbannen, die bei einer größeren Ungleichheit sowohl der Talente als auch der Glücksgüter beinahe unvermeidlich sind.»[3]

Inwieweit es sich wirklich um nationale Unterschiede handelt, läßt sich freilich schwer sagen, weil Nationalkulturen keine homogenen Gebilde sind. In jeder Nation leben verschiedene soziale Gruppen zusammen: Menschen, die sich hinsichtlich ihres Geschlechtes und Alters, ihrer Rasse, Bildung und Religion und nicht zuletzt hinsichtlich ihres materiellen Wohlstandes unterscheiden. So gelten zwar US-Amerikaner als besonders wenig neidisch. Ob das aber, wenn es überhaupt zutreffen sollte, gleichermaßen für die weiße Oberschicht in New York wie für afroamerikanische Ghettobewohner in Detroit zutrifft, bleibt fraglich. Und dennoch haben die Angehörigen einer Nationalkultur oftmals eine verblüffend übereinstimmende Vorstellung von Charakterzügen, die sie bei sich und ihren Landsleuten wahrnehmen.

Auf Reisen in die Ukraine etwa konnte ich das immer wieder feststellen. Nach dem Neid in ihrem Land befragt, habe ich von meinen Gesprächspartnern, überwiegend Ärzten und Psychologen, wie aus einem Munde zu hören bekommen: «Wir sind ein sehr neidisches Volk. Wenn ein ukrainischer Bauer eine gute Apfelernte hat, dann verbraucht er einen Teil der Äpfel selbst, versucht, die anderen zu verkaufen, und was übrigbleibt, das beißt er an!» Daß solch ein destruktiver Neid typisch ukrainisch sei, stand für sie zweifelsfrei fest. Dagegen mußten sie die Frage offenlassen, wie und warum sich dieser vermeintliche Sozialcharakter in ihrem Land herausgebildet hat.

Ich gehe davon aus, daß soziale Gruppen, vielleicht sogar ganze Gesellschaften, ein bestimmtes Neidklima haben, das sich im Laufe ihrer Geschichte entwickelt. Dieses Klima entsteht aus der Spannung von Neiderregung und Neiddämpfung. Zwar ist Neid universal. Dennoch läßt er sich wie alle Gefühle beeinflussen. Es gibt Bedingungen, die ihn verstärken, und solche, die ihn abschwächen. Einige dieser Bedingungen werde ich in den folgenden Kapiteln des Buches diskutieren. Zum einen Bedingungen, die sich dadurch ergeben, wie Gesellschaften und soziale Gruppen ihr kollektives Leben organisieren. Zum anderen Bedingungen des individuellen Lebens, die in der besonderen Lebensgeschichte eines einzelnen Menschen zu suchen sind.

Beide Perspektiven verweisen aufeinander. Denn keiner von uns wächst in einem kulturfreien Raum auf. Uns alle prägen die kulturellen Vorstellungen der sozialen Gruppe und Gesellschaft, in die wir hineingeboren werden. Zum Teil sind uns diese Vorstellungen so sehr in Fleisch und Blut übergegangen, daß wir gar kein klares Bewußtsein von ihnen haben. Dann halten wir unser Weltbild für selbstverständlich und deshalb oftmals auch für nicht veränderbar. Aber hat man das, was sich von selbst versteht, auch bereits verstanden? Ich glaube nicht. Um uns selbst zu verstehen, kommen wir nicht umhin, uns unsere Lebensbedingungen bewußt zu machen. Nur so erhalten wir überhaupt die Chance, diese Bedingungen nicht als unentrinnbares Schicksal hinnehmen zu müssen, sondern zu entscheiden, ob wir leben wollen, wie wir leben. Das gilt für alle Facetten des menschlichen Lebens. Und folglich auch für die Art und Weise, wie wir einerseits kollektiv und andererseits individuell mit unseren Neidgefühlen leben. Damit Neid, vor allem destruktiver Neid, nicht schicksalhaft wird, sollten wir möglichst viel über dieses unliebsame Gefühl und seine verschiedenen Erscheinungsformen in Erfahrung bringen.

Es gibt nichts, was nicht beneidet wird. Tatsächlich aber sind nicht für alle Menschen dieselben Güter beneidenswert. Was jemand beneidet, läßt seine individuellen Werte erkennen. So beneidet man jemand anderes, von Ausnahmen abgesehen, nicht um alle seine Güter, sondern nur um diejenigen, die man selbst nicht hat, obwohl sie einem so wichtig sind, daß man nicht auf sie verzichten zu können glaubt. Wer großen Wert auf Bildung legt, den wird die Luxuslimousine eines Nachbarn kaltlassen, während er gleichzeitig neidisch auf einen anderen Nachbarn ist, weil der studiert hat, einen akademischen Titel vorweisen kann und zwei Fremdsprachen fließend spricht. Aber da Neid nicht nur individuell, sondern auch kollektiv bedingt ist, gibt es in einer sozialen Gruppe oder Gesellschaft immer auch Güter, die für alle ihre Mitglieder annähernd gleich beneidenswert sind. Diese Güter zeigen kollektive Werte an.

In sogenannten naturwüchsigen Gesellschaften, in denen die Macht der Menschen, ihre Lebensbedingungen zu gestalten, noch sehr unterentwickelt ist, werden vor allem drei Güter besonders stark beneidet: Essen, Kinder und Gesundheit. Es sind existenzerhaltende Güter. Wo immer wieder Hunger das Leben bedroht, über die Hälfte der Neugeborenen nicht erwachsen wird, so daß diese Kinder für die Familie als Arbeitskraft und lebendige Alterssicherung der Eltern ausfallen, sowie keine Heilmittel zur Verfügung stehen, um lebensbedrohliche Verletzungen und Krankheiten wirkungsvoll zu behandeln, dort zieht derjenige den Neid der anderen auf sich, der satt zu essen hat, mit ausreichend Nachkommen gesegnet ist und selbst lange gesund bleibt. Das läßt sich leicht nachvollziehen. Die genannten Güter werden zwar auch in modernen Wohlstandsgesellschaften noch beneidet, treten aber doch in den Hintergrund, weil kaum jemand befürchten muß, den Hungertod zu sterben, die meisten Kinder eine hohe Lebenserwartung haben und eine leistungsfähige Medizin dafür sorgt, daß es für fast jedes gesundheitliche Problem auch ein Gegenmittel gibt.

Beneidet werden knappe Güter, also Güter, die nicht alle oder sogar nur wenige besitzen. Folglich wird ein einstmals knappes Gut, das inzwischen die Mehrheit besitzt, nur mehr selten beneidet. Dafür steigen neue Güter zu Objekten neidischen Begehrens auf. Was sind in einer Wohlstandsgesellschaft wie der unseren die beneidenswertesten Güter? Geld und materieller Besitz? Sicher. Einen Arbeitsplatz zu haben? Inzwischen, ja. Muße zu finden? Ein kostbares Gut für alle, die sich aufreiben, um auf der Karriereleiter die höchste Stufe zu erklimmen. Auf soziale Unterstützung hoffen zu dürfen? Beneidenswert, wer in Zeiten, in denen Familien- und Freundschaftsbande lockerer werden, Menschen hat, denen er vertrauen und auf die er sich verlassen kann. Wie steht es um Güter wie Orientierungssicherheit oder Aufmerksamkeit und Anerkennung? Auch die sind knapp. Die knappsten aller Güter in einer Wohlstandsgesellschaft aber sind Glück und Zufriedenheit. Andere glücklich und zufrieden zu sehen, ohne es selbst zu sein, stellt unseren Neid dann auch auf die härteste Probe.

Obwohl Neidgefühle von objektiven Lebensbedingungen beeinflußt werden, sind sie doch grundsätzlich subjektiv. Den Neider kümmert nicht, ob ein Gut objektiv knapp ist. Wenn er es als knapp wahrnimmt, dann verhält er sich, als sei es knapp. Ihn kümmert auch nicht, wieviel mehr der Beneidete von einem Gut tatsächlich besitzt. In seiner Wahrnehmung ist jede Ungleichheit zu groß. Dabei neidet er anderen nicht nur Güter, die er prinzipiell selbst erwerben könnte, sondern auch personengebundene Güter wie Schönheit oder Talent. Wem sie fehlen, obwohl er sie begehrt, wird mit einem unaufhebbaren Mangel konfrontiert. Deshalb ist der Neid auf solche Güter auch «am unversöhnlichsten», wie Arthur Schopenhauer (1788–1860) betont.[4] Denn nach einem hellsichtigen Wort seines Philosophenkollegen Gottfried Wilhelm Leibniz (1646–1716) sind personengebundene Güter «wie Freskogemälde, welche man wohl zerstören, aber nicht wegnehmen kann».[5]

Benachteiligung als Grundproblem der Lebensführung

Egalitäre Gesellschaften wie die unsere bemühen sich um Chancengleichheit. Gerade ihnen aber fällt es schwer zu akzeptieren, daß die angestrebte Gleichheit der Chancen, an alle erwerbbaren Güter zu gelangen, nicht auch die Gleichheit der erlangten Güter nach sich zieht. Das hat bereits Alexis de Tocqueville (1805–1859) als ein zentrales Problem dieses Gesellschaftstypus hellsichtig vorausgesehen. Seine Prognose beruht auf einer Reise durch Amerika. Auf dieser Reise hat der französische Politiker und Staatstheoretiker die politische Kultur studiert, die er in der Neuen Welt vorfindet. Tocquevilles Buch «Über die Demokratie von Amerika» (1835) legt davon Zeugnis ab. Unter anderem kommt er zu dem Schluß, daß die Gleichheitsidee leicht dazu führen könne, jegliche Überlegenheit als empörend zu empfinden: «So demokratisch die sozialen Verhältnisse und die politische Verfassung eines Volkes auch sein mögen, man kann damit rechnen, daß jeder Bürger in seiner Nähe stets einige Punkte finden wird, die ihn überragen, und man kann voraussehen, daß er seine Blicke hartnäckig einzig nach dieser Seite richten wird; ist alles so ziemlich eingeebnet, so wirken die geringsten Unterschiede kränkend. Deshalb wird der Wunsch nach Gleichheit um so unersättlicher, je größer die Gleichheit ist.»[6]

Folgt man Tocqueville, dann könnte sich eine überraschende Situation ergeben: Der Neid, der sich an der ungleichen Güterausstattung zwischen Menschen entzündet, würde durch eine Angleichung der Güterausstattung nicht schwächer, sondern stärker! Daraus ein Plädoyer für die Erhaltung oder Herstellung möglichst großer sozialer Ungleichheit ableiten zu wollen wäre freilich nicht in Tocquevilles Sinn. Dennoch, das Problem, auf das er gestoßen ist, sollte man ernst nehmen.

Dieses Problem hat in seiner menschheitsgeschichtlichen Tiefendimension mit dem Bewußtsein zu tun, daß wir trotz der ungeheuren Zunahme an Möglichkeiten, unsere Lebensbedingungen selbst zu gestalten, doch nie in einer perfekten Welt leben werden. Und dazu gehört auch das Bewußtsein von der Unmöglichkeit, die Ungleichheit zwischen Menschen aus der Welt zu schaffen. Damit aber wird es immer auch Benachteiligte geben, solche, die es faktisch sind, und solche, die sich benachteiligt fühlen. Manche Benachteiligung widerspricht unseren begründeten Gerechtigkeitsvorstellungen. Wir halten sie für ungerecht. Deshalb verdienen sie es, abgeschafft zu werden. Indessen ist uns allen bewußt, daß die Welt ungerecht bleiben wird, selbst wenn es gelingt, unsere Gerechtigkeitsvorstellungen immer besser umzusetzen. Die Kluft zwischen Anspruch und Wirklichkeit läßt sich nicht schließen.

Damit wäre jeder von uns auch in der besten aller möglichen Welten vor die Aufgabe gestellt, mit der schmerzlichen Erfahrung leben zu lernen, daß andere Güter besitzen, um die wir sie beneiden. Mag das nun ungerecht sein oder auch nicht. Insofern herrscht an neiderregenden Situationen kein Mangel. Und insofern trifft die überlieferte Spruchweisheit auch den Punkt, wenn sie lapidar feststellt: «Die Neider werden sterben, aber der Neid wird sich vererben.» Neidgefühle drängen darauf, uns mit der Realität auseinanderzusetzen, daß wir nicht alle Güter besitzen können, die wir begehren. Ihre Bewältigung verlangt Verzicht. Was aber fällt uns schwerer, als zu verzichten?

Obwohl Neid ein verpöntes Gefühl ist, weil er ein ungestilltes Begehren anzeigt, und deshalb zumeist stumm bleibt, haben im Laufe der Kulturgeschichte doch nicht wenige geistreiche Personen ihre Stimme erhoben, um über ihn zu sprechen. Zumeist in der Absicht, vor seinen destruktiven Folgen zu warnen. In einem Buch über Neid dürfen diese Stimmen nicht fehlen, weshalb ich sie, wo immer es paßt, zu Wort kommen lasse. Sie belegen eindrucksvoll, daß das meiste, was wir heute über die Soziodynamik und Psychodynamik von Neidgefühlen wissen, unseren Vorfahren nicht unbekannt war.

Moderne wissenschaftliche Disziplinen, zu deren Forschungsgegenstand der Neid gehört, sind Psychologie, Psychoanalyse, Soziologie, Ethnologie, Ökonomie und Geschichte. Sie alle haben ihm aber bislang weniger Beachtung geschenkt, als er es aufgrund seiner Bedeutung für ein friedliches Zusammenleben und individuelles Wohlbefinden verdient. Dennoch werde ich etliche interessante Forschungsergebnisse berichten können. Mein Ziel ist aber kein Lehrbuch. Vielmehr möchte ich eine möglichst facettenreiche interdisziplinäre Darstellung anbieten, die den Neid nicht logisch stringent abhandelt, sondern ihn umkreist und vielleicht gerade dadurch zum Weiterdenken anregt. Um zu veranschaulichen, wie Neidgefühle entstehen und wie sie sich auswirken, bediene ich mich aller mir zugänglichen Erfahrungsquellen. Einschließlich literarischer Zeugnisse, denn nicht selten verfügen Dichter und Schriftsteller über eine besondere Sensibilität, die es ihnen möglich macht, das menschliche Gefühlsleben genau und anschaulich zu beschreiben, lange bevor es die Wissenschaft auf den Begriff zu bringen vermag. Hinzu kommen zahlreiche Fälle aus meiner Praxis als Gruppenanalytiker und Teamsupervisor sowie Fälle, die ich in der psychotherapeutischen Fachliteratur gefunden habe oder die mir von befreundeten Psychotherapeuten berichtet worden sind.

Bestimmungsmerkmale und Erscheinungsformen

Psychologisch läßt sich Neid in dreifacher Hinsicht beschreiben. Zunächst ist Neid ein Gefühl, oft ein leidenschaftliches. Dann kann Neid ein Motiv sein. Motive sind Beweggründe für Handlungen. In dem eingangs erzählten Witz sagt der Deutsche, als der große BMW vorbeikommt, zu seinem Freund: «Der Typ geht auch noch mal zu Fuß!» Warum sagt er das? Aus Neid. Neid ist der Grund für seine Feindseligkeit, den wir ihm zuschreiben. Gefühle können Motive sein. Sie sind es dann, wenn sie als Beweggrund einer Handlung angeführt werden: Der Deutsche hat angesichts des Luxuswagens, den er begehrt, aber ein anderer besitzt, Neid auf diesen anderen gefühlt und ihm deshalb den Wagen weggewünscht. Schließlich kann Neid eine Persönlichkeitseigenschaft sein. Dann ist er zu einem dauerhaften Motiv geworden. Die betreffende Person neigt dazu, Neid zu fühlen und neidisch zu handeln. Man kann sich darauf einstellen, ist nicht überrascht, wenn sie es tut, hat es vorhergesehen. Letztlich gründet ein Großteil ihres Handelns in Neid, vielleicht sogar ihre ganze Lebensführung. Und nicht nur gelegentliche einzelne Handlungen.

Feindseliger Neid

Ob als Gefühl, Motiv oder Persönlichkeitseigenschaft: Das hauptsächliche Bestimmungsmerkmal des Neides ist seine Feindseligkeit. Bemüht man die deutsche Wortgeschichte, so geht «Neid» auf das mittelhochdeutsche Wort «nit» und das althochdeutsche Wort «nid» zurück. Beide bezeichnen eine feindselige Gesinnung. Insofern gehört Neid zu den aggressiven menschlichen Gefühlen, Motiven und Persönlichkeitseigenschaften. Man könnte also sagen:

• Neid liegt vor, wenn jemand *feindselig* darauf reagiert, daß ein anderer ein Gut besitzt, das er selbst begehrt.

Dagegen klingt das Wort «Mißgunst», das eine ähnliche Bedeutung hat wie «Neid», in unseren Ohren weit weniger aggressiv. Dem Mißgünstigen fällt es schwer, einem anderen das begehrte Gut zu gönnen. Er entzieht ihm deshalb seine Gunst, was hinsichtlich der weiteren Reaktionen vergleichsweise offenbleibt. «Neid» beinhaltet dagegen eher die Vorstellung, daß es zu feindseligen Handlungen kommt. Eine solche Unterscheidung von Bedeutungsnuancen hat bereits der Königsberger Philosoph Immanuel Kant (1724–1804) getroffen. Neid, der «zur Tat ausschlägt», nennt Kant «qualifizierten» Neid, ansonsten heißt Neid «aber nur Mißgunst».[1] Wenn sich nun beobachten läßt, daß «Mißgunst» dem «Neid» im Sprachgebrauch allmählich den Rang abläuft, dann vielleicht deshalb, weil wir uns gerade die aggressive Seite des Neides nicht eingestehen mögen.

Trotz einer großen Übereinstimmung, was das Bestimmungsmerkmal der Feindseligkeit betrifft, fällt es in Alltag und Wissenschaft oft schwer, sich über Neid zu verständigen, weil zusätzliche Merkmale angenommen werden und nicht immer sofort klar ist, welche das sind. Im folgenden stelle ich die wichtigsten dieser Merkmale zusammen. Um einen schnellen Überblick zu ermöglichen, werde ich dabei zunächst auf Veranschaulichungen weitgehend verzichten. Spätere Kapitel holen diese dann um so ausführlicher nach.

Als erstes zusätzliches Merkmal seien die vermittelnden Gefühle für die Entstehung der Feindseligkeit genannt:

• Neid liegt vor, wenn jemand darüber *verärgert oder wütend* ist, daß ein anderer das begehrte Gut besitzt, und deshalb feindselig darauf reagiert.

Worauf genau er feindselig reagiert, bleibt damit noch offen. Ebenso, welche aggressiven Handlungen er zu diesem Zweck begeht. Diese Handlungen reichen von Angriffen, die nur in der Vorstellung vollzogen werden, bis hin zu Angriffen, die das begehrte Gut oder sogar seinen Besitzer wirklich zerstören wollen. Nicht selten liegt zwischen bösen Wünschen und bösen Taten kein allzu großer Schritt. Auch muß der Angriff nicht direkt erfolgen. In manchen Fällen verfolgt er nur indirekt sein Ziel. Dann nimmt die Schädigungsabsicht einen Umweg über andere Güter, die im Besitz der beneideten Person sind. Somit gibt es sehr verschiedene Typen neidischer Feind-seligkeit. Wir werden sie noch genauer kennenlernen.

Unverzichtbarkeit, Unerreichbarkeit, Ungleichheit

Weitere zusätzliche Merkmale, die oftmals für eine Bestimmung des Neides angenommen werden, betreffen die Art des Begehrens und die Art der Beziehung zwischen dem, der das Gut begehrt, und dem, der es besitzt. So gilt das neidische Begehren etwa als ein drängendes Begehren. Drängend deshalb, weil das begehrte Gut von besonderer Wichtigkeit für denjenigen ist, der es nicht besitzt:

◆ Neid liegt vor, wenn jemand feindselig darauf reagiert, daß ein anderer ein Gut besitzt, das er selbst begehrt. Und auf das er *nicht verzichten* kann oder will.

Er kann das begehrte Gut nicht einfach aufgeben oder durch ein anderes Gut ersetzen, ohne daß dies schwerwiegende Konsequenzen für sein Selbstverständnis oder sogar sein psychisches Gleichgewicht hätte.

Gelegentlich wird auch die wahrgenommene Unerreichbarkeit des begehrten Gutes als Bestimmungsmerkmal herausgestellt:

◆ Neid liegt vor, wenn jemand feindselig darauf reagiert, daß ein anderer ein Gut besitzt, das er selbst begehrt, sich aber *nicht aneignen* kann.

Mag er sich nur als unfähig erleben oder es faktisch sein, dies macht dabei zunächst keinen Unterschied. Beidemal begehrt er vergebens, da das Gut außerhalb seiner Reichweite liegt. Würde er darauf verzichten, hätte er keinen Kummer damit. Da er aber nicht verzichten kann oder will, wird ihn die Unerreichbarkeit des begehrten Gutes bekümmern.

Was nun die Art der Beziehung betrifft, so liefert sie zwei weitere Bestimmungsmerkmale des Neides:

◆ Neid liegt vor, wenn jemand feindselig darauf reagiert, *weil* ein anderer das begehrte Gut besitzt.

Damit wird das Gut nicht um des Gutes willen begehrt, sondern vorrangig wegen der Ungleichheit, die sein Besitz herstellt. Deshalb braucht das Gut dann auch nicht unbedingt nützlich zu sein:

• Neid liegt vor, wenn jemand feindselig darauf reagiert, daß ein anderer das begehrte Gut besitzt. Auch wenn ihm aus der Situation, es selbst nicht zu besitzen, *kein direkter Nachteil*, sowie aus der Situation, es selbst zu besitzen, *kein direkter Vorteil* in der Beziehung entsteht.

Um es noch einmal zu unterstreichen: Die genannten Annahmen ergeben verschiedene Bestimmungen des Neides. Sie können die Verständigung erschweren, wenn sie nicht von allen geteilt werden. Daß überhaupt solche Unterschiede vorkommen, deutet auf die Komplexität hin, mit der wir rechnen müssen. Deshalb tun wir wohl gut daran, «Neid» als Oberbegriff für eine bestimmte psychosoziale Dynamik zu gebrauchen, die verschieden ausgeprägt sein kann. Die einzelnen Bestimmungsmerkmale, in denen sich das Verständnis von Neid unterscheidet, umreißen demnach die Elemente einer Theorie des Neides, die als Alltagstheorie entsteht und anschließend zu einer wissenschaftlichen Theorie ausgearbeitet werden kann.

Die Alltagstheorie des Neides

Zwei US-amerikanische Sozialpsychologen haben sich eine Methode ausgedacht, um festzustellen, welche Alltagstheorie des Neides in unseren Köpfen existiert.[2] Sie wollen herausfinden, unter welchen Bedingungen bestimmte Handlungen als neidisch motiviert wahrgenommen werden. Dabei kommen zu den Bestimmungsmerkmalen, die ich bereits aufgeführt habe, weitere Merkmale hinzu. Zur Feststellung unserer Alltagstheorie wird Versuchspersonen ein Film vorgeführt, der aus vier unabhängigen und austauschbaren Teilen besteht, so daß sich das Geschehen, das er zeigt, variieren läßt. In diesem Film treten drei Personen auf – Dave, John und Ann.
Die Grundversion des Filmes zeigt folgendes Geschehen: Dave und John, beide um die zwanzig Jahre alt, sind mitein-

ander befreundet. Zunächst stehen sie zusammen. Dann entfernt sich John. Und Ann tritt zu David. Dieser erzählt ihr, daß er sich an einer Universität beworben hat, aber abgelehnt worden ist. In diesem Moment kommt John mit einem Brief zurück und erzählt seinerseits, von einer sehr guten Universität angenommen worden zu sein. Ann und Dave gratulieren ihm. John geht weiter. Als er außer Hörweite ist, sagt Dave zu Ann, John sei ein Angeber.

Anschließend werden die Versuchspersonen gebeten, Daves Gefühl gegenüber John zunächst in wenigen Sätzen und dann zusammenfassend in ein oder zwei Worten zu charakterisieren. Die Forscher betrachten eine Handlung dann als neidisch motiviert, wenn der Großteil der Versuchspersonen Daves Gefühl ausdrücklich als Neid benennt oder irgendeine verwandte Gefühlsbezeichnung gebraucht.

In der Grundversion des Filmes wird Dave eindeutig als neidisch wahrgenommen. Den erfolgreicheren John einen Angeber zu heißen darf als feindselig gelten.

Um nun ermessen zu können, welche Bedingungen diese Zuschreibung verstärken oder abschwächen, sind weitere Versionen des Filmes hergestellt worden. Und tatsächlich. In einigen Versionen ändert sich die Wahrnehmung der Versuchspersonen:

• Sind in der Grundversion des Filmes John und Dave miteinander befreundet, so werden sie in einer Variante als Fremde dargestellt, die sich in der Filmszene zum ersten Mal begegnen. Aber auch dann nehmen die Versuchspersonen Dave als neidisch wahr. Somit erfolgt die Zuschreibung feindseligen Neides unabhängig von der sozialen Distanz, die zwischen Personen besteht.

• Hat Dave in der Grundversion weniger Erfolg als John, da er keinen Studienplatz vorweisen kann, läßt sich der Unterschied zwischen beiden verschieden abstufen. So gibt es eine Variante des Filmes, in der Dave auch an einer Universität angenommen worden ist, aber an einer, die keinen vergleichbar guten Ruf hat. Es zeigt sich, daß der Grad der Erfolglosigkeit keinen Unterschied macht. Dave wird als neidisch wahrgenommen.

• Anders liegt der Fall, wenn Dave denselben Erfolg hat wie John. Beide können einen Studienplatz an vergleichbaren Universitäten vorweisen. Unter dieser Bedingung nehmen die Versuchspersonen Dave nicht als neidisch wahr. Zwar stellen sie fest, daß sich Dave John gegenüber feindselig verhält, führen dies aber nicht auf Neid zurück.

• Neid wird Daves Feindseligkeit auch dann nicht zugeschrieben, wenn John zuvor mit seinem Erfolg geprahlt hat. Unter dieser Bedingung teilt er nicht nur sachlich mit, daß er von einer sehr guten Universität angenommen worden ist, sondern nimmt die Gelegenheit zum Anlaß, sich selbst zu loben.

• Was ändert sich, wenn Dave nicht feindselig reagiert? So gibt es eine Variante des Filmes, in der sich Dave auf die Nachricht von Johns Erfolg hin offensichtlich niedergeschlagen zeigt. Unter dieser Bedingung wird Dave von den Versuchspersonen eindeutig nicht als neidisch wahrgenommen.

• Bleibt der Fall, in dem Dave zu erkennen gibt, daß er John bewundert. Dieser Fall weckt besonderes Interesse, da sich die Versuchspersonen sehr uneinig sind. Obgleich Dave sich nicht feindselig verhält, sondern sogar ein gegenteiliges Verhalten zeigt, wird er doch von einem Drittel der Versuchspersonen als neidisch wahrgenommen. Wie kann das sein? Um Begründungen gefragt, meinen etliche Versuchspersonen, Daves Blick habe seinen Neid verraten. Folglich ist zu vermuten, daß sie seiner Bewunderung mißtrauen. Daß sie seine Bewunderung für eine maskierte Form des Neides halten.

Vorbildlichkeit und Fairness

Lassen wir die Ergebnisse dieser Untersuchung noch einmal Revue passieren, so ergeben sich zwei weitere Bestimmungsmerkmale des Neides. Das eine Merkmal kann man aus der Bewunderungs-Variante der Untersuchung, das andere aus der Prahlerei-Variante ableiten:

• Neid liegt vor, wenn jemand vorgibt, den anderen, der das begehrte Gut besitzt, wegen dieses Besitzes zu bewundern, tatsächlich seine *Bewunderung* aber *heuchelt*.

Die Bewunderungs-Variante läßt sich in eine Richtung weiterdenken, die in der Untersuchung keine Berücksichtigung findet. Ist die Bewunderung für denjenigen, der das begehrte Gut
besitzt, aufrichtig, dann kann dieser zu einem Vorbild werden,
dem man nachzueifern strebt. Neid, so wäre zu vermuten,
wird dann nicht feindselig, sondern ehrgeizig. Man will sich
selbst aneignen, was der andere bereits besitzt. Wie der
Amerikaner in dem eingangs zitierten Witz, der angesichts des
vorbeifahrenden großen Cadillacs zu seinem Freund sagt: «So
einen Wagen fahre ich auch noch mal!» Voraussetzung dafür
ist allerdings, daß man sich für fähig hält, mit dem anderen
jetzt oder in absehbarer Zeit gleichzuziehen – oder ihn sogar
noch zu übertreffen.

Wenden wir uns der Prahlerei-Variante der Untersuchung
zu. Warum wird in diesem Falle Dave kein Neid zugeschrieben? Man kann vermuten, weil John eine soziale Norm verletzt, die Fairness verlangt. Oder anders formuliert: die verlangt, daß Benachteiligte nicht beschämt werden dürfen. Ihre
Erfolglosigkeit ist Kränkung genug. Wenn John dagegen mit
seinem Erfolg prahlt, dann handelt er unangemessen, weil
er Daves Kränkung unnötig verschärft. Und das steht ihm
nicht zu. Somit liefert ihm Johns Prahlerei einen sozial anerkannten Grund, sich zu wehren. John hat also selbst schuld.
Seine Prahlerei ist eine feindselige Provokation, die Dave das
Recht gibt, seinerseits feindselig zu reagieren: Wie du mir, so
ich dir.

Wenn man von einer sozialen Norm der Fairness ausgeht,
dann gilt die ebenso für den Erfolglosen. Ihm wird abverlangt,
den Erfolg des anderen anzuerkennen – und zwar wie es bereits die alltägliche Redewendung besagt: «neidlos anzuerkennen». Er soll auf Feindseligkeiten verzichten. Diese soziale
Norm gilt aber freilich nur dann, wenn der Erfolgreiche seinen
Erfolg auch verdient hat. Wenn es also mit «rechten Dingen»
zugegangen ist. Zwar hat man diese Bedingung in der Untersuchung nicht geprüft. Vermutlich hätten die Versuchspersonen Dave aber keinen Neid zugeschrieben, wenn etwa bekannt
gewesen wäre, daß John seinen Erfolg gefälschten Zeugnissen
verdankt. Unter diesen Bedingungen könnte Dave allenfalls
auf Johns kriminelle Energie neidisch sein, was aber die ursprüngliche Beurteilungsdimension verschiebt.

Aus diesen Überlegungen folgt, daß Dave selbst die soziale Norm der Fairness verletzt, wenn er auf Johns verdienten Erfolg feindselig reagiert. Wenn man für die zentrale Bestimmung des Neides annimmt, daß jemand feindselig darauf reagiert, daß ein anderer das Gut besitzt, das er selbst begehrt, dann ist dies mehrdeutig. Das Gut zu besitzen, meint zunächst einmal nicht mehr, als das Gut zu haben, es zur Verfügung zu haben (einschließlich der Chance, es sich anzueignen, um die man ja auch jemanden beneiden kann). Damit ist noch nicht gesagt, daß er das Gut auch zu Recht besitzt. Aber genau die Annahme einer solchen Berechtigung ist ein weiteres Bestimmungsmerkmal des Neides:

• Neid liegt vor, wenn jemand feindselig darauf reagiert, daß ein anderer das begehrte Gut besitzt, obwohl der dieses Gut *rechtmäßig* besitzt.

Somit wird Neid als eine Feindseligkeit betrachtet, die nicht zu rechtfertigen ist, weil sie gegen geltende soziale Normen verstößt.

Lähmender, stimulierender und rechtender Neid

Es lohnt, auch noch die Niedergeschlagenheits-Variante der referierten Untersuchung genauer zu betrachten. Angesichts des Erfolges von John zeigt sich Dave offensichtlich niedergeschlagen. Zwar fällt das Urteil der Versuchspersonen einhellig aus: kein Neid. Aber Niedergeschlagenheit läßt sich vielleicht als Versuch verstehen, aufkommenden Neid zu bewältigen.

Dave findet sich damit ab, daß John erfolgreicher ist. So könnte man denken. Aber seine Reaktion weist darauf hin, daß ihm Johns Erfolg sehr wohl etwas ausmacht. Dave ist alles andere als gelassen, vielmehr buchstäblich niedergeschlagen, am Boden. Nur richtet er seine Aufmerksamkeit auf einen anderen Punkt: Angenommen, er fühlt Ärger oder Wut, dann richtet er diese Gefühle nicht gegen John, weil er anerkennt, daß der seinen Erfolg verdient hat, sondern gegen sich selbst. Ist Dave niedergeschlagen, dann vermutlich deshalb, weil er von sich Erfolg erwartet. Nun erlebt er aber sein enttäuschendes Versagen. Während Dave bei feindseligem Neid nur Johns

Erfolg im Auge hat, beschäftigt ihn, wenn er niedergeschlagen ist, sein eigener Mißerfolg sehr viel mehr.

Dabei machen wir bereits im Alltag aber einen Unterschied: Wir unterscheiden, ob jemand deprimiert oder traurig ist. Wer traurig ist, erkennt an, daß er zuviel von sich erwartet hat. Infolgedessen geht er nachsichtig mit sich selbst um. Hadert nicht. Wer dagegen deprimiert ist, der läßt nicht locker. Der vermag sich nicht einzugestehen, daß er zuviel von sich erwartet hat. Und deshalb verzeiht er sich seinen Mißerfolg auch nicht. Diese Feindseligkeit ähnelt sehr dem Neid. Aber im Neid gilt die Feindseligkeit der beneideten Person. Dagegen gilt sie in Deprimiertheit und Depression der eigenen Person.

Aufgrund dieser Ähnlichkeit läßt sich eine systematische Verbindung zwischen Neid und Niedergeschlagenheit herstellen. Niedergeschlagenheit ist eine bestimmte Form, Neid psychosozial zu bewältigen. So wie auch die bereits beschriebene Anstrengung, einer aufrichtig bewunderten Person nachzueifern, eine solche Bewältigungsform ist. Und auch sie setzt an der Feindseligkeit gegen die beneidete Person an. Aber sie verletzt keine soziale Norm. Denn der Erfolg der beneideten Person wird anerkannt und als Herausforderung genommen, sich selbst zu verbessern. Dies schließt die Möglichkeit ein, sich mit dem anderen zu messen, mit ihm zu wetteifern und besser zu werden als er. Damit ist die Feindseligkeit gegen ihn zu einer konstruktiven Aggression ermäßigt, die der eigenen Entwicklung dient.

Schließlich gehört in diesen Katalog der Formen psychosozialer Neidbewältigung auch die Feindseligkeit gegen einen anderen, dessen Erfolg soziale Normen verletzt, weil er mit illegalen oder illegitimen Mitteln erzielt worden ist. Unter diesen Umständen sind unser Ärger und unsere Wut berechtigt. Denn sie entstammen unseren Gerechtigkeitsvorstellungen. Folglich dürfen wir uns gegen eine solche Person empören, wobei allerdings von uns erwartet wird, daß wir zu diesem Zweck nicht selbst zu illegalen oder illegitimen Mittel greifen. Nur dann geht die Feindseligkeit in eine konstruktive Aggression über.

Damit lassen sich nun drei Formen der psychosozialen Bewältigung von Neid unterscheiden: Depression, Ehrgeiz und Empörung. Gelegentlich werden sie auch als verschiedene

Neidformen angesprochen: lähmender, stimulierender und rechtender Neid.

• *Depressiv-lähmender* Neid liegt vor, wenn sich jemand nicht damit abfinden kann, auf das begehrte Gut verzichten zu müssen. Er erkennt an, daß die beneidete Person das begehrte Gut rechtmäßig besitzt, glaubt nicht, daß er fähig ist, es sich selbst anzueignen, und hält die soziale Norm ein, die ihm unter diesen Umständen verbietet, der beneideten Person feindselig zu begegnen. Deshalb wendet er Ärger und Wut gegen sich selbst.

• *Ehrgeizig-stimulierender* Neid liegt vor, wenn sich jemand aus aufrichtiger Bewunderung entschließt, der beneideten Person nachzueifern oder gar mit ihr zu wetteifern. Er glaubt, mindestens ebenso fähig zu sein, sich das begehrte Gut selbst anzueignen, und in Übereinstimmung mit sozialen Normen zu sein. Ärger und Wut verwandelt er in Anstrengung.

• *Empört-rechtender Neid* liegt vor, wenn jemand aus guten Gründen glaubt, daß die beneidete Person das begehrte Gut unrechtmäßig besitzt. Unter Berufung auf anerkannte Gerechtigkeitsvorstellungen verwandelt er Ärger und Wut in Streitbarkeit für eine gerechte Verteilung der Güter.

Spricht man von Neidformen, so darf man allerdings nicht vergessen, daß damit Formen der psychosozialen Bewältigung von Neid lediglich abgekürzt bezeichnet sind. Neid im strengen Sinne ist stets durch die Feindseligkeit gegenüber einer Person bestimmt, die das begehrte Gut rechtmäßig besitzt, ist stets *feindselig-schädigender Neid*.

Abstandsneid und Selbstneid

Abschließend sollen noch zwei echte Neidformen erwähnt werden, die das Alltagsverständnis irritieren, weil sie ihm widersprechen. So gehen wir im Alltag meist davon aus, daß nur derjenige neidisch sein kann, der das begehrte Gut nicht besitzt. Was aber ist mit dem umgekehrten Fall: Kann nicht auch derjenige, der das begehrte Gut besitzt, auf denjenigen, der es begehrt, neidisch sein? So gesehen, wohl nicht. Aber er kann *Abstandsneid* empfinden.

Darauf hat bereits der englische Staatsmann und Philosoph Francis Bacon (1561–1626) in seinem Essay «Über den Neid» (1597) hingewiesen: «Wer stillsteht, während andere emporkommen, kann sich kaum der Regung der Mißgunst erwehren.»[3] Setzt Neid voraus, daß jemand ein Gut begehrt, das ein anderer besitzt, so beneidet derjenige, der es besitzt, den anderen, der es nicht besitzt, genau dann, wenn dieser sich das begehrte Gut selbst erfolgreich anzueignen beginnt. Stellt das Gut ein Unterscheidungsmerkmal zwischen beiden dar, so kann nunmehr zum einen Angst aufkommen, daß sich prestigeträchtige soziale Unterschiede verringern. Zum anderen aber auch gleichzeitig Neid darauf, daß sich der Emporkömmling entwickelt und – wer weiß – schließlich sogar mehr Prestige gewinnt, als man selbst besitzt. Feindseligkeit kann dann etwa darin bestehen, ihm seine Entwicklung zu verbauen, um den alten Abstand zu wahren oder wiederherzustellen.

Angenommen, der Privilegierte sieht in dem Emporkömmling seine eigene frühere Entwicklung, dann leitet dies über zu einem Neid, der das Alltagsverständnis noch mehr irritiert: *Selbstneid*. Kann man sich selbst beneiden? Eine befremdliche Vorstellung. Und dennoch ist sie nicht ganz von der Hand zu weisen, läßt man sich etwa auf die Verse des romantischen Dichters Achim von Arnim (1781–1831) ein:

> Denke ich der Freudenfülle
> Meiner ersten Jugendzeit,
> Schäm ich mich der leeren Stille,
> Und mich faßt ein tiefer Neid,
> Und wen kann ich mehr beneiden,
> Als mich selbst in Jugendfreuden.[4]

Folglich beneide ich mich um das, was ich einmal war, oder um das, was aus mir hätte werden können. Die Feindseligkeit besteht dann darin, daß ich mich – um das Beispiel des Gedichtes aufzugreifen – selbst nicht mag, weil meine körperliche Kraft und geistige Frische, auf die ich in meiner Jugend stolz gewesen bin, mit zunehmendem Alter nachlassen. Oft wird solcher Selbstneid aber eben auf die Beziehung zu anderen Menschen verschoben. Dann beneide ich jemanden, der heute so vital und voller Ideen ist, wie ich es früher war – oder eingedenk unserer Neigung, die Vergangenheit zu verklären:

wie ich glaube, früher gewesen zu sein. Und ich begegne ihm deshalb feindselig, weil ich selbst heute nicht mehr so bin.

Damit will ich die Übersicht der Bestimmungsmerkmale des Neides abschließen. Sie ist sicherlich immer noch unvollständig, aber doch vollständig genug, um einen ersten Eindruck von der Komplexität des Gegenstandes gewinnen zu können, von dem hier die Rede ist: Neid in der Vielfalt seiner Facetten.

Brisante Verwandte: Neid und Eifersucht

Auf den ersten Blick erscheinen Neid und Eifersucht als nahe Verwandte. Zumindest die deutsche Umgangssprache gebraucht die beiden Wörter oftmals gleich. Von jemandem zu sagen, er sei auf das neue Auto seines Nachbarn eifersüchtig, ist uns geläufig und verstößt nicht sonderlich gegen unser Sprachgefühl. Während «Eifersucht» für «Neid» stehen kann, gilt die Umkehrung dagegen nicht. Die unscharfe Abgrenzung beider Wörter ist im Englischen noch stärker ausgeprägt. Während sich im Deutschen die Vorstellungen, die Muttersprachler mit beiden Gefühlswörtern verbinden, nur zu 9 % überschneiden, beträgt die Überschneidung bei US-Amerikanern 87 %. Die Richtung erlaubter Ersetzungen ist in beiden Sprachen aber dieselbe: «Jealousy [= Eifersucht]» kann umgangssprachlich gebraucht werden, um «envy [= Neid]» zu bezeichnen, eine umgekehrte Ersetzung verstößt jedoch gegen den üblichen Sprachgebrauch. Die Bevorzugung des Wortes «jealousy» führen Sprachwissenschaftler darauf zurück, daß «envy» sehr viel moralischer klingt.[1]

Trotz sprachlicher Unschärfen sind Neid und Eifersucht konzeptuell aber klar voneinander zu unterscheiden. Während Neid eine Beziehung zwischen zwei Personen, der neidischen und der beneideten Person, voraussetzt, umfaßt Eifersucht ein Beziehungsdreieck. Im Falle ihrer wohl bekanntesten Erscheinungsform, der heterosexuellen Eifersucht, besteht es aus dem eifersüchtigen Mann, der geliebten Frau und dem Rivalen. Hinzu kommen völlig andere Besitzverhältnisse. Liegt Neid vor, so ist ein Gut, das jemand begehrt, im Besitz eines anderen. Bei der Eifersucht dagegen besitzt jemand ein Gut, das ein anderer in seinen Besitz zu bringen sucht. Neid als auch Eifersucht sind mit Feindseligkeit verbunden. Während Eifersucht jedoch, zumindest aus der Perspektive des unbeteiligten Beobachters, als gerechtfertigte Feindseligkeit beurteilt wird, die der Verteidigung eines rechtmäßig besessenen Gutes dient, trifft dies für Neid nicht zu. Die dem Neid eigene Feindseligkeit beurteilt der unbeteiligte Beobachter als ungerechtfertigt, weil sie auf ein Gut zielt, das die beneidete Person rechtmäßig besitzt.

Ob wir Neid und Eifersucht in unserem Erleben tatsächlich immer genau auseinanderhalten, ist fraglich. Jedenfalls wird Eifersucht nicht selten gemeinsam mit Neid erlebt. Zum Beispiel kann der Eifersüchtige seinen Rivalen um das beneiden, was seine Frau als so begehrenswert erlebt, daß sie ihren Mann verlassen will. Oder er beneidet vielleicht sogar seine Frau: Angenommen, der Eifersüchtige bewundert seinen Rivalen, dann kann er ihr die Nähe zu ihm neiden.

Auf diese innige Verschränkung von Neid und Eifersucht hat bereits der spanische Philosoph Benedictus de Spinoza (1632–1677) hingewiesen. In seiner 1662 entstandenen «Ethik» schreibt er: «Dieser mit Neid verbundene Haß gegen das geliebte Ding wird Eifersucht genannt, die somit nichts anderes ist als ein Schwanken des Gemüts, entsprungen aus Liebe und Haß zugleich, begleitet von der Idee eines anderen, den man beneidet. Außerdem wird dieser Haß gegen das geliebte Ding in seiner Stärke der Freude entsprechen, von welcher der Eifersüchtige durch die Gegenwart des geliebten Dinges erregt zu werden pflegte, und auch dem Affekte, von welchem er gegen denjenigen erregt war, von dem er sich vorstellt, daß das geliebte Ding sich ihm verbindet.»[2]

Neid schürt Eifersucht

Kommen Eifersucht und Neid zusammen, so entzünden sie sich aneinander, da beide leicht entflammbar sind. Die Feindseligkeit, die dadurch freigesetzt wird, entwickelt eine besondere Dramatik. Für die dramatische Verschränkung von Eifersucht und Neid gibt es wohl keine gültigere Illustration als das Bühnenstück «Othello, der Mohr von Venedig», das William Shakespeare (1564–1616) um 1603 geschrieben hat.[3]

Beschränken wir uns auf die Hauptfiguren Othello, Desdemona, Cassio und Jago, der die Fäden zieht. «Jago ist der Neid.»[4] Diese Charakterisierung stammt von Arrigo Boito, der das Libretto für Giuseppe Verdis kongeniale Opernfassung des Stückes geschrieben hat. Damit trifft er den Punkt. Allerdings ist nicht nur Jago neidisch:

Das Drama nimmt seinen Lauf, als Jago, ein Fähnrich in Othellos Armee, nicht zum Leutnant befördert wird. Dachte Jago bislang, er stehe in der Gunst seines Heerführers, weil er sich im Kriegshandwerk bewährt hat, so sieht er sich nun getäuscht. Othello zieht Cassio vor, obgleich der keinerlei militärische Verdienste aufweisen kann. Glaubte sich Jago im Besitz von Othellos Gunst, so ist dieser Besitz nun bedroht, wenn nicht bereits verloren. Folglich verspürt Jago eine quälende Eifersucht. Gleichzeitig ist er aber auch auf Cassio neidisch: Bei dem Gut, daß Cassio besitzt und Jago begehrt, handelt es sich nicht nur um Othellos Gunst, sondern um eine viel wichtigere Anerkennung. Denn Cassio stammt aus einer angesehenen und einflußreichen Florentiner Familie. Dagegen ist Jago ein Niemand. Da mag er in noch so vielen Schlachten erprobt sein. An der Rangfolge durch Herkunft ändert das nichts. Jago ist neidisch auf diese gesellschaftliche Stellung, die er als unverdient erlebt. Tief gekränkt, beschließt er, seine beiden Peiniger zu Fall zu bringen.

Zunächst nimmt Jago sich den neuen Leutnant vor. Als Cassio Wache hat, macht er ihn betrunken und stiftet einen anderen Soldaten an, ihn zu provozieren. Es kommt zu einer Schlägerei. Da dies ein Vergehen im Dienst ist, verliert Cassio seinen gerade erhaltenen militärischen Rang sofort wieder. Daraufhin rät Jago ihm, er solle Desdemona, Othellos Frau, aufsuchen, um sie um Fürsprache bei ihrem Mann zu bitten. Daß Cassio damit bereits zu einer Spielfigur in Jagos Plan geworden ist, Othello zu beseitigen, davon weiß er nichts.

Jago beabsichtigt, Othello eifersüchtig zu machen. Er flüstert ihm ein, Desdemona betrüge ihn mit Cassio. Othello glaubt dies und tötet, vor Eifersucht rasend, seine über alles geliebte Frau. Als er daraufhin erkennt, was er getan hat, nimmt er sich ebenfalls das Leben.

Jago kostet es keine große Mühe, seinen Plan zu verwirklichen. Denn er kennt seinen Vorgesetzten sehr genau, weiß um dessen Kränkbarkeit, da er sie teilt. Auch Othello ist trotz seiner militärisch hohen Stellung in Venedig ein Niemand. Als Heerführer darf er zwar die venezianische Flotte zum Sieg führen, aber keine Tochter aus einer respektablen venezianischen Familie heiraten. Er weiß, daß der Mohr gehen muß, wenn er seine Schuldigkeit getan hat. Diese Diskriminierung kränkt ihn tief. In seinem Inneren herrscht ein Chaos aus Empörung, Neid, Ärger und Wut, das den ehrgeizigen gesellschaftlichen Außenseiter zu zerreißen droht. Als Desdemona, fasziniert von ihm als Abenteurer, ihn sogar gegen den Willen ihres Vaters heiratet, lindert das seine innere Zerrissenheit erst einmal. Beide lieben einander abgöttisch. Und genau darin besteht das Problem. Desdemonas Liebe beruht auf einem nicht geringen Mitleid für den Mann, der um seine gesellschaftliche Anerkennung kämpft. Und Othello liebt Desdemona nicht zuletzt auch deshalb, weil er sich diese Anerkennung von der Heirat mit ihr verspricht, auch wenn ihre Ehe bislang verheimlicht werden muß. Othello glaubt leicht, daß seine Frau den vermeintlichen Werbungen von Cassio erlegen ist. Er glaubt es, weil nicht nur Jago, sondern auch er Cassio um seine Herkunft beneidet. Und so kann sich Othello gut vorstellen, Desdemona werde sich letztlich doch nur für einen Mann entscheiden, der aus ähnlich gutem Hause kommt wie sie selbst.

Diese verborgenen Motive setzen die maßlose Wut wieder frei, die in der maßlosen Liebe nur notdürftig gebunden ist. Indem Othello seine Frau tötet, zerstört er zugleich die gesellschaftliche Anerkennung, um die er die Venezianer beneidet und nach der er sich sehnt. Er erweist sich als das, was er in deren Augen trotz aller militärischen Erfolge immer bleiben wird: ein Barbar. Mit der tragischen Erkenntnis, aufgrund seiner Unbeherrschtheit der Gesellschaft, die ihn diskriminiert, letztlich doch recht geben zu müssen, richtet er sich selbst.

Das christliche Ideal der Neidfreiheit

Unsere Kultur ist zutiefst vom Christentum geprägt. Gleich, ob wir in die Kirche gehen oder auch nur religiös empfinden. Ohne den prägenden Einfluß des Christentums wäre das Abendland ein anderes. Die meisten unserer Werte haben christliche Wurzeln, wie bewußt uns das auch immer sein mag. Für unsere Einstellung gegenüber Neid gilt das ebenfalls.

Dubslav von Stechlin ist gestorben. Die Stechliner Bauern tragen seinen Sarg zu Grabe. Pastor Lorenzen hält die Grabrede. Nachzulesen ist sie in dem Roman «Der Stechlin», den Theodor Fontane (1819–1898) kurz vor seinem eigenen Tode geschrieben hat. Was in dieser Rede gesagt wird, nimmt sich wie eine Zusammenfassung der christlichen Tugendlehre aus. In ihrem Zentrum steht das Ideal der Neidfreiheit. Nur wer seinen Mitmenschen ohne Neid begegnet, ist der Nächstenliebe fähig: «‹Wer seinen Weg richtig wandelt, kommt zu seiner Ruhe in der Kammer.› Diesen Weg zu wandeln war das Bestreben dessen, an dessen Sarge wir hier stehn. Ich gebe kein Bild seines Lebens, denn wie dies Leben war, es wissen's alle, die hier erschienen sind. Sein Leben lag aufgeschlagen da, nichts verbarg sich, weil sich nichts zu verbergen brauchte. Sah man ihn, so schien er ein Alter, auch in dem, wie er Zeit und Leben ansah; aber für die, die sein wahres Wesen kannten, war er kein Alter, freilich auch kein Neuer. Er hatte vielmehr das, was über alles Zeitliche hinaus liegt, was immer gilt und immer gelten wird: ein Herz. Er war kein Programmedelmann, kein Edelmann nach der Schablone, wohl aber ein Edelmann nach jenem alles Beste umschließenden Etwas, das Gesinnung heißt. Er war recht eigentlich frei. Wußt' es auch, wenn er's auch oft bestritt. Das goldene Kalb anbeten war nicht seine Sache. Daher kam es auch, daß er von dem, was das Leben so vieler andrer verdirbt und unglücklich macht, bewahrt blieb, vor Neid und bösem Leumund. Er hatte keine Feinde, weil er selber keines Menschen Feind war. Er war die Güte selbst, die

Verkörperung des alten Weisheitssatzes: ‹Was du nicht willst, daß man dir tu›.

Und das leitet mich denn auch hinüber auf die Frage nach seinem Bekenntnis. Er hatte davon weniger das Wort als das Tun. Er hielt es mit den guten Werken und war recht eigentlich das, was wir überhaupt einen Christen nennen sollten. Denn er hatte die Liebe. Nichts Menschliches war ihm fremd, weil er sich selbst als Mensch empfand und sich eigener menschlicher Schwäche jederzeit bewußt war. Alles, was einst unser Herr und Heiland gepredigt und gerühmt und an das er die Segensverheißung geknüpft hat, – all das war sein: Friedfertigkeit, Barmherzigkeit und die Lauterkeit des Herzens. Er war das Beste, was wir sein können, ein Mann und ein Kind. Er ist nun eingegangen in seines Vaters Wohnung und wird da die Himmelsruhe haben, die der Segen aller Segen ist.»[1]

Von seinen Urzeiten an verurteilt das Christentum neidische Menschen. Sie zersetzen die christliche Gemeinschaft. Deshalb lautet eines der Zehn Gebote: «Du sollst nicht nach dem Haus deines Nächsten verlangen. Du sollst nicht nach der Frau deines Nächsten verlangen, nach seinem Sklaven oder seiner Sklavin, seinem Rind oder seinem Esel oder nach irgend etwas, das deinem Nächsten gehört.»[2] Dieses Gebot gebietet, Eigentumsrechte zu achten, und ist damit gegen Neid gerichtet. Denn neidische Menschen begehren Güter, die ihre Mitmenschen rechtmäßig besitzen. Und da dieses Begehren eine nie versiegende Quelle der Feindseligkeit ist, setzt das Christentum alles daran, sie so gut wie möglich einzudämmen, indem es Neidern droht, ihr Seelenheil zu verspielen.

Todsünde Neid

Die Bibel macht den Neid für die Vertreibung des Menschen aus dem Paradies verantwortlich. So steht im Alten Testament geschrieben: «Doch durch den Neid des Teufels kam der Tod in die Welt, und ihn erfahren alle, die ihm angehören.»[3] Der paradiesische Mensch wird sterblich, weil der Teufel in Gestalt der Schlange seinen eigenen Neid auf Adam und Eva überträgt, indem er in ihnen das neidische Begehren weckt, sein zu wollen wie Gott.

In seinem monumentalen religiösen Versepos «Das verlorene Paradies» (1667), das von dem Ringen zwischen den Mächten des Himmels und der Hölle handelt, hat der englische Dichter John Milton (1608–1674) den Neid des Teufels besonders herausgestellt: Der Teufel «war es, dessen Tücke, / Von Neid und Rachsucht aufgereizt, die Mutter / Der Menschen hinterging».[4] Milton porträtiert den Teufel als einen gefallenen Erzengel, der es nicht erträgt, von Gott zurückgesetzt zu werden. Als eine solche Zurücksetzung, gar als «Hohn» aber erlebt der Teufel die Erschaffung des Menschen. Für diese Verhöhnung sucht er sich «wohlgezielt» an Gott zu rächen, indem er ihn verdirbt, «Der meinen Neid erregt, des Himmels neuen Günstling, dies Erdgeschöpf, / Den uns zum Spott sein Schöpfer formt' aus Staube». Gott warnt Adam und Eva. Sie wissen, «daß ein böser Feind, / Der unser Glück beneidet und am eigenen / Verzweifelt, Weh und Schmach uns zubereitet». Aber sie befolgen die göttliche Warnung nicht.

Weil sie den Neid für den Sündenfall verantwortlich macht, rechnet ihn die Kirche zu den Todsünden. Der Kanon der sieben Todsünden – eine Bezeichnung, die erst ab der Renaissance die früheren Bezeichnungen Haupt- oder Kardinalsünden ablöst – ist eine Festschreibung der Scholastik, die aber weit in vorchristliche Zeit zurückreicht. Papst Gregor der Große (590–604) entwickelt das Schema, das sich gegen andere durchsetzt, die eine größere Anzahl und andere Arten von Sünden enthalten. Gerade der Neid wird erst bei ihm zu einer Todsünde. In Gregors Schema bildet der Stolz (Superbia) die Wurzel aller anderen Sünden. Ihm folgen: Invidia (Neid), Ira (Zorn), Avaritia (Geiz), Acedia (Faulheit), Gula (Völlerei) und Luxuria (Wollust). Ein wichtiger Grund für die fortdauernde Popularität des Schemas ist die Sieben-Zahl, die seit vorchristlicher Zeit als eine heilige Zahl gilt.

Im Mittelalter werden den Todsünden Tugenden gegenübergestellt, wobei es aber immer wieder zu Schwierigkeiten kommt, genaue Parallelen zu finden. Zu der Verbreitung des Kanons über den Klerus hinaus trägt vor allem die Einführung der obligatorischen Beichte auf dem IV. Lateran-Konzil (1215–16) bei. Durch Beichtfragen, die auf die Todsünden bezogen sind und Priestern in einer großen Auswahl konfessioneller Handbücher zur Verfügung stehen, werden die Gläubigen angehalten, in diesen Kategorien über sich und ihre Handlungen nachzudenken. Der Kanon umfaßt all jene schweren Sünden, die zur ewigen Verdammnis führen und damit die Wiederauferstehung des Sünders verhindern.

Bei den Todsünden handelt es sich um Unmäßigkeiten. Es sind Verbote, bestimmte Leidenschaften exzessiv auszuleben, weil diese die gottgewollte soziale Ordnung gefährden. Sie müssen deshalb buchstäblich verteufelt werden: «Neid, die uranfänglich böse Leidenschaft, der Vater des Todes, der erste Zugang zur Sünde, die Wurzel des Übels, der Ursprung der Traurigkeit, die Mutter des Unglücks, die Grundlage des Ungehorsams [...] Neid, todbringender Stachel, verborgene Waffe, Krankheit der Natur, verderbliches Gift, selbstgewollte Abzehrung, bitterer Pfeil, Nagel der Seele, Brand im Herzen [...] Glück ist nicht das eigene Gut, sondern das Schlechte des Nächsten.»[5] So wie hier der griechische Kirchenvater Gregor von Nyssa (334–394) ziehen damals Theologen und Geistliche alle rhetorischen Register, um den Neid mit der größtmöglichen abschreckenden Wirkung darzustellen.

Vom Neid der Götter zum neidfreien Gott

In der Antike fürchtet man sich vor dem Neid der Götter. Deshalb gehört Götterneid[6] auch zu den bevorzugten Erzählstoffen der antiken Literatur:

Agamemnon ist ein erfolgreicher Kriegsheld. Er hat Troja erobert. Dafür verdient er es, geehrt zu werden. Aber er fürchtet auch den Neid seiner griechischen Landsleute. Und er fürchtet den Neid der Götter. In dem Drama «Agamemnon» von Aischylos (525–456 v. Chr.) ist diese Furcht ein zentrales Thema. Sie zeigt sich besonders in der Szene, in der Klytaimnestra, Agamemnons Frau, ihren Mann dazu überreden möchte, eine bestimmte Ehrung anzunehmen. Diese Ehrung besteht darin, über Bahnen purpurner Stoffe zu schreiten, die in seinem Palast ausgebreitet sind. Purpur aber ist ein Zeichen des Göttlichen. Agamemnon hält sie deshalb für maßlos. Und als er sich schließlich doch überreden läßt, legt er zumindest vorher seine Schuhe ab. Aber geheuer ist ihm die Situation noch immer nicht, weshalb er sich wünscht: «Und wenn ich auf diese Purpurstoffe trete von Göttern, möge mich von fern kein Auge des Neides treffen», denn nur «wer milde herrscht» und sich in keiner Angelegenheit Gottgleichheit anmaßt, «den blickt der Gott von ferne gnädig an».[7]

Als weiteres Beispiel sei an den «Ring des Polykrates» erinnert. Friedrich Schiller (1759–1805) hat diesen antiken Erzählstoff zu einem klassischen Gedicht verarbeitet. In ihm wird Polykrates als ein Mensch vorgestellt, dem alles, was er unternimmt, gelingt:

> Das hört der Gastfreund mit Entsetzen.
> «Fürwahr, ich muß dich glücklich schätzen!
> Doch», spricht er, «zittr' ich für dein Heil.
> Mir grauet vor der Götter Neide;
> Des Lebens ungemischte Freude
> Ward keinem Irdischen zuteil.
> [...]
> Drum, willst du dich vor Leid bewahren,
> So flehe zu den Unsichtbaren,
> Daß sie zum Glück den Schmerz verleihn.
> Noch keinen sah ich fröhlich enden,
> Auf den mit immer vollen Händen
> Die Götter ihre Gaben streun.»

Und so rät der Gastfreund dem Polykrates, das Kostbarste, was sich in seinem Besitz befindet, ins Meer zu werfen. Polykrates, der trotz allem Wohlstand bescheiden und gottesfürchtig geblieben ist, folgt diesem Rat. Aber der Ring kommt im Bauch eines gefangenen und ausgenommenen Fisches zu ihm zurück.

> Hier wendet sich der Gast mit Grausen:
> «So kann ich hier nicht ferner hausen,
> Mein Freund kannst du nicht weiter sein.
> Die Götter wollen dein Verderben;
> Fort eil' ich, nicht mit dir zu sterben.»
> Und sprach's und schiffte schnell sich ein.[8]

Dieser radikale Abbruch der Beziehung aber macht mißtrauisch. Alles deutet daraufhin, daß das Glück des Polykrates gottgewollt ist. Deshalb darf man vermuten, daß sich hinter der Sorge des Gastfreundes in Wirklichkeit dessen eigener

Neid auf das Glück des Polykrates verbirgt. Er bricht die Beziehung zu ihm ab, um dessen Bevorzugung durch die Götter nicht mehr sehen zu müssen.

Die antiken Götter sind überirdische Wesen mit ganz irdischen Wesenszügen. Voller Neid verfolgen sie das Glück der Menschen und zerstören es, wenn sie es für maßlos halten. Wann dies der Fall ist, bestimmen sie. Ihr Neid hat eine regulative Funktion. Er dient der Mäßigung. Dabei lassen sich zwei verschiedene Maßsysteme unterscheiden. In der vorchristlichen Antike greifen die Götter ein, um einen Ausgleich zwischen den Menschen herzustellen. Kein Mensch darf maßloses Glück haben – und vielleicht sogar noch damit prahlen. Denn dadurch fühlen sich seine Mitmenschen benachteiligt, was sie entweder depressiv oder feindselig stimmt. Indem die Götter aber für einen Ausgleich sorgen, sichern sie den sozialen Frieden.

Unter dem Einfluß des Christentums verliert dieses Ausgleichsmodell an Bedeutung. Fortan sind die Götter auf Menschen neidisch, deren Glück so groß und dauerhaft ist, daß es das menschliche Maß überschreitet. Solche Menschen werden den Göttern zu ähnlich. Deshalb müssen sie in ihre Schranken gewiesen werden. In diesem Modell wachen die Götter neidisch über den Abstand, der zwischen ihnen und den Menschen besteht. Sie zerstören maßloses Glück von Menschen, um ihre eigenen Privilegien zu sichern.

Dieses Modell menschlicher Hybris – Hybris ist das Überschreiten des von den Göttern für die Menschen festgesetzten Maßes – liegt auch dem christlichen Paradiesmythos zugrunde. Denn der paradiesische Mensch lebt nicht frei von Verboten. So mögen wir modernen Menschen uns vielleicht das Paradies vorstellen. In der Bibel aber lesen wir, daß es im Paradies ein zentrales Verbot gibt: «Von allen Bäumen des Gartens darfst du essen, doch vom Baum der Erkenntnis von Gut und Böse darfst du nicht essen; denn sobald du davon ißt, wirst du sterben.»[9] Zu wissen, was Gut und Böse ist, behält sich Gott vor. Und dieses Privileg verteidigt er, indem er Adam und Eva aus dem Paradies vertreibt und mit Sterblichkeit bestraft, nachdem sie den Anspruch erhoben haben, selbst wissen zu wollen, was Gut und Böse ist. Mißgönnt der christliche Gott den Menschen etwa dieses Wissen? Wird nicht auch er von Neid bewegt, die Menschen auf Abstand zu halten?

Die Antwort auf diese Frage macht den ganzen Unterschied zur Antike deutlich. Während die antiken Götter stets insoweit menschliche Züge behalten, als sie fehlbar bleiben, steht der eine christliche Gott für das absolut Gute. Deshalb darf er auch nicht neidisch sein. Und so machen sich zahllose frühchristliche Gelehrte daran, Gott als neidfrei darzustellen. In seiner Predigt «Über den Neid» (um 370) warnt Basileios der Große (330–379) die Sünder, sich nicht zum «Handlanger des verderblichen Dämons» zu machen, weil er dadurch zu einem «Feind Gottes, des Guten und Neidlosen»,[10] werde.

Die gleichen Anstrengungen unternimmt Tertullian (150–230). In einer kleinen Schrift kommt er auf den Neid zu sprechen. Denn offensichtlich besteht in der frühchristlichen Gemeinde eine Verwirrung darüber, ob nicht nur der Teufel, sondern eben auch Gott neidisch sei. «Wir legen ihn», den Neid, «mitunter dem Teufel aus, denn er haßt nämlich das Gute; dann wieder sprechen wir ihn Gott zu, denn er richtet über Hochmut, indem er die Demütigen erhebt und die Hochstehenden niederdrückt.»[11] Folglich sollten die Gläubigen sowohl den Teufel als auch Gott fürchten, aber – und darauf legt Tertullian den größten Wert – aus unterschiedlichen Gründen: Fürchten sollten sie «des einen neidisches Wesen, des anderen richtendes Auge». Neidisch ist nur der Teufel. Gottes Urteile dagegen sind neidfrei. Denn er ist das absolut Gute und damit auch ein absolut gerechter Richter.

«Neid ist des Narren Leid»

Im ersten Römerbrief des Paulus[12] steht zu lesen, daß neidische Menschen Gott die ihm gebührende Anerkennung seiner «Rechtsordnung» verweigern. Durch diese Verweigerung tragen sie dazu bei, daß es auf der Welt ungerecht zugeht: Neidische Menschen folgen nur ihrem «Eigennutz» und führen dadurch «Streit», «Spaltungen» und «Parteiungen» herbei, vor denen Paulus in seinem Brief an die Galater[13] nachdrücklich warnt.

Vor allem das christliche Mittelalter kennt keine scharfe Trennung zwischen göttlicher und menschlicher Rechtsordnung. Denn die gesellschaftlichen Verhältnisse gelten ihm als

gottgewollt. Sozialstrukturell bestehen diese Verhältnisse als
steile Hierarchie mit festen Standesunterschieden. Seinen Stand
zu wahren ist der politische und zugleich religiös-moralische
Grundsatz des mittelalterlichen Ordnungsdenkens. Dieser
Grundsatz wird der Bevölkerung mit allen verfügbaren Mitteln
beigebracht: zum Beispiel auch mit Hilfe von einprägsamen
Tierfabeln, die damals sehr beliebt waren.

Das vielleicht populärste literarische Beispiel des Mittelalters stammt von dem Berner Dominikaner Ulrich Boner
(1324–1349). Er hat zahlreiche gereimte Fabeln hinterlassen,
in denen Menschen durch Tiere vertreten werden, die alle gegen die gottgewollte Ordnung verstoßen. Ein Beispiel mag ge-
nügen:[14] Einem Esel wird die Arbeit zu schwer. Deshalb neidet
er einem geschickten und gelehrigen Haushündchen dessen gutes
Leben und will es ihm nachtun. Als er aber seinen Herrn, wie
er es beim Haushündchen gesehen hat, liebkost, bezieht er
Prügel und wird fortgejagt. Und die Moral von der Geschichte:
«Wel rechter tore des begehrt, / des sin natur in nicht gewert, /
der mag des wol entgelten». Der Esel hat seine Strafe verdient,
weil er etwas begehrt, was ihm seine Natur verwehrt. «Was
diu natur hat gegeben, / dem mag der Mensch kaum wider
streben, / dem hündelin stat sine kluogheit wol, / der esel secke
tragen sol». Frei übersetzt: So wie es einem Haushündchen
angemessen ist, geschickt und gelehrig zu sein, so gehört es
sich für einen Esel, Säcke zu tragen. Wie die Tiere, so der
Mensch: Auch er soll nicht über seine Natur hinausstreben.

Der dabei gebrauchte Naturbegriff erklärt die soziale Position und Rolle eines Menschen als dessen gottgewollte Natur.
Jedes Begehren darüber hinaus ist Neid auf Güter, die einem
nicht zustehen, und deshalb gleichzeitig eine Anmaßung. Wer
sich so gegen Gott versündigt, legt es darauf an, eine verkehrte
Welt zu errichten. Jeder, der dem Lockruf dieser verkehrten
Welt folgt, muß ins Unglück stürzen. Denn sie kostet ihn sein
Seelenheil. Stellt man zusammen, mit welchen Ausdrücken Boner in seinen Fabeln die neidischen und anmaßenden Tiere
bewertet, so finden sich wiederholt Anspielungen auf «tor-
heit» und «unbedachte narreheit». Wer wider seine gottgewollte Natur aufbegehrt, der ist ein törichter Narr.

Im christlichen Mittelalter ist der törichte Narr das Sinnbild
des ungläubigen Menschen, der bezweifelt, daß er in einer

guten und gerechten Weltordnung lebt. So heißt es in der Bibel: «Die Toren sagen in ihrem Herzen; / ‹Es gibt keinen Gott.›»[15] Am Jüngsten Tag aber wird Gott sie für ihre Leugnung zur Rechenschaft ziehen. Um sie zu warnen und auf den rechten Weg zurückzuführen, entsteht eine eigene Literaturgattung, in deren Mittelpunkt der Narr sein Unwesen treibt. Als herausragendes Beispiel für diese neue närrische Gattung darf «Das Narrenschiff» (1494) gelten. Es ist eine Moralsatire, die Sebastian Brant (1458–1521) geschrieben hat, um seinen Zeitgenossen den Spiegel – den Narrenspiegel – vorzuhalten. Als sie publiziert wird, herrscht in Europa Weltuntergangsstimmung. Unter den Menschen geht eine tiefe Angst um: die Angst vor dem Antichristen. Dieser gilt als die infamste Gestalt des Teufels, da er den Leichtgläubigen die Wiederkunft Christi vortäuscht und ihnen das Paradies auf Erden verspricht. Wer dieses Versprechen glaubt, den stürzt er in heillose Verdammnis.

Auf dem überfüllten Narrenschiff sind die verschiedensten Narren versammelt. Während sie ihren närrischen Leidenschaften, allen voran den Todsünden, nachgehen, treibt ihr Schiff – Symbol der ungläubigen Welt – auf den Wellen der Sünden Flut in sein Verderben. Ganz anders «sant peters schifflin». Das Schiff der Gläubigen, das vergleichsweise wenig gefüllt ist, hält unbeirrt Kurs auf das rettende Ufer. Unter der Besatzung des Narrenschiffes befinden sich auch die neidischen Menschen. Ihnen widmet Brant ein Kapitel seines Lehrgedichtes, wobei er Neid und Haß gemeinsam behandelt.

Von Neid und Haß

Feindschaft und Neid macht Narren viel,
Von denen ich hier reden will.
Der Neid den Ursprung daher nimmt:
Du mißgönnst das, was mir bestimmt,
Und hättest gerne selbst, was mein,
Oder magst sonst nicht hold mir sein.
Der Neid ist solche Todeswund,
Die nimmermehr wird recht gesund;
Er hat die Eigenschaft bekommen,
Wenn er sich etwas vorgenommen,

So hat nicht Ruh er Tag und Nacht,
Bis er den Anschlag hat vollbracht.
So lieb ist ihm nicht Schlaf noch Freud,
Daß er vergäß sein Herzeleid;
Drum hat er einen bleichen Mund,
Ist dürr und mager wie ein Hund,
Die Augen rot, und niemand kann
Mit vollem Blick er sehen an.
Das ward an Saul mit David klar,
An Josephs Brüdern offenbar.
Neid lacht nur, wenn versinkt das Schiff,
Daß er gesteuert selbst ans Riff;
Und nagt und beißt der Neid recht sehr,
Frißt er nur sich und sonst nichts mehr,
Wie Ätna sich verzehrt allein:
Drum ward Aglaurus auch zum Stein.
Welch Gift trägt in sich Neid und Haß,
An Brüdern spürt man besser das;
Das zeigen Kain und Esau, nicht minder
Thyest, Eteokles, Jakobs Kinder;
Die waren von größrem Neid entbrannt,
Als wenn sie *nicht* sich Brüder genannt:
Entzündet sich verwandt Geblüt,
Dann es viel mehr als fremdes glüht.[16]

Brants Beschreibung des Neides lehnt sich an ein einflußreiches Vorbild an: die «Metamorphosen» des antiken römischen Dichters Ovid (43 v. Chr.–17 n. Chr.), etwa um 8 nach Christus entstanden. In diesem Werk wird der Neid als Dämonin Invidia personifiziert. Daher spricht auch Brant im mittelhochdeutschen Originaltext vom Neid als einem weiblichen Wesen: «So lieb ist jr keyn schloff noch freyd / das sie vergeß jrs hertzen leyd ...»

Was die zahlreichen antiken und biblischen Neidgeschichten anbelangt, auf die Brant gegen Ende seines Gedichtes anspielt, so sei nur eine der biblischen Geschichten herausgegriffen, die vielleicht bekannteste, die den Neid zwischen Menschen als Geschwisterneid vorstellt. Die Rede ist von Kain und Abel.

Der Kain-Komplex:
Neidbewältigung als Ursprung der Zivilisation

Die Geschichte von Kain und Abel steht in der «Genesis»[1] geschrieben. Was diese Erzählung meint, läßt sich immer nur durch eine Interpretation erschließen, die aus den verschiedenen möglichen Lesarten eine auswählt. Denn sie bleibt für Deutungen offen, nicht zuletzt deshalb, weil wir den Originaltext nicht besitzen, sondern uns mit hebräischen Bibelhandschriften aus dem Mittelalter begnügen müssen, die dann in die verschiedenen Sprachen übersetzt worden sind – und weil jede Übersetzung zwangsläufig bereits eine interpretative Leistung ist.

Die Erzählung handelt von Adam und Evas Söhnen, die nach der Vertreibung aus dem Paradies geboren werden. Kain ist der erstgeborene, Abel der zweitgeborene Sohn: «Adam erkannte Eva, seine Frau; sie wurde schwanger und gebar Kain. Da sagte sie: ‹Ich habe einen Mann vom Herrn erworben.› (Genauer: ‹Ich habe einen Mann erschaffen mit Jhwh [= Gott›].) Sie gebar ein zweites Mal, nämlich Abel, seinen Bruder.» Beide sind ein ungleiches Brüderpaar, was in ihren verschiedenen Berufen und damit auch verschiedenen Lebensweisen zum Ausdruck kommt: «Abel wurde Schafhirt und Kain Ackerbauer.»

Kain und Abel sind die erste nach-paradiesische Generation. Folglich verkörpern sie den historischen Menschen. Mit ihnen beginnt die Gattungsgeschichte als Weltgeschichte. Und sie beginnt mit einem Brudermord! Wie konnte es dazu kommen? «Nach einiger Zeit», so heißt es, «brachte Kain dem Herrn ein Opfer von den Früchten des Feldes dar; auch Abel brachte eines dar von den Erstlingen seiner Herde und von ihrem Fett. Der Herr schaute [wohlgefällig] auf Abel und sein Opfer, aber auf Kain und sein Opfer schaute er nicht [wohlgefällig].»

Manche von uns werden sich an diesem Punkt der Erzählung an bestimmte Bilder erinnern: Auf dem einen sieht man den Rauch von Abels Opferfeuer steil zum Himmel aufsteigen, auf dem anderen den Rauch von Kains Opferfeuer dagegen in Bodennähe verbleiben. In der Bibel steht davon kein Wort. Die Bilder sind spätere illustrative Hilfestellungen, die dem Bedürfnis der Gläubigen entgegenkommen, Antwort auf die Frage zu erhalten, woran denn zu sehen war, daß der Herr Abels Opfer annahm und Kains Opfer verwarf. Der biblische Text bleibt diese Antwort schuldig. Und noch beunruhigender: Er schweigt sich auch darüber aus, warum Gott den einen Bruder dem anderen Bruder vorzieht!

Daß Kain diese Zurücksetzung nicht unberührt läßt, versteht jeder: «Da überlief es Kain ganz heiß, und sein Blick senkte sich.» Was mag er gefühlt haben? Die beschriebenen Merkmale lassen sich als körperlicher Ausdruck von Beschämung, Wut und Neid ansehen. Da uns der biblische Text nicht erklärt, daß sich Kain etwas habe zuschulden kommen lassen, was seine Zurücksetzung rechtfertigt, erleben wir in Identifikation mit ihm Gottes Urteil als einen empörenden Akt der Willkür.

Und das um so mehr, geht man einem versteckten Hinweis nach: Wenn Kains Opfergabe lediglich als «Früchte des Feldes» beschrieben wird, es von Abels Opfergabe aber heißt, sie bestünde aus den «Erstlingen seiner Herde» [= Lämmern] sowie aus deren «Fett», dann klingt das für Abel nach einem fruchtbareren Ertrag. Folglich würde Gott den erfolgreicheren Bruder auch noch zusätzlich belohnen, obschon der doch durch seinen größeren Erfolg bereits belohnt worden ist. Zudem dürfen wir – zumindest wissen wir es nicht anders – unterstellen, daß Kain sich nicht weniger angestrengt hat als Abel. Folglich würde er doch wohl eher Trost und Ermutigung verdienen. Oder sollen wir bei Kain ein schuldhaftes Versagen mutmaßen, daß zwar Gott, aber nicht uns bekannt ist? Vielleicht konkurrieren die Brüder auch um Gottes Wohlgefallen. Und Gott zeichnet lediglich den Sieger in dieser Konkurrenz aus. Aber auch eine solche Lesart bleibt bloße Spekulation. Denkt man jedoch an eine Konkurrenzbeziehung zwischen den beiden Brüdern, dann muß diese nicht zuvor bestanden haben; sie könnte auch erst durch Gottes Ungleichbehandlung – zumindest bei Kain – provoziert worden sein.

Der biblische Text thematisiert nicht, wer warum welchen Erfolg hat – und unter welchen Bedingungen ein Erfolg verdient ist. Er setzt schlichtweg voraus, daß es im Leben der Menschen immer wieder die Ungleichverteilung von Gütern geben wird, ob diese nun im einzelnen gerecht oder ungerecht sein mag. Man kann sagen: Der biblische Text führt Ungleichverteilung – unabhängig von der Gerechtigkeitsfrage – als eine existentielle Grundsituation ein, an deren Bewältigung sich die Humanität des Menschen erweisen muß. Und so sind die folgenden Gottesworte ausschlaggebend, wobei es allerdings auf die Übersetzung ankommt. In der «Einheitsübersetzung» heißt es: «Nicht wahr, wenn du recht tust, darfst du aufblicken; wenn du nicht recht tust, lauert an der Tür die Sünde als Dämon. Auf dich hat er es abgesehen, doch du werde Herr über ihn!»

Ist hier von «recht tun» die Rede, so liegt es nahe, Kains niedergeschlagenen Blick als ein Eingeständnis zu verstehen, daß er «nicht recht» getan habe. Seine «Sünde» bestünde dann darin, dennoch (auf Gott und/oder Abel) ärgerlich und wütend zu sein. Die Stelle läßt sich aber auch ohne Bezug zu Gerechtigkeitsfragen übersetzen: «Wenn es dir gut geht, magst du dich [leicht] erheben, aber wenn es dir nicht gut geht, liegt die Sünde vor der Tür auf der Lauer, und nach dir verlangt sie; du aber sollst über sie herrschen.»

Mit anderen Worten: Die Meßlatte für die Humanität – oder Zivilisationsstufe – des Menschen ist die Art und Weise, wie er mit Enttäuschungen umgeht. Und er verfehlt das humane – oder zivilisierte – Maß, wenn er auf Enttäuschungen mit Gewalt reagiert, so wie das Kain tut, der sich nicht beherrschen kann. «Hierauf sagte Kain zu seinem Bruder Abel: ‹Gehen wir aufs Feld!› Als sie auf dem Feld waren, griff Kain seinen Bruder Abel an und erschlug ihn. Da sprach der Herr zu Kain: ‹Wo ist dein Bruder Abel?› Er entgegnete: ‹Ich weiß es nicht. Bin ich der Hüter meines Bruders?›»

Kains Frage klingt trotzig. Dennoch hat das Sinnbild des «Hüters» auch andere Untertöne. Es verweist auf die Utopie einer brüderlichen Gemeinschaft, in der die Menschen achtsam und fürsorglich miteinander umgehen. Diese Utopie aber scheitert immer wieder an der Realität destruktiver Leidenschaften, die zu unbeherrschtem gewalttätigen Handeln drängen. «Der Herr sprach: ‹Was hast du getan? Das Blut deines Bruders schreit zu mir vom Ackerboden.›» Und dies hat gravierende Auswirkungen. Dabei ist es nicht so sehr Gott, der Kain bestraft; vielmehr zieht dessen Tat zwangsläufig bestimmte Konsequenzen nach sich: «‹So bist du verflucht, verbannt vom Ackerboden, der seinen Mund aufgesperrt hat, um aus deiner Hand das Blut deines Bruders aufzunehmen. Wenn du den Ackerboden bestellst, wird er dir keinen Ertrag mehr bringen. Rastlos und ruhelos wirst du auf Erden sein.›»

Hier sind nicht in erster Linie Schuldgefühle gemeint, sondern die anhaltende Vorsicht, die ein Mörder aufbringen muß, um der Gewalt derer zu entgehen, die den Mord rächen wollen. Denn Gewalt zieht Gewalt nach sich, so daß keine Ruhe bleibt, den Acker ertragreich zu bestellen. Wer den Bruder ermordet, wird selbst ohne Brüderlichkeit leben müssen. Kain weiß, daß er von nun an vogelfrei ist. «Kain antwortete dem Herrn: ‹Zu groß ist meine Schuld, als das ich sie tragen könnte. Du hast mich heute vom Ackerland verjagt, und ich muß mich vor deinem Angesicht verbergen; rastlos und ruhelos werde ich auf der Erde sein, und wer mich findet, wird mich erschlagen.›»

Daraufhin versieht Gott den Kain mit einem Stigma [= Zeichen], das als Kainsmal sprichwörtlich geworden ist. Meist aber wird es ganz entgegen den Aussagen des biblischen Textes verstanden: als ein Zeichen, das Kain aus der Gemeinschaft der Menschen ausschließt. Im Text aber heißt es anders: «Der Herr aber sprach zu ihm: ‹Darum soll jeder, der Kain erschlägt, siebenfacher Rache verfallen.› Darauf machte der Herr dem Kain ein Zeichen, damit ihn keiner erschlage, der ihn finde.»

Der Brudermörder soll nicht zu einem Unmenschen erklärt werden. Er bleibt Mensch und damit seinen Mitmenschen zur Warnung, daß Mord zwar unmenschlich ist, gleichzeitig aber auch in dem Sinne menschlich, daß Menschen immer fähig sind, einen Mord zu begehen. Zudem gilt es, eine Eskalation der Gewalt zu verhindern. Insofern gemahnt das Kainsmal, auf Rache zu verzichten und sich so zu beherrschen, wie sich bereits Kain seinem Bruder gegenüber hätte beherrschen müssen. Damit wird erneut ein prinzipieller Gewaltverzicht als notwendige Bedingung von Brüderlichkeit herausgestellt.

Damit könnte die Erzählung enden. «Dann ging Kain vom Herrn weg und ließ sich im Land Nod nieder, östlich von Eden.» Strenggenommen endet sie aber nicht an dieser Stelle. Denn der biblische Text weiß noch zu berichten, daß Kain später eine eigene Familie und eine Stadt gründet: «Kain erkannte seine Frau; sie wurde schwanger und gebar Henoch. Kain wurde Gründer einer Stadt und benannte sie nach seinem Sohn Hennoch.» So macht Kain von sich reden. Über Abel verliert der Text kein weiteres Wort. Das ist einigermaßen irritierend, zumal Stadtgründungen als kulturelle Höchstleistungen gelten dürfen. Soll das so verstanden werden, daß nur ein Kain, der fähig ist, einen Mord zu begehen, auch die Kraft zu solchen Leistungen hat, während ein Abel zwar folgsam, dafür aber unkreativ bleibt? Damit würde der menschlichen Aggression eine ambivalente Qualität zugeschrieben werden: Sie kann Werte schaffen und Werte zerstören; es hängt davon ab, wie Menschen sie gebrauchen.

Aber noch eine andere Interpretation bietet sich an: Die Entwicklung der Stadt darf deshalb als eine kulturelle Höchstleistung gelten, weil Städte einen Schutzraum bieten, der die Entwicklung des menschlichen Gemeinschaftslebens fördert, indem sie nicht nur Verwandte, sondern Fremde so gewaltfrei wie möglich zu vereinen sucht. Mithin tritt Kain für das Prinzip ein, das er einst selbst verletzt hat. Denn diesem Prinzip verdankt er – durch Gottes Zeichen geschützt – auch sein eigenes Leben. Infolgedessen erscheint seine Stadtgründung als ein Akt der Dankbarkeit und Wiedergutmachung, die von der Einsicht in die Notwendigkeit, brüderlich – oder besser, weil allgemeiner: geschwisterlich – zusammenzuleben, getragen ist.

Aber wie schon gesagt: Stets bleibt ein Spielraum für unterschiedlich akzentuierte Interpretationen einer Erzählung. Hebt man das Gerechtigkeitsproblem hervor, stellt sich die Frage, warum Kain die ungleiche Verteilung des göttlichen Wohlwollens hinnehmen soll, da sie ihm doch willkürlich erscheinen muß? Freilich hätte er Abel trotzdem nicht erschlagen dürfen, zumal der von Gottes Ungleichbehandlung lediglich profitiert, aber nicht ihr Urheber ist. Wenn auch indirekt, so zielt der Brudermord allerdings letztlich auf die göttliche Autorität. Kain fügt sich ihr nicht, sondern begehrt gegen sie auf. Um sich zu fügen, müßte er blind an die absolute Gerechtigkeit Gottes glauben. Müßte davon überzeugt sein, daß alles, was geschieht, gut ist, obgleich er nicht einzusehen vermag, was daran gut sein soll. Freilich enthüllt der Verlauf der Erzählung, daß aus Bösem Gutes wird.

Der unbeherrschte Kain, der seinen Bruder aus niederen Beweggründen tötet, verändert sich. Er entwickelt sich zu einem Menschen, der die zerstörerischen Folgen menschlicher Gewaltbereitschaft aus eigener Erfahrung kennt und deshalb für deren Beherrschung eintritt. Folglich hat Gott an Kain das Zivilisationsprojekt veranschaulicht, das er vorsieht und seiner Glaubensgemeinschaft zur Aufgabe macht. Nur kann der Mensch in seinem begrenzten Horizont nie wissen, was ihm bevorsteht. Darauf zu vertrauen, daß letztlich alles gut wird, weil Gott es so vorgesehen hat, vermag Kain nicht. Er empört sich, weil er die Ungleichbehandlung nicht einsieht. Statt die absolute Gerechtigkeit Gottes vorauszusetzen, klagt seine Gewalttat ein Legitimationsdefizit ein.

Darin weist Kain auf den modernen Menschen voraus, der den Anspruch erhebt, daß Ungleichbehandlungen mit zustimmungsfähigen Gründen gerechtfertigt werden müssen, um sie hinnehmen zu können. Solche Begründungen aber sind nie unstrittig. Und deshalb wird es stets Menschen wie Kain geben, die sich ungerecht behandelt fühlen. Sie sind es, an denen sich das Zivilisationsprojekt messen lassen muß. Wer wie Abel keinen Grund zur Klage hat, braucht sich auch nicht sonderlich zu beherrschen. Wer aber Unrecht erleidet, dessen Selbstbeherrschung wird auf eine harte Probe gestellt. Bestehendes Unrecht hinzunehmen, ohne dagegen vorzugehen, weil es von Gott vorgesehen ist, wäre freilich fatal. Denn es würde Gott die volle Verantwortung für das Schicksal der Menschen übertragen. Ohne sich selbst für ihr Schicksal verantwortlich zu fühlen, müßten die Menschen aber daran irre werden, daß es keine absolute Gerechtigkeit gibt. Die Geschichte von Kain und Abel läßt jedoch eine Interpretation zu, in der den Menschen kein blinder Glaube abverlangt wird. Vielmehr müssen sie ohne Gewißheit auf absolute Gerechtigkeit leben und selbst einen Weg finden, auch dann möglichst friedfertig zu bleiben, wenn Ungerechtigkeiten fortbestehen.

Ohne Hoffnung auf himmlische Gerechtigkeit

Zu den berühmtesten literarischen Werken über den Neid gehört eine Erzählung des amerikanischen Schriftstellers Herman

Melville (1819–1891), über die bis heute immer wieder diskutiert wird: «Billy Budd».[2] Denn sie ist vielschichtig und nicht immer schlüssig. Kurz vor seinem Tod setzt sich Melville in dieser Erzählung mit dem christlichen Weltbild auseinander, wobei er dieselben Fragen aufgreift, die bereits die Geschichte von Kain und Abel stellt.

Melville verlegt die Handlung der Erzählung ins 18. Jahrhundert. Sie spielt auf der «H. S. M. Indomitable», einem Kriegsschiff, und läßt sich in ihren Grundzügen schnell erzählen: Billy Budd ist ein einfacher, zu Kriegsdiensten gepreßter Seemann, der seinen Dienst widerspruchslos und zu aller Zufriedenheit versieht. Dennoch fühlt sich John Claggert, der Waffenmeister des Schiffes, durch ihn provoziert. Eines Tages denunziert er Billy, eine Meuterei anzetteln zu wollen. Als Kapitän Edward Fairfax Verre daraufhin Billy und Claggert miteinander konfrontiert, kommt es zu einem folgenschweren Ereignis: Der Matrose versetzt dem Waffenmeister einen Faustschlag, der ihn tötet. Ein Standgericht wird einberufen, das Billy zwar vom Verdacht der Meuterei freispricht, ihn aber wegen der Tötung Claggerts zum Tode durch Erhängen verurteilt. Die Mannschaft des Kriegsschiffes erhält über die einzelnen Vorgänge keine genaue Aufklärung. Vielmehr läßt Verre sie in dem Glauben, Billy sei ein Meuterer gewesen. Die Hinrichtung des Matrosen soll allen anderen Seeleuten als abschreckendes Beispiel dienen. Tatsächlich bestand damals auf den britischen Kriegsschiffen beständig die Gefahr einer Meuterei. Vor allem die in großen Zahlen gepreßten Seeleute hatten Grund dazu. Auch auf der «H. S. M. Indomitable» gibt es Aktivitäten, die auf eine Verschwörung hindeuten. Billy wird von einem anderen Seemann auf konspirative Weise angesprochen. Es könnte eine Falle sein, die Claggert ihm stellt. Der ganze Vorgang bleibt aber uneindeutig, weshalb ihn der Matrose auch nicht erwähnt, als sein Kapitän ihn auffordert, sich zu den Beschuldigungen zu äußern. Billy verteidigt sich überhaupt nicht. Und auch sein Todesurteil und seine Hinrichtung erträgt er mit einem Gleichmut, für den ihn die Mannschaft seines Schiffes bewundert – und der Billy Budd zu einer Legende werden läßt.

Melville wählt das Kriegsschiff als Symbol jeder menschlichen Gemeinschaft. In ihr verkörpern Billy und Claggert das

Gute und das Böse. Billy wird von Mellville als der «hübsche Matrose [handsome sailor]» vorgestellt, der von einer engelgleichen androgynen, zugleich männlich kraftvollen wie weiblich anmutigen Schönheit ist. Seine äußere Erscheinung drückt seine inneren Werte aus. Das Schöne erscheint als Ausweis des Guten. Billy ist die personifizierte Tugendhaftigkeit. Wo er auch hinkommt, nimmt seine Ausstrahlung andere Menschen für ihn ein; er wirkt unter ihnen als «Friedensengel». Und doch ist er nicht ganz vollkommen: Billy hat keine Vorstellung vom Bösen. Er kennt es nicht und kann sich deshalb auch nicht vor ihm schützen. Das trifft auch für das Böse zu, das trotz aller Tugendhaftigkeit in Billy selbst steckt. Melville symbolisiert es durch einen Sprachfehler, der sich besonders bei großer seelischer Erregung bemerkbar macht. Dieser Fehler wird Billy in der Konfrontation mit Claggert dann auch zum Verhängnis. Als der Waffenmeister ihn von Angesicht zu Angesicht böswillig der Meuterei beschuldigt, empört sich Billy so sehr, daß er stotternd keine Worte findet und sich nur zu helfen weiß, indem er seinen Widersacher mit einem Faustschlag niederstreckt.

Ist Billy das Schöne und Gute, das seine böse Seite nicht kennt, so stellt Melville Claggert als die Verkörperung des Bösen vor. Und dieses Böse äußert sich als feindseliger Neid auf das Schöne und Gute. Claggert beginnt, Billy das Leben an Bord schwerzumachen. Heimlich sorgt er dafür, daß der Matrose wiederholt wegen kleiner Verstöße gegen die Schiffsordnung auffällt: Das eine Mal ist Billys Gepäcksack, das andere Mal seine Hängematte zu beanstanden. Aber Claggert verhält sich betont nachsichtig und freundlich, nicht so, als habe er es auf ihn abgesehen. Und Billy glaubt das auch nicht, obwohl ihn Mannschaftskameraden vor dem Neid des Waffenmeisters warnen.

Claggert kann sich selbst nicht eingestehen, daß er Billy beneidet. Denn Neid ist ein verpöntes Gefühl: «Man bedenke, daß sich wohl mancher Angeklagte in Hoffnung auf mildere Bestrafung zu den schrecklichsten Taten bekannt hat; hat aber je einer im Ernste zugegeben, daß er neidisch ist? Jeder fühlt, daß der Neid noch mehr erniedrigt als selbst das gemeinste Verbrechen. Und nicht nur, daß ihn jeder verwirft – die Besseren mögen es kaum glauben, wenn er einem verständigen

Menschen nachgesagt wird. Er sitzt aber im Herzen und nicht im Kopf, so daß noch keine so entwickelte Vernunft gegen ihn schützt.» Ist der Neid verpönt und dennoch drängend, muß es unweigerlich zu einem inneren Kampf kommen. Melville hat diesen Kampf, den Claggert mit sich austrägt, treffend beschrieben.

Der Waffenmeister beobachtet Billy «unbemerkt». Er fühlt sich von dem Aussehen des Matrosen angezogen. Und davon, wie dieser «sich in unbewußter Gesundheit seines jungen Lebens freute». Mehr noch aber schlägt ihn die völlige Arglosigkeit Billys in den Bann. Claggert weiß «instinktiv, daß ein solches Geschöpf in seiner geraden Einfalt weder den Willen zur Bosheit kannte noch den vergeltenden Biß dieser Schlange».

Um sich seinen Neid auf Billy nicht eingestehen zu müssen, verbirgt Claggert ihn vor sich selbst. Er gibt ihm «in seinem Inneren» die «verschiedensten Verkleidungen». So versucht er es mit einer «zynischen [...] Verachtung der Unschuld», weiß aber gleichzeitig, daß ihm diese Entwertung nicht gelingt. Zu sehr fühlt er den «Zauber» von Billys Unschuld, «ihre gelassene, glückliche Kühnheit». Er «hätte sie gern sein eigen genannt; aber daran verzweifelte er». Schmerzlich ist sich Claggert bewußt, daß er ganz anders ist als Billy; zwar «in Kenntnis des Guten, aber unfähig, selbst gut zu sein».

Der Waffenmeister fühlt sich «ohne Macht, das elementar Böse in sich zu ersticken, obschon geschickt genug, es zu verbergen». Er ist seinem Neid ausgeliefert und deshalb gezwungen, «seine zugewiesene Rolle bis ans Ende zu spielen». Und diese Rolle besteht darin, Billy zu vernichten. Die unerreichbare Tugendhaftigkeit des Matrosen provoziert ihn. Je weniger es Claggert gelingt, das Böse in Billy zu wecken, desto feindseliger wird er ihm gegenüber.

Allmählich verzerrt aber seine eigene Feindseligkeit auch seine Wahrnehmung von Billy. Plötzlich erscheint ihm die Tugendhaftigkeit des Matrosen lediglich als eine perfekte Tarnung böser Absichten. Obgleich es Claggert ist, der Billy nachstellt, fühlt er sich zunehmend von Billy verfolgt. Diese Verkehrung erspart ihm Gewissensbisse: Indem der Waffenmeister dem Matrosen böse Absichten unterstellt, rechtfertigt er seinen eigenen Angriff als Verteidigungsmaßnahme, um Schaden von sich und dem Schiff abzuwenden.

Eines Tages passiert Billy ein Mißgeschick. Versehentlich schüttet er Claggert eine Schüssel Suppe vor die Füße. Der Waffenmeister macht ein freundliches Gesicht, womit er zu erkennen gibt, daß auch er das Verschütten der Suppe für ein Versehen hält. In seinem Inneren aber bläht sein uneingestandener feindseliger Neid dieses Versehen zu einer absichtlichen Unbotmäßigkeit gegenüber seiner Autorität auf, mehr noch: gegen jegliche Autorität. Zunehmend von seinem Verdacht überzeugt, weil er davon überzeugt sein will, erhebt Claggert schließlich den Vorwurf, der die Gewalt eskalieren läßt: Er denunziert Billy der Meuterei. Als Billy den Waffenmeister deshalb niederschlägt, bezahlt der seine neidische Feindseligkeit mit dem Leben; aber auch Billy hat sein Leben verwirkt.

Melville betont, daß Claggerts Neid keine «vulgäre Leidenschaft» sei: «Claggerts Neid saß tiefer.» Unbeherrschbar tief. Claggerts Feindseligkeit ist «nicht das Ergebnis einer lasterhaften Erziehung, verderbter Bücher oder ausschweifenden Lebens, sondern ihm angeboren von Kindheit an, mit einem [Platon entlehnten] Wort: ‹eine Verdorbenheit, die aus der Natur entspringt›». Wenn sie aber der Natur entspringt, dann ist sie allen Menschen wesentlich. Zwar kann neidische Feindseligkeit durch Lernprozesse überformt werden, letztlich kontrollieren läßt sie sich aber nicht. Billy ist das beste Beispiel dafür.

Zwar scheint seine Friedfertigkeit auf den ersten Blick ebenso natürlich zu sein wie Claggerts Feindseligkeit. Das täuscht aber. Und Melville führt an Billys Beispiel die Ent-Täuschung dieser Selbsttäuschung vor: Während Claggert das Gute kennt, aber nicht gut sein kann, ist Billy gut, weil er das Böse nicht kennt. Seine Naivität schützt ihn aber nicht. Denn im entscheidenden Moment kann Billy sich nicht beherrschen. Er wird von seiner eigenen Feindseligkeit überrascht und fortgerissen. Damit behauptet Melville nichts weniger als den Vorrang des Bösen in der menschlichen Natur.

Das Böse ist für ihn eine Schicksalsmacht, an der moralisches Handeln an seine Grenzen stößt. Um moralisch handeln zu können, muß der Mensch frei sein, sich zwischen guten und bösen Handlungen entscheiden zu können. Das aber kann er nur bedingt, weil er letztlich nicht fähig ist, wider seine böse Natur zu handeln. Ihm bleibt nur eines: sich der eigenen bösen

Anlagen bewußt zu werden und mit stoischer Gelassenheit ihre Folgen zu ertragen.

Melville versteht seine Position als eine Kritik am christlichen Menschenbild. Deshalb hat er seine Erzählung mit biblischen Anspielungen gespickt. Diese häufen sich in der Darstellung des Standgerichtes und der Hinrichtung. Zweifellos sind diese Szenen der Verurteilung und Kreuzigung von Jesus Christus nachgebildet. Um nur zwei der Anspielungen zu nennen: Kurz bevor Billy den tödlichen Faustschlag führt, zeigt sein Gesicht den «Ausdruck eines Gekreuzigten»; und später werden die Matrosen ein Stück von der Rahe, an der Billy gehängt worden ist, wie «ein Splitter vom Heiligen Kreuz» verehren.

In den nachgestellten biblischen Szenen spielt Kapitän Fairfax Verre die Hauptrolle. Seine Namen sind sprechende Namen. Ergibt sich «Verre» aus dem lateinischen Wort für Wahrheit «veritas», so läßt sich «Fairfax» in die Bestandteile «fair» und «facere» zerlegen, was der «gerechte Schöpfer» bedeutet. Damit aber verkörpert der Kapitän die christliche Gottesidee. Und mit der rechnet Melville ab. Denn der Kapitän, dem auf einem Kriegsschiff tatsächlich eine gottähnliche Autorität zukommt, ist nicht an Wahrheitsfindung interessiert und kann deshalb auch gar nicht gerecht sein. Während die übrigen Mitglieder des Standgerichtes bereit sind, mildernde Umstände gelten zu lassen, ist der Kapitän dazu nicht bereit. Er verurteilt Billy zum Tode, obwohl er davon überzeugt ist, Billy sei kein Meuterer und habe Claggert auch nicht vorsätzlich erschlagen.

Melville weist die Idee eines absolut guten Gottes zurück, so wie Billy den Kaplan zurückweist, der ihn in seiner letzten Stunde aufsucht, um ihm Trost zu spenden. Spätestens an dieser Stelle geht dann auch die naheliegende Gleichsetzung von Billy und Jesus Christus nicht länger auf. Zwar verbindet ihn mit Jesus die widerspruchslose Hinnahme seines Todesurteils. Während Jesus jedoch auf himmlische Belohnung hoffen darf, wird Billy einfach nur tot sein. Damit kritisiert Melville das christliche Versprechen, Tugendhaftigkeit werde belohnt. Im Gegenteil: Es ist Billys Tugendhaftigkeit, die Claggerts neidische Feindseligkeit geradezu auf sich zieht. Am Ende hat ihre schicksalhafte Verstrickung beide ihr Leben gekostet. Das spricht nicht gegen das Streben nach Friedfertigkeit, aber für ein Streben, daß sich der allgegenwärtigen und oftmals unausweichlichen menschlichen Feindseligkeit bewußt bleibt.

Melville beendet seine Erzählung mit beißender Ironie. Diese Ironie ist am Werk, wenn Billy, kurz bevor er an der Rahe ‹gekreuzigt› wird, ausruft: «Gott segne Kapitän Verre!» Und während er ohne eine Zuckung seines Körpers stirbt, entfaltet sich ein Naturschauspiel, wie es der Leser von zahllosen bildlichen Darstellungen aus der christlichen Tradition kennt: «Im gleichen Augenblick durchbrach die Sonne das tief im Osten ausgebreitete Wolkenvlies und ließ es aufleuchten in sanfter Glorie, als erscheine in mystischer Vision das Lamm Gottes am Himmel.» Nicht nur die Mannschaft, auch ihr Kapitän wird sich dieses Augenblicks ein Leben lang erinnern. Noch auf seinem Totenbett denkt er daran zurück. Melville läßt ihn im Seekampf mit einem Kriegsschiff, das den bezeichnenden Namen «Atheist» trägt, von einer Musketenkugel getroffen zusammenbrechen. Als Fairfax Verre einige Tage später stirbt, sind seine letzten Worte: «Billy Budd, Billy Budd». Diese Worte verkehren die traditionellen christlichen Rollen: Ruft der gekreuzigte Jesus letztlich doch Gottvater an, weil er sich – darin ganz Mensch – verlassen fühlt und deshalb an seiner Sendung zu zweifeln beginnt, so ruft der Kapitän seinen ‹gekreuzigten› Matrosen an. Melville betont, daß dessen Worte «nichts von Reue an sich hatten». Tatsächlich gibt es nichts zu bereuen, da keiner seinem Schicksal entgeht. Selbst Gott ist ihm ohnmächtig ausgeliefert.

Und dieses Schicksal ist sein eigener Abstandsneid! Vergegenwärtigen wir uns zur Begründung dieser Interpretation noch einmal das Gerichtsverfahren gegen Billy. Kapitän Fairfax Verre führt ein Verfahren durch, das sich nur dem Anschein nach für die Entstehungsbedingungen der Gewalt auf seinem Schiff interessiert. Denn gäbe er dieser Frage ernsthaft Raum, würde es erheblich schwieriger werden, zwischen Gut und Böse eine eindeutige Grenze zu ziehen. Man würde erkennen, wie sehr alle Beteiligten schicksalhaft miteinander verstrickt sind. Statt sich auf eine solche Untersuchung der Komplexität zwischenmenschlicher Beziehungen einzulassen, statuiert Fairfax Verre ein Exempel: Er läßt Billy hinrichten, um die Meuterei der Mannschaft, die er befürchtet, bereits im Keim zu ersticken. Anders kann er damit nicht umgehen. Denn würde er die Berechtigung des Aufbegehrens der gepreßten Seeleute ernsthaft prüfen, müßte er sich der Frage stellen, wie berechtigt es ist, Menschen wider ihren Willen zum Kriegsdienst zu zwingen. Statt dessen zielt die gnadenlose exemplarische Bestrafung Billys darauf ab, Angst und Schrecken zu verbreiten.

Die Ordnung, die Fairfax Verre auf seinem Schiff durchsetzt, beruht auf der Macht des Stärkeren. Gewalt wird nicht durch Einsicht, sondern durch größere Gewalt eingedämmt. Wer über die größere Gewalt verfügt, kann auch eine Unrechtsordnung aufrechterhalten. Er beansprucht Recht zu sprechen, obgleich sein Richtspruch nur seinem eigenen Machterhalt dient. Damit seine Macht nicht gefährdet wird, darf er keinem anderen aus seiner Mannschaft ein eigenes Urteil zugestehen.

Liest man das Geschehen auf dem Schiff als ein Gleichnis auf die göttliche Weltordnung, so führt uns Melville einen Gott vor, der die Menschen daran hindert, selbst darüber zu entscheiden, was gut und böse ist. Denn er fürchtet um seine Macht. Somit wird auch er von Neid getrieben: von Abstandsneid.

Melville betreibt Desillusionierung. Die Hoffnung auf eine Weltordnung, in der sich letztlich die Wahrheit durchsetzt und die Gerechtigkeit siegt, trügt. Denn der Gott, der diese Ordnung garantieren soll, ist nicht der absolut Gute und Neidfreie, als der er angebetet wird. Entweder er hat selbst nicht die Macht, das Schicksal zu wenden, oder seine Absichten sind nicht menschenfreundlich. In einer solchen Weltordnung hilft nur eine fatalistische Haltung. So wie Billy mit heroischem Gleichmut sein Todesurteil und seine Hinrichtung über sich ergehen läßt. Keine Fragen, keine Klagen. Als wüßte er immer schon, daß sie kein Gehör finden. Es ist, wie es ist. Unausweichlich. Sich in das Unausweichliche zu fügen, es fast schon zu bejahen, bewahrt einen letzten Rest von Kontrolle über die Situation.

Wenn Melvilles Erzählung eine Botschaft hat, dann die, jederzeit mit dem Bösen zu rechnen, als dessen Inbegriff er den feindselig-schädigenden Neid wählt, und nicht darauf zu hoffen, daß Tugendhaftigkeit belohnt wird. Denn es gibt weder auf Erden noch im Himmel eine Instanz, die über dem Bösen steht. Deshalb ist Fatalismus die einzige angemessene Haltung.

Man könnte ihn als Moral der Ohnmächtigen bezeichnen. Oder als Moral der Enttäuschten. Als Leser der Erzählung drängt sich einem nämlich immer wieder der Eindruck auf, Melville verzweifele daran, daß es die versprochene göttliche Weltordnung nicht gibt, die Wahrheit und Gerechtigkeit garantiert. Und diese Enttäuschung treibt ihn dazu, sich sogleich Schicksalsmächten ausgeliefert zu erleben, die bloße Willkür walten lassen.

Tatsächlich ist der Mensch radikal auf sich selbst zurückgeworfen, wenn er nicht mehr an eine göttliche Weltordnung glauben kann. Und das heißt: Er muß in der ständigen Verunsicherung leben, nie absolut sicher zu wissen, was gut und böse ist. Für seine Vertreibung aus dem Paradies blinden Glaubens bezahlt er mit dem Bewußtsein seiner eigenen Unvollkommenheit. Damit aber kommt der geschichtliche Mensch nie zur Ruhe. Alle Formen des Zusammenlebens, die er entwickelt, bleiben gefährdet. Vorrangig ist es seine eigene Gewaltbereitschaft, durch die er sich selbst immer wieder in Gefahr bringt. Die christliche Religion versucht wie alle Religionen, einen Schutz vor dieser existentiellen Gefährdung zu finden. Zu diesem Zweck projiziert sie Gebote an den Himmel, die doch nur auf der Erde nützen. Denn auf Erden entscheidet es sich, wie weit es den Menschen gelingt, neidfrei miteinander zu leben. Ihren Neid zu bewältigen ist überhaupt nur dann chancenreich, wenn sie ein Bewußtsein von ihm haben.

Den Neid zu verteufeln, wie es der christlichen Tradition entspricht, muß deshalb als ein fragwürdiges Mittel gelten. Wer seinen Neid lediglich aus höllischer Angst unterdrückt, himmlische Belohnungen zu verlieren, gewinnt keine Einsicht in die Dynamik des Neides – und bleibt ihr vielleicht gerade deshalb ausgeliefert. Und er ist versucht, die einzige Belohnung geringzuschätzen, die der geschichtliche Mensch erwarten darf: eine Zivilisierung seiner Gewaltbereitschaft.

Ausdrucksformen des Neides

Im Unterschied zu Gedanken erleben wir Gefühle als körperliche Ereignisse. Sie gehen mit organismischen Prozessen einher, die im Körperinneren ablaufen, verändern aber auch die Oberfläche des Körpers. Dort erscheinen sie als Ausdrucksbewegungen. Diese Bewegungen erfolgen unwillkürlich, lassen sich aber auch willentlich steuern. Sie sind dann nicht mehr nur Anzeichen von Gefühlen, sondern expressive Signale, die dazu dienen, Gefühle mitzuteilen. Mitgeteilt werden vor allem elementare Handlungsbereitschaften wie beispielsweise Annähern oder Abwenden, Fliehen oder – wie im Falle feindselig-schädigenden Neides – Angreifen. Da Gefühle keine Reflexe sind, erlauben sie Bedenkzeit. Dennoch leiten sie die bereitgestellten elementaren Handlungen gegebenenfalls auch ein.[1]

Die biologisch orientierte Forschung nimmt an, daß Gefühle Aktivierungszustände sind, die nervös und hormonal verursacht werden. Übereinstimmung besteht darüber, daß es für Gefühle einen genau lokalisierbaren Sitz im Gehirn gibt. Die betreffende Hirnstruktur ist das limbische System. Unter Mithilfe chemischer Botenstoffe (Neurotransmitter) verschaltet es stammesgeschichtlich alte Hirnteile mit dem Neokortex, dem einzigartigen, stammesgeschichtlich jüngsten Teil der menschlichen Großhirnrinde. Strittig ist dagegen, ob den verschiedenen Gefühlen, die wir in unserem Erleben unterscheiden, tatsächlich auch verschiedene Aktivierungsmuster entsprechen.[2]

Allenfalls trifft diese Spezifität auf das Repertoire einiger angeborener Grundgefühle[3] zu. Dazu gehören: Angst, Wut, Freude, Traurigkeit, Akzeptanz, Ekel, Erwartung und Überraschung. Neid nicht! Damit ist für ihn auch mit keinem spezifischen Aktivierungsmuster zu rechnen. Folglich gilt er als ein abgeleitetes Gefühl, das sich – ähnlich einer Mischfarbe – aus verschiedenen Grundgefühlen zusammensetzt: vornehmlich aus Angst, Wut und Traurigkeit.

Trotz aller Schwierigkeiten, einen überzeugenden Nachweis für die organismischen Gefühlsprozesse zu erbringen, sind wir im Alltag doch fest davon überzeugt, Gefühle körperlich unterscheiden zu können. Freilich nicht anhand mikroskopischer Prozesse, sondern anhand von körperlichen Veränderungen: Wenn die Hände schwitzen, haben wir Angst. Und Wut, wenn die Halsadern anschwellen und der Kopf hochrot anläuft. Bemerkenswerterweise sind wir uns meist sicher, obgleich es untrainierten Personen kaum gelingt, solche Veränderungen angemessen wahrzunehmen. Vielleicht geben wir in Situationen, in denen wir uns dazu äußern, gar keine Wahrnehmungen wieder, sondern Alltagstheorien, die wir über den Zusammenhang von Körper und Gefühl gelernt haben:[4] Wir nennen dann dieselben körperlichen Veränderungen, weil wir über dasselbe kulturelle Wissen verfügen. Ohne uns allerdings bewußt zu sein, daß wir einer Alltagstheorie folgen. Und wenn wir gar nicht zwischen Wahrnehmung und Wissen unterscheiden können, dann fühlen wir vielleicht auch genau das, was wir bei bestimmten peripheren körperlichen Veränderungen zu fühlen gelernt haben: Wir weinen dann nicht, weil wir traurig sind, sondern sind traurig, weil wir weinen.

Ein Versuch, solche Alltagstheorien an Deutschen, Mexikanern, Polen, Russen und US-Amerikanern zu erheben, zeigt, daß es im interkulturellen Vergleich sowohl gemeinsame als auch voneinander abweichende Lokalisationen für einzelne Gefühle gibt.[5] Was den Neid anbelangt, so besteht die größte Übereinstimmung für 31 vorgegebene Körperpartien und Körperreaktionen darin, ihn mit dem Herzen und dem Gesicht in Verbindung zu bringen. Dabei weichen die Deutschen am stärksten von diesem Schema ab, da sie Neid vorrangig im Kopf lokalisieren, was die Angehörigen der Vergleichskulturen nicht tun. Warum diese Unterschiede bestehen, ist ungeklärt.

Neidische Gesichtszüge

Veränderungen an der Körperoberfläche, die mit Gefühlen einhergehen (können), sind nicht nur unbedeutende Begleiterscheinungen. Vielmehr haben sie auch eine kommunikative Funktion. Zum einen passiv: Sie werden in zwischenmenschlichen Begegnungen genutzt, um zu erschließen, was jemand

Abb. 1: Sammlung Lavater:
«Neides-Grimm»

gerade fühlt. Zum anderen aktiv: Jemand kann mit Hilfe von Körpersignalen, also kontrollierbaren körperlichen Veränderungen, ein bestimmtes Gefühl zum Ausdruck bringen. Oder aber es maskieren, was es anderen Menschen erschwert, dieses Gefühl zu erschließen. Die wichtigsten expressiven Signalsysteme, über die der Homo sapiens verfügt, sind: Körperhaltung, Stimme und vor allem Mimik. Seine zahlreichen kleinen Muskeln machen aus unserem Gesicht einen körpereigenen Monitor, der durch seine Bewegungen signalisiert, wie bewegt wir sind.

Gibt es nun besondere Ausdrucksmerkmale des Neides? Wenn wir davon sprechen, daß jemand «blaß vor Neid» wird, dann unterstellen wir ihm eine Verengung seiner Blutgefäße.

Die plötzliche Wahrnehmung, das begehrte Gut im Besitz einer anderen Person zu sehen, hat ihm einen Schock versetzt. Neidische Menschen halten wir aber nicht nur für blaß, sondern sagen auch, sie seien «gelb vor Neid» oder «grün vor Neid». Diese Färbung erscheint als ein verschärfter Zustand. Der antiken Temperamentenlehre zufolge zeigt nämlich die gelbe oder grüne Färbung ein Gallenleiden an. Denn die Galle gilt in dieser Lehre als organischer Sitz des Neides. Und roter Blutfarbstoff wird tatsächlich zu gelbem und grünem Gallenfarbstoff abgebaut. Neidisch wären demnach Menschen, denen die Galle «überläuft». Denn wird der Abfluß der Galle gestört, staut sie sich in das Blut zurück und scheint gelblich durch die Haut hindurch: Es ist eine Gelbsucht entstanden. Neidische Menschen leiden demnach an einer Vergiftung und sind deshalb, freilich nunmehr eher metaphorisch als medizinisch, auch für ihre Mitmenschen giftig.

Oftmals ist auch zu hören, daß neidische Menschen «spitzig» sind. Das meint zusammengepreßte, dünne Lippen. Lippen wie ein Strich. Mit diesem Merkmal ist die Vorstellung verbunden, daß neidische Menschen sich eher «die Zunge abbeißen», als ihrem Mitmenschen, den sie um das begehrte Gut beneiden, ein paar anerkennende Worte zu sagen. Sie gelten deshalb als «verbissen».

Zu diesem Ausdruck gehört auch ein gequältes Lächeln, das in der Gegenwart eines beneideten Mitmenschen gute Miene zu machen sucht, sich aber letztlich doch nicht verstellen kann. Dieses Ausdrucksmerkmal hat etwa Theodor Fontane (1819–1898) in seinem Roman «Frau Jenny Treibel» (1892) benutzt, um das «Gesellschaftsfräulein Honig» zu charakterisieren, «deren herbe Züge sich wie ein Protest gegen ihren Namen ausnahm».[6] Während einer Festtafel muß sie an der «Schmalseite des Tisches» sitzen, was ihre soziale Randposition markiert. In der feinen Gesellschaft ist sie zwar geduldet, gehört aber nicht wirklich dazu. Ihre Aufstiegshoffnungen haben sich nicht erfüllt. Und so sieht sie voller Neid, wie sich die beiden anderen Frauen an der Tafel mit heiterer Unbeschwertheit die Aufmerksamkeit der Männer teilen. Jenny ist gerade Frau Treibel geworden. Und Corinna, diese «halbe Kollegin», hat anscheinend auch die besseren Heiratschancen. Deshalb gelingt es dem neidischen Fräulein nicht, sich ebenfalls zu amüsieren: «Je mehr sie zu lächeln suchte, je sichtbarer wurde der sie verzehrende Neid.»

Fragt man nach weiteren typischen Gesichtszügen des Neides, dann stößt man früher oder später auf die Physiognomik. Im 18. und 19. Jahrhundert ist sie ein vielversprechender Zweig der Wissenschaften vom Menschen. Berühmtheit erlangt der schweizer Pastor und Arzt Johann Caspar Lavater (1741–1801). Er behauptet, den Charakter eines Menschen mit all seinen Geheimnissen enthüllen zu können. Einzig und allein aus der Form eines Gesichtes und den Proportionen der einzelnen Gesichtsteile. Im Laufe seines Lebens trägt er eine große Datenmenge über Gesichter zusammen und verfaßt zwischen 1775 und 1778 die richtungweisende Arbeit «Von der Physiognomik», die zu einem Bestseller wird. Der physiognomischen Lehrmeinung zufolge ist das gesamte Leben eines Menschen in seinen Gesichtszügen niedergeschrieben. Je öfter jemand ein bestimmtes Gefühl erlebt und mimisch zum Ausdruck gebracht hat, desto mehr wird sein Gesicht die Züge annehmen, die diesem Gefühl entsprechen. Wer physiognomisch geschult ist, soll in Gesichtern lesen können wie in Büchern. Zu diesem Zweck entwirft Lavater idealtypische Gesichter, die bestimmte innere Zustände zum Ausdruck bringen. Unter ihnen findet sich auch ein Gesicht, das er «Neides-Grimm» betitelt (Abb. 1).

Es zeigt einen Mann, dem die lebenslange Enttäuschung ins Gesicht geschrieben steht, begehrte Güter nie besessen zu haben. Die tiefen Furchen in seinem Gesicht sind bleibende Spuren von Ärger und Wut, die nicht vergehen.

Scheelsucht

Charles Darwin (1809–1882) greift die Tradition der Physiognomik auf und macht sich daran, ihre Methoden zu verbessern. In seinem 1872 erschienenen Buch «Der Ausdruck der Gemütsbewegungen bei dem Menschen und den Tieren» vertritt er die Auffassung, daß die Ausdrucksbewegungen des Gesichtes angeboren sind. Ihm zufolge werden Gefühle im Gehirn erzeugt und über das Gesicht mitgeteilt. Der Fähigkeit, sehr differenziert mimisch miteinander zu kommunizieren,

Abb. 2: Idealtypischer Neidausdruck
nach Albert Borée

schreibt er einen großen Überlebensvorteil der menschlichen Gattung zu. Gestützt auf die Beschreibungen von Fachkollegen über den mimischen Ausdruck von Menschen naturwüchsiger Gesellschaften sowie auf eigene Befunde, für die er Ausdrucksbewegungen von Säuglingen mit denen von Erwachsenen vergleicht, glaubt er, es gebe feststehende mimische Muster. Allerdings nicht bei allen «Seelenzuständen». Unter diejenigen, bei denen er skeptisch bleibt, zählt er auch den Neid. Wenn es überhaupt ein kennzeichnendes Ausdrucksmerkmal gibt, dann wird Neid, so räumt Darwin ein, «durch das Auge entdeckt».[7] Folglich verrät sich der neidische Mensch durch seinen Blick.

Das hat sich der Schauspieler Albert Borée zunutze gemacht. 1899 veröffentlicht er seine «Physiognomischen Studien», mit

Abb. 3: L. Vostermann, Der Neid,
Kupferstich nach Adrian Brouwer, 17. Jh.

denen er seinen Bühnenkollegen einen mimischen Leitfaden
für eine überzeugende Darstellung von Gefühlen liefern will.
Zu diesem Zweck übt er idealtypische Gesichter ein, die er
anschließend auf Fotos bannt. Eines davon stellt «Neid, Mißgunst» dar (Abb. 2).

Borée gibt an, aus welchen einzelnen mimischen Bewegungen es besteht: «Brauen zusammengezogen; Augen halb geschlossen; Blick seitwärts, hämisch; Oberlippe hochgezogen,
viel Rot zeigend».

Die Assoziation von Neid und Blick hat eine lange Tradition. So ist das lateinische Wort für Neid «invidia». Es bedeutet die Einheit von Hinsehen und Beneiden. In den «Metamorphosen» (8 n. Chr.) des Ovid (43 v. Chr. – 17. n. Chr.) heißt es
von der Dämonin Invidia: «stets schielt sie querüber».[8] Dieser
schielende Blick liefert dann auch das Ausdrucksmerkmal, das
dem Begriff der «Scheelsucht» zugrunde liegt, der im Mittelalter in Deutschland für Neid gebraucht worden ist. «Scheel»

bedeutet «schief». Und «schief» ist sprachgeschichtlich mit «schlimm» verwandt.

Der schiefe Blick ist deshalb schlimm, weil er täuscht. Der Kopf weist eine andere Richtung als die Augen. Während es so aussieht, als wende man sich von dem beneideten Gut ab, soll dieses Manöver den beneideten Menschen doch lediglich beruhigen. Um so leichter fällt es dann, ihn zu belauern, um eine günstige Gelegenheit abzupassen, ihm zu schaden. Der schiefe Blick ist hinterhältig und gefährlich. Wie gefährlich, belegt ein Kupferstich, der nach einem Bild des flämischen Malers Adrian Brouwer (1606–1638) angefertigt wurde (Abb. 3).

Dargestellt ist der Neid als eine zwielichtige Männergestalt. Obgleich scheinbar unbeachtet, hat sie das Messer doch griffbereit.

Die eindrucksvollste Darstellung des schiefen Blickes aber bietet die Neid-Szene, die der niederländische Maler Hieronymus Bosch (1450–1516) auf seinem «Tisch der sieben Todsün-

Abb. 4: Hieronymus Bosch, Invidia, Öl auf Holz, um 1480, Museo Nacional del Prado, Madrid

den [auch: Tisch der Weisheit]» zeigt (Abb. 4). Sie führt ein gesellschaftliches Leben vor, in dem ausnahmslos jeder jeden beneidet.

Das Spiel der schiefen Blicke knüpft das Netz der menschlichen Beziehungen: zwischen den Geschlechtern und zwischen den Ständen. Keiner der dargestellten Menschen ist bei sich. Keiner auf sein Gegenüber bezogen. Alle sind sie abgelenkt. Verstohlen werfen sie neidische Blicke auf das, was sie begehren, aber selbst nicht besitzen. Sogar die dargestellten Tiere sind davon nicht ausgenommen.

Der böse Blick

Der böse Blick gehört zu den am weitesten verbreiteten Vorstellungen aus dem Bereich des Volksglaubens, sowohl geographisch als auch historisch.[1] Vor allem in den nördlich des Äquators gelegenen Teilen Afrikas, in ganz Europa, im Nahen Osten sowie in Indien mit seinen angrenzenden Ländern wird er gefürchtet.

Bereits der antike Mensch kennt diese Furcht. Selbst die damaligen Gelehrten lassen keinen Zweifel an der Existenz des bösen Blickes. Vielmehr versuchen sie, ihn rational zu erklären, wobei sie sich einer Theorie bedienen, die erst im 17. Jahrhundert endgültig aufgegeben wird: Diese Theorie geht von Sehstrahlen aus, die dem Blick materielle Eigenschaften verleihen. Man glaubt, das Auge sei insofern ein aktives Organ, als es eine innere Kraft besitze, die in Form von Strahlen zu den angeblickten Objekten hinreiche. Diese Strahlen dienen auch dem Transport von seelischen Zuständen, die dadurch Fernwirkungen bekommen. Zu diesen Wirkungen gehört auf der Seite des guten Blickes die Entstehung von Liebe, auf der Seite des bösen Blickes dagegen der Schaden, der durch Zorn und vor allem Neid entsteht.

Auch wenn diese Theorie für uns heute dem Aberglauben angehört, einem Glauben, der trotz besseren wissenschaftlichen Wissens besteht, erinnert unser Sprachgebrauch noch immer an ihn: Wir sprechen von einem «strahlenden» Blick, von einem Blick, der uns «berührt» und, wenn er negativ ist, sogar «töten» kann. Und wir sprechen von einem «haßerfüllten» oder eben auch «neidvollen» Blick, was an die Vorstellung erinnert, der Blick sei ein Trägermedium für die jeweiligen seelischen Zustände, die es als seinen Inhalt transportiert. Für uns sind es lediglich Metaphern. Einstmals aber waren es überzeugende Erklärungen.

Auch wenn der böse Blick nicht immer neidisch zu sein braucht, so gilt Neid doch als seine häufigste Ursache. Sein auffälligstes Merkmal ist seine schräge Richtung. So schreibt der lateinische Dichter Horaz (65 v. Chr. – 8 v. Chr.), als er die Vorzüge des Landlebens gegenüber dem Leben in der Stadt preist: «Dort feilt keiner mit schrägem Blick mein Glück ab.»[2] Bekanntlich muß man die Feile schräg an das zu bearbeitende Werkstück ansetzen, um den erwünschten Effekt zu erzielen. Dieser Effekt besteht darin, überstehende Unebenheiten zu beseitigen. Folglich bezweckt der neidische Blick, der wie eine Feile wirkt, eine Nivellierung der Güter. Niemand soll mehr davon haben als andere.

Das Christentum hat die Theorie des bösen Blickes übernommen. Als wichtigstes Zeugnis dafür läßt sich eine Stelle zu Beginn des Briefes anführen, den Paulus an die Galater geschrieben hat. Dort beschuldigt er sie, vom wahren Glauben abgefallen zu sein, als habe jemand einen bösen Blick auf sie geworfen: «Wer hat euch mit dem bösen Blick verhext?»[3] Etliche einflußreiche Kirchenväter kommentieren diese Stelle und tragen damit zu einer Verbreitung der Theorie bei. Allerdings erfolgt in diesen Kommentaren eine entscheidende Neubewertung. Während die vorchristliche Antike die schädigende Fernwirkung des Auges auf den feindseligen Neid einer autonomen Person zurückführt, wird im Christentum aus der bösen Kraft die Kraft des Bösen. Sprich: des Teufels und seiner teuflischen Helfer. So verkündet Basileios der Große (330–379) in seiner bereits zitierten Predigt: «Das aber sage ich, daß Dämonen, die das Gute hassen, wenn sie ihnen verwandte seelische Einstellungen antreffen, sie gänzlich zu ihrem eigenen Willen mißbrauchen. Daher benutzen sie die Augen derer, die den bösen Blick haben, als Handlanger für ihre eigenen Absichten.»[4]

Als bevorzugtes Werkzeug des Bösen gelten Frauen, die als Hexen denunziert werden. Ihr böser Blick schadet Menschen und Tieren. Eine zutiefst frauenfeindliche Vorstellung, die in der Folgezeit bekanntlich zu einem bis heute von der Kirche verleugneten Massenmord geführt hat. Zu den typischen Schäden, die ihrem bösen Blick zugeschrieben werden, gehören Krankheiten, allen voran die Tuberkulose, volkstümlich «Schwindsucht» oder «Auszehrung» genannt. Der neidische Blick erweist sich in diesem Zusammenhang buchstäblich als ein gefräßiger Blick, der nach der Gesundheit des Beneideten giert.

Die Furcht vor dem bösen Blick von Hexen lebt im Aberglauben fort. Bis auf den heutigen Tag. Des bösen Blickes verdächtigt werden dabei aber auch immer wieder Menschen, deren Augen irgendeine Besonderheit aufweisen: einäugige Menschen, Menschen mit ungewöhnlich großen oder vorstehenden Augen sowie Augen von seltener Augenfarbe. Und eben schielende Menschen, weil Schielen die Verkörperung des schrägen Blickes ist. Zudem werden überzufällig häufig körperlich oder geistig Behinderte, Arme und Außenseiter verdächtigt. Dies läßt darauf schließen, daß man insgesamt vor allem Menschen den bösen Blick zuschreibt, die nicht so recht in die herrschende gesellschaftliche Ordnung passen wollen. Es sind sozial ausgeschlossene, zumindest aber von sozialem Ausschluß bedrohte Menschen. Insofern hätten sie allen Grund, auf die Etablierten neidisch zu sein. Folglich spiegelt sich in der Furcht vor dem bösen Blick die Angst der Etablierten, ihren privilegierten Status zu verlieren. Und gleichzeitig wird eine vorbeugende Verteidigung möglich, da man sicher zu wissen glaubt, von wem die Gefahr ausgeht.

Die christliche Lehre bestärkt sie darin. Denn wer den bösen Blick hat, wird spätestens im Fegefeuer dafür bestraft. Wie, darüber gibt Dante Aligieri (1265–1321) in seiner um 1300 geschriebenen «Göttlichen Komödie», der vielleicht einflußreichsten abendländischen Darstellung des Jenseits, Auskunft: Mit Eisendraht werden ihnen die Augen vernäht, da sie damit eine «Schädigung aus Neid»[5] begangen haben.

Schließlich darf nicht unerwähnt bleiben, daß dem bösen Blick auch eine sexuelle Bedeutung zukommt. Man stößt auf sie über das lateinische Wort «fascinatio». Dieses Wort bezeichnet das Verhältnis zwischen dem, der den bösen Blick hat, und dem, den er damit anblickt. Wer ihn hat, ist ein «fasciono» – in der neueren italienischen Sprache ein «jettatore». Zwischen ihm, dem Neider, und dem Beneideten oder dem Gut, um das er ihn beneidet, besteht ein Verhältnis der Faszination. Denn Faszination ist das uns geläufige Lehnwort für dieses Verhältnis. Neidische Menschen werden ein Opfer ihres eigenen Begehrens. Der Anblick des beneideten Gutes schlägt sie in Bann. Ihr gesamtes Gesichtsfeld wird eingeengt. Sie sehen nur noch das Gut, das sie begehren, aber ein anderer besitzt. In dieser Selbstfesselung gleicht der Neid einem Gefühl, das man sonst sicherlich nicht zu seinen Verwandten zählt: die Liebe. «Es ist bekannt», so schreibt Francis Bacon (1561–1626), «daß unter den Leidenschaften keine dermaßen fesselt oder bezaubert [= fasziniert] wie Liebe und Neid.»[6]

Liebe muß dabei allerdings auch immer als geschlechtliche Liebe verstanden werden. Denn «fascinus» bedeutet nicht nur den bösen Blick und dessen Selbstfesselung, sondern bezeichnet ebenfalls den Phallus, das erektierte männliche Genitale. Und phallisch sind zahlreiche der abergläubischen Beschwörungsgesten, die gegen den bösen Blick schützen sollen. So berührt ein Mann aus dem italienischen Kulturkreis, wenn er sich vor einem Jettatore schützen will, seine Hoden, wobei er im römischen Dialekt dazu sagt: «salvando 'ndove mi tocco [bewahrend, wo ich mich berühre]». Bekannter ist die Geste des «Feigebietens»: Dabei wird der Daumen zwischen den gebeugten Zeige- und Mittelfinger gesteckt, was das Zurückhalten und Bewahrenwollen des Phallus anzeigt. Schließlich haben Archäologen bei ihren Ausgrabungen häufig einen «Phallus oculatos» gefunden. Dieser Gegenstand, der etwa als Amulett getragen worden ist, stellt einen Phallus mit einem Auge dar. In allen drei Fällen handelt es sich um eine Vergewisserung der männlichen Potenz. Das läßt den Schluß zu, daß der neidische Blick als versuchte Kastration erlebt werden kann.

«Neid hat scharfe Augen»: Sezierende Neugier

Der böse Blick ist immer auch ein neugieriger Blick, eindringlich und eindringend. Er verfolgt beneidete Menschen. «Non est curiosus, quin idem sit malevolus», heißt es bei dem antiken römischen Komödiendichter Titus Maccius Plautus (250–184 v. Chr.): «Niemand ist neugierig, ohne auch mißgünstig zu sein.»[7]

Diese Überzeugung hat sich über die Jahrtausende hin erhalten. Daß Neid neugierig macht, steht sogar in Benimm-Büchern zu lesen. Dabei wird dieser Zusammenhang bevorzugt dem weiblichen Geschlecht zugeschrieben. So heißt es bei Adolph Freiherr von Knigge (1752–1796), der mit seinem Buch «Über den Umgang mit Menschen» (1788) nichts weniger versucht hat, als seine Zeitgenossen bürgerlichen Anstand zu lehren: «Ein großes Ressort im weiblichen Charakter ist die Neugier. [...] Deswegen forschen die Schlimmern unter ihnen so gern nach fremden Geheimnissen und spähen die Handlungen ihrer Nachbarn aus, wenn auch nicht immer Bosheit, Neid und Schadenfreude zugrunde liegen.»[8]

Freilich gilt das nicht nur für Frauen, auch wenn es sich um ein besonders hartnäckiges Vorurteil handeln dürfte. In späteren Benimm-Büchern ist der Zusammenhang dann auch meist geschlechtsneutral formuliert: «Mit der Neugierde geht in der Regel [...] Neid über das Glück anderer Hand in Hand.»[9]

Dazu paßt eine Beschreibung über das Leben von Nachbarn in alten Wiener Mietshäusern, das oft von Neid bestimmt gewesen ist: «Jeder Bewohner war der genauen Beobachtung der anderen ausgesetzt. Früher jedoch gab es an den Türen noch kein Guckloch, den ‹Türspion›, der die Beobachtung des Lebens am Gang sehr erleichtert hätte, daher bohrte man selbst ein kleines Loch in die Tür. Oder man schaute durchs Schlüsselloch. [Andere blickten] oft stundenlang vom Fenster aus auf die Gasse, oder man stand hinter dem Vorhang, um selbst nicht gesehen zu werden. Die Neugierde war groß.

In den alten Mietshäusern gab es am Dachboden eine Waschküche. Es war genau geregelt, an welchem Tag im Monat die einzelnen Wohnparteien ihren Waschtag hatten. Die gewaschene Wäsche wurde am Trockenboden aufgehängt. Neugierig schlichen sich die Nachbarinnen dorthin, um zu sehen, welche Wäsche die Nachbarn trugen. Man meinte dann zum Beispiel: ‹Wiener Schnitzel können sie sich leisten, aber die Unterwäsche ist nichts wert.› Die Neugierde war notwendig, um in niederträchtiger Weise andere ‹ausrichten› zu können.

Übrigens gab es sogar Leute, die neugierig in die Mistkübel, die im Hofe standen, blickten, um zu sehen, was die Nachbarn so wegwerfen. Auch das konnte Gegenstand des Tratsches werden, aber vor allem des Neides.»[10]

Wie Knigge es bereits betont hat, steht Neugier nicht zwangsläufig im Dienst des Neides. Aber der Neider stellt seine Neugier in den Dienst seines Ärgers und seiner Wut. Es ist eine sezierende Neugier. Sezierend deshalb, weil der beneidete Mensch nicht in seiner ganzen Person – mit allen ihren Stärken und Schwächen – gewürdigt wird. Vielmehr beobachtet der

Neider den Beneideten ständig mit bösem Blick, um Angriffspunkte zu finden, ihm zu schaden.

Ein eindrucksvolles Beispiel dafür bietet Gustave Flaubert (1821–1880), der von Kindheit an ein äußerst neidischer Mensch gewesen sein muß. So ist von dem 15jährigen ein Brief überliefert, in dem er über das Unglück des Konrektors seiner Schule frohlockt, den man im Bordell überrascht und deshalb einem Disziplinarverfahren unterworfen hat: «Das ist etwas, das mich freut, mich erfrischt, mich ergötzt, mir wohl tut in der Brust, im Bauch, im Herzen, in den Eingeweiden, im Zwerchfell [...]. Adieu, denn ich bin ganz närrisch über diese Neuigkeit.»[11]

Flaubert genießt solche Ereignisse, die ihm zu Ohren kommen. Aber er begnügt sich nicht damit, zufällig von ihnen zu erfahren. Vielmehr entwickelt er eine sadistische Neugier, solche Ereignisse ans Licht zu zerren. Dies belegt ein weiterer Brief, zwei Jahre später geschrieben, in dem er bekennt: «Ich seziere ständig, das macht mir Spaß, und wenn ich endlich die Korruption in einer Sache entdeckt habe, die man für rein hält, und das Krebsgeschwür an den schönen Stellen, hebe ich den Kopf und lache.»

Hier vermischen sich Neugier und Schadenfreude. Und bekanntlich ist Schadenfreude die «schönste Freude». Mit ihr kommen wir auf die Frage nach den verschiedenen Formen zurück, in denen sich neidische Feindseligkeit äußern kann. Ihre harmloseste Form ist die Abwertung des Menschen, den man beneidet: Ich mag ihn nicht und denke nur schlecht über ihn. Weniger harmlos wird es, wenn der Vorstellung die Tat folgt: wenn es darum geht, ihn zu schädigen. Ihm nicht nur Unglück zu wünschen, sondern ihn unglücklich zu machen. Ärger und Wut reichen dazu oft nicht aus, sondern müssen zu Haß gesteigert sein.

Bei meiner Darstellung verschiedener Formen neidischer Feindseligkeit werde ich mit der Schadenfreude beginnen, Rache, Ressentiment und Mitleidlosigkeit folgen lassen und dieses Repertoire aggressiver Handlungen und Haltungen mit dem Zynismus beschließen.

Neid und Schadenfreude

Nach einem gelungenen Bonmot des österreichischen Schriftstellers Alexander Roda Roda (1872–1945) ist Neid «der Ärger über den Mangel an Gelegenheit zur Schadenfreude». Tatsächlich darf Schadenfreude als die bevorzugte Freude neidischer Menschen gelten. Sie empfinden sie, wenn der beneidete Mitmensch, dem sie feindselig gesinnt sind, nicht von ihrer eigenen Hand, sondern durch die Einwirkung anderer Mächte geschädigt wird. Darin unterscheidet sie sich von der Rache, die neidische Menschen nehmen, indem sie ihren beneideten Mitmenschen eigenhändig Schaden zufügen.

Arthur Schopenhauer (1788–1860) hat nachdrücklich darauf hingewiesen, daß die Schadenfreude «der Grausamkeit enge verwandt ist» und «da eintritt, wo das Mitleid seine Stelle finden sollte, welches als ihr Gegenteil die wahre Quelle aller echten Gerechtigkeit und Menschenliebe ist».[1] Derart als grausame Mitleidlosigkeit gekennzeichnet, versteht es sich von selbst, daß die Freude an dem Schaden, den ein beneideter Mitmensch nimmt, moralisch keinen guten Ruf hat.

Trotz ihrer Verurteilung ist sie eines der volkstümlichsten Vergnügungen überhaupt. Und sie darf sogar von sich behaupten, eine himmlische Freude zu sein. Denn im christlichen Himmel werden die Auserwählten für ihre Gott gefällige Lebensführung belohnt. Die Gottlosen leiden zu sehen ist eine solche Belohnung. Keineswegs werden die verdammten Sünder mit Mitleid bedacht, sondern mit Schadenfreude. Darin sind sich viele Theologen zwischen dem 12. und 18. Jahrhundert einig. Allenfalls unterscheiden sie sich in dem Ausmaß der Schadenfreude, das sie für statthaft halten. Manche der Traktate schwelgen geradezu in Vorstellungen, wie die Gottlosen qualvoll gefoltert werden. Ist das nun tugendhaft? Sicher nicht. Das Bedürfnis der Gläubigen nach Schadenfreude aber läßt sich nicht unterdrücken. Und so bedarf es schon eines theologischen Heroen wie Thomas von Aquin (1225–1274), um zu rechtfertigen, was doch christlich eigentlich nicht zu rechtfertigen ist. Zu diesem Zweck trifft er eine höchst subtile, aber zweckdienliche Unterscheidung zwischen zwei Arten, wie man sich freuen kann: «Etwas kann auf zweifache Weise Gegenstand der Freude sein: einmal an sich, wenn man sich nämlich über etwas als solches freut. Und in diesem Sinne werden sich die Heiligen nicht über die Strafen der Gottlosen freuen. Zum anderen beiläufig, das heißt wegen irgend etwas, was damit verbunden ist. Und auf diese Weise werden die Heiligen sich über die Strafen der Gottlosen freuen, indem sie in ihnen die Ordnung der göttlichen Gerechtigkeit und ihre eigene Befreiung sehen, über die sie sich freuen. Und so werden an sich die göttliche Gerechtigkeit und ihre eigene Befreiung die Ursache der Freude der Seligen sein, die Strafe der Verdammten aber nur beiläufig.»[2]

Damit wird es den Gläubigen erlaubt, ihre Schadenfreude zu genießen, wenn sie dabei nur gleichzeitig fest daran denken, daß der Schaden absolut verdient ist. Betrachtet man heute eine der zahlreichen Höllendarstellungen des Mittelalters, so fällt einem zuerst ein, daß sie wohl die Gläubigen erschrecken und so auf dem Pfad der Tugend halten sollten. Nicht weniger wahrscheinlich aber ist ihr schadenfreudiger Gebrauch: Was die Gläubigen dort zu sehen bekamen, war die ausgleichende Gerechtigkeit Gottes. Wem würde es nicht gefallen, einen Nachbarn in die Hölle zu wünschen, der sein sündiges Leben auf Erden zu genießen scheint? Um ihn nicht beneiden zu müssen, schreckte man selbst vor dem unausweichlichen Strafgericht zurück und befriedigte seinen Restneid durch die schadenfreudige Vorstellung, wie der Nachbar im Jenseits von zahlreichen Teufeln gemartert werden wird.

Bleibt die Theologie der Schadenfreude gegenüber ambivalent, so gibt sie diese Ambivalenz an die Gläubigen weiter. Und die geraten in einen Ambivalenzkonflikt, wenn sie sich über die kleinen und großen Mißgeschicke derer freuen, die sie beneiden. Eine typische Lösung für einen solchen Konflikt ist Verheimlichung.

Gewissenskonflikte

Läßt sich die Schadenfreude schon nicht völlig verhindern, was vielleicht auch gar nicht wünschenswert ist, da sie psychohygienisch gute Dienste leistet, soll sie wenigstens nicht offen

gezeigt werden. Das macht Schadenfreude zu einer klamm-
heimlichen Freude, weshalb der dänische Existenzphilosoph
Sören Kierkegaard (1813–1855) das treffende Bild gebraucht,
daß der Neid «heim in seinen düsteren Winkel [eilt]», wo er
«seine noch abscheulichere Base, die Schadenfreude auf[bie-
tet], um sich mit ihr zu freuen».[3] Wächst aber der moralische
Druck, dem der Neider ausgesetzt ist, dann wird die Schadenfreude durch Scham- und Schuldgefühle gehemmt. Schließlich
verbirgt sie der neidische Mensch vor sich selbst. Folglich stürzen ihn fortan alle Anzeichen der verpönten Freude, die er
trotz aller Anstrengungen nicht niederhalten kann, in Gewis-
senskonflikte.

Eine eindrucksvolle Illustration für einen solchen Konflikt
liefert Karl Philipp Moritz (1756–1793), der zu den Vorläu-
fern einer modernen, auf Erfahrungswissen beruhenden «See-
lenkunde» gehört. Der Schriftsteller, der aus einem ärmlichen,
streng pietistischen Elternhaus stammt, hat mit seinem autobio-
graphisch geprägten Roman «Anton Reiser» (1785–90) einen
der wichtigsten historischen Versuche vorgelegt, das eigene Innenleben zu analysieren, um sich dadurch besser zu verstehen.

Anton weiß, daß er aufgrund seiner Herkunft nur dann
überhaupt eine Chance hat, gesellschaftliches Ansehen zu erringen, wenn er mit einer herausragenden Bildung aufwarten
kann. Da er begabt ist, erhält er ein Stipendium, das es ihm
erlaubt, eine Religionsschule zu besuchen. Voller Ehrgeiz
nimmt er am Unterricht teil und entwickelt sich innerhalb
kürzester Zeit zum Klassenprimus. Sein Siegeszug als Muster-
schüler erhält aber einen Dämpfer, als überraschend ein
Gleichaltriger in den Lehrstunden des Pastors M[arquard] auftaucht, der Anton den Rang abläuft: «Reisers süßer Traum,
der erste unter seinen Mitschülern zu sein, war nun plötzlich
verschwunden. Er fühlte sich erniedrigt, herabgesetzt, mit den
übrigen allen in eine Klasse geworfen.»[4] Als Anton sich nach
seinem «fürchterlichen Nebenbuhler» erkundigt, erfährt er,
daß dieser eines «Amtmanns Sohn und bei dem Pastor M[ar-
quard] in Pension sei». Er hat also allen Grund, in dem Neuen
einen Günstling zu sehen, der schulisch zwar nicht mehr kann
als er, ihm aber vorgezogen wird, weil er aus einer besseren
Familie stammt. Anton reagiert neidisch. Zunächst ist er be-
drückt, weil er sich ohnmächtig fühlt. Dann aber eilt ihm ein

günstiges Schicksal zu Hilfe: «Der schwärzeste Neid nahm auf eine Zeitlang in Antons Seele Platz; der blaue Rock mit dem samtnen Kragen, den der Amtmannssohn trug; sein feines Betragen, seine hübsche Frisur, schlug ihn nieder und machte ihn mißvergnügt mit sich selbst; aber doch schärfte sich bald wieder das Gefühl bei ihm, daß dies unrecht sei, und er wurde nun noch mißvergnügter über sein Mißvergnügen.

Ach, er hätte nicht nötig gehabt, den armen Knaben zu beneiden, dessen Glückssonne bald ausgeschienen hatte. Binnen vierzehn Tagen kam die Nachricht, daß sein Vater wegen Untreue seines Dienstes entsetzt sei. Für den jungen Menschen konnte also die Pension nicht länger bezahlt werden, der Pastor M[arquard] schickte ihn seinen Anverwandten wieder, und Reiser behielt seinen ersten Platz. Er konnte seine Freude wegen der Folgen, die dieser Vorfall für ihn hatte, nicht unterdrücken, und doch machte er sich selber Vorwürfe wegen seiner Freude – er suchte sich zum Mitleid zu zwingen, weil er es für recht hielt – und die Freude zu unterdrücken, weil er sie für unrecht hielt; sie hatte aber demohngeachtet die Oberhand, und er half sich dann am Ende damit, daß er doch nicht wider das Schicksal könne, welches nun den jungen Menschen einmal habe unglücklich machen wollen. Hier ist die Frage: wenn das Schicksal des jungen Menschen sich plötzlich wieder geändert hätte, würde ihn Reiser aus erster Bewegung freiwillig mit lächelnder teilnehmender Miene wieder haben über sich stehen lassen, oder hätte er sich erst mit einer Art von Anstrengung in diese Empfindung versetzen müssen, weil er sie für recht und edel gehalten hätte?»

Solange die Neidfreiheit nicht auf die Probe gestellt wird, ist sie wohlfeil, weil jeder leicht behaupten kann, tugendhaft zu sein. Im Ernstfall aber mag die Stimme des Gewissen zwar Einspruch gegen die Schadenfreude erheben, ob sie aber Gehör findet, ist damit längst noch nicht ausgemacht.

Am Unglück anderer mangelt es nicht

Haben wir uns bislang mit Situationen befaßt, in denen sich jemand durch eine andere, zumeist beneidete Person benachteiligt fühlt, so gehört es doch auch zu den Grundzügen der

Schadenfreude, daß sie sogar dann erlebt werden kann, wenn keine direkte Beziehung besteht. Es scheint auszureichen, das Unglück anderer mitzuerleben, ohne durch deren vormaliges Glück selbst ursächlich benachteiligt worden zu sein. Das Unglück eines anderen mitzuerleben freut allein bereits deshalb, weil es im Kontrast die eigene Situation, wie glücklos sie einem bis dahin auch vorgekommen sein mag, als vergleichsweise glücklich erleben läßt. Wenn wir solche schadenfreudigen Glücksgefühle verurteilen, ändert das dennoch nichts daran, daß sie für die meisten von uns zu den häufigsten Glücksgefühlen gehören. Denn an Unglück herrscht niemals Mangel.

Suchen wir nach Belegen für diese These, so bietet sie die Mediengesellschaft zur Genüge. Sendungen wie «Pleiten, Pech und Pannen» oder «Außer Kontrolle» erfreuen sich, von einigen kritischen Stimmen abgesehen, einer ungetrübten Beliebtheit beim Fernsehpublikum. Während in der einen unachtsame und ungeschickte Menschen, die unsere Nachbarn sein könnten, über ihre eigenen Beine stolpern und im Kampf mit den Tücken der modernen Alltagstechnik scheitern, führt die andere vor, wie Motorradrennfahrer mit ihren Maschinen aus den Kurven fliegen und Formel-1-Boliden sich mehrmals überschlagen. Je spektakulärer, desto lieber. Damit die Schadenfreude rein bleibt, darf freilich kein Blut fließen. Leichen würden sie verderben. Und so wird stets betont, daß alle Verunglückten mit dem Schrecken davongekommen sind.

Den psychischen Gewinn, den wir aus solcher Schadenfreude ziehen, hat bereits Friedrich Nietzsche (1844–1900) präzise bestimmt. Er, der sich wie wenige andere auf der Schattenseite des vernunftbegabten Menschen auskannte, schreibt in «Menschliches, Allzumenschliches» (1886): «Die Schadenfreude entsteht daher, daß ein jeder in mancher ihm wohl bewußten Hinsicht sich schlecht befindet, Sorge oder Neid oder Schmerz hat: Der Schaden, der den anderen betrifft, stellt diesen ihm gleich, er versöhnt seinen Neid. Befindet er gerade sich selber gut, so sammelt er doch das Unglück des Nächsten als ein Kapital in seinem Bewußtsein auf, um es bei einbrechendem eigenen Unglück gegen dasselbe einzusetzen: Auch so hat er ‹Schadenfreude›. Die auf Gleichheit gerichtete Gesinnung wirft also ihren Maßstab aus auf das Gebiet des Glücks und des

Zufalls: Schadenfreude ist der gemeinste Ausdruck über den Sieg und die Wiederherstellung der Gleichheit, auch innerhalb der höheren Weltordnung.»[5]

Zunächst einmal ist Nietzsches Idee bemerkenswert, man könne ein Kapital an Schadenfreude ansammeln: Wer in Zeiten, in denen er selbst kein Unglück leide, darauf aus sei, das Unglück anderer mitzuerleben, rüste sich auf diese Weise für kommende Zeiten eigenen Unglücks. Insofern hätten Sendungen wie «Pleiten, Pech und Pannen» und «Außer Kontrolle» eine wichtige psychohygienische Funktion. Sie würden helfen, eigenes Unglück nicht so schwerzunehmen. Man hat erlebt, daß man nicht alleine davon betroffen ist, mehr noch: daß man angesichts des Unglücks, das sich offensichtlich immer und überall um einen herum ereignet, erfreut sein darf, eigenes Unglück vergleichsweise selten hinnehmen zu müssen. Ist die angehäufte Schadenfreude durch Neid bedingt, dann hilft sie, den Neid zu dämpfen, hat man doch an zahllosen Beispielen erlebt, daß jedem, den man heute beneidet, schon morgen ein Unglück zustoßen kann.

Psychische Entlastung

Auch bei der Frage, wie die psychische Entlastung des neidischen Menschen durch Schadenfreude funktioniert, kommt Nietzsche nahe an aktuelle psychologische Erklärungen heran, wenn er eine Wiederherstellung der Gleichheit betont. Wenn einer das begehrte Gut im Besitz eines anderen wahrnimmt, fühlt er, daß dieser ihm wenigstens in dieser Hinsicht überlegen ist. Der beneidete Mitmensch erscheint ihm dann als Verkörperung seiner eigenen Wunschvorstellung. Wenn diesem dann ein Unglück zustößt, reduziert sich seine Überlegenheit, weil das Glück, das er aus einem beneideten Gut zieht, nunmehr in der Gesamtbilanz verringert wird. Stellt der neidische Mensch eine solche Berechnung an, dann erscheint ihm der bislang beneidete Mitmensch weniger beneidenswert, sondern eher so, wie sich der neidische Mensch selbst erlebt.

Genaugenommen gibt es zwei verschiedene Formen der Schadenfreude. Die eine betrifft das beneidete Gut selbst. Wer einen Kollegen um seinen beruflichen Erfolg beneidet, mag sich freuen, wenn der Beneidete einen Karriereknick erleidet. Damit fühlt sich der neidische Mensch aber nicht zwangsläufig auch positiv bestätigt, da er sich nach wie vor als jemanden sehen kann, dem es an beruflichem Erfolg mangelt. Bei der anderen Form der Schadenfreude bietet er dagegen ein Gut auf, das er selbst besitzt und von dem er glaubt, er selbst sei darum zu beneiden. Dann freut es ihn mehr, wenn der Kollege zwar beruflich erfolgreicher ist, im Unterschied zu ihm aber mißratene Kinder hat. Die eigenen wohlgeratenen Kinder kann der neidische Mensch als ausgleichende Gerechtigkeit genießen, die ihn tröstet und dadurch seinen Neid zumindest vorübergehend besänftigt.

Freilich kann eine psychische Entlastung durch Schadenfreude sozial höchst problematische Konsequenzen haben. Das läßt sich einer Untersuchung im Rahmen der experimentellen psychologischen Neidforschung entnehmen.[6] Sie ist wie leider allzu häufig nur an Studierenden durchgeführt worden. Die jungen Erwachsenen bekommen einen Videofilm zu sehen, der ein Interview mit einem ihnen unbekannten Kommilitonen zeigt. Von dem Film gibt es zwei Versionen. Die eine zeigt einen Kommilitonen, der den Betrachtern in seinem studentischen Leistungsprofil deutlich überlegen ist, die andere dagegen dieselbe Person, die einen deutlich unterlegenen Kommilitonen darstellt. Die Betrachter bekommen jeweils nur eine der beiden Varianten zu sehen. Nach der Vorführung des Filmes, der ihnen unter einem plausiblen Vorwand gezeigt wird, der nicht auf den Zweck des Experimentes schließen läßt, erhalten sie eine ergänzende Information über den Kommilitonen. Diese besagt, er sei in Verdacht geraten, aus einem medizinischen Labor Amphetamine gestohlen zu haben. Die Betrachter reagieren unterschiedlich: Diejenigen Betrachter, die zuvor den Film mit dem überlegenen Kommilitonen gesehen haben, bekunden sehr viel mehr Schadenfreude als diejenigen Betrachter, die mit dem unterlegenen Kommilitonen konfrontiert gewesen sind. Nimmt man an, der überlegene, nicht aber der unterlegene Kommilitone habe Neid ausgelöst, dann stützt das Ergebnis die Vermutung, daß besonders neidische Menschen zu Schadenfreude neigen. Und tatsächlich: Die stärkste Schadenfreude bekunden Betrachter, die mit dem überlegenen Kommilitonen konfrontiert worden sind und sich selbst zuvor als besonders neidisch charakterisiert haben.

Denken wir das Experiment weiter. Berücksichtigen wir, daß der Kommilitone lediglich unter Diebstahlverdacht gestanden hat. Dann läßt sich vorstellen, wie leicht das Bedürfnis, Schadenfreude zu empfinden, um den eigenen Neid zu besänftigen, dazu führen mag, Informationen ungeprüft für wahr zu halten, nur weil sie dieses Bedürfnis befriedigen.

Neid und Rache

Reicht die Schadenfreude des neidischen Menschen nicht aus, seinen Neid zu besänftigen, kann er selbst tätig werden, um seinem beneideten Mitmenschen zu schaden. Dann versucht er, sich an ihm zu rächen. Daß Racheakte durch Neid motiviert sind, setzt etwa der Aufklärer Gotthold Ephraim Lessing (1729–1781) als selbstverständlich voraus. So schreibt er in seiner «Hamburgischen Dramaturgie» (1767–69), die zu großen Teilen eine praktische Anleitung für die psychologisch genaue Gestaltung von Roman- und Bühnenfiguren sein will: «Neid ist ein kleines, kriechendes Laster, das keine andere Befriedigung kennet als das gänzliche Verderben seines Gegenstandes. Sie tobet in einem Feuer fort; nichts kann sie versöhnen; da die Beleidigung, die sie erwecket hat, nie aufhöret, die nämliche Beleidigung zu sein, und immer wächset, je länger sie dauert, so kann auch ihr Durst nach Rache nie erlöschen, die sie spat oder früh, immer mit gleichem Grimme, vollziehen wird.»[1]

Rache folgt auf ein empfundenes Unrecht. Das Gut, das ich begehre, besitzt ein anderer. Weil er es besitzt, fehlt es mir. Damit ist er an meinem Unglück schuld. Wer so denkt, fühlt sich angegriffen. Wie er reagiert, hängt von seinen Möglichkeiten ab. Fühlt er sich dem Angriff ohnmächtig ausgeliefert, dann wird er es bei Rachewünschen oder Rachephantasien belassen. Wer hätte sich noch niemals vorgestellt, einem anderen eine erlittene Kränkung heimzuzahlen, ihm eigenhändig Schaden zuzufügen? Wir alle wissen, daß solche Wünsche und Phantasien eine Ventilfunktion haben. Anschließend ist uns leichter.

Reicht eine solche kurzfristige psychische Entlastung nicht aus, können Rachewünsche und Rachephantasien zu Tagträumen weiterentwickelt werden, in denen sich der neidische Mensch wieder und wieder lustvoll ausmalt, wie er seinen beneideten Mitmenschen leiden läßt. Eine solche Phantasietätigkeit ist durchaus sozialverträglich. Denn Phantasien töten nicht. Indessen ist die Grenze zwischen Phantasie und Tat nie sicher. Rachewünsche und Rachephantasien können so befriedigend sein, daß sie vor schädigenden Taten schützen; sie können aber auch solche Taten vorbereiten. Deshalb ist die Frage, ob Kinobestseller wie «Django» oder «Ein Mann sieht rot», die unspezifische kollektive Rachewünsche und Rachephantasien bedienen, gefährliche Vorbilder liefern, auch nie abschließend zu beantworten.

Der Psychoanalytiker Erich Fromm (1900–1980) hält Rache für eine «magische Wiedergutmachung». Wenn der neidische Mensch seinen beneideten Mitmenschen in der Phantasie oder real schädigt oder sogar vernichtet, so hat er dessen vermeintlichen Angriff «auf magische Weise ungeschehen gemacht».[2] Dabei beruht seine Feindseligkeit zwar auf Ärger, Wut oder sogar Haß. Rache ist jedoch meist sehr viel zielstrebiger, als es spontane Gefühlsaufwallungen sind. Wer sich rächen will, kann seine Gefühle immer wieder hochkochen und doch zugleich auch aufschieben, bis er eine günstige Gelegenheit findet. Nicht selten werden Rachepläne geschmiedet und verfolgt. Treffend sprechen wir dann von «kalter Rache».

Rachedurst und Strafrecht

Zielt Rache auf Vergeltung, dann schwingt dabei die Vorstellung eines Ausgleichs mit. Der Rachedurst des Neiders sei gelöscht, wenn er dem Beneideten so geschadet hat, wie er sich von ihm geschädigt erlebt. Dieses Gleichgewicht, das dem sprichwörtlich gewordenen alttestamentarischen Talionsprinzip «Auge um Auge, Zahn um Zahn» entspricht, ist meistens aber nur ein Vorwand. Daß jemand Rache übt, erkennt ein Außenstehender oftmals erst an der Maßlosigkeit einer Schädigung. Der Rächer will den, an dem er Rache nimmt, auslöschen. Damit aber offenbart er ein verborgenes Motiv seiner Kränkung. Den neidischen Menschen kränkt nicht nur, daß er sich seinem beneideten Mitmenschen unterlegen fühlt; mehr noch kränkt ihn, daß er ihm nicht überlegen ist. Insofern zielt seine Rache nicht auf Ausgleich, sondern auf Unterwerfung, mit der er unter dem Vorwand, erlittenes Unrecht zu vergelten, selbst Unrecht schafft. Othellos Raserei, mit der wir uns im

Kapitel über Neid und Eifersucht beschäftigt haben, liefert dafür ein gutes Beispiel.

Da ein Racheakt leicht den nächsten nach sich zieht, verkündet der biblische Gott den Menschen: «Mein ist die Rache.» Wir haben dies bereits bei der Interpretation der Geschichte von Kain und Abel festgestellt. Wenn Rache ausschließlich Gottes Angelegenheit sein soll, dann wird sie an ein übermenschliches und deshalb nicht fehlbares Gerechtigkeitsprinzip delegiert. In modernen Gesellschaften nimmt das staatliche Gewaltmonopol diesen Platz ein. Zwar sind die Strafgesetze von Menschen gemacht und infolgedessen durchaus fehlbar, aber auch ihre Funktion ist es, persönliche Rachegelüste zu unterbinden. Und so wird Selbstjustiz zu einem eigenen Straftatbestand. Ob das freilich heißt, moderner Rechtsprechung läge jeglicher Rachewunsch fern, darf bezweifelt werden.

Diese Position vertritt etwa Sigmund Freud (1856–1939). In seiner Schrift «Totem und Tabu» (1912–13) begründet er am Beispiel des Mordes die Notwendigkeit eines staatlichen Gewaltmonopols. Ohne ein solches Monopol würde der Mörder «die Rache der Angehörigen auf sich ziehen und den dumpfen Neid der anderen, die ebensoviel innere Neigung zu solcher Gewalttat verspüren».[3] Wenn es aber zutrifft, das unbestrafte Gesetzesübertretungen den Neid der Gesetzestreuen provozieren, dann erfüllen gesetzliche Strafen eine doppelte Funktion: Sie verhindern, daß Gesetzesübertretungen als beneidenswert erscheinen, und stillen den Rachedurst der Gesetzestreuen, die sich an dem Gesetzesbrecher dafür rächen, daß er sie in Versuchung geführt hat: «Um diese Versuchung niederzuhalten, muß der eigentlich Beneidete um die Frucht seines Wagnisses gebracht werden, und die Strafe gibt den Vollstreckern nicht selten Gelegenheit, unter der Rechtfertigung der Sühne dieselbe frevle Tat auch ihrerseits zu begehen. Es ist dies ja eine der Grundlagen der menschlichen Strafordnung, und sie hat, wie gewiß richtig, die Gleichartigkeit der verbotenen Regungen beim Verbrecher wie bei der rächenden Gesellschaft zur Voraussetzung.» Wahrscheinlich ist das menschliche Rachebedürfnis unstillbar. Und deshalb kommt auch jede Humanisierung des Strafvollzuges schneller an ihre Grenzen, als es Reformer oft wahrhaben wollen.

Selbstjustiz

In dem Themenkreis von Neid, Rache und Strafgesetz spielt auch ein nervenaufreibender Kriminalfilm von Anthony Bruno. Der Film mit dem geheimnisvollen Titel «Sieben»[4] handelt von zwei Detectives, die mit der Aufklärung einer Mordserie beauftragt sind. Der eine William Somerset, ein stoischer Veteran, der kurz vor seiner Pensionierung steht, der andere ein junger Hitzkopf, David Mills. Mit der Zeit stellt sich heraus, daß sie es mit einem Serienmörder zu tun haben, der nach einem bestimmten Programm verfährt: Er begeht exemplarische Morde. Für jede der sieben Todsünden sucht er sich einen Sünder oder eine Sünderin aus, über die er dann «Spiegelstrafen» verhängt. Dies ist eine mittelalterliche Strafpraxis, die verlangt, daß die Strafe dem Vergehen spiegelgleich zu sein hat. So zwingt er etwa einen fetten Mann, den er für seine Völlerei bestraft, so lange Essen in sich hineinzustopfen, bis seine Gedärme platzen.

Obgleich der Serienmörder immer wieder telefonisch mit den beiden Detectives in Kontakt tritt, gelingt es ihnen nicht, ihn festzunehmen. Zwar haben sie ihn bereits einmal angeschossen. Er ist ihnen aber dennoch entkommen. Dann überschlagen sich die Ereignisse: John Doe stellt sich freiwillig. Zu diesem Zeitpunkt sind noch zwei der von Doe angekündigten Leichen unentdeckt. Er verspricht den Detectives, sie ihnen zu zeigen. Was sein Mordprogramm anbelangt, so stehen noch die Strafen für Neid und Zorn aus. Auf der Fahrt zu dem Ort, wo sich die beiden fehlenden Leichen befinden sollen, erklärt Doe den Detectives, er sei ein auserwähltes Instrument Gottes. Für seine Mordserie erhebt er den Anspruch, ein Exempel zu geben, das die Menschen nicht übersehen können und sie aus ihrer moralischen Gleichgültigkeit gegenüber den Todsünden aufrüttelt, die täglich massenhaft begangen würden. Dabei berührt er den Kopfverband, den er seit der Schießerei trägt. Auf seiner Stirn färbt sich der weiße Verbandmull blutrot. Als bibelkundiger Zuschauer weiß man sofort: das Kainsmal!

Als der Polizeiwagen in der Wüste hält, erreicht die Dramatik ihren Höhepunkt. Die drei Männer warten. Als sich von Ferne ein Paketwagen nähert, geht Somerset an den Straßenrand, während Mills Doe bewacht. Das Paket ist an Mills adressiert. Somerset öffnet es. Zu seinem Entsetzen enthält es den in Plastikfolie verpackten Kopf der Frau seines Kollegen. Mills selbst begreift erst einmal nichts, bis ihm Doe mitteilt, was Somerset sieht: «Ich habe heute früh Ihre Wohnung aufgesucht, Detective. Sie waren leider nicht da. Ich habe versucht, Ehemann zu spielen. Versucht, das Leben eines einfachen Mannes zu schmecken. Es hat leider nicht geklappt. Aber ich habe ein Souvenir mitgenommen. [...] Ich habe ihn [den Kopf Ihrer Frau] mitgenommen, weil ich Sie um Ihr normales Leben beneide, Detective. Der Neid scheint meine Todsünde zu sein.»

Völlig außer sich vor Zorn, erschießt Mills den Mörder seiner Frau. Damit aber geht Does Plan auf. Zwar bezahlt Mills als einziger seine Todsünde nicht mit dem Leben. Aber durch seine Selbstjustiz hat er fortan das Recht verwirkt, für das staatliche Gewaltmonopol tätig zu sein. Dafür geht Somerset nun nicht in Pension. Er bleibt im Dienst und kämpft standfest den Kampf um irdische Gerechtigkeit weiter, von der er weiß, wie unvollkommen und fehlbar sie ist.

Indem Mills zornig Selbstjustiz übt, um sich an Doe zu rächen, wird er diesem ähnlich. Denn er setzt sich über das Gesetz hinweg, so wie Doe sich anmaßt, göttliche Gerechtigkeit zu exekutieren. Da er aber selbst erklärt, aus Neid zu handeln, fehlt seinen Morden letztlich jegliche höhere Rechtfertigung. Sie sind lediglich die Racheakte eines Mannes, der sich ausgeschlossen fühlt. Und so provoziert er seinen eigenen Tod, um für seine Anmaßung zu sühnen. Dadurch gibt Doe jedoch Rätsel auf: Stellt er einerseits mit seinem Tod eine Rechtsordnung wieder her, die Selbstjustiz bestraft, tut er dies andererseits aber, indem er sich selbst richtet.

Neid und Ressentiment

Ressentiment ist eine neidisch-rachsüchtige Haltung.[1] Sie resultiert aus ohnmächtiger Wut. Weil sich ein ressentimentgeladener Mensch ohnmächtig fühlt, zeigt er Ärger, Wut oder Haß auf denjenigen, dem es vermeintlich besser geht, nicht offen. Statt dessen grollt er ihm. Groll ist dann auch die beste deutsche Übersetzung für Ressentiment. Wer Groll gegen einen beneideten Mitmenschen hegt, erlebt sich in mehrfacher Hinsicht ohnmächtig. Erstens glaubt er nicht daran, das begehrte Gut aus eigener Anstrengung erlangen zu können. Zweitens fürchtet er, daß er unterliegt, wenn er versuchen würde, sich gegen den anderen offen feindselig zu verhalten. Und drittens wagt er es nicht, sich seinen Neid einzugestehen, da er gelernt hat, daß nur böse Menschen neidisch sind. Unter diesen Bedingungen werden Neid und Feindseligkeit verdrängt, so daß sie sich nur mehr maskiert zeigen dürfen.

Unter den Philosophen sind es vor allem Friedrich Nietzsche (1844–1900) und in seiner Nachfolge Max Scheler (1874–1928), die über das Ressentiment gearbeitet haben. Treffend beschreibt Scheler in seiner Untersuchung «Das Ressentiment im Aufbau der Moralen» (1912–14) den Prozeß, wie der feindselige Neid verdrängt wird: Es handelt sich um das «wiederholte Durch- und Nachleben» der rachsüchtigen «emotionalen Antwortreaktion» des Neiders gegen den Beneideten, «durch die jene Emotion eine gesteigerte Vertiefung und Einsenkung in das Zentrum der Persönlichkeit sowie eine damit einhergehende Entfernung von der Ausdrucks- und Handlungszone der Person erhält».[2] Gibt sich der neidische Mensch zunächst seinen Phantasien hin, wie er seinem beneideten Mitmenschen schaden könnte, so bekommt er es mit der Angst zu tun, je lebendiger diese Phantasien werden und darauf drängen, daß er sie in die Tat umsetzt. Um sich von diesem ängstigenden Drang zu schützen, nimmt er sich immer mehr zurück. Seine Phantasien verarmen. Mit ihnen versiegt aber auch die Vitalität des neidischen Menschen. Ressentimentgeladene

Menschen sind deshalb nicht selten auffallend unlebendig, wagen es nicht, etwas zu riskieren, und suchen deshalb nach risikolosen Möglichkeiten, ihre neidische Feindseligkeit zu befriedigen.

Opferhaltung

Hellsichtig schreibt Nietzsche in seiner Streitschrift «Zur Genealogie der Moral» (1887), daß ressentimentgeladene Menschen zu ihrem «letzten, feinsten, sublimsten Triumph» kommen, «wenn es ihnen gelänge, ihr eigenes Elend, alles Elend überhaupt, den Glücklichen ins Gewissen zu schieben: so daß diese sich eines Tages ihres Glücks zu schämen begännen und vielleicht untereinander sich sagten ‹es ist eine Schande, glücklich zu sein! es gibt zuviel Elend!›»[3] Folglich legen es solche Menschen darauf an, bei den vermeintlich Bessergestellten Scham- und Schuldgefühle hervorzurufen. Die ideale Rolle für ressentimentgeladene Menschen ist deshalb die Opferrolle.

Keine Frage, daß ein Mensch tatsächlich das Opfer von Verhältnissen werden kann, die sich gegen ihn verschworen haben. Etwas anderes dagegen ist die Selbstdarstellung als Opfer, bei der er sich selbst und andere von seiner Verantwortung ablenkt. Wenn sich jemand angesichts einer bestehenden sozialen Ungleichheit als Opfer darstellt, dann skandalisiert er den Sachverhalt, daß er von dem begehrten Gut vergleichsweise weniger besitzt. Er suggeriert, nie auch nur den Hauch einer Chance gehabt zu haben, es zu erwerben. Folglich ist er berechtigt, an seiner Benachteiligung zu leiden, vor allem dann, wenn man gleichzeitig vermittelt, sich trotz allem immer noch zu beherrschen und heldenhaft das Unerträgliche bis an die Grenze des Zumutbaren zu ertragen. Das demonstrativ stille Leiden an der Ungerechtigkeit der Welt zielt auf das Mitleid der anderen und entspringt, ist es erst einmal in Fleisch und Blut übergegangen, einem Selbstmitleid, das sich alle Versuche, die eigene Situation aktiv zu ändern, von vornherein erspart. Jedoch stellt dieses Leiden es dem vermeintlich Bessergestellten nicht frei, Mitleid zu zeigen. Denn es ist vorwurfsvoll. Grollend fordert es, der Beneidete möge sich schuldig bekennen, und stößt ihn auf diese Weise zurück.

Ein gleichermaßen erschreckendes wie lehrreiches historisches Beispiel für eine neidisch-rachsüchtige Haltung, die sich der Opferrolle als Maskierung bedient, ist der Fall Wagner.[4] 1850 veröffentlicht Richard Wagner (1813–1883) eine Schrift mit dem Titel «Das Judentum in der Musik». Er, der bis dahin keinen feindseligen Antisemitismus zeigt, hetzt plötzlich gegen die Musik der jüdischen Tradition. So spricht er von der «widerwärtigsten Empfindung, gemischt von Grauenhaftigkeit und Lächerlichkeit», die jeden Kunstverständigen beim «Anhören jenes Sinn und Geist verwirrenden Gegurgels, Gejodels und Geplappers» ergreife.

Warum diese Entwertung? Der psychodynamische Hintergrund läßt eine tiefe persönliche Kränkung erkennen. Wagner ist damals ein ehrgeiziger, aber finanziell mittelloser Komponist, dessen Opern den europäischen Publikumsgeschmack verfehlen. Ganz im Gegensatz zu Giacomo Meyerbeer. Der jüdische Komponist hat die Karriere gemacht, die Wagner für sich erträumt. Und dafür bewundert er ihn zunächst. Wagner studiert seine Kompositionen, lernt von ihnen. Und er wendet sich an sein Vorbild, bittet um Geld und Protektion. In seinen Bittbriefen nennt er Meyerbeer seinen «angebeteten Gönner», sich selbst seinen «Sclave[n] mit Kopf und Leib». Tatsächlich setzt der sich auch für Wagner ein. Dennoch findet Wagners Musik bei den Kritikern keine Zustimmung. Da sich seine Selbsterniedrigung so wenig auszahlt, erträgt er die Mißerfolge immer schlechter. Seine grenzenlose Bewunderung für Meyerbeer schlägt in feindseligen Neid um.

Auf der Suche nach Erklärungen, die in erster Linie ihn selbst entlasten, beginnt Wagner zu glauben, er habe es mit einer Verschwörung gegen seine Person zu tun. Sind nicht die einflußreichsten Musikkritiker Juden! Und auch Meyerbeer ist Jude! Was liegt also näher, als Meyerbeers Erfolg nicht seinen musikalischen Fähigkeiten, sondern seiner Zugehörigkeit zum Judentum zuzuschreiben. Damit kann sich Wagner, ohne an sich selbst zweifeln zu müssen, nunmehr als Opfer einer schreienden Ungerechtigkeit fühlen. Und wenn Meyerbeer seinen Erfolg seinem Judentum verdankt, dann kann es auch mit der

Musik dieses «weit und breit berühmten Tonsetzer[s] unserer Tage» nicht so weit her sein. Folglich muß das entwertende Urteil über die jüdische Musik in ganz besonderem Maße für deren hervorragendsten Vertreter gelten: Sie ist geschmacklos. Daß Wagner und seine eigene Musik dem einstigen Vorbild viel verdanken, wird er deshalb auch zeitlebens leugnen.

Dem ersten Aufsatz folgen in den nächsten Jahren gleichgesinnte Aufsätze nach. Und da sie gerade in jüdischen Kreisen kritisiert werden, nimmt Wagner diese Reaktionen als Bestätigung für seinen Verschwörungsverdacht. Daß es sich dabei um eine selbsterfüllende Prophezeiung handelt, will er nicht wahrhaben. Genausowenig wie seine Motive. Während es Freunden von ihm wie Berthold Auerbach – einem Juden! – klar ist, daß «Wagner nur aus Gift und Neid so geschrieben» habe, wird der Kritisierte immer selbstgerechter, zumal er in Deutschland allmählich auch Gehör findet.

Denn Wagners Neid entspricht einem kollektiven Neid auf die Juden, allen voran auf diejenigen unter ihnen, denen es gelungen ist, sich erfolgreich zu assimilieren. Denn diese Gruppe hat bewundernswerte Leistungen in Wissenschaft, Kunst, Wirtschaft und Politik vorzuweisen, die einen Gutteil des damaligen geistigen und ökonomischen Reichtums in Deutschland ausmachen. Als dann aber im letzten Drittel des 19. Jahrhunderts kollektive Wunschvorstellungen nationaler Größe erschüttert werden, wie dies etwa mit dem Börsenkrach der 70er Jahre geschieht, entsteht das drängende Bedürfnis, einen Sündenbock für die kränkenden Mißerfolge zu finden. Dadurch schlägt auch kollektiv die einstige Bewunderung in feindselig-schädigenden Neid um. Daß den Juden die Rolle des Sündenbocks ohne große Widerstände aufgezwungen werden kann, liegt an dem unterschwelligen kollektiven Ressentiment, das seit Jahrhunderten auch in Deutschland gegen sie besteht. Ist es ursprünglich religiös und von dem Neid auf das angeblich auserwählte Volk geprägt, so herrscht längst kultureller Neid vor. Wegen dieser antisemitischen Grundstimmung hat die Propaganda dann auch relativ leichtes Spiel. Wagner wird von ihr vereinnahmt. Er dient als ein prominenter Fall für die Beweisführung, daß Mißerfolge in Deutschland auf das Konto einer jüdischen Verschwörung gehen. Diese Wahrnehmung ist wahnhaft. Denn sie ähnelt «der neidischen Verzerrung des wahnhaften Patienten, der mit Verfolgungswahn und mörderischen Gefühlen gerade auf diejenigen reagiert, die er früher bewunderte und sogar idealisierte».[5]

In der analytischen Sozialpsychologie wird heute angenommen, daß Antisemitismus und Fremdenfeindlichkeit, wo immer sie auftreten, eine Neidkomponente haben. Anlaß ist eine Kränkung des Selbstwertgefühls, die als unerträgliche Beschämung durch andere erlebt wird, denen es aufgrund einer vermeintlich ungerechten Bevorzugung besser geht. Die anderen verfügen nicht nur über das beneidete Gut, sondern sind auch schuld daran, daß man selbst es entbehrt. Folglich erscheint es gerechtfertigt, wütend auf sie zu sein und sie und ihre vermeintliche Privilegierung zu bekämpfen.

Christliches Ressentiment und falsche Bescheidenheit

Es gehört zu den kennzeichnenden Merkmalen des Ressentiments, daß es Weltanschauungen hervorbringt, die es rechtfertigen. Insofern ist es produktiv. Zu den provozierendsten Behauptungen, die Nietzsche aufgestellt hat, gehört die These, daß die christliche Religion aus dem Geist des Ressentiments entstanden sei.

Nietzsche beschreibt die Entstehung des Christentums als einen «Sklavenaufstand in der Moral».[6] Dessen ursprüngliche Anhänger rekrutieren sich aus den niederen Volksschichten, den von den Römern unterdrückten Juden, den Sklaven, den Frauen und den «Sonderlingen». Alle diese Menschengruppen hätten die Römer um ihre Lebensfreude, ihre Selbstsicherheit, ihre Diesseitsorientierung und ihren «Willen zur Macht» beneidet. Ein gewaltsamer Aufstand gegen die Römerherrschaft sei aber an der Ohnmacht der Urchristen gescheitert. Statt dessen hätten sie ihre Revolte subversiv durchgeführt.

Und zwar durch eine «Umwertung aller Werte», indem sie jegliche Vitalität diffamierten und das schwache und hilflose Dasein glorifizierten. Dafür würden die christlichen Werte der Nächstenliebe, des Mitleids, der Friedfertigkeit und der Bescheidenheit stehen sowie auch das Ideal der Neidfreiheit, das den tatsächlichen Ursprung der christlichen Werte in sein Gegenteil verkehre. Da diese Verkehrung ins Gegenteil aber ressentimentgeladen sei, könne die moralische Empörung des Christentums gegen ein lustbetontes Leben letztlich doch nicht ihren Rachedurst verbergen. So führe das eigene ungelebte Leben zu einer Verfolgung gerade der Menschen, die man beneide, ohne es sich eingestehen zu dürfen.

Im Frühjahr 1933 schreibt Berthold Brecht (1898–1956) in Paris den Text für ein Ballett, für das Kurt Weill die Musik komponierte. Es ist «Die sieben Todsünden der Kleinbürger» betitelt. Die Geschichte handelt von zwei Schwestern, die beide Anna heißen, aus Louisiana stammen und durch die USA reisen, um das Leben in sieben großen Städten kennenzulernen. Diese Großstädte sind allesamt Orte der Versuchung, eine der Todsünden zu begehen. Beide Schwestern tragen denselben Vornamen, weil sie dramaturgisch einen Gewissenskonflikt verkörpern: Die eine Anna gerät in Versuchung, die andere Anna fungiert als Stimme des Gewissens, die ihre Schwester warnt und dadurch davor bewahrt, sich zu versündigen. Für jede der nicht begangenen Sünden gibt es eine Belohnung, die im Hintergrund der Bühne zu sehen ist. Dort – im provinziellen Lousiana – entsteht unter der Aufsicht von Vater, Mutter und zwei Brüdern ein kleines Haus. Mit Bewältigung der letzten Todsünde ist auch das Haus fertiggestellt. Und die beiden Annas kehren in den Schoß ihrer Herkunftsfamilie zurück.

Zuletzt machen sie in San Francisco Station, wo sich die eine Anna unter die Städter mischt, deren Lebensstil sie zunächst ganz neidisch macht, bevor die andere Anna warnt, daß deren glücklichem Leben letztlich doch kein Glück beschieden sei:

Und die letzte Stadt unserer Reise war San Francisco
Alles ging nach Wunsch. Nun, Anna
War oft müde und beneidete jeden
Der seine Tage zubringen durfte in Trägheit
Nicht zu kaufen und stolz
In Zorn geratend über jede Roheit
Hingegeben seinen Trieben, ein Glücklicher!
Liebend nur den Geliebten und
Offen nehmen, was immer er braucht!
Und ich sagte meiner armen Schwester:

Schwester, wir alle sind frei geboren
Wie es uns gefällt, können wir gehen im Licht
Also gehen herum aufrecht wie im Triumph die Toren
Aber wohin sie gehen, das wissen sie nicht.

Schwester, folg mir und verzicht auf die Freuden
Nach denen es dich wie die andern verlangt
Ach, überlaß sie den törichten Leuten
Denen es nicht vor dem Ende bangt.

Iß nicht, trink nicht und sei nicht träge
Die Strafe bedenk, die auf Liebe steht!
Bedenk, was geschieht, wenn du tätst, was dir läge!
Nütze die Jugend nicht: sie vergeht!

Schwester, folg mir, du wirst sehen, am Ende
Gehst im Triumph du aus allem hervor
Sie aber stehen, oh schreckliche Wende!
Zitternd im Nichts vor geschlossenem Tor![7]

Was die Stimme des Gewissens vorbringt, hat eine lange christliche Tradition. Sie predigt eine Bescheidenheit, die auf dem Verzicht aller weltlichen Befriedigungsmöglichkeiten beruht. Dieser Verzicht aber erfolgt nicht freiwillig, sondern muß gegen die «Triebe» durchgesetzt werden. Und das, indem die Stimme des Gewissens Angst erregt, die Angst, am Jüngsten Tag «zitternd im Nichts vor geschlossenem [Himmels-]Tor» zu stehen und nicht eingelassen zu werden. Als Preis für den Verzicht winkt ein gutes Gewissen und mit ihm die Gewißheit, denen moralisch überlegen zu sein, die nach irdischem Glück streben; denn sie sind «törichte Leute».

Worauf verzichtet werden soll, beschreibt Brecht mit drastischen Worten, am drastischsten vielleicht in der Zeile «Nütze die Jugend nicht: sie vergeht!» Damit nimmt er, ohne selbst den moralischen Zeigefinger deutlich sichtbar zu erheben, Partei für die Verdammten und ihren Anspruch auf ein glückliches Leben im Hier und Jetzt. Genaugenommen ist die Kritik an einer rigorosen christlichen Gewissensbildung bereits im Titel des Balletts ausgesprochen. Denn «Die sieben Todsünden der Kleinbürger» läßt sich auf zweifache Weise verstehen. Zum einen kann gemeint sein, daß es um Sünden geht, vor denen sich die Kleinbürger ängstigen, weshalb sie sich in Verzicht und Bescheidenheit üben. Zum anderen besagt der Titel aber ebenfalls, wenn nicht sogar viel buchstäblicher, daß es die Kleinbürger sind, die Sünden begehen. Denn sie versündigen sich gegen den berechtigten vitalen Anspruch der Menschen auf irdisches Glück.

Neid und Mitleidlosigkeit

Mitleid ist die Fähigkeit und Bereitschaft, sich in eine andere Person hineinzuversetzen, die leidet. Selbst etwas von dem Schmerz zu spüren, den sie spürt. Das setzt voraus, daß wir den anderen Menschen und das Unglück, das ihm zugestoßen ist, kennen. Wir müssen sie nicht inwendig kennen, sondern nur dem Typus nach. Deshalb fällt es uns leichter, Mitleid zu empfinden, wenn uns der Leidende ähnlich erscheint und wir sein Unglück bereits selbst einmal leibhaftig erlebt haben. Mitunter bewirkt Mitleid, daß wir uneigennützig helfen. Und wenn es uns auch nicht zu großherzigen Handlungen bewegt, so hemmt es doch zumindest unsere Feindseligkeit. Wen man bemitleidet, der darf darauf hoffen, nicht angegriffen zu werden. Deshalb kann es eine Form des Selbstschutzes sein, Mitleid zu wecken. Dabei läßt uns die Schuldfrage nicht gleichgültig. Wer sein Unglück selbst verschuldet hat, verdient weniger Mitleid als derjenige, der unschuldig ist oder gar durch unser eigenes Verschulden leidet.

Jean-Jacques Rousseau (1712–1778) hält Mitleid für eine natürliche Quelle der Moral, die aber im Laufe des Zivilisationsprozesses verschüttet zu gehen droht. Deshalb plädiert er in seinem berühmten Erziehungsroman «Emile» (1762) für eine Erhaltung des spontanen Mitleids, das er Kindern zuschreibt. In diesem Zusammenhang kommt er auch auf den Neid zu sprechen, den er dem Mitleid gegenüberstellt: «Der Anblick eines glücklichen Menschen flößt eher Neid als Liebe ein; man klagt ihn gerne an, daß er sich ein Recht anmaße, das er nicht habe, indem er sich ein Glück verschafft, das ihn über die anderen hinaushebt. Auch kann unsere Eigenliebe es nicht ertragen, daß er unserer nicht bedarf. Aber wer beklagt nicht einen Leidenden? Wer möchte ihn nicht gern von seinem Übel befreien, wenn es ihm nur einen Wunsch kostet? Wir können uns viel eher einen Elenden als einen Glücklichen vorstellen; wir fühlen, daß das eine uns viel mehr angeht als das andere. Das Mitleid ist süß, denn wir setzen uns zwar an die

Stelle des Leidenden, empfinden aber zugleich die Freude, nicht zu leiden wie er. Der Neid aber ist bitter, denn der Neidische versetzt sich durchaus nicht in die Lage des Glücklichen, sondern bedauert nur, daß er es nicht ist. Es scheint so, als ob der eine uns befreie vom Leiden, das er trägt, und der andere uns der Güter beraubt, die er besitzt.»[1]

Das Mitgefühl des Menschen umfaßt Mitleiden und Mitfreuen. Rousseau meint, beide Gefühle seien im menschlichen Gefühlshaushalt nicht gleichwertig. Denn während Mitleiden eine heimliche Freude bereithält, die Freude, selbst von Leid verschont geblieben zu sein, hält Mitfreuen ein heimliches Leid bereit, den Neid. Folglich wird sich nur derjenige aufrichtig mit einem anderen freuen können, der ihm seine Güter nicht allzusehr neidet. Nun verhindert Neid allerdings nicht nur, sich mitzufreuen; er schwächt auch das Mitleid.

Empathieverweigerung und Selbstmitleid

Zwar mag Mitleid prinzipiell eine Neid besänftigende Wirkung haben, wie dies Francis Bacon (1561–1626) annimmt: «Weniger dem Neide ausgesetzt sind alle, die unter großer Mühsal, unter Anstrengungen und Gefahren zu Ehre und Ansehen gekommen sind. Die Menschen erkennen es an, daß ihr Glück sauer verdient worden ist, und bemitleiden sie sogar zuweilen. Mitleid aber überwindet den Neid.»[2]

Allerdings unterschätzt Bacon, daß der Neid nicht selten das Mitleid verhindert, das ihn besänftigen könnte. Denn es gelingt dem Neider nur, sich durch Schadenfreude oder sogar Rache psychisch zu entlasten, wenn er den Beneideten nicht bemitleidet. Nur wenn er ihm mitleidlos begegnet, kann er sich feindselig verhalten. Deshalb führt Neid nicht selten zu einer generellen Empathieverweigerung.

Wer über Empathie verfügt, hat nicht nur ein grundlegendes Interesse an anderen Menschen. Er kann auch von seinem eigenen Standpunkt absehen, vorübergehend seine eigenen Absichten und Gefühle zurückstellen. Nur so hat er eine Chance, einen anderen Menschen annähernd so zu verstehen, wie der sich selbst versteht. Empathie ist eine unverzichtbare Voraussetzung für ein Fremdverstehen, das nicht nur das Eigene im

Fremden wahrnimmt, sondern sich vorbehaltlos auf die fremde Erlebniswelt einläßt, um sie möglichst genau zu erfassen. Denn nur derjenige, der die Absichten und Gefühle eines anderen Menschen kennt, kann angemessen beurteilen, warum er sich wie verhält.

Wenn der Neider dem Beneideten die Empathie bewußt, oftmals aber auch unbewußt verweigert, dann hat das einen Grund. Er läßt sich nicht auf dessen Erlebniswelt ein, weil ein besseres Verständnis für seine Situation vielleicht eine Beziehung anbahnt, die es erschwert, ihn zu entwerten. Der neidische Mensch starrt auf das begehrte Gut, das sein beneideter Mitmensch besitzt. Ihn interessiert einzig und allein, daß es im Besitz des anderen und nicht in seinem eigenen Besitz ist. Alle sonstigen Umstände blendet er aus. Er weigert sich, sie wahrzunehmen, weil er an einer realistischen Beurteilung der Ungleichheit, die zwischen ihm und dem anderen besteht, überhaupt nicht interessiert ist.

Denn er möchte lediglich sein Vorurteil bestätigt finden, daß die Benachteiligung, die er empfindet, zu Unrecht besteht. Deshalb will er gar nicht wissen, wie der andere das begehrte Gut erlangt hat. Besonders gerne blendet er Anstrengungen aus, die er selbst nicht auf sich nehmen würde, sowie mögliche beschwerliche Folgen, die der Besitz des begehrten Gutes mit sich bringt. Wäre der neidische Mensch z. B. gerne beruflich so erfolgreich wie sein Mitmensch, den er um seinen beruflichen Erfolg beneidet, so wäre er doch gleichzeitig nicht bereit, dafür auf einen großen Teil seiner Freizeit zu verzichten, so wie es dieser tut.

Das Desinteresse an einer realistischen Wahrnehmung steht im Dienste einer Illusion, die sich der neidische Mensch bewahren möchte. Es ist der unbeirrte Glaube, daß einzig und allein das begehrte Gut ihn zufrieden und glücklich machen kann. Das Gut, das der andere besitzt. Folglich ist er selbst von einem erfüllten Leben ausgeschlossen, weshalb eigentlich er Mitleid verdient: «Neid tut sich selber leid.» Letztlich hüllt sich der neidische Mensch in dieses Selbstmitleid ein, wenn er seinem beneideten Mitmenschen die Empathie verweigert.

Liebe und Empathie

In der Reihe der biblischen Geschichten, die Neid zum Thema
haben, gibt es eine, die Neid und Mitleid eindrucksvoll gegenüberstellt.[3] Sie soll die legendäre Urteilskraft des weisen und
gerechten Königs Salomon belegen. Die Geschichte über das
salomonische Urteil erzählt von zwei Frauen, die sich um einen
Säugling streiten. Beide Frauen wohnen im selben Haus. Fast
zur selben Zeit haben sie ein Kind geboren. Der Sohn der einen
lebt, der Sohn der anderen aber stirbt in der Nacht, «denn sie
hatte ihn im Schlaf erdrückt». Da schleicht sie sich in das
Schlafzimmer ihrer Mitbewohnerin und tauscht ihr totes Kind
gegen deren lebendes Kind aus. Am nächsten Tag entdeckt
aber die Mitbewohnerin die Vertauschung und verlangt ihr
Kind zurück. Vergebens. Denn die Frau, die das Kind ausge-
tauscht hat, behauptet, das lebende Kind sei ihr leibliches
Kind. Und so erscheinen sie vor Salomon, der die richtige
Mutter finden soll. Um den Streit zu entscheiden, befiehlt der
König, ein Schwert zu holen und das lebende Kind in zwei
Hälften zu schneiden, für jede der Frauen eine. In der einen
«regte» sich daraufhin die «mütterliche Liebe zu ihrem Kind»,
und sie flehte Salomon an: «‹Bitte, Herr, gebt ihr das lebende
Kind, und tötet es nicht!› Doch die andere rief: ‹Es soll weder
mir noch dir gehören. Zerteilt es!›» Da wußte Salomon, wer
die richtige Mutter ist.
   Verwandte Erzählungen gibt es in verschiedenen Kulturkrei-
sen. Der Stoff ist in der abendländischen Dichtung wiederholt
bearbeitet worden. Bert Brecht (1898–1956) etwa hat ihn für
seine Kalendergeschichte «Der Augsburger Kreidekreis» (um
1930) benutzt, aus der später eine umgestaltete Bühnenfassung
mit dem Titel «Kaukasischer Kreidekreis» (um 1944) geworden ist. Aber nur die biblische Erzählung stellt den Streit der
beiden Frauen als Kampf zwischen Neid und Mitleid heraus:
   Die eine Frau neidet der anderen das Kind so sehr, daß sie
sogar dessen Tod in Kauf nimmt, nur damit es die andere Frau
nicht bekommt. Neid wird hier als eine Bestrebung vorgestellt,
die kein Mitleid kennt. Die neidische Frau vermag sich weder
in die leibliche Mutter noch in das Kind einzufühlen, weshalb
sie bereit ist, Leben zu zerstören. Dagegen ist die leibliche

Mutter bereit, der anderen ihr eigenes Kind zu überlassen, um sein Leben zu retten. Sie liebt ihren Sohn. Liebe aber macht es möglich, sich in das Kind einzufühlen, und eröffnet dadurch den Raum für Mitleid. Während die neidische Frau nur an sich denkt, denkt die liebende Frau an ihr Kind, für dessen Leben sie uneigennützig auf ihr Mutterglück verzichtet.

Neid und Zynismus

Zynismus ist eine häufig praktizierte Form des Nihilismus. Ein Zyniker wertet ab, was ihm selbst eigentlich wert ist. Da er nicht glaubt, das begehrte Gut jemals selbst zu besitzen, setzt er alles daran, den Glauben anderer zu zerstören: Das Gut, das sie besitzen, oder doch zu besitzen begehren, ist nichts wert. Wenn sie dennoch an seinen Wert glauben, machen sie sich nur lächerlich und ernten dafür den Spott des Zynikers. Was ist das Schlimmste, das einem Zyniker passieren kann? Daß ein anderer den Wert des Gutes tatsächlich realisiert. Dann zerreißt es den Zyniker vor Neid. Um sich vor dieser Zerreißprobe zu schützen, greift er an. Oft kann seine Feindseligkeit aber nicht verbergen, wie enttäuscht er ist.

Menschenverachtung

Ein bewegendes Dokument für einen verzweifelten Zynismus findet sich in dem Tagebuch von Bruce Frederik Cummings (1889–1917), das er unter dem Pseudonym W. N. P. Barbellion veröffentlicht hat. Der junge Intellektuelle leidet unter multipler Sklerose. Wenige Wochen bevor er im Winter 1917 an dieser unheilbaren Krankheit stirbt, richtet er das Wort an alle Menschen, die ihn überleben werden: «Ihr würdet mich bemitleiden, nicht wahr? Ich bin einsam, ohne Geld, gelähmt und eben erst achtundzwanzig geworden. Aber ich drehe euch eine lange Nase und bemitleide euch mit gleicher Arroganz. Ich bemitleide euer glattlaufendes Glück und eure versumpfte Heiterkeit. Ich ziehe meine eigene Qual vor. Ihr habt nie wirklich gelebt. Euer Körper ist nie aufgepeitscht worden in klingendes Leben durch hoffnungsloses Sehnen nach Liebe, nach Wissen, nach Tätigkeit, nach Vollendung. Ich neide euch nicht eure Hingabe an die kleinlichen Sorgen eines alltäglichen Daseins. Denkt ihr, ich würde die Gemeinschaft mit meinem eigenen Herzen austauschen für die Spielzeugballons eurer törichten

Gespräche? Oder meine Wißbegierde mit euren flackernden Interessen? Oder meine Verzweiflung mit eurer bequemen Hoffnung? Oder mein gegenwärtiges plundriges Leben für eures, das so poliert und sauber ist wie ein neues Dreipennystück? Das würde ich nicht. Ich raffe meinen Mantel um mich und danke feierlich Gott, daß ich nicht bin wie manche anderen Menschen.«[1]

Aus der Behandlung chronisch kranker Menschen ist bekannt, daß es ihnen bei der Bewältigung ihres schweren Schicksals hilft, wenn es ihnen gelingt, für sich einen Sinn in ihrer Krankheit zu finden. So lernen manche ihre Krankheit als Chance wahrzunehmen, ihr Leben intensiver zu leben. Cummings versucht etwas Ähnliches, aber er scheitert. Es gelingt ihm nicht, seinen inneren Frieden zu finden. Vielmehr führt er die Sinnsuche als vergebliche Selbstberuhigung vor, die er schließlich nur zynisch zu kommentieren weiß.

Angesichts des eigenen Todes ist er voller Existenzneid. Warum hat er die Krankheit bekommen? Warum nicht die anderen? Warum dürfen sie weiterleben, wenn er unverdient in jungen Jahren sterben muß? Solche Fragen sind eine Qual, weil es keine wirklich trostreichen Antworten darauf gibt. So kämpft er einen hoffnungslosen Kampf gegen den Neid auf das begehrte Leben, über das die anderen verfügen. So wie er unverdient stirbt, leben sie ohne besonderes Verdienst weiter.

Um das Ausmaß der Wut zu erfassen, das den durch Zynismus maskierten Existenzneid von Cummings aufpeitscht, lohnt ein Vergleich mit der Haltung des dahinsiechenden Heinrich Heine (1797–1856), die eine ganz andere ist:

> Die Söhne des Glückes beneid' ich nicht
> Ob ihrem Leben, beneiden
> Will ich sie nur ob ihrem Tod,
> Dem schmerzlosen raschen Verscheiden.
>
> Im Prachtgewand, das Haupt bekränzt,
> Und Lachen auf der Lippe,
> Sitzen sie froh beim Lebensbankett –
> Da trifft sie jählings die Hippe ...
>
> Nie hatte Siechtum sie entstellt,
> Sind Tote von guter Miene, [...]

Wie sehr muß ich beneiden ihr Los!
Schon sieben Jahre mit herben,
Qualvollen Gebresten wälz' ich mich,
Am Boden, und kann nicht sterben.

O Gott, verkürze meine Qual,
Damit man mich bald begrabe;
Du weißt ja, daß ich kein Talent
Zum Martyrtume habe.[2]

Seit seinem 43. Lebensjahr litt der Dichter an Rückenmarks-
schwindsucht. Unheilbar. Seit seinem 51. Lebensjahr war er zunehmend gelähmt und mit kaum erträglichen Schmerzen ans Bett
gefesselt. Dennoch hat er unentwegt weiter geschrieben. Unter
anderem das zitierte Gedicht, das eindrucksvoll belegt, wie er
verhindert, daß sich seine Bejahung des Lebens in Zynismus
verkehrt: indem er seine Verzweiflung selbstironisch bricht.

Weltuntergang und Totalitarismus

In einem Aphorismus aus der «Morgenröte» (1880–81) mit
dem Titel «Der Weltvernichter» skizziert Friedrich Nietzsche
(1844–1900) eine Form des Neides, die den neidischen Menschen dazu veranlaßt, seine Feindseligkeit zu totalisieren:
«Diesem [dem neidischen Menschen] gelingt etwas nicht;
schließlich ruft er empört aus: ‹So möge doch die ganze Welt
zugrunde gehen!› Dieses abscheuliche Gefühl ist der Gipfel des
Neides, welcher folgert: weil ich etwas nicht haben kann, soll
alle Welt nichts haben! soll alle Welt nichts sein!»[3] Die ganze
Welt soll dafür büßen, daß ich nicht bekomme, was ich begehre. Diese Haltung verrät einen grandiosen Egozentrismus.
Der neidische Mensch erwartet, daß die ganze Welt der Erfüllung seines Begehrens dienen soll. Wird seine Erwartung enttäuscht, vermag er sich mit dieser Enttäuschung nicht abzufin-
den: Für ihn geht die Welt unter. Freilich nur die Welt kindli-
cher Wunscherfüllungsphantasien. Die Anerkennung dieser
Realität aber schmerzt ihn so sehr, daß er wie ein Kleinkind
seine Enttäuschungswut herausschreit: Die Welt soll unterge-
hen. Lieber die Welt in Flammen, als noch einmal eine solche
Enttäuschung erleben zu müssen. Und wenn sie niederge-

brannt ist, dann läßt sich eine neue, bessere, vollkommene Welt errichten, in der es keine Enttäuschungen mehr gibt.

Züge der beschriebenen Größenphantasien tragen alle totalitären Gesellschaftsutopien, da sie das «Paradies auf Erden» versprechen, aber statt dessen sowohl die Außenwelt der Menschen als auch ihre Innenwelt verwüsten: «Die Wüste wächst, weh dem, der Wüsten birgt»,[4] warnt Nietzsche in seinem «Zarathustra» (1883–84). Und dieser Satz findet sich auf dem Gemälde «Die sieben Todsünden» wieder, das Otto Dix 1933 gemalt hat (Abb. 5).

Er steht kaum sichtbar an die Seitenmauer einer Ruine geschrieben, vor der sich eine Meute wilder Gestalten zusammengerottet hat. Es sind die Personifikationen der Todsünden. Ganz im Hintergrund die Völlerei, eine bizarre Figur, die eine Brezel schwingt und deren Kopf ganz in einem Suppenkessel verschwunden ist, der seinerseits wiederum wie ein Kopf mit aufgesperrtem Mund aussieht. Links davor, in unmittelbarer Nähe zu dem Menetekel an der Wand, die Personifikation des Hochmutes. Eine männliche Gestalt mit einem schrundigen Gesicht, deren Mund an einen After erinnert und dessen verfärbte Nase die Assoziation der Arschkriecherei weckt. Rechts vor ihr eine Frauengestalt: die Wollust, eine syphilitische Rothaarige, die ihren nackten Busen darbietet. Links neben ihr der Zorn als gehörntes Zottelwesen mit riesigen Augen und aufgerissenem Maul, das vier Fangzähne sehen läßt, dazu einen hoch erhobenen Krummdolch. Davor die Trägheit. Eine Figur, die in weißen Handschuhen eine Sense schwingt und statt des Herzens eine Kröte in ihrer Brust birgt. Angeführt wird diese Meute von einer gebückten, in Lumpen gehüllten alten Hexe, auf deren Rücken sich ein gelb gekleideter Gnom mit strohblonden Haaren festkrallt. Das Gespann sind der Geiz und der Neid, der auf ihm reitet.

Die Meute erinnert an einen Karnevalszug, für den sich Menschen verkleidet haben. Hochmut hat einen Schwellkopf übergestülpt. Man sieht die Hand, die ihn hält, aus der Ohrmuschel herausgreifen. Der Suppenkessel der Völlerei ist ebenfalls deutlich als Maske erkennbar. Und auch der Gnom trägt eine Maske vor dem Gesicht. Die übrigen Gestalten wirken kostümiert. Zum Beispiel ist die Trägheit in ein Gewand mit aufgemaltem Knochenskelett gekleidet.

Abb. 5: Otto Dix, Die sieben Todsünden, 1933
Mischtechnik auf Holz, Staatliche Kunsthalle Karlsruhe

Mit dem Mummenschanz, den das Gemälde zeigt, kritisiert Dix die politischen Zustände in Deutschland nach der Machtergreifung durch den Nationalsozialismus. 1945, als der Spuk des «Tausendjährigen Reiches» verflogen ist, gestaltet er die Aussage des Bildes noch ausdrücklicher. Er versieht die Personifikation des Neides mit dem Hitlerbärtchen, das sie bis heute trägt. Somit erscheint der Nationalsozialismus als eine Sammelbewegung neidischer Menschen, in deren Schlepptau alle Laster entfesselt werden. Zweifellos hat Dix in das Bild auch seine persönlichen Erfahrungen eingearbeitet. Denn das Gemälde ist nicht zuletzt als Stellungnahme zu seiner Amtsenthebung entstanden: Dix verlor seine Professur an der Dresdener Akademie. Und zwar auf Initiative einiger Kollegen, die sich eilfertig zur nationalsozialistischen Weltanschauung bekannten. Diese Kollegen ließen sich die Gelegenheit nicht entgehen, den beneideten Konkurrenten mit dem Vorwand zu beseitigen, es mangele ihm an Gesinnung. Da dies damals kein Einzelfall war, ist die Verallgemeinerung, die Dix vornimmt, berechtigt. Die nationalsozialistische Weltanschauung hat tatsächlich reichlich ideologische Begründungen geboten, um alle möglichen bösen Absichten zu maskieren. Und mit Hitler führte ein Mann die Sammelbewegung an, der bereit gewesen ist, die Welt in Brand zu setzen, um seinen quälenden Mangel an gesellschaftlicher Wertschätzung nicht mehr spüren zu müssen.

Selbstwertschutz:
Neid als Bewältigungsmechanismus

Lassen wir die bisherigen Ausführungen noch einmal Revue passieren, so drängt sich in Anbetracht der Feindseligkeit, die dem Neid zu eigen ist, zweifellos die Frage auf, warum es ihn überhaupt gibt. Muß man sich damit abfinden, ihn in eine nicht weiter aufklärbare Urgeschichte des Bösen einzureihen? Oder hat er doch auch eine positive Funktion?

Die beiden US-amerikanischen Sozialpsychologen, deren Untersuchung über die Alltagstheorie des Neides ich bereits diskutiert habe, bejahen diese Frage. Ja, Neid hat eine positive Funktion. Sie vertreten die These, Neid diene der Verteidigung eines bedrohten Selbstwertes und also dem Selbstwertschutz. Erinnern wir uns an die Untersuchung: John hat mehr Erfolg als Dave, weshalb Dave, als er dies hört, John abwertet, indem er ihn einen Angeber nennt. Folglich müßte Dave den Erfolg von John als eine Bedrohung seines Selbstwertes erleben. Müßte sich als weniger wert einschätzen. John daraufhin abzuwerten wäre dann insofern eine Schutzmaßnahme, weil Dave sich selbst mit seiner Äußerung indirekt wieder aufwertet. Genaugenommen meint er nämlich: «Zwar hat John mehr Erfolg als ich, dafür ist er aber ein Angeber. Ich dagegen bin kein Angeber. Während sein Erfolg einen sozialen Wert darstellt, ist Angeberei kein sozialer Wert. Sondern ein Unwert. Zieht man von dem Wert für seinen Erfolg den Unwert seiner Angeberei ab, dann vermindert sich seine Gesamtbilanz mir gegenüber. Folglich schneide auch ich in meiner Gesamtbilanz nicht ganz so schlecht ab, zumal ich mir ja den sozialen Wert gutschreiben kann, kein Angeber zu sein.»

Diese Berechnung erfolgt nur, wenn verschiedene Voraussetzungen gegeben sind: Dave muß sich mit John vergleichen. Und das Gut, das als Vergleichskriterium dient, muß für Daves Selbstwertschätzung wichtig sein. Wenn Dave kein Interesse daran hat, einen Studienplatz zu bekommen, wird ihn Johns Erfolg kaltlassen. Güter, die er in seiner Selbstwertschätzung nicht berücksichtigt, können im Besitz von jemand anderem sein, ohne daß dies seinen Selbstwert bedroht. Eine weitere Voraussetzung ist besonders folgenreich. Sie betrifft die Wahl der Mittel, mit der Dave seinen Selbstwert verteidigt. Wenn John seinen Erfolg rechtmäßig errungen und zudem nicht damit geprahlt hat, ist er in Wirklichkeit kein Angeber. Bezichtigt Dave ihn dennoch als Angeber, geschieht das ohne Rechtfertigung. Folglich hat er keine sozial anerkannten Gründe, John abzuwerten. Und deshalb dürfte er John auch nicht abwerten, um sich selbst aufzuwerten.

Aber genau darauf zielt feindselig-schädigender Neid ab. Man wählt ein illegitimes oder sogar illegales Mittel, um seinen bedrohten Selbstwert zu verteidigen. Es ist diese Wahl, die den Neid als eine Notfallreaktion kennzeichnet: Wer Personen entwertet, die er beneidet, hat keine andere Wahl; zumindest erlebt er sich so. Seine Not besteht darin, daß Selbstwert eine psychische Ressource ist, die nicht beliebig verringert werden kann, ohne dadurch das Zutrauen in die eigene Wirksamkeit zu verlieren.

Beschämendes Versagen

Eine Möglichkeit, den Selbstwert einer Person theoretisch zu fassen, beruht auf der Unterscheidung zwischen einem realen Selbst («So bin ich») und einem idealen Selbst («So möchte ich sein»). Ein Gut wird für die Person um so begehrenswerter, je mehr es Teil ihres idealen Selbst ist. Vergleicht sie nun ihr reales Selbst mit ihrem idealen Selbst – das, was sie von dem begehrten Gut besitzt, und das, was sie von dem begehrten Gut besitzen möchte –, stellt sie eine mehr oder weniger große Diskrepanz fest. Bleibt ihr reales Selbst hinter ihrem idealen Selbst zurück, dann erlebt sie dies als Mangel oder sogar als Makel. Und sie schämt sich. Denn Schamgefühle sind diejenigen Gefühle, die unser persönliches Versagen begleiten, vor allem dann, wenn wir keine guten Gründe haben, die erklären, warum wir nicht so sind, wie wir sein möchten. Die Stärke des Schamgefühls bemißt sich demnach weitgehend nach der Beschaffenheit des idealen Selbst. Je grandioser aber das ideale Selbst ist, das eine Person für sich entwirft, desto größer wird die Wahrscheinlichkeit, daß ihr reales Selbst dahinter zurückbleibt, da sich die Person beständig selbst überfordert.

An diesem Punkt setzt der Neid an. Treffen wir auf jemanden, der von einem Gut, das Teil unseres idealen Selbst ist, mehr besitzt als wir selbst, dann neiden wir ihm dieses Gut. Denn wir erleben ihn als eine Verkörperung unseres idealen Selbst, hinter dem wir zurückbleiben. Und wir beneiden ihn sogar dann, wenn das Gut für ihn nicht dieselbe große Bedeutung hat wie für uns. So gesehen ist der Vergleich mit einer beneideten Person strenggenommen die Veräußerlichung eines inneren Vergleiches, bei dem wir die beneidete Person in die Position unseres eigenen idealen Selbst bringen.

Um zu verstehen, was die Entwicklung von Neid in dieser Situation leistet, muß man sich vergegenwärtigen, daß Schamgefühle, die aus der Diskrepanz zwischen realem Selbst und idealem Selbst hervorgehen, starke Unlustgefühle sind. Wir gebrauchen dafür gerne die Vorstellung, «im Boden versinken zu wollen». Diese Vorstellung schließt ein ganzes Spektrum von Verhaltensweisen ein. Es reicht von einem zeitweiligen Rückzug aus der sozialen Situation, um sich zu sammeln, bis hin zu einer sich selbst auferlegten Isolation. Welches Ausmaß eine derart geschwächte Selbstbehauptung annimmt, hängt von dem verbleibenden Vertrauen in die Wirksamkeit eigener Anstrengungen ab, das begehrte Gut noch zu erlangen. Ohne dieses Vertrauen erlebt sich die betroffene Person als hilflos und ohnmächtig. Sie droht ihrem depressiv-lähmenden Neid zu erliegen.

Dieser Zustand führt allerdings zu keiner Beruhigung. Solange das ideale und das reale Selbst psychisch nicht ausbalanciert sind, kommen immer wieder Ärger und Wut auf – und zwar Ärger und Wut auf die unzulängliche eigene Person. Da ein solches feindseliges Verhältnis zu sich selbst aber selbstschädigend ist, bedarf es der Erleichterung. Und die bietet feindselig-schädigender Neid: Er verwandelt Ärger und Wut auf die eigene Person in Ärger und Wut auf die Person, die das begehrte Gut besitzt: «Niemals werde ich das begehrte Gut aus eigener Kraft erlangen. Und deshalb will ich auch nicht, daß sie es besitzt!» In der Feindseligkeit gegen die beneidete Person wird der depressiv-lähmende Neid überwunden und der bedrohte Selbstwert durch den Triumph einer wirklichen oder auch nur vorgestellten Schädigung dieser Person stabilisiert.

Kurzfristig! Langfristig verhindert feindselig-schädigender Neid dagegen die Entwicklung eines stabilen Selbstwertes, der auf einer realistischen Einschätzung der eigenen Möglichkeiten beruht. Denn er läßt demjenigen, den er umtreibt, keine Ruhe. Warum, das hat der Individualpsychologe Alfred Adler (1870–1937) auf den Punkt gebracht: «In seiner niedrigen Selbsteinschätzung und Unzufriedenheit fällt er [der neidische Mensch] in ein fortwährendes Messen, wie ein anderer zu ihm steht, was andere erreicht haben, und wird sich verkürzt fühlen.»[1]

Ohnmächtige Wut

Eines der aufregendsten Dramen darüber, wie Beschämung in feindselig-schädigenden Neid umschlägt, findet man in der europäischen Musikgeschichte. Es trägt sich im Wien des ausgehenden 18. Jahrhunderts zu. Seine Hauptdarsteller sind Antonio Salieri, der Hofkomponist, und der aus Salzburg kommende Wolfgang Amadeus Mozart. Die Begegnung mit dem Wunderkind hat Salieris Leben radikal verändert. Wie, das stellt Peter Shaffer in seinem Theaterstück «Amadeus» (1979) – Milos Formans kongeniale Verfilmung hat ihm große Breitenwirkung verschafft – eindrucksvoll dar.[2]

Das Gerücht, Mozart sei von Salieri vergiftet worden, hält sich bis heute. Aus Beethovens Konversationsheft wissen wir, daß Salieri selbst es in Umlauf gebracht hat. Aber warum? Shaffer versucht in seinem Stück, eine Antwort auf diese Frage zu geben. Die Rahmenhandlung bringt den 71jährigen Salieri auf die Bühne, der vor dem Publikum, das die Nachwelt verkörpert, Rechenschaft darüber ablegt, was mehr als drei Jahrzehnte zuvor am Wiener Hof geschehen ist.

Der fiktive Salieri stellt sich als eine Person vor, die seit ihrer Jugend davon träumt, ein weltberühmter Komponist zu werden, der einzigartige, unsterbliche Musik schreibt. Um dies zu erreichen, bietet er im Alter von 16 Jahren Gott einen Handel an: «Signore, mach einen Komponisten aus mir! Gewähre mir genügend Ruhm, um es zu genießen. Dafür will ich in Tugend leben, mich bemühen, das Los meiner Mitmenschen zu erleichtern, und Dich tagaus, tagein loben und preisen mit meiner Musik.»

Als am nächsten Tag überraschend ein Verwandter erscheint, der Salieri mit nach Wien nimmt und ihm das Musikstudium bezahlt, glaubt der junge Mann, dies sei ein Zeichen, daß Gott sein Angebot angenommen habe. Tatsächlich macht er auch Karriere. Getreulich erfüllt er seinen Teil des Handels: Er bleibt keusch und heiratet eine Frau, mit der er in «vollkommene[r] Temperamentlosigkeit» zusammenlebt. Zwar begehrt er eine seiner Musikschülerinnen, aber auch ihr gegenüber leistet er Verzicht. Desgleichen ist er wohltätig, indem er sich etwa um arme Musiker kümmert. Und da er im höfischen Musikleben zunehmend an Einfluß gewinnt, hat er keinen Grund daran zu zweifeln, daß auch Gott sich an ihren Vertrag hält. – Bis er dem sechs Jahre jüngeren Mozart begegnet.

Im Hause der Baronin Waldstetten trifft er zum ersten Mal auf ihn. Allerdings fällt diese Begegnung anders aus, als Salieri es erwartet hat. Fast wird er von zwei jungen Leuten überrannt. Es sind Mozart, Mitte zwanzig, und seine zukünftige Frau Constanze, die wie zwei Kinder miteinander Fangen spielen und dabei eine unbändige Vitalität und ungehemmte Sexualität zeigen. Sie nehmen Salieri überhaupt nicht zur Kenntnis. Und auch er tritt aus seiner Beobachterrolle nicht heraus, bleibt anonym. Diese erste Begegnung aber hat ihn mehr verunsichert, als er es sich selbst eingestehen mag. Denn offensichtlich lebt Mozart seine Sexualtriebe aus, während Salieri sie seiner Karriere geopfert hat. Ein Grund, neidisch zu sein, zumal der junge Wilde die Gäste der Baronin mit einer Serenade unterhält, deren Schönheit für Salieri zu einer schmerzhaften Offenbarung wird: «Ich hatte plötzlich Angst. Mir schien, als hätte ich [in der Serenade] eine Stimme Gottes gehört – und sie hatte aus einem Geschöpf gesprochen, dessen eigene Stimme ich auch kannte – die Stimme eines obszönen Kindes.»

Zunächst gelingt es Salieri, seinen aufkeimenden Neid zu besänftigen. Ehrgeizig stürzt er sich in seine Arbeit, beschließt, eine «gewaltige Tragödie» zu komponieren, mit der er der Welt «das Staunen lehren» will, und spielt die göttliche Musik, die er gehört hat, vor sich selbst als einen Glückstreffer Mozarts herunter. Und er zwingt sich zu einer Geste der Versöhnung, die aber gleichzeitig einen musikalischen Wettstreit hervorruft, aus dem er geschlagen hervorgeht. Als Mozart Kaiser Joseph II. vorgestellt werden soll, begrüßt Salieri seinen Musikerkollegen mit einer neuen Eigenkomposition. Aber kaum ist der letzte Ton seines Begrüßungsmarsches verklungen, sitzt Mozart bereits am Klavier und improvisiert mit einer beneidenswerten Leichtigkeit über Salieris Marsch, den er nach einmaligem Hören bereits Ton für Ton im Gedächtnis hat. Schließlich entwickelt er aus dieser Improvisation ein eigenes Musikstück, dessen Vollkommenheit den Hofkomponisten fasziniert. Voller Bewunderung und doch zugleich auch voller Pein, weil er sich im Vergleich mit Mozart nur mehr als mittelmäßig erlebt. Der von Gott auserwählte Komponist ist nicht er, sondern der andere, der ihn mit seinem Genie beschämt.

Hinzu kommt, daß der fiktive Mozart, den Shaffer auf die Bühne bringt, wenig Sympathien weckt. Er ist in jeder Hinsicht hemmungslos. Die vielen Jahre, die ihn Leopold Mozart, sein Vater, überall in Europa als Wunderkind vorgeführt hat, sind nicht spurlos an ihm vorbeigegangen. Mozart ist überheblich, wenn auch ohne Kalkül. Impulsiv und rücksichtslos entwertet er alles, was ihm nicht paßt, sogar wenn er sich selbst damit schadet. So spottet er über Salieris Musik: «Die klingt doch genau wie von einem, der ihn nicht hochkriegen kann.» Zwar weiß Mozart nichts von Salieris Handel mit Gott. Aber zielsicher trifft er dessen wunden Punkt. Und das nicht nur mit Worten. So geht er mit der Musikschülerin ins Bett, die Salieri begehrt, aber wegen seines Keuschheitsgelübdes nicht anzurühren wagt.

Da Mozart alle Grenzen des Anstandes verletzt, macht er sich bei der Hofgesellschaft immer unbeliebter, zumal auch seine Musik nicht deren Geschmack trifft und ihm deshalb keinen großen Erfolg, weder künstlerisch noch finanziell, einbringt. Dennoch ändert er sein prahlerisches Verhalten nicht. Getrieben, wie er ist, vermag er es auch gar nicht zu ändern. Und trotz aller Anmaßungen: Salieri erkennt das musikalische Genie. Er weiß Mozarts virtuose Musik zu schätzen, die alle Konventionen des herkömmlichen Geschmacks sprengt. Gerade weil er selbst ein unbestechliches Gehör besitzt, erkennt er, was er bei aller Bewunderung doch nicht neidlos anerkennen kann. Deshalb klagt er – in der Rolle Kains – Gott an, den Vertrag gebrochen zu haben:

«Wo liegt meine Schuld? Ich habe mich bis zu diesem Tage streng an die Tugend gehalten. Ich habe mich lange Stunden für meine Mitmenschen abgemüht. Ich habe an dem Talent, das Du mir gewährst, gearbeitet und gearbeitet. (Schreit auf.) Du weißt, wie hart ich gearbeitet habe! Und alles doch nur, um in der Ausübung meiner Kunst – die allein mir die Welt erfaßbar macht – schließlich Deine Stimme zu hören! Jetzt höre ich sie allerdings – und sie nennt nur einen Namen: MOZART. Den gehässigen, kichernden, aufgeblasenen, infantilen Mozart – der noch keinen Augenblick in seinem Leben gearbeitet hat, um anderen zu helfen, der [...] Scheiße im Maul führt! Ihn hast Du als einzigen auserwählt, Dich zu offenbaren. Und was ist mein Lohn – mein erhabenes Privileg? ... Der einzige Mensch meiner Zeit zu sein, der Deine Inkarnation deutlich erkennt.»

Salieri wird durch Mozart damit konfrontiert, daß seine Berechnung nicht aufgeht: Gott belohnt das Opfer nicht, das er ihm gebracht hat. Mozart ist der weitaus inspiriertere Musiker, obwohl – vielleicht aber auch: weil – er kein solches Opfer bringt, sondern lustbetont lebt. Salieri dämmert, daß ihm Musik immer nur Mittel zu dem einen Zweck war, unsterbliche Berühmtheit und damit den Beweis seiner Auserwähltheit zu erlangen. Diese uneingestandene Instrumentalisierung seiner Begabung hemmt seine Kreativität. Damit aber scheitert Salieri an sich selbst. Gerade weil er seine Begabung berechnend gebraucht, erreicht seine Musik nie Mozarts Virtuosität.

Dieser Einsicht aber kann sich Salieri nicht stellen. Da Gott vertragsbrüchig geworden ist, wird er ihn von nun an bekämpfen: «Von jetzt an sind wir Feinde – Du und ich. Ich finde mich nicht ab. Hörst Du? Es heißt, Gott läßt sich nicht verspotten. Ich lasse mich nicht verspotten. Es heißt, der Geist wehet, wo man ihn höret. Ich aber sage: Nein! Er muß auf die Tugend hören oder gar nicht wehen!»

Und da Gott ihm seine Tugend nicht lohnt, will Salieri von nun an auch nicht mehr tugendhaft sein. Er kümmert sich nicht länger um arme Musiker, nimmt seine lange begehrte Musikschülerin zu seiner Mätresse und versucht, Mozarts Frau sexuell zu nötigen. Dabei offenbart er ihr, verpackt in eine Schmeichelei, Neid als Triebfeder seines Handelns: «Als ich Sie gestern abend mit Mozart sah, habe ich ihn aus vollem Herzen beneidet. Es war nur dieser Neid, der mich zu so törichten Gedanken verführte. Für einen Augenblick habe ich gewagt, mir vorzustellen, daß ... ein Hauch von Zärtlichkeit – die Sie so offenbar im Überfluß besitzen – ganz ohne Ihren Gatten zu berauben – für mich abfallen könnte – um auch mich zu inspirieren.»

Salieri spricht Constanze als Mozarts Muse an. Damit nähert er sich der Einsicht, daß es vielleicht einen Zusammenhang zwischen musikalischer Inspiration und einer ihm verschlossenen Lebenslust gibt. Er muß diese Einsicht aber sofort wieder verwerfen, weil sie seine eigene Lebensführung als Selbsttäuschung erscheinen läßt. Salieri fühlt sich von Gott getäuscht. Und dafür will er sich an ihm rächen, indem er seine Macht ausspielt und Mozarts Existenz vernichtet: «Ich hatte die Macht. Gott brauchte Mozart, um einzudringen in die Welt, und Mozart brauchte mich, um in dieser Welt zu leben. Es würde einen Kampf bis zum Äußersten geben – und Mozart sollte das Schlachtfeld sein.» – «Ich mußte ein Ende machen. Aber wie? Es gab nur eine Möglichkeit. Aushungern. Den Gott aus ihm heraushungern. Den Mann ins Elend treiben.»

Von feindselig-schädigendem Neid getrieben, läßt Salieri keine Gelegenheit aus, um gegen Mozart zu intrigieren. Dadurch verliert dieser mit der Zeit alle soziale Unterstützung. Obgleich er rastlos komponiert, kann er sich und seine Familie immer weniger erhalten. Mozart verfällt dem Alkohol und ruiniert seine Gesundheit. Schließlich verläßt ihn seine Frau. Zurück bleibt ein gebrochener Mann, der sich zudem mit Schuldgefühlen gegenüber seinem verstorbenen Vater quält. Zwar wirft Wolfgang Amadeus seinem Vater vor, ihn als Wunderkind mißbraucht zu haben, denn Leopold Mozart sei ein «neidischer [...] Knochen», der seinem Sohn «nie verzeihen» werde, begabter zu sein. Andererseits fühlt er sich aber auch als ungehöriger und undankbarer Sohn, weil er es mit zunehmendem Alter wagt, sich dem väterlichen Willen zu widersetzen.

Obgleich Salieri erfolgreich Mozarts gesellschaftlichen Abstieg betreibt, bewundert er dennoch nach wie vor die Musik, die der Erfolglose in dieser Zeit schreibt. Wiederholt empfindet er eine so tiefe und aufrichtige Bewunderung, daß sein Neid durch Mitleid besänftigt wird. Aber nie für lange, zumal

Mozart weiterhin mit seinem Genie prahlt und damit Salieri beschämt, wenn der sich versöhnlich zeigt. So lobt der Hofkomponist die «Hochzeit des Figaro» als eine «außerordentlich[e]» Oper: «Ich finde, sie ist … wunderbar. Ja.» Mozart aber kann dieses Lob nicht würdigen, sondern muß selbstherrlich entgegnen: «Soll ich ihnen sagen, was sie ist? Es ist die beste Oper, die je geschrieben wurde. Jawohl. Und nur mir konnte das gelingen. Niemandem sonst auf der Welt.»

Derart von Mozart beschämt, fühlt sich Salieri in seinem Vernichtungsplan bestätigt. Um den Beneideten zu vernichten, greift er schließlich sogar zu Mitteln des psychischen Terrors, die Mozart in den Wahnsinn treiben. Salieri triumphiert und wird doch zugleich wieder geschlagen. Denn alles, was er gegen Mozart unternimmt, geschieht in der Erwartung, Gott werde ihm zürnen und wenigstens so bekunden, daß er ihn wahrnimmt. Aber Gott zürnt ihm offenbar nicht. Im Gegenteil: In dem Maße, wie Mozarts Stern sinkt, feiert Salieri in der Hofgesellschaft einen Erfolg nach dem anderen. Aber genau diese von vielen beneidete Karriere erlebt er als Hohn: «Worum hatte ich denn gebetet, in der Kirche damals, als Junge? War es nicht Ruhm gewesen, für meine Einzigartigkeit! Ich war eingemauert in Ruhm für meine Einzigartigkeit! Nur daß die Einzigartigkeit ganz fehlte. Ach, […] ich wurde […] von Leuten ‹unvergleichlich› genannt, die des Vergleichens nicht mächtig waren.» Was ist die Anerkennung von jemandem wert, der selbst nichts wert ist? Nichts! Damit aber wird Salieri die gesellschaftliche Wertschätzung, die er erhält, ebenfalls zu einer Beschämung. Gerade sein Erfolg beim Publikum belegt, wie wertlos er und seine Musik sind.

Salieri verzweifelt, da Gott Mozart nicht schützt. Denn es beweist ihm, daß es keine göttliche Gerechtigkeit gibt. Die Instanz, mit der er einst handeln wollte, ist nicht berechenbar: «Gott liebt dich nicht, Amadeus! Gott liebt nie! Er kann nur benützen! … Er macht sich nichts aus dem, den er benützt, und nichts aus dem, den er abweist.» Damit aber erscheinen beide gleichermaßen als Opfer einer unerforschlichen, mitleidlosen Gewalt. Aber diese Gleichbehandlung entschädigt Salieri nicht. Auch als Mozart stirbt und in einem Massengrab verschwindet, findet Salieri keine Ruhe. Denn er muß erleben, daß er mit seinem Urteil über Mozarts Musik recht behält.

In den kommenden 32 Jahren gerät Salieri mit seiner Musik zunehmend in Vergessenheit, während Mozarts Musik von aller Welt gefeiert wird. Um der Vergessenheit zu entgehen, streut Salieri das Gerücht, er habe Mozart damals umgebracht: «Von heute an wird, wenn immer Menschen liebevoll den Namen Mozart nennen, auch meiner genannt – voller Haß! Wie sich sein Name über die Welt verbreitet, verbreitet sich meiner auch – wenn schon nicht rühmlich, dann unrühmlich eben. Ich werde doch noch unsterblich – und Er [Gott] hat keine Macht, das zu verhindern.» Aber auch dieser Triumph ist Salieri nicht vergönnt. Nach einem mißglückten Selbstmordversuch endet er selbst im Wahn. Wer aber glaubt einem Irren, der behauptet, Mozart umgebracht zu haben?

Und so zerbricht Salieri an der für ihn unannehmbaren Einsicht, daß die Zeit überdauernde Gültigkeit eines Kunstwerkes nicht vom Charakter des Künstlers abhängt, der es hervorbringt. Prahlt ein Genie, mag das moralisch bedenklich sein. Denn es beschämt damit die weniger genialen Künstler und schürt infolgedessen deren feindselig-schädigenden Neid. Ästhetisch entscheidend sind moralische Bedenken jedoch nicht.

Die Kehrseite:
Selbstvergiftung und Selbstzerfleischung

Haben wir uns bisher mit dem feindselig-schädigenden Neid befaßt, der auf den beneideten Mitmenschen gerichtet ist, so hat der Neid gleichzeitig schon immer als eine selbstschädigende Leidenschaft gegolten: als die Todsünde, die sich bereits auf Erden selbst bestraft. Auch wenn sich der neidische Mensch durch das Ausleben von Ärger, Wut und Haß psychisch entlasten kann, letztlich hilft ihm das nichts. Sein Begehren bleibt ungestillt. Alles, was er seinem beneideten Mitmenschen antut, sei es in Phantasien oder in Taten, fällt auf ihn selbst zurück. Solange der neidische Mensch beabsichtigt, dem anderen zu schaden, behält er das Gut vor Augen, das er begehrt, aber der andere besitzt. Sogar dann, wenn er Gut und Besitzer zerstört, bleibt es dennoch das Gut, das der andere besessen hat. Ohne auf das begehrte Gut verzichten zu können oder es sich selbst (rechtmäßig) anzueignen, wird er in dem Maße leiden, wie er das Gut vergebens begehrt. Somit leidet er an seinem eigenen Begehren. Je stärker er begehrt, desto mehr nimmt der neidische Mensch selbst Schaden. Wie es die gebräuchliche Redewendung vom «bohrenden» Neid bereits treffend auf den Punkt bringt: Mit jeder weiteren Vergegenwärtigung des eigenen Mangels dringt der Schmerz tiefer in Leib und Seele ein.

In der Kulturgeschichte des Neides hat die Selbstschädigung einen reichhaltigen metaphorischen Ausdruck gefunden. Als Beispiel sei aus einer Predigt des Augustinermönches Abraham a Sancta Clara (1644–1709) zitiert, der den Gläubigen gleichsam vorrechnet, was neidische Menschen zu gewinnen haben: «Das hat der Neidige: Eines anderen Glück ist ihm ein Strick, der ihn würgt. Eines anderen Würde ist ihm eine Bürde, die ihn drückt. Eines anderen Ehr ist ihm eine Beschwer, so ihn beißet. Eines anderen Witz ist ihm eine Spitz, die ihn verwundet. Eines anderen Gut ist ihm eine Glut, so ihn brennet. Der Neidige ist ein Märtyrer, aber des Teufels. Der

Neidige ist ein Hund, der ihn selbst beißet. Der Neidige ist eine Uhr mit einer steten Unruhe.»[1]

Diese Selbstschädigung hat Folgen, die den neidischen Menschen auch körperlich zeichnen. Denn anhaltender Neid ist buchstäblich «verzehrender» Neid, weshalb der ausgemergelte Körper zu den häufigsten Versinnbildlichungen der Invidia gehört. Bei Ovid ist die Dämonin auffallend «mager am ganzen Leib».[2] Denn: «Unwillkommene Erfolge betrachtet sie, und im Betrachten / zehrt sie sich ab; denn andere benagt sie und nagt an sich selber / und ist so ihre eigene Pein». Warum diese abgezehrte Gestalt? Invidia wird von ihrem Ärger über den beneideten Erfolg anderer buchstäblich aufgefressen. Haben andere Erfolg, so raubt ihr das den Schlaf, weil sie sich deren Erfolg immer und immer wieder vorstellen muß: «Schlaf ist ihr fremd, da wache Gedanken sie quälen.» Nie kommt sie zur Ruhe. Ärger, Wut und Haß treiben sie um. Aber sie wird sie nicht los, sondern wendet sie gegen sich. Ovid interpretiert dies als Selbstvergiftung und liefert dafür ein eindrucksvolles Sinnbild: Als Minerva das Haus der Dämonin betritt, weicht sie erst einmal angeekelt zurück: Denn sie sieht, wie Invidia «Fleisch von Vipern» verzehrt; «ihr Laster nährt sich davon».

Sinnbilder

Die früheste bildliche Darstellung neidischer Selbstvergiftung findet sich in einem Fresko-Zyklus in der Arenakapelle zu Padua, die der italienische Maler Giotto di Bondone (1266–1337) geschaffen hat (Abb. 6): Der Neid erscheint als eine verhärmte Frauengestalt. Aus ihrem Mund kommt an Stelle der Zunge eine Schlange.

Diese Darstellung erinnert an die Redewendung «mit Schlangenzungen sprechen», die üble Nachrede meint, die Beziehungen vergiftet. Giotto hat aber wohl einen anderen Aspekt betont. Denn auffallend ist, daß sich das Reptil gegen die Augen der Frauengestalt wendet. Unterstellt man eine Giftschlange, dann spritzt sich die Frauengestalt selbst Gift in die Augen. Und wird blind. Daß sie infolgedessen nicht sehen kann, wohin sie geht, stellt Giotto durch ihre tastend aus-

Abb. 6: Giotto, Invidia, Fresko, um 1305,
Arenakapelle in Padua

gestreckte linke Hand dar, die orientierungslos ins Leere
greift.

Die meisten bildlichen Darstellungen dieser Zeit sind weniger einfallsreich. Dann wird als Personifikation einfach eine
körperlich ausgezehrte Frau mit vergrämtem Gesicht dargestellt. Meist ist es eine ältere Frau. Das hängt damit zusammen, daß man glaubte, Menschen seien zwischen dem 40.
und 50. Lebensjahr besonders anfällig für Neidgefühle, also
in dem Jahrzehnt, in dem damals – eingedenk der vergleichs-

Abb. 7: Georg Pencz, Invidia, 1534

weise geringeren Lebenserwartung – die erste Lebenssumme bilanziert worden ist.

Was das Geschlecht anbelangt, so gibt es zwar auch männliche Personifikationen des Neides. Aber eher selten. Seit Anfang des 16. Jahrhunderts sind sie ganz verschwunden. Ob das Frauenfeindlichkeit anzeigt, läßt sich nicht ausschließen. Zweifelsfrei ist dagegen der stilbildende Einfluß, den die zunehmende Verbreitung von Ovids «Metamorphosen» gehabt hat.

Derselbe Aspekt findet sich auch in der vielleicht anspielungsreichsten historischen Invidia-Personifikation wieder. Der Nürnberger Maler und Graphiker Georg Pencz (1500–1550) hat sie gestaltet (Abb. 7).

Wie bei Giotto, so ist auch die völlig nackte hagere Frauengestalt, die Pencz darstellt, mit Blindheit geschlagen. Und sie zerfleischt sich buchstäblich selbst. Denn sie beißt sich so tief in die linke Hand, daß bereits Blut herabtropft.

Zudem ist diese Invidia-Personifikation ein Mischwesen: halb Mensch, halb Tier. Die Frauengestalt trägt Hörner und Fledermausflügel. Und Tiere umgeben sie. Im Bestiarium der damaligen Zeit verbildlichen sie ganz bestimmte Eigenschaften, die neidischen Menschen zugeschrieben werden: Da ist zunächst die Giftschlange, die das linke Bein der Invidia umringelt und in ihren Oberschenkel beißt. Wir kennen sie bereits. Sie dürfte das Tier sein, das Personifikationen des Neides am häufigsten begleitet. Sie steht für das selbstzerstörerische Gift, das neidischen Menschen durch die Adern fließt.

Passend zu den Fledermausflügeln besagt bereits ein Sprichwort: «Der Neidische ist eine Fledermaus, die das Licht nicht sehen kann.» Da man damals über die Echolotung von Fledermäusen noch nichts wußte, hielt man die Tiere für blind. Die Anspielung auf Fledermäuse unterstreicht die blinden Augen der Invidia, die sehr viel schwerer darstellbar sind. Gemeint ist freilich nicht körperliche Blindheit, sondern Seelenblindheit: Neidische Menschen sehen das Unheil nicht, das ihnen droht.

Das Tier, das der Invidia auf ihrer schlaffen rechten Brust sitzt, ist schwer zu identifizieren. Es liegt nahe, in ihm irgendein Ungeziefer auszumachen. Denn der Volksmund sagt zum Beispiel: «Neidisch wie eine Laus.» Gemeint sind kleine blutsaugende Tiere, die den Menschen peinigen, aber nur schwer zu entfernen sind, da sie sich festbeißen. Außerdem übertragen sie Seuchen.

Der Skorpion ist da schon leichter zu entschlüsseln, der neben dem rechten Fuß der Invidia kriecht. So gehört auch er zu den mit Gift bewehrten Tieren. Und schon damals erzählt man sich, daß Skorpione nicht gegen ihr eigenes Gift immun sind, es sogar in ausweglosen Situationen einsetzen, um sich selbst das Leben zu nehmen.

Aus der Kenntnis anderer bildlicher Darstellungen läßt sich die Schar der Begleittiere noch vergrößern. Ich will lediglich ein weiteres erwähnen: den Hund. Meistens wird er mit einem Knochen gezeigt, den er, obwohl satt, argwöhnisch und streitsüchtig bewacht, weil er ihn niemand anderem gönnt. So sieht man Invidia gelegentlich auf einem Hund reiten und einen Knochen benagen. Und auch der Kampf, den zwei Hunde um einen Knochen austragen, galt damals als Anspielung auf Neid. Als Beleg dafür mag die Neid-Szene des Hieronymus Bosch dienen, die wir bereits betrachtet haben.

Bleibt auf dem Bild von Pencz noch ein Detail zu erwähnen: Invidia steht mit ihrem linken Fuß auf zwei Händen, die sich schütteln. Dieses Händepaar versinnbildlicht das friedliche Miteinander von Menschen – Zuwendung und Unterstützung. Sie werden von neidischen Menschen mit Füßen getreten, wodurch sie Beziehungen zerstören und sich selbst von ihren Mitmenschen isolieren. Deshalb muß Invidia bei Ovid an einem abgelegenen unwirtlichen Ort hausen: «in den hintersten Tälern ist diese / Wohnung versteckt, der Sonne entbehrend und niemals von frischem / Winde durchlüftet, umdünstet und voll lähmender Kälte; / Denn nie gibt es Feuer, doch Finsternis die Fülle».[3]

Eine vergleichbare Bedeutung hat damals die weitverbreitete Darstellung gehabt, daß Invidia ihr eigenes Herz zerfleischt. In der christlichen Symbolik ist das Herz der Sitz der Nächstenliebe. Wenn Invidia ihre Zähne in ihr eigenes Herz schlägt, das sie sich zuvor herausgerissen hat, dann bedeutet das die Vertilgung aller Mitmenschlichkeit. Eine solche Invidia-Personifikation zeigt etwa ein «Der Neid» betitelter Holzschnitt, mit dem der Bildschnitzer Hans Weiditz (1500–1559) ein Buch des italienischen Gelehrten Francesco Petrarca illustriert hat (Abb. 8).

Abb. 8: Hans Weiditz, Der Neid, Holzschnitt, 16. Jh.

Während auf der rechten Seite des Bildes eine Frauengestalt ihr eigenes Herz zum Munde führt, sieht man auf der linken Seite einen feuerspeienden Vulkan – ein weiteres Symbol der Selbstzerstörung. Es geht auf ein lateinisches Sprichwort über den Ätna, den damals bekanntesten Vulkan, zurück: «Nec quicquam nisi se valet ardens Ethna cremare [Der Ätna, wenn er brennt, ist nicht imstande, etwas außer sich selbst zu verzehren]». Wie bei einem Vulkanausbruch die Natur gegen sich selbst wütet, so wütet auch der neidische Mensch gegen sich. Er ist buchstäblich ein «Eigenbrötler», in dessen Innenleben es brodelt und kocht. Sebastian Brant hat mit seiner bereits zitierten Moralsatire für eine große Verbreitung dieses Vergleiches gesorgt: «Wie Ätna sich verzehrt allein ...»; so frißt der neidische Mensch Ärger, Wut und Haß in sich hinein.

Die wahrscheinlich skurrilste Darstellung des Neides findet sich in dem Lasterzyklus, den Pieter Brueghel der Ältere (1520–1569) gemalt hat (Abb. 9). Die Bedeutung der meisten Details auf diesem Bild ist dunkel.

Den Neid verkörpert auch in diesem Fall eine Frau, die mit vor Schmerz verzerrtem Gesicht an ihrem Herzen nagt. Mit der ausgestreckten Hand weist sie auf einen aufgeplusterten Truthahn. Rechts neben ihr ein Dämon mit weiblichen Brü-

Abb. 9: Pieter Brueghel d. Ä., Invidia, Federzeichnung mit
brauner Tinte, Schweiz, Privatsammlung

sten, der den Mann an seiner Seite wie einstmals Eva ihren
Adam mit einem Apfel in Versuchung führen möchte. Ein
Stück davor streiten sich futterneidische Hunde um einen Knochen. Zur Linken sieht man eine rätselhafte Schusterwerkstatt,
in der dämonische Gestalten damit beschäftigt sind, Menschen
Schuhe anzumessen. Womöglich eine Anspielung darauf, daß
neidische Menschen von dem Wunsch besessen sind, «auf
großem Fuß zu leben». Dazu passen dann auch rechts eine
Frau, die in einem Korb von Schuhen umgeben schläft und
sogar einen Schuh auf dem Kopf trägt, sowie daneben ein
Ungeheuer, das Schuhe frißt. Im Hintergrund ein Wasserlauf
mit einer Brücke, über die ein Leichenzug zieht. Auf dem Wasser treibt ein Boot in Menschengestalt, angefüllt mit dürren
Reisigzweigen. Ein Symbol der Leblosigkeit. Weiter dahinter
sieht man ein Schiff, das mit allen seinen Insassen sinkt: Der
Neid bringt Verderben. Und deshalb warnt die Unterschrift
des Bildes: «Neid ist eine Krankheit, die durch Selbstzerstörung zum Tode führt».

Kein Neid ohne sozialen Vergleich

Wenn Neid darin besteht, einer anderen Person das Gut, das sie besitzt, zu mißgönnen, weil man es selbst begehrt, aber nicht besitzt, dann setzt dies voraus, sich mit dieser Person zu vergleichen: «Der Neid wird durch den gegenwärtigen Genuß eines anderen erregt, indem aufgrund des Vergleiches damit die Vorstellung unseres eigenen Genusses abnimmt.»[1]

So hat es David Hume (1711–1776) formuliert. Er ist der Philosoph des Neides, der in seinem «Traktat über die menschliche Natur» (1739–40) am nachdrücklichsten den sozialen Vergleich als zentrales Element der Neiddynamik herausstellt. Menschen, so lautet seine Generalthese, nehmen den Wert eines Gutes immer nur relativ, nämlich im Vergleich mit anderen Gütern, wahr. Damit erscheinen sie je nach Vergleichsmaßstab als mehr oder weniger wert.

Humes Theorie des Neides ist nahezu mathematisch. Die Stärke des Neides berechnet sich aus der Größe der Differenz zwischen zwei verglichenen Gütern bzw. dem Genuß, den diese Güter verschaffen. Je größer die Differenz ist, desto mehr Neid fühlt die Person, die weniger von dem begehrten Gut besitzt. Kompliziertere Verhältnisse erfordern dementsprechend kompliziertere Berechnungen. So erklärt Hume die Sonderform des Abstandsneides als «Wirkung eines zweimal wiederholten Vergleichs»: «Jemand, der sich mit einem Niedrigeren vergleicht, schöpft Lust aus diesem Vergleich; nimmt der Abstand durch Erhöhung des Niedrigerstehenden ab, so entsteht nicht nur, wie zu erwarten wäre, eine Abnahme der Lust, sondern eine positive Unlust, und zwar durch den neuen Vergleich mit dem früheren Zustand.»

Psychologisch am interessantesten an dieser Theorie ist allerdings nicht der quantitative, sondern der qualitative Aspekt sozialer Vergleiche. Denn Hume nimmt an, daß die Größe der Differenzen nur bei gegebener «Vergleichbarkeit» wirkt. Folglich sind soziale Vergleiche eingeschränkt: Keine Person vergleicht sich mit beliebigen anderen Personen. Jede vergleicht sich bevorzugt mit ihresgleichen: «Ein Dichter wird nicht leicht einen Philosophen beneiden, auch nicht einen Dichter anderer Art oder einen, der einer anderen Nation, oder einen, der einem anderen Zeitalter angehört.»

Und sein Zeitgenosse Bernard Mandeville (1670–1733) pflichtet ihm mit der Wahl seines Beispiels grundsätzlich bei: «Wenn einer, der zu Fuß gehen muß, einen großen Mann beneidet, weil er sich einen Wagen mit sechs Pferden hält, so wird dies nie mit der Heftigkeit geschehen oder ihm den Verdruß bereiten wie einem Manne, der selbst einen Wagen hat, aber sich bloß vier Pferde leisten kann.»[2]

Trifft diese Annahme zu, entsteht Neid nur dann, wenn diejenige Person, die von dem begehrten Gut weniger besitzt, derselben sozialen Kategorie angehört wie diejenige Person, die mehr davon besitzt. Greifen wir Mandevilles Beispiel auf, so lassen sich verschiedene Bedingungen durchspielen. Daß sich der Fußgänger überhaupt nicht mit dem Kutschenbesitzer vergleicht, ist unplausibel. Es sei denn, man unterstellt, ein rascheres und weniger ermüdendes Fortkommen bedeutet ihm nichts. Dann vergleicht er sich nicht, weil Kutschieren für ihn keine Bedeutung hat. Oder sogar eine negative, wenn wir es mit einem überzeugten Fußgänger zu tun haben. Gehört Kutschieren jedoch zu den Gütern, die auch für den Fußgänger von Bedeutung sind, so wird er sich mit dem Kutschenbesitzer vergleichen, aber – wie Mandeville behauptet – weniger Neid erleben als der Kutschenbesitzer mit den vergleichsweise geringen Pferdestärken. Somit würde eine kleine Differenz innerhalb derselben sozialen Kategorie mehr Neid hervorrufen als eine große Differenz zwischen verschiedenen sozialen Kategorien, die auf derselben Dimension – nennen wir sie die Dimension des Reisekomforts – liegen.

Francis Bacon (1561–1626) beschreibt das Problem ähnlich. Auch er betont die Unterschiede, die innerhalb derselben sozialen Kategorie bestehen oder – wie in seinem Beispiel – im Laufe der Zeit entstehen: «Schließlich neigen nahe Anverwandte und Amtsgenossen sowie solche, die zusammen aufgewachsen sind, stark dazu, ihresgleichen zu beneiden, falls diese emporgekommen sind. Denn es hält ihnen ihr eigenes Mißgeschick vor Augen, zeigt mit Fingern nach ihnen, tritt ihnen häufig ins Bewußtsein, zieht auch andererseits das Augenmerk der Mitmenschen auf sie, und der Neid wird immer stärker, je mehr vom Ruhm der anderen die Rede ist.»[3]

Innerhalb derselben sozialen Kategorie, die durch gleiche Ausgangsbedingungen definiert ist, entsteht Ungleichheit. Der Aufsteiger macht aus dem vormals Gleichen einen Zurückgebliebenen, der sich fragen muß, warum er trotz gleicher Ausgangsbedingungen nicht denselben Erfolg hat.

Nun ist soziale Kategorisierung aber kein objektiver Sachverhalt. Statt dessen hängen die Vergleiche davon ab, wie sich eine Person selbst sozial kategorisiert. Das macht pauschale Vorhersagen über die Neidentwicklung schwierig. Es mag – in Humes Beispiel – zutreffen, daß sich ein Schriftsteller der einen Art nicht mit einem Schriftsteller einer anderen Art vergleicht, so daß ein Autor von Fachbüchern nicht auf den Autor von Unterhaltungsliteratur neidisch ist. Das gilt aber doch nur, solange er seine Wahrnehmung auf die eigene Literaturgattung begrenzt. Aber warum soll selbst der erfolgreichste Fachbuchautor einem nur mäßig erfolgreichen Unterhaltungsliteraten nicht dessen in der Regel sehr viel höhere Auflagen- und Verkaufszahlen neiden? Der Fachbuchautor mag sich durch die Begrenzung seiner Wahrnehmung auf die eigene Literaturgattung trösten. Wieviel Neid er sich dadurch jedoch tatsächlich erspart, wenn er ein die Gattungen übergreifendes Kriterium wie Auflagen- und Verkaufszahlen anlegt, läßt sich wohl nur von Fall zu Fall feststellen. Am ehesten ist es eine Fähigkeit lebenspraktischer Klugheit, Vergleichskriterien so zu wählen, daß eine zu kräftezehrende Neidentwicklung unterbleibt.

Eine solche Selbstberuhigung belegt auch das Beispiel aus dem antiken Rom, das Sigmund Freud (1856–1939) anführt: «Man ist zwar ein elender, von Schulden und Kriegsdiensten geplagter Plebejer, aber dafür ist man Römer, hat einen Anteil an der Aufgabe, andere Nationen zu beherrschen und ihnen Gesetze vorzuschreiben.»[4] Würden die Angehörigen der römischen Unterschicht ihre Wahrnehmung auf das soziale Gefälle gegenüber der römischen Oberschicht richten, wäre mit feindselig-schädigendem Neid zu rechnen. Da sie aber keine trennende, sondern eine verbindende soziale Kategorie betonen, erleben sie Nationalstolz statt Klassenneid. Wobei der Nationalstolz auf dem Bewußtsein beruht, einer überlegenen Nation anzugehören, die von anderen Nationen beneidet wird.

Warum vergleichen wir uns überhaupt mit anderen Personen? Zweifellos gehören soziale Vergleiche zu den unverzichtbaren Voraussetzungen unserer Identitätsbildung. Denn die vollzieht sich über wahrgenommene Differenzen: Wer ich bin, weiß ich nur in Abgrenzung zu anderen, von denen ich mich unterscheide. Nicht völlig, aber doch in bestimmten Merkmalen. Denn wir wünschen uns stets beides: unter Gleichartigen einzigartig zu sein.

Ob Menschen seit jeher so sind? Jean-Jacques Rousseau (1712–1778) meint: nein. Denn soziale Vergleiche und mit ihnen der Neid würden nicht zum paradiesischen Urzustand des Menschen gehören, sondern seien historische Folgen der Vertreibung aus dem Paradies. In seiner «Abhandlung über den Ursprung und die Grundlagen der Ungleichheit unter den Menschen» (1755) beschreibt Rousseau das Seßhaftwerden des Menschen als den entscheidenden Entwicklungsschritt: «Man fing an, sich vor den Hütten oder um einen großen Baum zu versammeln. [...] Die öffentliche Hochachtung erlangte einen Wert. Wer am besten singen, wer am besten tanzen konnte, der Schönste, der Stärkste, der Geschickteste oder der Beredteste wurde am meisten bemerkt. Dieses war der erste Schritt zur Ungleichheit und zugleich der erste Schritt zum Laster. Der erste Vorrang, den man einigen einräumte, erzeugte hier Stolz und Verachtung, dort Scham und Neid, und aus dem Gähren dieses ungewohnten Sauerteigs entstanden schädliche Beimischungen für die Glückseligkeit der Menschen und für ihre Unschuld.»[5] Rousseaus Kulturpessimismus braucht man nicht zu teilen. Die generelle Vermutung, soziale Vergleiche seien historisch bedingt, ist jedoch berechtigt. Sie wirft die Frage auf: Welche Lebensbedingungen verstärken den Drang der Menschen, sich miteinander zu vergleichen, welche mildern ihn?

Soziale Vergleiche sind eine Quelle unseres Selbstwertes, wenn auch nicht die einzige. Denn wir vergleichen uns nicht nur mit anderen Personen. Wir vergleichen uns auch mit dem, der wir früher gewesen sind. Sowie mit dem, der wir werden wollen – auch wenn niemand anderes bereits so ist. Selbstwert, der aus einem sozialen Vergleich resultiert, beruht darauf, ob man von einem begehrten Gut gleich viel, mehr oder weniger als ein anderer besitzt. Weniger zu besitzen schwächt den Selbstwert, mehr zu besitzen stärkt ihn. Wie ein Vergleich ausgeht, hängt von der gewählten Vergleichsperson ab.

Sich ständig mit überlegenen Personen zu vergleichen erzeugt Neid. Um ihn zu entschärfen, bedarf es einer Maßnahme, durch die eine solche beneidenswerte Person aus dem Vergleich herausgenommen wird. *Idealisierung* ist ein psychischer Mechanismus, der diesen Effekt hat. Sie bewirkt eine Wahrnehmungsverengung: Wer einen anderen idealisiert, überschätzt ihn. Die idealisierte Person erhält nur wertgeschätzte Merkmale zugeschrieben. Freilich besitzt niemand nur solche Merkmale. Vielmehr hat jede Person gute und schlechte Seiten. Durch eine Idealisierung werden die schlechten Seiten einer Person jedoch ausgeblendet. Sie darf keine schlechten Seiten haben, um das reine Bild zu wahren, das sich die idealisierende Person von ihr machen möchte. Indem der idealisierten Person ihre nicht wertgeschätzten Merkmale genommen werden, erscheint sie entrückt: überirdisch, heilig, grandios. Man nimmt sie in einem so «wunderbaren Licht»[6] wahr, daß ein Vergleich mit ihr «von vornherein unmöglich» erscheint.

Idealisierte Personen erregen keinen Neid. Sie sind darüber erhaben. Das angemessene Verhältnis ihnen gegenüber ist ehrfurchtsvolles Staunen. Dennoch gibt es eine Möglichkeit, an ihrer Überlegenheit teilzuhaben: ihnen zu dienen, indem man sie verehrt und ihre Grandiosität preist.

Idealisierung ist etwas anderes als *Bewunderung*. Während die Idealisierung alle Spuren möglichen Neides tilgt, haben wir gesehen, daß der Bewunderung stets der Verdacht anhängt, nur maskierter Neid zu sein. Dieser Verdacht ist die Kehrseite des Bestrebens, jemandem, den man bewundert, nachzueifern. In diesem Sinne hat einst der deutsche Schriftsteller Johann Gottfried Seume (1763–1810) als Ergebnis seiner Selbstprüfung notiert: «Etwas Neidähnliches regte sich in mir nur beim Anblick schöner großer Handlungen, also auch nur selten. Das Gefühl war nie schmerzlich niederdrückend, also war es vielleicht mehr Eifer als Neid.»[7]

Wer eine andere Person bewundert, hat in ihr ein Vorbild, das allerdings nicht völlig neidlos anerkannt wird. Statt depressiv-lähmenden oder feindselig-schädigenden Neid erregt es jedoch ehrgeizig-stimulierenden Neid, der ungeahnte Kräfte freizusetzen vermag.

... reich und schön

Rund 390 Millionen Leser – vor allem Leserinnen – hat die «Regenbogenpresse» jährlich. Sie umfaßt Zeitschriften und Magazine, die sich in Text und Bild mit dem Leben, Lieben und Leiden von Prominenten befassen. War es ursprünglich die Prominenz des Adels, so hat sich der Personenkreis, über den berichtet wird, heute erweitert. Hinzugekommen sind Schauspieler, Sänger, Sportler und Fernsehmoderatoren, um nur einige Arten von Stars zu nennen. Alles Personen, die sehr viel berühmter, reicher und mächtiger sind als die Leser. Schürt das keinen Neid? Anscheinend nicht, sonst würden die Leser wohl nicht immer wieder die Situation aufsuchen, sich mit einem luxuriösen Lebensstil zu konfrontieren, der für sie unerreichbar ist: «Niemand antwortet gegenüber der Prominenz mit Gefühlen von Inferiorität oder Neid, allerkleinste Kreise von Rivalen vielleicht ausgenommen, im Gegenteil, die öffentliche Meinung ist großmütig, sie läßt Prominenz nicht nur gelten, sondern liebt sie.»[8]

Dennoch arbeitet die «Regenbogenpresse» mit einem Darstellungsmuster, das auf eine Neiddynamik schließen läßt: Zwar werden die Prominenten idealisiert und so aus dem Bereich der Personen herausgerückt, mit denen sich die Leser vergleichen. Gleichzeitig versorgt man die Leser aber mit Informationen über das Privatleben ihrer Idole, die sie zu einer «parasozialen Interaktion»[9] einladen. So bezeichnen Kommunikationswissenschaftler das Phänomen, daß Medienhelden psychisch den Stellenwert von Bezugspersonen bekommen. Die Grenze zwischen medialer und realer Wirklichkeit verschwimmt. Die Medienhelden werden zu einem Teil des Alltags, den sie als virtuelle Vertraute bevölkern.

Was aus dem Privatleben der Idole berichtet wird, erfüllt eine doppelte Funktion: Allgemein machen diese Informationen aus dem Idol einen Menschen, den dasselbe bewegt, was auch die Leser bewegt. Dadurch tritt der luxuriöse Lebensstil, der potentiell Neid erregen könnte, in den Hintergrund. Speziell sind intime Informationen gefragt, die über das hinausgehen, was das Idol bereits aus Gründen seiner Selbstvermarktung bereit ist zu veröffentlichen. Informationen also, die es nicht veröffentlicht haben möchte. Enthüllungen, für die Paparazzi sorgen. Dazu gehören in erster Linie die Schattenseiten des Luxus: Alkohol- und Drogenexzesse, Unfälle, schwere Krankheiten, Gewalt in der Ehe, Trennungen und Kinder, die auf die schiefe Bahn geraten. Je tragischer, desto lieber. Aus Lady Di wird eine nicht akzeptierte Schwiegertochter, eine nach Liebe hungernde Ehefrau mit ihrem kaltherzigen Ehemann, eine 36jährige mit Eßstörung. Eine Frau, wie sie auch in der Nachbarschaft wohnt und der es um nichts besser geht, wahrscheinlich sogar schlechter, weil sie sterben mußte, als sie die Liebe ihres Lebens gefunden zu haben glaubte. Folglich kann man sie bemitleiden. Oder ihr Schicksal als Preis für ihre Prominenz ansehen, was hinter dem Mitleid ein Stück Schadenfreude sichtbar werden läßt. Wie dem auch sei: Die Leser der «Regenbogenpresse» können sich überlegen fühlen und sich einreden, das Leben von Lady Di sei alles andere als beneidenswert gewesen. Das beruhigt ihren Neid und befriedigt ihn doch auch zugleich klammheimlich, sind doch die Paparazzi in ihrem Auftrag unterwegs gewesen, das Idol zu jagen – und zu Fall zu bringen.

Diesen Mechanismus hat bereits Georg Wilhelm Friedrich Hegel (1770–1831) als neidische Erniedrigung prominenter historischer Persönlichkeiten beschrieben: «Diesen schauderhaften Ton, daß die geschichtlichen Menschen [prominente historische Persönlichkeiten] nicht das gewesen sind, was man glücklich nennt und dessen das Privatleben [...] nur fähig ist – diesen Trost können die sich aus der Geschichte nehmen, die dessen bedürftig sind. Bedürftig aber desselben ist der Neid, den das Große, Emporragende verdrießt, der sich bestrebt, es klein zu machen und einen Schaden an ihm zu finden.»[10]

Neid macht alle gleich

Im antiken Athen gab es ein Strafverfahren, mit dem das Volk die Verbannung einzelner Bürger auf fünf, später auf zehn Jahre aussprechen konnte. Bei diesem um 487 v. Chr. vermutlich von Kleisthenes eingeführten Verfahren stimmte die Bürgerschaft mit Hilfe von Tonscherben ab, auf denen der Name des Mitbürgers geschrieben stand, über den das Urteil zu fällen war. Da eine solche Tonscherbe «ostraka» hieß, wurde das gesamte Scherbengericht als «Ostrakismos» bezeichnet.

Dieses Verfahren hat auch die Nachwelt noch beschäftigt. Und immer wieder ist es mit Neid in Verbindung gebracht worden. Zum Beispiel von Bernard Mandeville (1670–1733): «Der Ostrazismus der Griechen war eine Opferung verdienstvoller Männer zugunsten einer Neidepidemie und wurde oft als unfehlbares Heilmittel verwendet, um die üblen Folgen allgemeiner Unzufriedenheit und Erbitterung zu verhüten oder wiedergutzumachen. Ein staatliches Opfer beschwichtigt oft das Murren eines ganzen Volkes, und spätere Geschlechter wundern sich häufig über derartige Barbareien. [...] Sie sind Komplimente vor der Bosheit der Menschen, der nie besser gedient ist, als wenn sie sehen können, wie ein großer Mann gedemütigt wird.»[1]

Ganz in diesem Sinne argumentiert auch Francis Bacon (1561–1626), der meint, daß «öffentlicher Neid als ein Scherbengericht [wirkt], das diejenigen ereilt, die allzu groß werden; es ist also ein Zügel für die Großen der Welt, um sie in Schranken zu halten».[2]

Bei beiden Äußerungen ist nicht recht klar, wie positiv oder negativ diese Funktion des Scherbengerichtes gesehen wird. Vermutlich hat es tatsächlich auch zwei Seiten. Im Mittelpunkt des Verfahrens stehen «die Großen der Welt», also Personen, die sich gegenüber anderen Bürgern in irgendeiner Weise auszeichnen, aus der Masse buchstäblich herausragen. Hinter der Bewunderung für sie aber lauert der Neid, der darauf drängt, das soziale Gefälle einzuebnen. Dann darf niemand mehr herausragen. Alle sollen gleich sein.

Diese Angleichung kann sich sozial positiv auswirken: Der Neid derjenigen, die zuwenig von einem begehrten Gut haben, sorgt dafür, daß diejenigen, die von diesem Gut zuviel haben, gezwungen werden, ihren Mehrbesitz – ihren privilegierten Status – zu rechtfertigen. Warum besitzen sie soviel mehr? Und weiterhin: Ist es legitim, daß sie soviel mehr besitzen? Folglich würde der Neid verhindern, daß die soziale Ungleichheit in einer Gruppe oder der gesamten Gesellschaft ein erträgliches Maß überschreitet und dadurch den Zusammenhalt des Sozialverbandes – man könnte auch sagen: dessen sozialen Frieden – gefährdet.

Friedrich Nietzsche (1844–1900) steuert noch ein anderes Argument dazu bei, warum «der Grieche neidisch [ist]». Er meint, der «ursprüngliche Sinn» des Scherbengerichtes sei «nicht der eines Ventils, sondern der eines Stimulanzmittels: Man beseitigt den überragenden Einzelnen, damit nun wieder das Wettspiel der Kräfte erwache».[3] Der «überragende Einzelne» ist seinen Mitmenschen so weit entrückt, daß sie nicht mehr daran glauben, mit ihm gleichziehen zu können, was sie lähmt, weshalb sie das «Wettspiel der Kräfte» einstellen. Indem sie aber nicht mehr miteinander wetteifern, schaden sie sich selbst samt der ganzen Gruppe oder Gesellschaft, in der sie leben. Denn Wetteifer ist schöpferisch. Ersetzt er Schlechteres durch Besseres, treibt er Entwicklungen voran. Folglich befreit die Feindseligkeit gegen den «überragenden Einzelnen» aus einer drohenden Lähmung. Sie führt das soziale Gefälle wieder in den Bereich zurück, in dem der Neid den Ehrgeiz befördert.

Das Bedürfnis nach Differenzierung

Wären alle begehrten Güter unter den Menschen gleich verteilt, so gäbe es keinen Neid. Folglich muß, wer Neid dämpfen will, für ihre Gleichverteilung eintreten. Aber kann es eine neidfreie Gleichheit überhaupt geben? Der englische Schriftsteller J. P. Hartley hat unter dem Titel «Facial Justice» (1960) eine negative Utopie veröffentlicht, die dieser Frage nachgeht.[4]

Seine Antwort: Wenn überhaupt, dann kann es Gleichheit nur in einer Diktatur geben. Und selbst die ist nicht in der Lage, das Bedürfnis der Menschen stillzustellen, sich voneinander unterscheiden zu wollen.

Hartley erzählt vom Leben in einer totalitären Gesellschaft, deren oberstes Ziel es ist, alle Unterschiede zwischen den Bürgern, die Neid erregen könnten, abzuschaffen. Und da es keinen einzigen Unterschied zwischen Menschen gibt, der nicht prinzipiell zum Anlaß werden kann, einander zu beneiden, sollen alle Unterschiede beseitigt werden. Man ist dabei auch bereits sehr weit gekommen. Als eine der letzten Bastionen bestehender Ungleichheit provoziert die weibliche Schönheit. Folglich werden alle Mädchen nach der Schönheit ihres Gesichtes in drei Klassen eingeteilt: Alpha, Beta und Gamma. Wer ein Alpha-Gesicht hat, muß sich einer staatlich verordneten Schönheitsoperation unterziehen, in der man es zu einem Beta-Gesicht verringert, wie es die anderen Mädchen haben. Indessen führt diese künstliche Vermehrung von Beta-Gesichtern lediglich dazu, daß diejenigen Mädchen, die von Natur aus Beta-Gesichter haben, nunmehr ihrerseits den Anspruch erheben, schöner zu sein, eben weil ihre Schönheit natürlich ist.

Der Versuch, Ungleichheit zu beseitigen, führt demnach sofort zu neuer Ungleichheit. Das Differenzierungsbedürfnis in der beschriebenen totalitären Gesellschaft ist so stark, daß die Bürger sogar ihr Leben riskieren. So hat man den Autoverkehr weitgehend abgeschafft, weil man Autos als eine Hauptquelle von Neid erachtet. Was es noch gibt, sind Busreisen. Aber auch die will man verhindern, weil das Reisen selbst Neid erregt. Deshalb muß jeder, der eine solche Reise macht, nicht nur den Fahrpreis, sondern zusätzlich ein Strafgeld bezahlen. Damit nicht genug: Für jede siebente Reise wird ein Busunfall arrangiert. Da den Reisenden aber der Überblick über die Anzahl der Reisen fehlt, wird jede für sie zu einem unkalkulierbaren Risiko für Leib und Leben. Dennoch hindert das viele Bürger nicht daran, eine Busreise zu buchen. Und als die Regierung die Unfallwahrscheinlichkeit erhöht, sinkt die Nachfrage nicht etwa. Sie steigt! Riskantes Verhalten wird zu einer Möglichkeit, sich von anderen zu unterscheiden.

Kehren wir zur weiblichen Schönheit zurück. Eigentlich müßten nicht nur die Alpha-Gesichter schönheitschirurgisch

verschlechtert, sondern auch die Gamma-Gesichter schönheitschirurgisch verbessert werden. Das geschieht aber sehr viel
weniger konsequent. Im Lauf der Erzählung stellt sich heraus,
warum das so ist. Der Diktator, den alle für einen Mann halten, erweist sich tatsächlich als eine alte Frau. Sie neidet –
ähnlich wie im Märchen von «Schneewittchen»[5] – den schönen
Mädchen, daß sie schöner sind als sie. Da sie selbst nicht mehr
so schön wie früher ist, sucht sie deren Schönheit zu zerstören,
durch die sie sich als häßlich erlebt. Im Vergleich mit Gamma-
Gesichtern fehlt ihr dieses Motiv. Im Gegenteil: Sind sie häß-
licher, dann muß sie eher ein Interesse daran haben, sie un-
operiert zu lassen, weil sie sich dann selbst als schöner erleben
kann.

Durch diese Enthüllung wird das vermeintlich altruistische
Programm der Diktatur, alle gleich zu machen, um Neid aus
der Welt zu schaffen, selbst auf Neid zurückgeführt und dadurch als egoistisch entlarvt.

Neid und Rivalität

Zu den Auswirkungen von Neid gehört Rivalität. Der ursprünglichen Wortbedeutung nach sind Rivalen Nachbarn an einem Bach, dem sie Wasser entnehmen, um ihre Felder zu bewässern. Wasser gibt es nie im Überfluß. Das begehrte Naß ist immer ein knappes Gut. Wie knapp, hängt von der Menge der Rivalen und der Menge des von ihnen entnommenen Wassers ab. Damit haben die Nachbarn ein Verteilungsproblem. Wer bekommt wieviel? Wenn wir heute Rivalität allgemein als Kampf um Vorrang verstehen, dann ruft diese Bedeutung sprachgeschichtlich bestimmte Bilder hervor: Nachbarn, die am Oberlauf des Baches siedeln, so weit oben wie möglich, um vor den anderen Wasser entnehmen zu können. Aber auch Nachbarn, die sich gegenseitig «das Wasser abgraben». Wie sie miteinander umgehen, hängt von der Form des Neides ab, der ihrer Rivalität zugrunde liegt: ehrgeizig-stimulierend oder feindselig-schädigend. Zwischen beiden Formen gibt es fließende Übergänge. Dennoch sind sie in ihrer idealtypischen Ausprägung hinreichend verschieden:

Ehrgeizig-stimulierende Rivalität ist das Bestreben, sich im Vergleich mit anderen ständig zu verbessern. Sie endet so lange nicht, wie es noch Verbesserungsmöglichkeiten gibt. Im Zentrum der Aufmerksamkeit stehen diese Möglichkeiten, nicht die Rivalen.

Feindselig-schädigende Rivalität ist dagegen auf die Rivalen konzentriert. Es geht darum, Spitzenreiter zu sein. Die Rivalen hinter sich zu lassen. Sie zu schlagen. Diese Form der Rivalität endet mit dem Sieg über den (vorerst) letzten Rivalen, durch den der Sieger (bis auf weiteres) konkurrenzlos dasteht.

Wenn es jemand lediglich darauf abgesehen hat, andere zu schlagen, liegt ihm an seiner eigenen Verbesserung nur so weit, wie sie diesem Ziel dient. Folglich neigt er dazu, seine Rivalen als Gegner oder sogar als Feinde zu sehen, die ihn daran hindern, an die Spitze zu gelangen. Hat es dagegen jemand darauf abgesehen, sich ständig selbst zu verbessern, sieht er in seinen Rivalen eher Herausforderer, die ihn bewegen, sein Bestes zu geben, und die ihm dadurch helfen, sich weiterzuentwickeln. Folglich liegt ihm daran, daß auch sie sich ständig verbessern. Infolgedessen begrüßt er Situationen, in denen die Rangordnung der Rivalen immer wieder wechselt.

Der Übergang zwischen beiden Formen der Rivalität ist eine Frage des Ehrgeizes. Ehrgeiz meint die Zielstrebigkeit und Anstrengungsbereitschaft, ein begehrtes Gut zu erwerben. Er treibt uns zu Höchstleistungen. Voraussetzung ist freilich, daß wir unsere Fähigkeiten einigermaßen realistisch einschätzen. Andernfalls kann Ehrgeiz leicht entgleisen. Wir kennen das und sprechen von einem «falschen» oder sogar «krankhaften» Ehrgeiz. Personen, die ein solcher Ehrgeiz antreibt, erleben wir als unnachgiebig und überheblich. Ihre Härte gegen sich selbst und andere ist die Folge einer ständigen Überforderung. Das aber wagen sie sich nicht einzugestehen, weil es einer unerträglich beschämenden Niederlage gleichkäme. Also darf erst gar nicht der Verdacht aufkommen, das begehrte Gut könne für sie unerreichbar sein. Ihre Arroganz verbirgt allerdings nur notdürftig ihre Angst, überhaupt nichts zustande zu bringen. Eine solche Person ist in einem Entweder-Oder-Denken befangen: Entweder sie erreicht alles, was sie will, und ist etwas wert, oder sie ist nichts wert, weil sie nicht alles erreicht, was sie will. Jede Zwischenstufe erlebt sie als Minderwertigkeit. Wenigstens halbwegs beruhigend wäre es für sie, würde kein anderer mehr erreichen. Damit aber wechselt sie den Maßstab: Sich selbst zu verbessern tritt in den Hintergrund. Was zählt, ist der Vergleich mit anderen Personen. Sie mißt sich zwanghaft, aber eben nicht, um den eigenen Entwicklungsstand zu bestimmen. Denn die Frage, wer von einem begehrten Gut mehr besitzt, trifft auf eine vorgegebene Antwort: Ganz gleich, was er besitzt, er darf nicht mehr besitzen. Besitzt er mehr, muß diese Überlegenheit verschwinden – und sei es nur in der Vorstellung. Aus ehrgeizig-stimulierender Rivalität ist damit feindselig-schädigende Rivalität geworden.

Aus klinischen Erfahrungen und etlichen, zum Teil experimentellen psychologischen Untersuchungen ist einiges über Personen und ihr Verhalten bekannt, die zu feindselig-schädigender Rivalität neigen.[1]

◆ Eine solche Person unterstellt, daß andere dieselbe Neigung haben. Deshalb fordert sie andere sofort heraus, sich mit ihr zu messen, um festzustellen, wer von ihnen überlegen ist. Wer sich nicht mit ihr messen will, wird zunächst provoziert und dann als schwächlich verachtet. Lebensbereiche, in denen es keine Möglichkeit gibt, Rangfolgen herzustellen, verunsichern sie. Sie meidet sie deshalb.

◆ Sie ist äußerst mißtrauisch. Sie erwartet, daß andere ihre Schwächen rücksichtslos ausnutzen. Denn eine solche Person würde selbst so handeln. Wird ihr soziale Unterstützung angeboten, schlägt sie das Angebot aus, weil sie glaubt, andere wollten sich dadurch nur einen Vorteil verschaffen. Deshalb scheut sie es auch, etwas von sich zu enthüllen, von dem sie befürchtet, es könnte gegen sie verwendet werden.

◆ Sie unterstellt anderen Menschen, nicht vor unlauteren Mitteln zurückzuschrecken. Daraus leitet sie für sich die Berechtigung ab, selbst solche Mittel einzusetzen, um ihnen zuvorzukommen.

◆ Eine solche Person hat ein dauerhaft hohes Aggressionsniveau – unabhängig davon, wie erfolgreich sie ist. Auch Siege verringern es nicht. Denn sie rechnet stets damit, daß es noch weitere bislang unbekannte Rivalen gibt, die darauf lauern, ihr ihren Spitzenrang streitig zu machen. Und darauf muß sie vorbereitet sein.

◆ Sie geht zu ihren Rivalen keine persönliche Beziehung ein. Nur so kann sie ungehemmt aggressiv sein. Erringt sie einen Sieg, versetzt sie sich auch nicht in deren Lage. Das erspart ihr Schuldgefühle.

◆ Eine solche Person hat nicht nur ein hohes Aggressionsniveau, sondern auch ein hohes Angstniveau – und zwar ebenfalls unabhängig davon, wie erfolgreich sie ist. Während sie rivalisiert, plagt sie die Angst vor einer drohenden Niederlage. Und bereits den zweiten Rang erlebt sie als Niederlage. Siegt eine solche Person, wird sie anschließend von der Angst verfolgt, daß ihr die Besiegten den Sieg mißgönnen oder sogar streitig machen.

• Sie ist extrinsisch motiviert: Ihr Selbstwertgefühl hängt sehr stark von dem Beifall ab, den sie erhält. Den meisten Beifall erwartet sie, wenn sie andere besiegt. Bleibt dieser Beifall nach einem Sieg überhaupt oder in der gewünschten Höhe aus, verschlechtert sich ihr Selbstwertgefühl schnell. Sogar Erfolgsserien vermögen es nicht dauerhaft zu festigen. Ohne Rivalen in Sicht verliert sie das Interesse an einer Sache. Und mag dadurch zwar besser als andere sein, was aber nicht zwangsläufig heißt, daß sie auch gut sein muß.

• Sie ist nicht kreativ. Wem es nur darauf ankommt, Rivalen zu besiegen, muß alle seine Kräfte auf den Sieg ausrichten und darf sich keine Ablenkung erlauben. Ablenkbarkeit, mithin die Offenheit für alle möglichen Aspekte einer Situation, gehört aber zu den wichtigsten Voraussetzungen, etwas Neues zu finden oder zu erfinden. Zudem wirkt ihre Angst vor einer Niederlage lähmend und begünstigt die bloße Wiederholung von früheren Erfolgsstrategien.

• Alles in allem kein Wunder also, wenn es einer solchen Person schwerfällt, innere Ruhe zu finden. Allerdings wirkt diese Ruhelosigkeit zugleich wie eine Droge, die vor allem eines verhindert: zu sich selbst zu kommen. Um keine Gelegenheit zu verpassen, die Rivalen zu besiegen, verliert sie sich an sie. Rivalität beherrscht ihr Leben. Und zwar in paradoxer Weise: Denn indem eine solche Person danach strebt, Spitzenreiter zu sein, träumt sie von einem Rang, wo das Rivalisieren ein Ende hat. Um ihn aber zu erreichen und zu verteidigen, stürzt sie sich immer wieder genau in die Situation, der sie zu entkommen sucht.

Rivalisieren ist nicht von vornherein negativ. Wer so denkt, hängt einer illusionären Vorstellung von Harmonie an. Im Gegenteil: Rivalisieren ist ein unverzichtbarer Bestandteil unserer Realitätsprüfung.[2] Indem wir uns von anderen herausfordern lassen oder sie selbst herausfordern, um uns mit ihnen zu messen, lernen wir, unsere Kräfte realistisch einzuschätzen. Je mehr diese Art der Realitätsprüfung jedoch auf feindselig-schädigendem Neid oder gar auf depressiv-lähmendem Neid und damit auf einem unsicheren Selbstwert beruht, desto unwirksamer wird sie. Denn die betreffenden Personen entstellen die Ergebnisse: im Vorfeld, indem sie nur mit jemandem rivalisieren, der ihnen unterlegen ist. Oder indem sie einem Vergleich mit einem ernsthaften Rivalen ausweichen, weil sie den Vergleich bereits in der Phantasie für sich entschieden haben. Sie halten sich dann für so überlegen, daß es gar keines Beweises mehr für ihre Überlegenheit bedarf. Oder nachträglich, wenn sie unterlegen sind: Dann finden sie genug Gründe, sich das Ergebnis so zu erklären, daß sie ihre Unterlegenheit nicht anerkennen müssen. Alle diese Maßnahmen helfen ihnen, ihren Neid vor sich und anderen zu verbergen.

Solche Maßnahmen werden um so notwendiger, je mehr eine Person von sich erwartet, der Beste zu sein, weil nur der Beste gut genug ist. Diese Erwartung kennzeichnet eine Gesellschaft, die plakativ als Konkurrenzgesellschaft gilt: eine Gesellschaft, in der Teamgeist weniger belohnt wird als Einzelkämpfertum, auch wenn diese Haltung auf Kosten sozialer Unterstützung geht.

Dazu hat der englische Philosoph und Schriftsteller Bertrand Russell (1872–1970) angemerkt: «Soviel ich weiß, gibt es kein anderes Mittel, dem Neid beizukommen, als das Leben des Neidischen glücklicher und erfüllter zu gestalten und in der Jugend viel stärker die Idee gemeinsamer Unternehmungen [= Kooperation] als die des Wettbewerbs [= Konkurrenz] zu fördern.»[3] Denn nicht nur Konkurrenz, auch Kooperation macht es möglich, die eigenen Kräfte kennenzulernen. Kooperative Beziehungen ermöglichen diese Realitätsprüfung vielleicht sogar noch besser, da sie insgesamt weniger Angst erzeugen, auch wenn sie nicht zwangsläufig weniger Konflikte hervorrufen.

Faktisch gehen Kooperation und Konkurrenz unterschiedliche Mischungsverhältnisse ein: Reine Kooperation, in der jeder gleich viel gewinnt und verliert, und reine Konkurrenz, in der das, was der eine gewinnt, der andere verliert, sind selten.

Russell zufolge müßte eine Zunahme an Kooperation den Neid verringern, eine Zunahme an Konkurrenz ihn dagegen verstärken. So wie kooperative Beziehungen enge zwischenmenschliche Bindungen fördern und konkurrente Beziehungen solche Bindungen auflösen. Beides hat Vor- und Nachteile: Denn Bindungen können so eng sein, daß sie verhindern, selbständig zu werden. Aber auch Selbständigkeit hat seine Schattenseite. Sie kann ebenfalls übertrieben werden. Dann weicht man engen Bindungen aus und vereinzelt sich.

Zweifellos hat im Laufe der Geschichte die Freisetzung aus engen Bindungen gesellschaftlich zugenommen. Soziologen beschreiben diesen historischen Prozeß als Individualisierung.[4] Zu seinen stärksten Antrieben gehört die Arbeitsteilung. Sie beruht auf einer zunehmenden Spezialisierung beruflicher Fähigkeiten sowie auf einer Bezahlung, die sich an der Nachfrage nach diesen Fähigkeiten orientiert. Wer eine Arbeitsfähigkeit anbieten kann, die andere nicht anbieten können, hat auf dem Arbeitsmarkt die größeren Chancen, mehr Geld zu verdienen. Vorausgesetzt, diese Fähigkeit wird nachgefragt. Folglich muß der Arbeitnehmer dafür sorgen, daß er mehr an nachgefragten beruflichen Fähigkeiten anbieten kann als andere. Oder – neidisch gedacht: andere nicht mehr anbieten können als er. Damit wird das Arbeitsleben zum Zentrum der Konkurrenzgesellschaft, von wo aus sich der Konkurrenzkampf auf andere Lebensbereiche ausbreitet, wie die Psychoanalytikerin Karen Horney (1895–1952) feststellt: «Bekanntlich beherrscht der Konkurrenzkampf nicht nur unsere beruflichen Beziehungen, sondern durchsetzt auch unsere gesellschaftlichen Verhältnisse, unsere Freundschaften, unsere sexuellen Beziehungen sowie die Beziehungen innerhalb der Familie und trägt so die Keime destruktiver Rivalität, der Herabsetzung, des Argwohns, der Mißgunst und des Neides in jede menschliche Beziehung.»[5]

Wer in der Konkurrenzgesellschaft erfolgreich sein will, muß sich ihr anpassen. Muß ehrgeizig-stimulierendes, wenn nicht sogar feindselig-schädigendes Rivalisieren zu einem selbstverständlichen Zug seiner Persönlichkeit entwickeln. Für natürlich halten, was doch erst soziokulturell hergestellt wird: Einen eindrucksvollen Beleg dafür liefert ein interkulturelles Feldexperiment.[6] Es vergleicht das Spielverhalten von 7–9jährigen mexikanischen, mexiko-amerikanischen und anglo-amerikanischen Kindern. Man hat diese drei Kulturgruppen gewählt, weil Eltern aus diesen Gruppen nachweislich verschiedene Erziehungsziele verfolgen. Sie halten ihre Kinder mehr oder weniger dazu an, andere zu besiegen: In der anglo-amerikanischen Kultur ist dieses Ziel am stärksten ausgeprägt. Weniger in der mexiko-amerikanischen Kultur der in die USA emigrierten Mexikaner. Am wenigsten in der traditionellen mexikanischen Kultur. Diese Unterschiede wirken sich aus. So rivalisieren die anglo-amerikanischen Kinder selbst dann, wenn es in der Situation nicht belohnt wird. Und sie nehmen Spielkameraden doppelt so oft das Spielzeug weg, wie mexikanische Kinder das tun. Die Begründung, die sie für ihr Handeln geben, belegt den Neid, der sie antreibt: Gefragt, warum sie ihren Spielkameraden das Spielzeug wegnehmen, antworten die anglo-amerikanischen Kinder: damit sie es «nicht haben können»!

Wie selbstverständlich uns diese Siegermentalität geworden ist, läßt sich nicht zuletzt daran erkennen, was wir unterhaltsam finden: was uns anregt, was uns langweilt. Nehmen wir als Beispiel Spiel und Sport. Zu den beliebtesten Freizeitbetätigungen bei den Tangu in Neu-Guinea gehört «Taketak»: Zwei Mannschaften lassen Kreisel tanzen. Ziel ist es, den genauen Gleichstand zu erreichen.[7] Wahrscheinlich würde das die meisten von uns langweilen, weil keine der beiden Mannschaften die andere besiegen will. Genau das aber wollen wir bei sportlichen Wettkämpfen erleben: sei es als Aktiver im Freizeitsport oder als Zuschauer im Leistungssport.

Wer ist der Beste? Zwei können nicht gleichzeitig über die Ziellinie laufen oder fahren. Und ist das Auge unfähig, den ersten vom zweiten zu unterscheiden, wird ein Zielfilm zu Hilfe genommen, der die Abstände bis auf tausendstel Sekunden genau mißt.[8] Und auch im Mannschaftssport begeistern wir uns vor allem für die Torjäger: für diejenigen, die am meisten Punkte erzielen. Dabei wissen wir doch, wie abträglich es für den Erfolg einer Mannschaft sein kann, wenn Mannschaftsmitglieder darum rivalisieren, wer von ihnen der beste Schütze ist. Es kommt dann immer wieder vor, daß ein Spieler einen besser postierten Mitspieler übersieht, um die vagere Chance zu nutzen, sich selbst in die Liste der Torjäger einzutragen. Dabei ließen sich die Regeln unserer sportlichen Wettkämpfe leicht verändern. Zum Beispiel Basketball: Man könnte eine Punktezählung einführen, die nicht länger die besten Einzelspieler belohnt. Wie wäre es, wenn man am Ende des Spieles die Differenz zwischen dem Spieler, der die meisten Körbe geworfen hat, und demjenigen, der die wenigsten Körbe geworfen hat, von der Gesamtpunktzahl ihrer Mannschaft abziehen würde? Oder wenn nach der Regel gespielt würde, daß ein Spieler erst dann wieder einen Korb werfen darf, nachdem zwei oder drei Mitspieler gepunktet haben? Dann wäre es ein anderes Spiel. Sicher. Aber eines, das allen Mitspielern wahrscheinlich ein sehr viel stärkeres Gemeinschaftsgefühl vermitteln würde.

Können wir uns nicht vorstellen, solchen Spielen[9] einen Reiz abzugewinnen, belegt diese Phantasielosigkeit, wie sehr uns das Star-System, das den besten einzelnen belohnt und deshalb den einzelnen antreibt, der Beste zu werden, in Fleisch und Blut übergegangen ist. Empören wir uns vor diesem Hintergrund über unfaire Wettbewerbsvorteile wie Doping, wirkt das scheinheilig. Ist doch die Wahl solcher Mittel eine zwangsläufige Konsequenz einer Einstellung, wonach jeder, der nicht den ersten Rang belegt, verloren hat und deshalb kaum noch Anerkennung findet.

Gleich, in welchen Lebensbereichen wir dieser Einstellung folgen: Feindselig-schädigender Neid, der den Rivalen zu entwerten sucht, wenn er ihn nicht besiegen kann, ist die Kehrseite eines tyrannischen Siegeswillens, der auch vor einer Selbstschädigung nicht zurückschreckt. Oftmals läßt sich nur schwer auseinanderhalten, wer letztlich den größeren Schaden hat. Das mag ein Witz illustrieren, der dem früheren Präsidenten von «Sony», Akio Motita, in den Mund gelegt wird. Dieser Witz bringt die Rivalität im Geschäftsleben auf den Punkt: «Zwei Manager treffen in der Savanne auf einen Löwen. In ihrer Not taucht eine Fee auf, die ihnen einen Wunsch freistellt. Sofort sagt einer von beiden: ‹Ich wünsche mir ein Paar Turnschuhe!› Verwundert gibt die Fee daraufhin zu bedenken, daß er trotz der Turnschuhe nicht schneller ist als der Löwe. ‹Nein›, antwortet er, ‹aber schneller als mein Kollege!›»

Statt sich eine gemeinsame Rettung zu wünschen, wird die günstige Gelegenheit genutzt, einen Rivalen zu vernichten. Die Aussicht, ihn zerfleischt zu sehen, ist so verlockend, daß darüber sogar die eigene Sicherheit aus dem Blick gerät: Wer sagt denn, daß der Löwe tatsächlich den Langsameren von beiden frißt, wenn er doch auch den Schnelleren ohne größere Anstrengung einholt?

Neid kennt keine Dankbarkeit

Gymnasium. Unterprima. Leistungskurs Mathematik. Peter beneidet Paul um seine mathematische Begabung. In fast jeder Arbeit erhält Paul die beste Note. Peter möchte ebensogut sein wie er, erreicht ihn aber trotz aller Anstrengung nicht. Bislang ist er ihm deshalb aus dem Weg gegangen, hat ihn heimlich bewundert, ihn Mitschülern gegenüber aber immer als Streber verunglimpft. Hat so getan, als könne er selbst ebensogut sein, würde er nur wollen. Bei einem Geburtstagsfest, auf dem beide eingeladen sind, kommen sie sich dennoch näher. Und freunden sich an. Peter traut sich nicht zu fragen, ob Paul mit ihm für die letzte Mathematikarbeit des Schuljahres lernen könnte. Sie wird für die Note entscheidend sein. Als Paul ihn von sich aus fragt, ziert sich Peter zunächst, willigt dann aber ein. Paul ist ihm eine große Hilfe. Zum ersten Mal versteht Peter mathematische Zusammenhänge, die ihm bisher verschlossen geblieben sind. Dann wird die Arbeit geschrieben. Peter steigert sich. Eine so gute Note hat er das ganze Jahr über nicht gehabt. Aber Paul ist dennoch besser. Statt sich zu freuen, wird Peter ärgerlich und wütend. Er beschuldigt Paul, ihm wichtige Rechenhilfen vorenthalten zu haben. Paul könne es wohl nicht ertragen, daß er ebensogut werde. Dafür verachte er ihn. Wer sei es denn überhaupt gewesen, der zusammen lernen wollte? Paul habe doch ihn gefragt. Aber wahrscheinlich nur, um ihm seine Überlegenheit zu demonstrieren. Aber er brauche ihn nicht. Komme viel besser ohne ihn zurecht. Und schon ist das gerade geknüpfte Freundschaftsband wieder zerrissen.

Geben und Nehmen

Wie oft sagen wir im Laufe eines Tages «Danke!». Diese kurze Formel ist ein allgegenwärtiger Bestandteil unserer Höflichkeitsrituale. Aber wir werden eine Danksagung, nachdem wir jemandem, der ein sperriges Paket trägt, die Tür aufgehalten haben, nicht mit Dankbarkeit gleichsetzen. Dazu ist der Anlaß zu gering. Wer aber einem anderen eine große Hilfe ist, vielleicht sogar auf eigene Vorteile verzichtet, darf Dankbarkeit erwarten. Er hat einen moralischen Anspruch darauf.

Falls die Dankbarkeit ausbleibt, ist das dann auch nicht länger eine bloße Unhöflichkeit, sondern Undankbarkeit, die zu einer Störung in der Beziehung zwischen dem Gebenden und dem Nehmenden führt. Zwar warnt die bekannte Spruchweisheit «Undank ist der Welt Lohn». Folglich soll man von vornherein nicht mit Dankbarkeit rechnen. Und dennoch erwarten wir heute unseren Lohn nicht erst im Himmel. Daß einst der Himmel überhaupt als Ausfallbürge für den Undank unter den Menschen auftrat, hat eine soziale Unterstützung sicherstellen sollen, die völlig uneigennützig nicht zu erwarten ist.

Jemanden um Hilfe zu bitten ist immer heikel. Es setzt eine Beziehung voraus und stellt sie zugleich auf die Probe. Gezwungen, die eigene Hilfsbedürftigkeit einzugestehen, erlebt sich der Hilfesuchende leicht als unterlegener Bittsteller. Das kratzt an seinem Selbstwert. Um so mehr, je brüchiger sein Selbstwert ist. Erhält der Hilfesuchende die Hilfe, die er benötigt, wird es nicht eben leichter. Denn jetzt hat er sich dankbar zu zeigen. Dankbarkeit ist ein soziales Prinzip, das Geben und Nehmen in ein angemessenes Verhältnis setzt. Die Bedingungen für diese Verhältnismäßigkeit lassen sich vor allen solchen Fällen entnehmen, in denen der Ausgleich mißlingt:

So kennen wir übertriebene Danksagungen. Dabei übertrifft die bekundete Dankbarkeit das Ausmaß der Hilfe. Das läßt uns zu Recht mißtrauisch werden, weil wir die Übertreibung als eine Form der Distanzierung verstehen. Eine solche Distanzierung aber macht den Dank unglaubwürdig. Unter Umständen zeigt der Nehmende auf diese Weise ein Dilemma an, in dem er steckt: Er weiß, daß der Gebende für seine Hilfe Dankbarkeit von ihm erwarten darf, fühlt sie aber nicht. Denn wir sind zu Dankbarkeit verpflichtet, weshalb wir von Dankesschuld sprechen. Und die wird unabhängig von den entsprechenden Gefühlen fällig. Der Nehmende kann seine Danksagung aber auch mit vollem Bewußtsein übertreiben. Das wird vom Gebenden meist als Kritik an seiner Hilfe verstanden. Die Danksagung klingt dann, als gebe der Nehmende zu verstehen, er habe eigentlich viel mehr erwartet: nämlich eine Hilfe, die so außerordentlich wie seine Danksagung ist.

Ein weiterer kritischer Fall liegt vor, wenn der Gebende mehr Dankbarkeit erwartet, als ihm der Nehmende für seine Hilfe schuldet. Eine solche Erwartung erweckt den Verdacht, der Gebende beabsichtige nur, sich die Dankbarkeit des Nehmenden zu sichern. Weil er dadurch Macht über den Gebenden gewinnt: Als Schuld ist Dankbarkeit ein Wechsel auf die Zukunft. Wer Hilfe nimmt, muß Hilfe geben. Nur so kann die Schuld beglichen werden. Im Unterschied zu einer Vertragsbeziehung werden dabei die Hilfen aber nicht exakt gegeneinander aufgerechnet. Nicht Äquivalenz, sondern Reziprozität wird erwartet: Eine ungefähr gleichwertige soziale Unterstützung reicht aus, um quitt zu sein.

Dankesschuld verpflichtet. Sie macht den Nehmenden von dem Gebenden abhängig. Denn der hat es in der Hand, ihn zu entschulden. Wie groß seine moralische Macht ist, wird spürbar, wenn der Gebende keinen Ausgleich zuläßt: wenn er es nicht bei einer Hilfeleistung beläßt, sondern weitere Hilfeleistungen hinzufügt, ohne seinerseits den Nehmenden um soziale Unterstützung zu bitten. Vor allem Gebende, die betont uneigennützig und betont anspruchslos sind, lösen leicht Ärger und Wut aus. Denn der Nehmende weiß nicht, wie er seine Dankesschuld jemals begleichen kann. Vielleicht vermutet er sogar richtig, daß er sie gar nicht ausgleichen können soll, weil dem Geber daran gelegen ist, den Nehmenden abhängig zu halten.

Wir haben ein Gespür für solche Schwierigkeiten, weshalb Gebende oftmals den Wert ihrer Hilfeleistung herunterspielen: «Ist doch nicht der Rede wert». Dadurch soll die Dankesschuld verringert werden. Indessen kann sich ein solcher Versuch leicht in sein Gegenteil verkehren. Handelt es sich tatsächlich um eine große Hilfe, so wächst die Dankesschuld faktisch an, weil der Gebende gleich mehrfach Verzicht leistet: Er verzichtet nicht nur auf das, was ihn die Hilfeleistung kostet, sondern darüber hinaus auf die ihm geschuldete Dankbarkeit sowie auf die zukünftige Hilfeleistung, die er aufgrund dieser Schuld für sich erwarten darf.

Nicht selten ist eine Distanzierung in der Beziehung deshalb unter solchen Umständen die Folge einer Ratlosigkeit, wie

Dankesschuld überhaupt beglichen werden kann. Hinzu kommt die Schwierigkeit des Nehmenden, über seine Ratlosigkeit zu sprechen. Denn je mehr er den Gebenden Ärger und Wut spüren läßt, desto leichteres Spiel hat der, ihn in eine Falle laufen zu lassen: indem er Ärger und Wut als Zeichen besonderen Undanks darstellt.

Unbeglichene Dankesschuld

Dies ist die Geschichte von Karl Solo. Ich habe ihn im Rahmen einer meiner Selbsterfahrungsgruppen kennengelernt. Mit seinen 54 Jahren ist er gut zwanzig Jahre älter als die nächst ältesten Männer und Frauen in der Gruppe. Er hat von Anfang an die informelle Rolle des Co-Leiters übernommen und wird darin von den anderen Gruppenteilnehmern bestätigt. Denn sie schätzen seine Lebenserfahrung sehr, die er ihnen uneigennützig zur Verfügung stellt. Sagen ihm Teilnehmer, wie wichtig er für sie geworden sei, gibt er sich betont bescheiden. Gleichzeitig hält er sich aber mit eigenen Anliegen auffallend zurück. Dadurch erleben ihn die anderen immer nur als gebend, niemals als nehmend. Er macht es ihnen schwer, sich dankbar zu zeigen.

Überwiegt anfangs eine ungetrübte Wertschätzung, so beginnt sie sich nach ein paar Monaten allmählich zu trüben. Mir fällt das zum ersten Mal auf, als ein Teilnehmer meint, Karl throne auf seinem Stuhl. Das ist zwar im Spaß gesagt und auf die betont aufrechte Körperhaltung bezogen, die für ihn charakteristisch ist. Aber ich höre dennoch einen leisen Unterton spöttischer Kritik heraus. Es scheint mir, als werde Karl Solo einerseits von der Gruppe wegen seiner verständnisvollen und zugleich abgeklärten Haltung sehr beneidet. Andererseits sind die Teilnehmer aber auch ärgerlich und wütend. So als unterstellten sie ihm, er wolle mit seiner Selbstgenügsamkeit ihren Neid provozieren.

In den folgenden Sitzungen kommen Ärger und Wut immer stärker zum Ausdruck. Haben die Teilnehmer bisher in jeder der vergangenen Sitzungen ihre Sitzposition verändert, so stellen sie diesen Wechsel nun ein: Fortan bleibt die eingenommene Sitzordnung dieselbe. Ohne sich ausdrücklich darauf zu einigen, gesteht jeder jedem den Stuhl zu, auf dem er in der Sitzung zuvor gesessen hat. Meiner Erfahrung nach ist eine solche Erstarrung oft ein Zeichen dafür, daß Veränderungen anstehen, die große Angst bereiten. Die Veränderung, die für die Gruppe ansteht, ist die Auseinandersetzung mit Karl Solo und der Neiddynamik, die sich an seiner Person festmacht.

In der ersten von drei aufeinanderfolgenden Sitzungen drängen die Teilnehmer zu Beginn zu ihren Plätzen und schieben dabei verschiedene Stühle im Raum herum. Als Karl Solo kommt, findet er seinen Stuhl deutlich aus dem Kreis herausgerückt vor. Er muß ihn in den Kreis zurückschieben und ist dadurch der letzte, der sich setzen kann. Die ganze Aktion bleibt unkommentiert. Ich verstehe sie als eine symbolische Warnung für Karl Solo, sich besser zu integrieren, weil er sonst ausgeschlossen werde. Sage aber nichts, weil ich der weiteren Entwicklung nicht vorgreifen will. In der folgenden Sitzung kommt er eine gute Viertelstunde zu spät. Als er auf seinen Platz zugeht, ist der Stuhl symbolisch besetzt: Ein Nachbar hat seinen Schlüsselbund darauf abgelegt. Um sich zu setzen, muß Karl Solo das Etui aufheben und es seinem Nachbarn reichen. Wiederum bleibt die Aktion unkommentiert. Karl Solo ist während der Sitzung aber ungewöhnlich schweigsam. Eine Woche später erreicht diese Entwicklung ihren Höhepunkt:

Dieses Mal bin ich etwas zu spät. Als ich den Raum betrete, sind alle Teilnehmer anwesend. Betretenes Schweigen. Karl Solo ist auf seinem Stuhl zusammengesunken. Keine Spur mehr von seiner ansonsten so aufrechten Haltung. Nach einiger Zeit gelingt es mir, die Teilnehmer zu bewegen, über die Situation zu sprechen. Karl Solo erzählt, sein Stuhl sei um 180 Grad gedreht gewesen. Alle hätten bereits gesessen und ihm schadenfroh zugesehen, als er vor der Rückenlehne seines Stuhles wie vor einer Mauer stand. Am liebsten wäre er sofort wieder gegangen, habe es sich dann aber anders überlegt, den Stuhl umgedreht und Platz genommen. Seitdem rase sein Herz. Ihn quäle panische Angst, die Gruppe verlassen zu müssen. Er könne sich gar nicht vorstellen, was ohne die wöchentlichen Sitzungen aus ihm werden solle. Und dann erzählt er zum ersten Mal von seiner aktuellen Lebenssituation. Wie einsam er sei. Und wie bedürftig. Erzählt von einem ruhelosen Leben, in dem er viel erlebt habe und von dem er keinen Tag bereue.

Nur vor Bindungen sei er stets geflohen. Jetzt mit 55 Jahren würden ihn aber Alpträume verfolgen, in nicht allzu ferner Zukunft anonym verscharrt zu werden. Wenn es aber so sein solle, fände er sich auch damit ab. Während Karl Solo anfangs mit den Tränen kämpft, klingt er am Ende seiner Erzählung eher trotzig.

Die Teilnehmer hören ihm bestürzt zu. Niemand hat eine solche Geschichte vermutet. So ganz anders erscheint ihnen der Karl, der sich gut in ihre Probleme hineindenken kann. Erneut betonen sie, wie wichtig er ihnen sei. Wie hilfreich. Und sie entschuldigen sich für ihre Aggressionen. Jetzt, wo sie mehr von ihm wüßten, würden sie sich dafür schämen. Karl Solo hört zwar zu, aber sie erreichen ihn in dieser Sitzung nicht mehr. Und auch nicht in den nächsten. Denn er gibt ihnen dazu keine Gelegenheit mehr. Er fehlt die nächste und die übernächste Sitzung. Auch geht er nicht ans Telefon. In der dritten Woche erhalte ich einen Brief, in dem er mir lapidar mitteilt, er werde nicht mehr an der Gruppe teilnehmen. Er beabsichtige, in eine andere Stadt zu ziehen.

Ich nehme an, die Gruppe hat mit ihren Aktionen Karl Solo dazu gedrängt, sich bedürftig zu zeigen. Sein Eingeständnis, wie wichtig ihm die Gruppe sei, wirkt auf mich wie ein erzwungener Ausgleich für die ihm nachgetragene Dankbarkeit. Die aber vermag er, obwohl er sie geradezu herausfordert, nicht anzunehmen. Ebensowenig erträgt er es, sich als bedürftig zu zeigen. Denn das würde den Teilnehmern eine Gelegenheit geben, ihm zu helfen. Infolgedessen müßte er ihnen dankbar sein. Sich ihnen verpflichtet fühlen. Sich binden. Gerade davor aber läuft er weg. Und so sucht er, wie sein ganzes bisheriges Leben lang, wiederum genau in dem Moment das Weite, in dem sich seine verleugneten Beziehungswünsche zu regen beginnen. In dem Moment, in dem die Gruppe seine Selbstgenügsamkeit als Angst vor Abhängigkeit erkennt, so daß sie ihr nicht länger als beneidenswerte Autonomie erscheint. Und er selbst mit seinem Neid auf Personen konfrontiert ist, die sich Hilfe holen können, ohne diese Angst zu haben.

Unerträgliche Hilfsbedürftigkeit

Neidische Personen ertragen vor allem eines nicht: soziale Unterstützung von den Personen zu erhalten, die sie um das begehrte Gut beneiden. Sie weisen ein solches Hilfsangebot brüsk zurück, weil es sie beschämt und dadurch ihren Neid verstärkt. Denn zu allem Überfluß besitzt die Person zu dem primär beneideten Gut dann auch noch das ebenso beneidenswerte Gut der Hilfsbereitschaft. Das darf nicht sein. Deshalb mißtrauen sie der angebotenen Hilfe, halten sie für einen hinterhältigen Besänftigungsversuch. Und sich besänftigen lassen, das wollen sie nicht. Vielmehr haben sie ein Interesse daran, daß derjenige, der das begehrte Gut besitzt, eindeutig als böse erscheint. Sie verdächtigen ihn der Eigennützigkeit oder unterstellen, er mache seine Hilfe von unannehmbaren Bedingungen abhängig: Er wolle nur ihre Dankbarkeit, um zu verhindern, daß sie ihre Benachteiligung herausschreien. Hinter dieser Zurückweisung aber lauert die Gier: «Wenn ich nicht alles haben kann, will ich gar nichts. Seine Hilfe ist nur ein Tropfen auf den heißen Stein, die mich um so mehr spüren läßt, wie unterlegen ich ihm bin.»

Jenseits der Vielzahl verschiedener Einzelfälle setzt Dankbarkeit die Anerkennung voraus, grundsätzlich auf andere angewiesen zu sein. In einem existentiellen Sinne: ohne andere überhaupt nicht am Leben zu sein. «Ihr habt mich nicht gefragt, ob ich geboren werden wollte!» Die Tochter, die diesen Satz in der Pubertät ihren Eltern trotzig entgegenschleudert, leidet an einem noch unbewältigten Konflikt zwischen Abhängigkeit und Selbständigkeit. Zugleich abhängig und selbständig zu sein. Wie soll das gelingen? Die Lösung, Bindungen als Beziehungen zu verstehen, in denen fortlaufend eigene Ansprüche mit den Ansprüchen anderer vermittelt und ausbalanciert werden müssen, ist zu diesem Zeitpunkt der Entwicklung noch nicht stabil. Deshalb liegt es nahe, sich völlig autonom zu gebärden. Der für Eltern erschreckende Wunsch, am besten nie geboren worden zu sein, bedeutet für die Tochter vor allem eines: sich schmerzlich bewußt zu werden, daß sie ihnen ihr Leben verdankt. Mit dem radikalen Versuch, dieses existentielle Geschenk zurückzuweisen, demonstriert sie, sich nicht durch Dankesschuld daran hindern zu lassen, auch Wege zu gehen, die den Eltern nicht passen. Deshalb kommen solche Äußerungen zumeist in Situationen vor, in denen sich die Kinder ohnmächtig fühlen, weil sie sich elterlichen Verboten beugen müssen, die sie nicht einsehen.

Demonstrative Unabhängigkeit

Die psychoanalytische Psychotherapie kennt das Phänomen der «negativen therapeutischen Reaktion». Es meint die überraschende Verschlechterung des Gesundheitszustandes eines Patienten. Gerade wenn der Psychotherapeut denkt, er habe mit seinem Patienten einen Fortschritt erzielt, muß er enttäuscht feststellen, daß dem nicht so ist. Warum, bleibt auf den ersten Blick rätselhaft. In den Worten von Sigmund Freud (1856–1939):

«Es gibt Personen, die sich in der analytischen Arbeit ganz sonderbar benehmen. Wenn man ihnen Hoffnung gibt und ihnen Zufriedenheit mit dem Stand der Behandlung zeigt, scheinen sie unzufrieden und verschlechtern regelmäßig ihr Befinden. Man hält das anfangs für Trotz und Bemühen, dem Arzt ihre Überlegenheit zu bezeugen. Später kommt man zu einer tieferen und gerechteren Auffassung. Man überzeugt sich nicht nur, daß diese Personen kein Lob und keine Anerkennung vertragen, sondern, daß sie auf den Fortschritt der Kur in verkehrter Weise reagieren. Jede Partiallösung, die eine Besserung oder zeitweiliges Aussetzen der Symptome zur Folge haben sollte und bei anderen auch hat, ruft bei ihnen eine momentane Verstärkung des Leidens hervor, sie verschlimmern sich während der Behandlung, anstatt sich zu bessern.»[1]

Dieses Phänomen kann verschiedene unbewußte Gründe haben. Inzwischen weiß man das. Freud hat als einen Grund ein unbewußtes Strafbedürfnis angeführt: Der Patient hintertreibt seine Gesundung. Er glaubt nicht, gesund werden zu dürfen, weil er mit seiner Krankheit für ein Vergehen büße, dessen er sich schuldig gemacht habe. Häufiger sind andere Gründe. So kann ein Patient nicht gesund werden wollen, weil ihn die Krankenrolle von Alltagspflichten entlastet. Wäre er gesund, so fürchtet er, würde er wieder mit normalen Maßstäben gemessen und keine Nachsicht mehr genießen. Also bleibt er lieber krank. Ein anderer Patient verschlechtert seinen Gesundheitszustand, weil er spürt, daß sein zentrales Problem noch nicht gelöst ist, und er eine zu frühe Beendigung der Behandlung verhindern will. Wieder ein anderer vermag sich nicht von seinem Therapeuten zu trennen. Er bleibt krank, um in seiner Nähe sein zu können.

Negative therapeutische Reaktionen können auch auf «narzißtischem Neid»[2] beruhen. Der Patient hat den Wunsch, den Therapeuten scheitern zu lassen. In einer einzelnen Sitzung kann er ihm «den Erfolg einer wirksamen Intervention nicht gönnen».[3] Und im Gesamtverlauf nicht den Erfolg, ihn geheilt zu haben. Lieber schädigt er sich selbst: Ein solcher Patient mag argwöhnen, der Therapeut werde mit seinem Heilungserfolg prahlen. Sozusagen auf Kosten des Patienten: «Ich will hier keine Heilung kriegen, weil das ein Supererfolg für Sie wäre. Ich kann Ihnen nämlich einfach wegsterben. Dann zeigt sich, was die Analyse für ein Kasperltheater ist.»[4] Hinter einem solchen Angriff aber liegt die Scham, überhaupt fremde Hilfe benötigt zu haben. Indem der Patient sich selbst schädigt, beweist er seine eigene Macht: «Nur wenn ich mir helfen lasse, kann er mir helfen. Also bin ich unabhängig. Brauche niemanden.» Letztlich möchte er dem Therapeuten auch nicht dankbar sein müssen, um nicht in seiner Schuld zu stehen. Wie kann er wettmachen, was der für ihn getan hat? Zumal, wenn seine Hilfe lebensrettend gewesen ist. Zwar gibt es einen Vertrag, durch den der Therapeut mit seiner Behandlung Geld verdient. Läßt sich damit aber die Dankesschuld abtragen, vor allem, wenn die Kasse das Honorar zahlt? Krank zu bleiben läßt den Therapeuten wenigstens weiter verdienen. Gleichzeitig rächt sich der Patient damit aber für die unerträgliche Abhängigkeit, die er erlebt. Kann der Therapeut ihn nicht heilen, ist er auch das Geld nicht wert, das er an ihm verdient. So oder ähnlich widersprüchlich kann es in den Phantasien eines Patienten zugehen, der mit seinem Neid auf die Macht kämpft, die er dem Therapeuten zuschreibt.

Die Angst, Neid zu erregen

Neid fördert eine Tendenz zur Mitte. Ungleichheit einzuebnen ist aber ein heikler Balanceakt. Was geschieht, wenn jemand Angst hat, den feindselig-schädigenden Neid anderer zu erregen? Fühlt er sich bedroht, weil er von einem begehrten Gut mehr besitzt, als diese es ertragen, dann sind zwei Haltungen möglich – eine problematischer als die andere. Wer mehr besitzt, kann sich genötigt fühlen, seinen Mehrbesitz auf irgendeine Weise zu verbergen, um keinen Neid zu erregen. Vielleicht läßt er sogar seine Fähigkeiten brachliegen oder verkümmern, mit denen er von einem begehrten Gut mehr erwerben könnte als andere. Dann aber breitet sich Mittelmäßigkeit aus, in der jegliche Kreativität zu erlöschen droht.

Eine eindrucksvolle Illustration für diese Angst, Neid zu erregen, liefert Franz Kafka (1883–1924) mit seiner kurzen Erzählung «Zum Nachdenken für Herrenreiter» (1910). Als Schauplatz wählt er eine Pferderennbahn. Das Rennen ist gelaufen. Aber der Sieger wird seines Sieges nicht recht froh. Denn dieser Sieg verändert seine sozialen Beziehungen. Sie geraten in eine Krise:

«Nichts, wenn man es überlegt, kann dazu verlocken, in einem Wettrennen der erste sein zu wollen.

Der Ruhm, als der beste Reiter seines Landes anerkannt zu werden, freut beim Losgehen des Orchesters zu stark, als daß sich am Morgen danach die Reue verhindern ließe.

Der Neid der Gegner, listiger, ziemlich einflußreicher Leute, muß uns in dem engen Spalier schmerzen, das wir nun durchreiten nach jener Ebene, die bald vor uns leer war bis auf einige überrundete Reiter, die klein gegen den Rand des Horizonts anritten.

Viele unserer Freunde eilen, den Gewinn zu beheben, und nur über die Schultern weg schreien sie von den entlegenen Schaltern ihr Hurra zu uns; die besten Freunde aber haben gar nicht auf unser Pferd gesetzt, da sie fürchteten, käme es zu Verlusten, müßten sie uns böse sein, nun aber, da unser Pferd das erste war und sie nichts gewonnen haben, drehn sie sich um, wenn wir vorüberkommen, und schauen lieber die Tribüne entlang.

Die Konkurrenten rückwärts, fest im Sattel, suchen das Unglück zu überblicken, das sie getroffen hat, und das Unrecht, das ihnen irgendwie zugefügt wird; sie nehmen ein frisches Aussehen an, als müsse ein neues Rennen anfangen und ein ernsthafteres nach diesem Kinderspiel.

Vielen Damen scheint der Sieger lächerlich, weil er sich aufbläht und doch nicht weiß, was anzufangen mit dem ewigen Händeschütteln, Salutieren, Sich-Niederbeugen und In-die-Ferne-Grüßen, während die Besiegten den Mund geschlossen haben und die Hälse ihrer meist wiehernden Pferde leichthin klopfen.

Endlich fängt es aus dem trüb gewordenen Himmel zu regnen an.»[1]

Da die Angst, Neid zu erregen, in allen Kulturen bekannt ist, wundert es nicht, in der Kulturgeschichte eine Fülle von Ratschlägen zu finden, wie es gelingen soll, die Feindseligkeit derjenigen abzuwenden, die unterlegen sind.

Beschwichtigungen

Eine Fundgrube von Ratschlägen, wie man sich vor dem Neid anderer schützt, bietet Francis Bacon (1561–1626), der weiß, wovon er schreibt. Denn während seines rücksichtslos verfolgten Aufstieges zum Lordkanzler und seinem anschließenden Fall aus den Höhen der Macht hat er selbst zu spüren bekommen, was es heißt, Neid zu erregen.

So schlägt er etwa vor, erfolgreiche Personen sollten «auf der Höhe ihres Glückes unaufhörlich wehklagen, was für ein Leben sie führen und immerfort ein ‹quanta patimur [Wie unendlich leiden wir]› anstimmen, nicht etwa, als ob sie so empfänden, nur um die Schärfe des Neides abzustumpfen.»[2] Hinter dieser Beschwichtigungsstrategie steckt eine bestimmte Überlegung: Wer einem anderen ein begehrtes Gut neidet, achtet nur auf den Nutzen, den er dem Besitz dieses Gutes unterstellt. Mögliche Kosten übersieht er dagegen. Die Strategie des Wehklagens versucht, solche Kosten in den Vordergrund zu rücken. Die beneidete Person gibt damit kund, daß ihr Nutzen aus dem Besitz des Gutes viel kleiner ist, als man es ihr unterstellt, da noch die Kosten abgezogen werden müssen.

Ein interessantes folkloristisches Beispiel für diese Strategie der Neidbeschwichtigung stammt aus Ägypten.[3] Dort kann man gelegentlich moderne Automobile sehen, an deren Kühler ihre Besitzer einen zerrissenen und verdreckten Schuh gehängt haben. Dies ist eine Geste, die etwa besagen soll: «Mag ich zwar auf den ersten Blick wegen meines modernen Autos auch zu beneiden sein, so funktioniert es doch nicht wie gewünscht. Wie oft hat es mich schon im Stich gelassen. Dann mußte ich zu Fuß meinen Weg fortsetzen. Die durchgelaufenen Schuhe sind der Beweis dafür. Wer diese Strapazen bedenkt, hat eigentlich keinen Grund, neidisch auf meinen Besitz zu sein!»

Zurück zu Bacon, der noch weitere Ratschläge bereithält. Er rät, jemandem, dem man überlegen ist, kleine Erfolge zu gönnen, indem man in «belanglosen Dingen zuweilen sich absichtlich widersprechen und überstimmen läßt».[4] Dieses «Opfer» an den Neid zahle sich aus, da es die eigenen Erfolge als nicht zu beneidenswert groß erscheinen lasse.

Außerdem meint Bacon, man sei gut beraten, Erfolge nicht der «eigenen Weisheit und Weltklugheit» zuzuschreiben. Das nähme meist ein «unglückliches Ende». Man könne die Erfolge «um so besser genießen», wenn man sie «der Vorsehung oder dem Glück» zuschreibe, denn das rufe keinen Neid hervor, da es den Anschein erwecke, man sei ein «besonderer Schützling höherer Mächte». Freilich beschwichtigt das Neid nur dann, wenn man den «höheren Mächten» unwidersprochen folgt. Indessen ist dies spätestens heutzutage nicht mehr der Fall. Warum soll man nicht auf jemanden neidisch sein, der ein begehrtes Gut besitzt, weil er es einem glücklichen Zufall verdankt? Wer neidet, denkt nicht logisch. Vielmehr erscheint ihm selbst der Zufall als eine Macht, die ihn benachteiligt – so, als gäbe es eine direkte Abhängigkeit: Logisch hat das Glück des einen zwar nichts mit dem Pech des anderen zu tun, weil es sich beider Kontrolle entzieht. Wer neidet, denkt jedoch magisch. Er denkt, das Glück des anderen hindere ihn daran, selbst Glück zu haben. Und wünscht ihm deshalb Pech.

Schließlich schreckt Bacon auch nicht davor zurück, den Neid auf einen Zeitgenossen umzulenken. Dazu eignen sich

Personen, die mindestens genausoviel von dem begehrten Gut besitzen, wenn nicht noch mehr, und dieses Gut zudem weniger geschickt nutzen. So «schieben die Klügeren unter den Großen immer jemanden anders auf den Schauplatz vor, um den Neid von sich auf ihn abzuziehen [...] Zu solchem Liebesdienst fehlt es auch niemals an ehrgeizigen und unternehmenden Charakteren, die, wenn sie nur zu Amt und Macht kommen, alles in Kauf nehmen.» Personen wie diese handeln zumeist ungeschickt, weil sie ihren Erfolg nicht herunterspielen, sondern im Gegenteil: mit ihrem Erfolg prahlen. Prahlerei aber zieht feindselig-schädigenden Neid geradezu an: «Vor allem sind diejenigen dem Neide am meisten ausgesetzt, welche die Größe ihres Glückes in anmaßender und hochmütiger Weise zur Schau tragen und sich nur wohl fühlen, wenn sie zeigen, wie groß sie sind, sei es durch äußeres Gepränge, sei es durch Triumphieren über alle Gegner und Nebenbuhler.»

Die Bescheidenheit, zu der Bacon rät, ist allerdings eine riskante Haltung. Denn auch sie läßt sich übertreiben: «Soviel ist indessen gewiß, daß das Zur-Schau-Tragen von Größe in einfacher und offener Weise ohne Anmaßung und Dünkel weniger Neid erweckt, als wenn es in einer mehr listigen und verschlagenen Art geschieht. Mit solchem Benehmen verleugnet der Mensch ja sein Glück, erscheint seiner Unwürdigkeit bewußt und lehrt die anderen geradezu, ihn zu beneiden.» Demonstrative Bescheidenheit weckt Mißtrauen. Sie schürt den Neid, statt ihn zu beschwichtigen.

Nur nicht auffallen!

Daß Bescheidenheit nicht zu Lasten einer selbstbewußten Darstellung der eigenen Leistungen geht, ist eine Kunst. Sie arbeitet mit Andeutungen, die es anderen überläßt, die gewünschten Schlüsse zu ziehen. Ganz im Sinne von Bacon warnt auch Adolph Freiherr von Knigge (1752–1796) vor Prahlerei: «Rühme aber auch nicht zu laut Deine glückliche Lage! Krame nicht zu glänzend Deine Pracht, Deinen Reichtum, Deine Talente aus! Die Menschen vertragen selten ein solches Übergewicht ohne Murren und Neid.»[5] Besser sei es, eine indirekte Selbstdarstellung zu wählen. Deshalb rät Knigge seinen Lesern, andere «von selbst darauf kommen [zu] lassen, daß doch wohl etwas mehr hinter uns stecke, als bei dem ersten Anblikke hervorschimmert. Hängt man ein gar zu glänzendes Schild aus, so erweckt man dadurch die genauere Aufmerksamkeit; andere spüren den kleinen Fehlern nach, von denen kein Erdensohn frei ist, und so ist es auf einmal um unseren Glanz geschehn. Zeige Dich also mit einem gewissen bescheidenen Bewußtsein innerer Würde und vor allen Dingen mit dem auf Deiner Stirne strahlenden Bewußtsein der Wahrheit und Redlichkeit! Zeige Vernunft und Kenntnisse, wo Du Veranlassung dazu hast! Nicht so viel, um Neid zu erregen und Forderungen anzukündigen, nicht so wenig, um übersehn und überschrien zu werden!»

In der Tradition von Knigge sind Autorinnen und Autoren von Benimm-Büchern immer wieder dafür eingetreten, alles zu vermeiden, was die Aufmerksamkeit und damit auch den Neid von Mitmenschen erregen könnte.[6] Etwa 1878 in «Der gute Ton in allen Lebenslagen. Ein Handbuch für den Verkehr in der Familie, in der Gesellschaft und im öffentlichen Leben». Dort kann man lesen: «Auffallen soll niemand wollen, das ist eine der vornehmsten Regeln des guten Tones.» Wer auffallen wolle, wird erklärt, der lasse «stets einen Mangel an guter Erziehung und vornehmem Wesen erkennen». Übereinstimmend stellt der «Schicklichkeits- und Ritterspiegel für die erwachsene deutsche Jugend» aus dem Jahre 1915 fest: «Ein anständiger Mensch vermeidet sorgfältig alles Auffällige in seiner Kleidung.» Und das Benimm-Buch «Vom Backfisch zur Dame. Vom Jüngling zum vollendeten Herrn», das 1933 publiziert wurde, warnt mit erhobenem Zeigefinger: «Von der falschen Eitelkeit ist es meist auch nur ein Schritt zum Prozentum, dem schlimmsten Feind aller inneren Kultur [...] Jedes Betonen der eigenen Überlegenheit, auf welchem Gebiet es scheine, ist Protzerei [...].» Unbeschadet taucht diese Forderung nach Zurückhaltung auch in der Nachkriegszeit wieder auf – etwa 1951 in «Der gute Ton. Ein Brevier für Takt und Benehmen in allen Lebenslagen», wo sie lautet: «Das wichtigste Gebot für die äußere Erscheinung des Menschen heißt: ‹Nicht auffallen! Weder im Benehmen noch im Äußeren.›» Sogar noch 1968, als sich die Studentenrevolte anschickt, mit überkommenen Anstandsregeln aufzuräumen, heißt es in dem

Benimm-Buch «Der gute Ton im Umgang mit Menschen» lapidar: «Es gibt kaum etwas, was so sehr gegen den guten Ton verstößt wie Angeberei.»

In Zeiten exhibitionistischer Fernsehsendungen wie «Big Brother»[7] muten solche Loblieder auf eine bescheidene Selbstdarstellung reichlich antiquiert an. Denn tatsächlich ist in unserer Gesellschaft die Fähigkeit, öffentliche Aufmerksamkeit auf sich zu ziehen, inzwischen zu einem nicht unerheblichen Faktor gesellschaftlichen Erfolges geworden. Denn Aufmerksamkeit gehört heute zu den knappsten Gütern überhaupt, die begehrt werden.[8] Trotz dieses unbestreitbaren Wandels der Mentalitäten bleibt die historische Absicht, die Demonstration von Mehrbesitz an begehrten Gütern zu unterbinden, weiterhin bedenkenswert. Denn eine solche Demonstration ist keineswegs harmlos, da sie unter Umständen nicht nur ehrgeizig-stimulierenden, sondern auch feindselig-schädigenden Neid erregt, der den sozialen Frieden bedroht.

Alle Kulturen sind sich dieser Gefahr bewußt, weshalb sich auch die Gegenmaßnahmen gleichen, wie sich etwa am Beispiel des Hausbesitzes veranschaulichen läßt. So berichtet der Bewohner eines Eingeborenendorfes, daß es einen ganz bestimmten Grund hat, daß man die Außenwände der Häuser schäbig werden läßt: «Schäbigkeit macht es den begehrlichen Blicken von Besuchern schwerer zu unterscheiden, wer tatsächlich arm ist und wer nur vorgibt, arm zu sein.»[9] Den Besitzer eines schäbigen Hauses braucht niemand zu beneiden. Wie wirksam ein solcher Schutz ist, die Angst vor feindselig-schädigendem Neid zu verringern, sei freilich dahingestellt, da nicht verborgen bleiben dürfte, daß die Dorfbewohner ein solches Täuschungsmanöver anwenden.

Demselben Motiv begegnen wir unter veränderten soziokulturellen Lebensbedingungen wieder. Etwa dort, wo sich Frau Jenny Treibel in dem bereits zitierten gleichnamigen Roman von Theodor Fontane (1819–1898) überlegt, ob es nicht besser wäre, ein Haus zu haben, das ihren großbürgerlichen Wohlstand besser vor den Blicken der weniger begüterten Nachbarn verbirgt:

«Das Diner war zu sechs Uhr festgesetzt; aber bereits eine Stunde vorher sah man Hustersche Wagen mit runden und viereckigen Körben vor dem Gittereingange halten. Die Kommerzienrätin, schon in voller Toilette, beobachtete vor dem Fenster des Boudoirs aus all diese Vorbereitungen und nahm auch heute wieder, und zwar nicht ohne eine gewisse Berechtigung, Anstoß daran. ‹Daß Treibel es auch immer versäumen mußte, für einen Nebeneingang Sorge zu tragen! Wenn er damals nur ein vier Fuß breites Terrain von dem Nachbargrundstück zukaufte, so hätten wir einen Eingang für derart Leute gehabt. Jetzt marschiert jeder Küchenjunge durch den Vorgarten, gerade auf unser Haus zu, wie wenn er mitgeladen wäre. Das sieht lächerlich aus und anspruchsvoll, als ob die ganze Köpnickerstraße wissen solle: Treibels geben heut' ein Diner. Außerdem ist es unklug, dem Neid der Menschen und dem sozialdemokratischen Gefühl so ganz nutzlos Nahrung zu geben.›»[10]

Die Kommerzienrätin weiß um den Neid, den ihre Haushaltsführung erregt. Sie möchte verhindern, daß er geschürt wird und sich feindselig-schädigend gegen ihre Familie wendet. Dabei stellt sie eine enge Verbindung zwischen Neid und Sozialdemokratie her, so daß Neid geradezu als «sozialdemokratisches Gefühl» erscheint. Historisch ist dieser Kurzschluß stimmig. Denn stets werden politische Bewegungen, die für mehr soziale Gerechtigkeit eintreten, von den privilegierten Schichten als Bewegungen verunglimpft, die ihrerseits Neid schüren, um die bestehenden gesellschaftlichen Verhältnisse umzustürzen. Zutreffend daran ist auf jeden Fall, daß das Vorherrschen von feindselig-schädigendem Neid gesellschaftliche Verhältnisse anzeigt, die eine politische Stellungnahme verlangen.

Die Lust, Neid zu erregen

Wer Neid erregt, dem steht das Sprichwort zur Seite: «Besser beneidet als beklagt». Und: «Was einem der Neid nachsagt, hört man gern». Wir hören gerne, daß wir Güter besitzen, die andere begehren, aber nicht besitzen, weil es uns über sie erhebt. Und dieses Gefühl ist stärker, als gelobt zu werden. So jedenfalls notiert es der Physiker und Schriftsteller Georg Christoph Lichtenberg (1742–1799) in einem seiner «Sudelbücher». Voller hintergründiger Bescheidenheit bekennt er: «Hingegen ist mir zuwenig an dem Lob der Leute gelegen, ihr Neid wäre allenfalls das einzige, was mich noch freuen würde.» [1]

Diese Freude kann sich jeder leisten. Denn jeder hat in irgendeiner Hinsicht anderen etwas voraus. Wer sich darauf versteht, ein solches Merkmal eigener Überlegenheit wertzuschätzen, kann sich für seine anderweitige Unterlegenheit entschädigen. Ein Beispiel dafür liefert einmal mehr Theodor Fontane (1819–1898). Am Ende seiner nachgelassenen Novelle «Mathilde Möhring» redet Thilde ihrem Hugo ins Gewissen, das Leben endlich ernst zu nehmen, sein Examen zu machen und sich um eine Stelle zu kümmern, die ihnen ein ausreichendes Einkommen als unverzichtbare Grundlage einer «christlichen Ehe» sichert:

«Ich bin auch für Sichputzen und für Vergnügen. Aber mit Arbeit muß es anfangen. Daß wir arme Leute sind, weißt du, und daß du nicht reich bist, weißt du auch. Zweimal null macht null. Und mit Null kann man nicht in teure Lokale gehen. [...] Wir sind nicht verlobt, und ich bin glücklich, einen so guten und einen so hübschen Mann zu haben, und ich bin sicher, daß ihn mir viele nicht gönnen, die Rätin unten gewiß nicht und die Frau Leutnant Petermann auch nicht. Das sind neidische alte Weiber. Und das schöne blonde Frauenzimmer unten mit der Spitzhaube sieht mich auch immer so an. Nu, Neid macht glücklich, und ich bin es.» [2]

So könnte man sagen, daß sozialer Aufstieg darin besteht, sich von einer Person, die andere um begehrte Güter beneidet, zu einer Person zu entwickeln, die von anderen um begehrte Güter beneidet wird. Dies trifft zunächst für Privatleute zu. Verläßt man die Privatsphären und betritt die Bühne des öffentlichen Lebens, erkennt man allerdings schnell, daß die Neiderregung auch zum Standardrepertoire politischer Machtkämpfe gehört. Und seien es die Machtkämpfe verfeindeter Mafia-Familien, die selbst vor dem Friedhof nicht haltmachen. So werden in Rußland die ermordeten Mafia-Bosse einbalsamiert und in prunkvollen Gräbern bestattet, die Grabsteine tragen, auf denen die Männer in Lebensgröße abgebildet sind. Samt Statussymbolen wie etwa dem Autoschlüssel eines Mercedes. Ihre Gräber kosten nicht selten über 100 000 Mark. Sie dienen dem Zweck, den anderen Mafia-Familien sowie der Polizei und der öffentlichen Meinung klarzumachen, daß man durch den Verlust keineswegs geschwächt ist. An jedem Geburtstag und jedem Todestag des Ermordeten versammelt sich der ganze Clan am Grab, um ein opulentes Bankett zu feiern, für dessen kurzfristigen verschwenderischen Glanz erheblich mehr Geld ausgegeben wird, als die meisten Russen im Laufe ihres ganzen Lebens verdienen. Die Gräber sind von vornherein als einschüchternde «Neidbauten» geplant. Deshalb erklärt die Witwe eines ermordeten Mafia-Bosses unumwunden: «Dieses Grab sollte deshalb so schön sein, damit die Auftraggeber der Ermordung meines Mannes vor Neid erblassen.»[3]

Wie man eine politische Verschwörung anzettelt

Verschwörungen sind politische Strategien der Durchsetzung von Interessen. Sie haben eine triadische Beziehungsstruktur: Eine Person beabsichtigt, eine andere zu Fall zu bringen. Da sie nicht mächtig genug ist, dieses Ziel zu erreichen, oder nicht als Täter in Erscheinung treten will, sucht sie Verbündete, die ihre Macht verstärken oder an ihrer Stelle die Tat ausführen. Besonders geeignet sind Verbündete, denen die Person, die zu Fall gebracht werden soll, vertraut, zumindest nicht mißtraut. Damit eine Verschwörung gelingt, muß sie geheimgehalten werden. Wer sie anzettelt, trägt deshalb stets das Risiko, selbst verraten zu werden. Schätzt er die Person, die er als Verbündeten gewinnen möchte, falsch ein, vereitelt sie womöglich seine Pläne. Deshalb muß er über eine gute Menschenkenntnis verfügen, um nicht unversehens selbst vom Jäger zum Gejagten zu werden. Nur wenn es ihm gelingt, sich in seine Mitmenschen einzufühlen, kann er sein Risiko verringern. Als potentieller Verbündeter eignet sich jemand, der bereits von sich aus gegen die Zielperson eingestellt ist, es aber bisher nicht offen zu zeigen wagt. Oder sich nicht eingestehen kann, daß er ihr nichts Gutes will. Bekommt so jemand Gründe geliefert, durch die aggressives Handeln gerechtfertigt erscheint, läßt er sich leicht zu einem Mitverschwörer machen. Er wird dann glauben, lediglich eigenen Interessen zu folgen, obwohl ein anderer ihn für seine Interessen einspannt.

Neid gehört in diesem Zusammenhang nicht selten zu den treibenden Kräften. Ziel ist eine beneidete Person, die zu Fall gebracht werden soll. Der Neider, der dies beabsichtigt, muß weitere Neider finden, die sich ihm anschließen. Wo sie nicht von sich aus die Zielperson beneiden, muß er sie ihnen als höchst beneidenswert darstellen, wobei er in der Regel mit deren Bereitschaft rechnen darf, ihr Neidobjekt zu verschieben. Dann wird zwar ursprünglich nicht genau die Zielperson beneidet, aber stellvertretend für alle Privilegierten angegriffen, die jemals von ihnen beneidet worden sind.

Ein Meister der genauen Beschreibung der Dynamik solcher Verschwörungen ist William Shakespeare (1564–1616), der es unnachahmlich versteht, die Zwischentöne hörbar zu machen, mit denen der schlafende feindselig-schädigende Neid seiner Figuren geweckt wird. «Othello» gibt dafür ein Beispiel. Wir haben das Ränkespiel von Jago bereits unter die Lupe genommen. Vielleicht noch eindrucksvoller ist Shakespeares Drama «Julius Caesar» (1601), das die Verschwörung beschreibt, die im März des Jahres 44 v. Chr. in der Ermordung des Imperators gipfelt. In ihm tritt Gajus Cassius in der Rolle des raffinierten Verschwörers auf, der seine Mitverschwörer im gemeinsamen feindselig-schädigenden Neid auf Caesar eint:

Caesar befindet sich auf seinem Weg zur Weltherrschaft. Er strebt die Königskrone an. Aber nicht direkt, denn seit 510 v. Chr. ist der Königstitel in Rom verfemt. Statt dessen versucht er, sich den Titel aufdrängen zu lassen. Immer wieder ziert er sich, ihn anzunehmen, und bietet sich gerade dadurch als zukünftiger König an. Republikaner wie Cassius fürchten, Caesar werde mit dieser Strategie schließlich Erfolg haben und die Republik zu Fall bringen. Folglich soll Caesar beseitigt werden. Zu diesem Zweck ist es wichtig, einige seiner Gefolgsleute auf die Seite der Verschwörer zu bringen. Am besten Marcus Junius Brutus, dem Caesar vertraut. Wir wissen, daß es gelingt. Es ist Brutus, der an jenem schicksalhaften 15. März als erster auf Caesar einsticht.

Caesar sei zu herrschsüchtig geworden, heißt es als Begründung für seine Ermordung. Die Verschwörer wollen so verstanden werden. Aber bereits die Rede von Pius Antonius, in der er sich an die Plebejer wendet, lanciert eine gegenteilige Deutung. Zwar wagt er es nicht, die Verschwörer offen anzuklagen, aus niederen Beweggründen gehandelt zu haben. Aber er gibt deutlich zu verstehen, daß er die hehren politischen Beweggründe, die sie anführen, für Augenwischerei hält. In mehreren Durchgängen stellt er geschickt Caesar als einen uneigennützigen Wohltäter des Volkes dar, hält dann die Begründung für dessen Ermordung dagegen und endet jeweils mit der berühmten Formel: «Und Brutus ist ein ehrenwerter Mann.»[4] Wie er das sagt, wissen alle, er meint das Gegenteil. Brutus ist kein ehrenwerter Mann. Unter dem Vorwand, die Republik zu verteidigen, haben er und seine Mitverschwörer nur ihren feindselig-schädigenden Neid auf Caesar befriedigt. Freilich verfolgt Antonius damit eigene Interessen. Denn politische Vorteile gewinnt derjenige, dem es gelingt, seine Deutung durchzusetzen.

Shakespeare zeigt, daß die Verschwörer tatsächlich verborgene Beweggründe haben: eben Neid. Cassius versucht, Brutus für seine Pläne zu gewinnen. Dabei verwendet er ein Wissen, das wir bereits von Bacon kennen: Neid erregt, wer sich über seinesgleichen erhebt. Deshalb stellt Cassius heraus, sie beide – er und Brutus – seien Caesar ebenbürtig. Mehr noch: Caesar werde überschätzt. Eine Entwertung, die den Neid verrät.

> [...] Frei geboren
> Bin ich, wie Caesar und wie Ihr. Wir beide
> Nährten uns grad so gut wie er, wir können
> Den Winterfrost bestehn so gut wie er:

Anschließend erzählt Cassius eine Geschichte, in der er einst den kläglich um Hilfe rufenden Caesar aus dem Tiber gerettet habe.

> [...] Und *der* Mensch
> Ist nun ein Gott geworden, und Cassius ist
> Ein armer Tropf und muß den Rücken krümmen,
> Wenn Caesar ihm bloß unbekümmert zunickt.

Cassius hat sich in Rage geredet. Und so schiebt er eine weitere Geschichte nach, die Caesar entwerten soll. Höhnisch erzählt er von einem Fieberanfall, der Caesar wie ein «krankes Mädchen» niedergestreckt habe.

> [...] Götter, ja ich staune,
> Wie einer von so schwächlicher Natur doch
> Der ganzen stolzen Welt den Rang abläuft und
> Allein die Palme trägt.

Damit sind Caesars Verdienste in Frage gestellt. Die beneidenswerte Bewunderung, die er genießt, erscheint als unverdient. Stünde sie nicht vielleicht ihnen sogar eher zu? Warum, muß sich Brutus von Cassius fragen lassen, gebe er sich unter diesen Umständen bescheiden und melde nicht seine berechtigten Ansprüche an?

> Die Schuld, mein Brutus, liegt nicht in den Sternen,
> Nur in uns selber, daß wir Knechte sind.
> Brutus und Caesar: – und was heißt das, «Caesar»? –
> Was soll der Name Euren übertönen?
> Schreibt beide! Eurer ist genau so schön.
> Sprecht sie, er klingt genau so gut im Munde.
> Wägt sie, er wiegt gleich schwer. Beschwört mit ihnen:
> «Brutus» ruft einen Geist so gut wie «Caesar».

Brutus weiß genau, worauf Cassius hinauswill. Denn der spricht an, was er insgeheim fühlt und denkt. Die Saat des Neides fällt auf fruchtbaren Boden. Aber noch kämpft Brutus mit seiner Loyalität gegenüber Caesar. Und bricht deshalb ihr Gespräch ab:

Treibt mich nicht weiter. Das, was Ihr gesagt habt,
Will ich bedenken. Was Ihr sagen *wollt,*
Will ich geduldig hören und Zeit finden,
Die taugt, solches zu hören und zu bereden.

Cassius aber hat das letzte Wort. Mit dem gibt er Brutus –
siegesgewiß – zu verstehen, in ihm eine verwandte Seele gefunden zu haben:

Ich freue mich,
Daß selbst mein schwaches Wort schon so viel Feuer
Aus Brutus schlägt.

Als nun Caesar und Antonius die Szene betreten, fällt eine
jener Äußerungen aus Shakespeares Dramen, die sprichwörtlich geworden sind. Freilich ohne dem Kontext die ihm
gebührende Beachtung zu schenken. Caesar ahnt den feindselig-schädigenden Neid, der sich hinter seinem Rücken gegen
ihn richtet:

Laßt mich Männer haben um mich, die fett sind,
Glattköpfige Männer; solche, die nachts schlafen.
Der Cassius dort sieht hager aus und hungrig;
Er denkt zuviel: *die* Menschen sind gefährlich.
[...]
Männer wie er haben nie Ruh im Herzen,
Solange sie *einen* sehen, der größer ist als sie.
Und darum sind sie überaus gefährlich.

Es ist die Physiognomie des feindselig-schädigenden Neides,
die Caesar beschreibt. Damit legt ihm Shakespeare eine Beschreibung in den Mund, die dem Traditionsbestand der Neid-
darstellungen entspricht, wie wir sie kennengelernt haben: ausgemergelt, schlaflos, unruhig. Cassius ist ein neidischer Mann,
dem es gelingt, andere Männer zu infizieren, indem er deren
schlummernden Neid weckt. Deshalb ist Brutus dann auch
schneller bereit, seine Hand gegen Caesar zu erheben, als es
seine Loyalität gebietet.

Neiderregung als politische Triumphgeste

Ist die Weltgeschichte eine Geschichte von Klassenkämpfen, so stehen sich in der politischen Arena immer Neider und Beneidete gegenüber. Die unterprivilegierten Klassen beneiden die privilegierten Klassen, und die erregen deren Neid – nicht nur unbeabsichtigt, sondern immer auch mit Absicht, um so den sozialen Abstand zu demonstrieren, den sie für sich in Anspruch nehmen. Neiderregung wird dadurch zu einer Geste des Triumphes über die unterlegene Klasse. In der Literaturgeschichte ist diese Geste kaum jemals kraftvoller zum Ausdruck gebracht worden als in dem Gedicht «Prometheus» von Johann Wolfgang von Goethe (1749–1832). Diese 1774 geschriebene Ode markiert den lyrischen Höhepunkt der «Sturm-und-Drang»-Zeit des späteren Dichterfürsten. Sie greift einen antiken Mythos auf:[5]

Die Geschichte von Prometheus beginnt zu einer Zeit, als Menschen, Tiere und Götter noch auf einer Stufe stehen. In diesem paradiesischen «Goldenen Zeitalter» herrscht Kronos, Sohn des Himmels (Uranos) und der Erde (Gäa). Damit die Verhältnisse bleiben, wie sie sind, frißt Kronos seine eigenen Kinder auf, deren mögliche Umsturzabsichten er fürchtet. Nur mit List gelingt es seiner Frau Rhea, wenigstens ein Kind vor dem Gefressenwerden zu retten. Dieses Kind ist Zeus. Als er heranwächst und an Stärke gewinnt, stiftet die Mutter den Sohn an, ihren Mann, seinen Vater, zu beseitigen. Dies gelingt aber nicht ohne fremde Hilfe.

Hilfe leistet Prometheus, der einer von vier Söhnen des Titanen Japetos, Bruder des Kronos, und somit Vetter von Zeus ist. Sein Beitrag entscheidet den Titanenkampf, den Zeus unter den Göttern anzettelt. Denn er überredet die Kyklopen, die im Besitz des Blitzes sind, Zeus diese Waffe zu leihen. Zeus streckt damit seinen Vater nieder, der daraufhin in den Tartarus verbannt wird. Und er zwingt auch die Brüderschar seines Vaters dazu, keinen Herrschaftsanspruch anzumelden. Damit haben die alten Götter abgedankt. Von nun an herrschen die neuen, olympischen Götter. Zeus an ihrer Spitze.

Ähnlich wie sein Vater entwickelt aber auch er eine paranoide Angst vor möglichen Gegnern. Deshalb beschließt er, um seine Alleinherrschaft zu festigen, den Blitz nicht mehr an die Kyklopen zurückzugeben. Mißtrauisch und gewaltbereit überwacht er mögliche Umstürzler. Besonders suspekt erscheinen ihm die Menschen, da sie von Prometheus erschaffen worden sind. Deshalb beschließt Zeus, sie zu vernichten. Genauer gesagt: Er verhindert, daß die Menschen Nahrung finden. Sie sollen verhungern. Prometheus aber läßt nicht zu, daß seine Geschöpfe umkommen. Zu diesem Zweck erfindet er das Tieropfer. Trickreich richtet er es so ein, daß Zeus nur die Knochen bleiben, während die Menschen das Fleisch erhalten, das ihr Überleben sichert. Obwohl Zeus den Trick durchschaut, spielt er mit. Er wählt die Knochen, verweigert den Menschen aber das Feuer, so daß sie ihr Fleisch nicht braten können. Erneut greift Prometheus ein. Heimlich stiehlt er das Feuer von der Sonne, versteckt etwas Glut in einem hohlen Pflanzenstengel und bringt es den Menschen. Erst als überall auf der dunklen Erde die Herdfeuer angehen, erkennt Zeus den Verrat. Zu spät. Wohl oder übel muß er die Menschen leben lassen und die Opferpraxis akzeptieren.

Zeus aber wäre nicht Zeus, wenn er sich nicht rächen würde. Und so schickt er den Menschen die schöne Frau Pandora mit einem Gefäß, in dem alle Übel der Welt stecken. Vergebens warnt Prometheus die Menschen. Er selbst wird zur Strafe an den Kaukasus gefesselt, wo ihm ein Adler täglich neu die Leber zerfleischt, bevor sie nachts wieder nachwächst.

Goethe hat sich den mythologischen Stoff frei angeeignet. Seine Bearbeitung kehrt die Machtverhältnisse um. Sie stellt Prometheus als Triumphator vor, der Zeus verhöhnt:

> Bedecke deinen Himmel, Zeus,
> Mit Wolkendunst
> Und übe, dem Knaben gleich,
> Der Disteln köpft,
> An Eichen dich und Bergeshöhn!
> Mußt mir meine Erde
> Doch lassen stehn
> Und meine Hütte, die du nicht gebaut,
> Und meinen Herd,
> Um dessen Glut
> Du mich beneidest.

Ich kenne nichts Ärmeres
Unter der Sonne als euch, Götter!
Ihr nähret kümmerlich
Von Opfersteuern
Und Gebetshauch
Eure Majestät
Und darbtet, wären
Nicht Kinder und Bettler
Hoffnungsvolle Toren.

Da ich ein Kind war,
Nicht wußte, wo aus noch ein,
Kehrt ich mein verirrtes Auge
Zur Sonne, als wenn drüber wär
Ein Ohr, zu hören meine Klage,
Ein Herz wie meins,
Sich des Bedrängten zu erbarmen.

Wer half mir
Wider der Titanen Übermut?
Wer rettete vom Tode mich,
Von Sklaverei?
Hast du nicht alles selbst vollendet,
Heilig glühend Herz?
Und glühtest jung und gut,
Betrogen, Rettungsdank
Dem Schlafenden da droben?

Ich dich ehren? Wofür?
Hast du die Schmerzen gelindert
Je des Beladenen?
Hast du die Tränen gestillet
Je des Geängsteten?
Hat nicht mich zum Manne geschmiedet
Die allmächtige Zeit
Und das ewige Schicksal
Meine Herrn und deine?

Wähntest du etwa,
Ich sollte das Leben hassen,
In Wüsten fliehen,
Weil nicht alle
Blütenträume reiften?

Hier sitze ich, forme Menschen
Nach meinem Bilde,
Ein Geschlecht, das mir gleich sei,
Zu leiden, zu weinen,
Zu genießen und zu freuen sich,
Und dein nicht zu achten,
Wie ich![6]

Aus biographischen Zeugnissen geht hervor, daß Goethe mit seinem Gedicht auf die gesellschaftspolitische Situation der damaligen Zeit anspielt.[7] 15 Jahre vor dem Sturm auf die Bastille verkörpert die Prometheus-Gestalt das wachsende Selbstbewußtsein des Bürgertums (= Prometheus), das den Anspruch des Feudalabsolutismus (= Zeus), von Gottes Gnaden eingesetzt und deshalb unantastbar zu sein, vehement zurückweist. Dieses Selbstbewußtsein gründet in der Macht der Vernunft: Ein Feuerraub ist nicht mehr vonnöten. Denn das Feuer ist die Erfindung der Menschheit, die von Prometheus repräsentiert wird.

Die Götter sind schwach. Kein Grund, sie zu beneiden. Im Gegenteil: Es ist an den Göttern, die Schöpfungskraft der Menschheit – als «Glut» im «Herd» versinnbildlicht – zu «beneiden». Ohne «hoffnungsvolle Toren» wie «Kinder und Bettler» würde überhaupt niemand mehr zu ihnen aufschauen. Dafür gibt es auch keinen Grund: «Ich dich ehren? Wofür?» Illusionslos, vielleicht aber auch nur desillusioniert, weil «betrogen», bejaht der gottlose Mensch sein Schicksal: «Zu leiden, zu weinen, / Zu genießen und zu freuen sich, / Und dein nicht zu achten, / Wie ich!»

Die «allmächtige Zeit», so Prometheus, ist über die Götter hinweggegangen. Geschichtlich bricht ein neues, ein aufgeklärtes Zeitalter an. Der revolutionäre Lichtbringer wird eines seiner Symbole. Bei den Umzügen der Französischen Revolution steht er mit erhobener Fackel auf den Triumphwagen, die durch die Straßen von Paris fahren. Kurz danach schmückt Prometheus die Tore von Fabriken. Und Dampflokomotiven und Nähmaschinen werden nach ihm benannt.

Als Goethe sein Gedicht schrieb, konnte er diese Entwicklung nicht vorhersehen. Ob sich das Bürgertum tatsächlich als Himmelsstürmer erweisen würde, war ungewiß. Insofern schwingt in den Versen ebensoviel Trotz wie Selbstbewußtsein mit. Wer letztlich wen beneiden würde, mußte sich erst erweisen.

Geschlechterneid

Jeder von uns hat seine ganz eigene Geschichte mit Neid. Unsere Angst vor dem Neid der anderen wie unsere Lust, sie neidisch zu machen, ist das Ergebnis der Erfahrungen, die wir in den verschiedenen Bereichen unseres Lebens ansammeln. Dabei gilt wie sonst auch: Lebensgeschichtlich frühe Erfahrungen sind besonders prägend. Im folgenden werde ich mich auf vier Merkmale konzentrieren, die zum Kernbestand unserer Identität gehören: Geschlecht, Stellung in der Geschwisterreihe, Alter und Beruf. Alle vier Merkmale sind eng miteinander verbunden.

Geschlecht und *Alter* dürfen in diesem Zusammenhang niemals nur als biologische Sachverhalte betrachtet werden. Vielmehr sind es fundamentale Kategorien sozialer Wahrnehmung. Mann oder Frau sowie Kind, Jugendlicher, Erwachsener oder Greis zu sein wird in einer Gesellschaft unterschiedlich wertgeschätzt. Diese Unterschiede entscheiden über den sozialen Status, den man uns zuschreibt, bevor man unsere individuelle Persönlichkeit zur Kenntnis nimmt. Zumindest in der modernen Gesellschaft findet deshalb eine ständige Auseinandersetzung darüber statt, ob und wieweit sich das herrschende Bewertungsgefälle rechtfertigen läßt.

Weiterhin hängt unsere Identität davon ab, wie wir uns in sozialen Gruppen zu behaupten verstehen. Diese Gruppenfähigkeit wird in der Familie grundgelegt, wobei neben der Eltern-Kind-Beziehung unsere *Stellung in der Geschwisterreihe* eine nicht zu unterschätzende Bedeutung für das spätere Leben hat. Denn Geschwisterlichkeit verlangt die konfliktreiche Einübung fairer sozialer Beziehungen, in denen Konkurrenz und Kooperation zum Wohle aller Geschwister ausbalanciert werden muß. Geschlecht und Alter machen dabei einen Unterschied.

Schließlich ist es in einer Leistungsgesellschaft wie der unseren *der Beruf*, über den wir einen Großteil unserer Wertschätzung erhalten. Somit gehört auch er zu den fundamentalen Kategorien sozialer Wahrnehmung, die Identität stiften. An unseren Arbeitsplätzen greifen wir auf frühere lebensgeschichtliche Erfahrungen zurück: Dabei kehrt Geschwisterlichkeit als Kollegialität wieder, die je nach Geschlecht und Alter unterschiedlich ausfällt.

Machen wir uns also daran, die Beziehung zwischen den Geschlechtern, zwischen Geschwistern, zwischen Generationen und zwischen Kollegen zu untersuchen: Was erregt in diesen Beziehungen Neid, und wie wird er bewältigt?

Zweigeschlechtlichkeit

Der Mythos über die Entstehung der Zweigeschlechtlichkeit, der für die abendländische Tradition am folgenreichsten war, findet sich im «Gastmahl» von Platon (427–347 v. Chr.). Aristophanes erzählt ihn. In diesem Mythos wird der Urmensch als «Mannweib» beschrieben. Er ist ein androgynes Doppelwesen, das sich durch Zeugung in die Erde vermehrt. Vor Zeus fallen die Urmenschen in Ungnade, weil sie sich selbst den Göttern überlegen fühlen: «An Kraft und Stärke nun waren sie gewaltig und hatten auch große Gedanken, [...] daß sie sich einen Zugang zum Himmel bahnen wollten, um die Götter anzugreifen».[1]

Deshalb denkt Zeus darüber nach, wie er ihrer «Ausgelassenheit» am besten Einhalt gebietet. Er beschließt, sie nicht auszurotten, sondern zu schwächen: «‹Denn jetzt›, sprach er, ‹will ich sie jeden in zwei Hälften zerschneiden, so werden sie schwächer sein [...]. Sollte ich aber merken, daß sie noch weiter freveln und nicht Ruhe halten wollen, so will ich sie›, sprach er, ‹noch einmal zerschneiden›».

Gesagt – getan. Zeus läßt die androgynen Doppelwesen von Apoll halbieren. Der zieht die Haut über der Schnittstelle wie einen Schnürbeutel zusammen. Weiterhin befiehlt Zeus dem Apoll, jeder Hälfte «das Gesicht und den halben Hals herumzudrehen nach dem Schnitte hin, damit der Mensch seine Zerschnittenheit vor Augen habend, sittsamer würde». Auf diese Weise schafft er den Nabel als ein «Denkzeichen».

Nach der Halbierung aber geschieht es, daß jede Hälfte die ihr zugehörige, gegebenenfalls auch eine andere Hälfte sucht,

171

um sie zu umarmen und festzuhalten. Dieser Drang ist stärker als ihre Selbsterhaltung. Sie verweigern das Essen und sterben. Da erbarmt sich Zeus und schafft ihnen die bis heute üblichen Geschlechtsteile «und bewirkte mittels ihrer das Erzeugen ineinander, in dem weiblichen das männliche, deshalb, damit in der Umarmung, wenn der Mann eine Frau träfe, sie zugleich erzeugten und Nachkommenschaft entstände».

Der Drang der männlichen und der weiblichen Hälfte des Urmenschen, sich geschlechtlich zu vereinigen, ist der Eros. Er drängt darauf, «die ursprüngliche Natur wieder herzustellen, und versucht, aus zweien eins zu machen und die menschliche Natur zu heilen». Das beinhaltet, daß wir, die geschlechtlich geteilten Menschen, die Geschlechterteilung stets als Kränkung unseres Selbstwertes erleben, auch wenn wir die Möglichkeit haben, uns im Orgasmus mit einer andersgeschlechtlichen Hälfte eins zu fühlen – aber eben nur vorübergehend, für kurze, allzu kurze Zeit. Wen wundert es da, wenn wir in der abendländischen Geschichte immer wieder auf Spuren von Phantasien treffen, in denen sich die männlichen und weiblichen Hälften vorstellen, selbst über die Möglichkeiten der anderen Hälfte zu verfügen – selbst deren Geschlechtsorgane zu besitzen.

Der antike Mythos von der Entstehung der Geschlechtsunterschiede aber ist ein moralischer Mythos. In ihm wird der Trennung der Geschlechter ein sittlicher Wert zugeschrieben. Zeus will, daß die Geschlechtsunterschiede daran gemahnen, kein Geschlecht dürfe den Anspruch erheben, der ganze Mensch zu sein. Der ganze Mensch sind Mann und Frau zusammen. Damit werden beide zur Anerkennung ihres jeweiligen Andersseins moralisch verpflichtet: Er soll sie, sie soll ihn als notwendige Ergänzung der eigenen Hälfte erkennen, um in erotischer Gemeinschaft den ganzen Menschen zu verwirklichen. Da der Geschlechtsunterschied dabei als erster von beliebig vielen anderen Unterschieden vorgestellt wird, gilt das moralische Prinzip für alle Merkmale, in denen sich Menschen unterscheiden: Das Anderssein anderer Menschen soll als Vermehrung der eigenen Möglichkeiten wahrgenommen und für die Gemeinschaft genutzt werden. Das verlangt, das Andere nicht auszugrenzen, sondern es in seinem Anderssein zu integrieren.

Aber Unterschiede und der Vergleich zwischen denen, die sich unterscheiden, sind eben auch die Quelle allen Neides. Deshalb fällt es niemandem leicht, das moralische Prinzip zu befolgen, vor allem dann, wenn die getrennten Hälften in einer sozialen Gruppe oder Gesellschaft nicht als gleichwertig gelten.

Penisneid

Wohl über keinen anderen Neid ist so heftig gestritten worden wie über den Penisneid. Und über keinen laufen ähnlich viele Mißverständnisse um. Was also soll man von dem angeblichen Neid von Frauen auf das männliche Sexualorgan halten?

Sigmund Freud (1856–1939), von dem der Begriff stammt, dämmerte selbst, am «Rätsel der Weiblichkeit»[2] gescheitert zu sein. Seine Theorie der Weiblichkeit ist in ihrem Anspruch, etwas über die Normalentwicklung auszusagen, schlichtweg falsch und muß korrigiert werden.[3] Bereits seine Grundannahme, daß die Entwicklung des Mädchens vor dem Bewußtwerden des Geschlechtsunterschiedes männlich sei, stimmt nicht. Die Genitalorganisation des Mädchens ist eindeutig weiblich. Von Geburt an tragen Empfindungen der Klitoris und der Vagina zur Entwicklung seines Körperbildes bei.

Masturbatorische Aktivitäten, die Mädchen und Jungen im zweiten Lebensjahr auf den genitalen Bereich ausrichten, bereiten die Wahrnehmung des Geschlechtsunterschiedes vor.[4] Im dritten Lebensjahr wird den Kindern dann die Zweigeschlechtlichkeit in aller Schärfe bewußt. Körperliches Erleben, das sie bisher nicht als geschlechtsspezifisch wahrgenommen haben, lernen sie nun als geschlechtsspezifisches Erleben zu verstehen. Dabei können Mädchen Gefühle von Verlust und Verletztheit zeigen, die sich in den meisten Fällen freilich bald wieder legen.

Freud hat diese Gefühle als «Penisneid»[5] beschrieben. Damit unterstellt er, das Mädchen würde einen Penis besitzen und also männlich sein wollen. Weil das aber nicht möglich ist, nähme sie sich als kastriert wahr. Die Wut über diesen Mangel richte sie gegen ihre Mutter, denn die sei aufgrund ihres gleichen Geschlechts ja selbst ein Mängelwesen. Deshalb wende sich das Mädchen dann auch von seiner Mutter ab und seinem

Vater zu, den sie zum Vorbild ihrer künftigen Liebespartner wähle.

Versucht man herauszufinden, um was genau das andere Geschlecht beneidet wird, dann zeigt sich allerdings, daß es nicht der Penis, sondern der Phallus ist.[6] Als Phallus bezeichnet man in der nachfreudschen Psychoanalyse nicht das männliche Sexualorgan, sondern eine bestimmte Größenphantasie, die mit diesem Organ verbunden wird. Nämlich die Phantasie, der Penis sei ein omnipotentes Organ. Sozialgeschichtlich betrachtet, ist es die gesellschaftliche, vor allem die ökonomische Macht des Mannes, durch die sein Penis als sichtbarer Beweis dienen kann, Phallus zu sein. Tatsächlich aber besitzt auch der Mann den Phallus nicht, weil seine Wirklichkeit stets hinter der phantasierten Omnipotenz zurückbleibt. Penisneid ist insofern Neid auf eine ausgezeichnete Quelle von Lust und Selbstwert, die Frauen von Kindheit an im Besitz des männlichen Geschlechts vermuten.

Diese Vermutung ist kein biologischer, sondern ein sozialer Sachverhalt. Denn Entwicklung findet immer unter dem Einfluß der Wertschätzungen statt, die eine Gruppe oder Gesellschaft an ihre Mitglieder verteilt: Jeder Säugling wird in eine Familie hineingeboren, die ihn bereits erwartet. Noch bevor er geboren ist, entwerfen seine Verwandten ein mehr oder weniger konkretes Bild von seinem künftigen Leben. Welches Geschlecht sie erwarten und wie sie sich einen «richtigen» Jungen und ein «richtiges» Mädchen vorstellen, hat eine nicht zu unterschätzende Bedeutung. Wie Kinder ihr eigenes Geschlecht zu erleben lernen, hängt somit maßgeblich davon ab, welche Bedeutung ihre Familien dem Geschlechtsunterschied geben.

Nehmen wir an, ein Mädchen wächst in einer Familie auf, in der die Familienmitglieder den patriarchalen Mythos leben, daß die männlichen Mitglieder den Phallus tatsächlich besitzen und ihr Penis der sichtbare Beweis für diese phantasierte Vollkommenheit ist. Dann wird dieses Mädchen dadurch tief beschämt. Und erlebt sein Geschlecht als minderwertig. Diese Beschämung erfolgt nicht allein durch den direkten abschätzigen Vergleich mit dem männlichen Geschlecht. Sie kann ebenso Folge einer indirekten Entwertung sein – wenn z. B. eine Mutter ihrer Tochter vermittelt, Vagina und After seien ähnlich «schmutzige» Organe.[7]

Frauen, die wegen ihres Geschlechtes beschämt worden sind, entwickeln Penisneid. Denn der Neid deckt ihre Schamgefühle zu, die sehr viel schwerer zu ertragen sind. Hinzu kommt, daß ihnen ein bestimmter Ausweg angeboten wird: Die Frau soll sich mit einem bewunderten Mann verbinden. In einer solchen Verbindung ist ihre Genitalität aber nicht mehr als eine «Scheingenitalität, indem sie das Genitale des Partners als das zu ihrem Körper gehörige empfindet».[8] Gelingt es einer Frau nicht, solch einen bewunderten Mann an sich zu binden, ist ihr Selbstwert in Gefahr. Sie fühlt sich minderwertig, meist ohne den genauen Grund zu kennen, da die beschriebene Dynamik unbewußt wirkt.

Bleibt der feindselig-schädigende Zug, den der Penisneid hat. Durch ihn ist die Verbindung zwischen einer beschämten Frau und ihrem bewunderten Mann stets gefährdet. Denn er muß zeigen, daß er von ihr zu Recht bewundert wird. In der Sprache der Phantasie: daß er den Phallus tatsächlich besitzt. So gerät er unter Druck, sich ständig beweisen zu müssen. Und die Angst zu versagen, wird zu seinem ständigen Begleiter. Ohne sich dessen bewußt zu sein, befriedigt seine Frau damit aber ihre ohnmächtige Wut. In schwerwiegenden Fällen kann sie sogar den Erfolg ihres Mannes hintertreiben. Dann genießt sie mit Schadenfreude, daß das «starke Geschlecht» nach seinem Versagen genauso kastriert ist, wie sie sich selbst erlebt.

Wenn Freud erklärt, die gelungene Geschlechtsidentität von Frauen hänge davon ab, daß sie ihren Penisneid überwinden, dann ist das richtig und falsch zugleich. Zweifellos ist es richtig, daß Frauen darangehen sollten, Quellen der Lust und des Selbstwertes zu erschließen, die unabhängig von männlicher Definitionsmacht sind. Daß sie Genitalstolz entwickeln. Die Frauenbewegung kämpft seit Jahrzehnten um diesen Stolz, kritisiert dabei aber zu Recht, Genitalstolz dürfe nicht mit Gebärstolz gleichgesetzt werden. Denn das ist der falsche Weg, den Freud den Frauen gewiesen hat. Falsch nicht zuletzt deshalb, weil er die Probleme nicht löst, sondern nur auf die Kinder verschiebt.

Solange nicht die Beschämung beseitigt ist, eine Frau zu sein, geraten auch die Kinder, die eine beschämte Frau mit ihrem bewunderten Mann hat, unter den Einfluß ihres Penisneides: Als Mutter wird sie einen Sohn bevorzugen, weil sie ihn wegen des Geschlechtes bewundert, das er ihr immer schon voraushat.

Vaginaneid

Wenn es Penisneid gibt, kommt dann auch Vaginaneid vor? Erste Hinweise lassen sich ethnologischen Beobachtungen entnehmen. Denn in etlichen naturnahen Gesellschaften sind rituelle Praktiken zu finden, die eine symbolische Verweiblichung herstellen: z. B. die Subinzision, die in weiten Teilen der Welt vorkommt.[9] Dabei handelt es sich um eine Operation, durch die der Harnleiter an der Unterseite des Penis ganz oder teilweise aufgeschnitten wird. Infolgedessen verliert ein Mann seine Fähigkeit, den Urinstrahl zu lenken, und muß deshalb in hockender Stellung urinieren. So wie Frauen es tun. Mit dieser Operation fügen sich Männer eine Verletzung zu, die ihr Sexualorgan der Vagina ähnlich macht.

Eindrucksvoll sind auch klinische Behandlungsberichte über Männer aus modernen Gesellschaften, die an Vaginaneid leiden.[10] Diese Männer haben große Schwierigkeiten, die Erwartungen an die männliche Geschlechtsrolle zu erfüllen. Sie erleben sich unter einem für sie unerträglichen Leistungsdruck. Dagegen haben sie eine Phantasie über die weibliche Sexualität, die ganz ihren Wünschen nach Entlastung entspricht: Als Männer würden sie sich sexuell getrieben fühlen. Ständig müßten sie ihre Potenz unter Beweis stellen, weil sie sich nur so ihrer selbst sicher seien. Frauen gehe es sehr viel besser. Sie hätten keine triebhafte Sexualität und fühlten sich deshalb auch nicht ständig unter Druck, einen solchen Existenzbeweis zu erbringen. Infolgedessen könnten sie sehr viel gelassener leben. Und diese gelassene Existenzsicherheit sei beneidenswert. Männer mit Vaginaneid wünschen sich deshalb auch, selbst eine Vagina zu haben.

Da jeder Neid angesichts der Unerreichbarkeit des begehrten Gutes in Wut umschlagen kann, ist auch in diesem Fall mit einem Umschlagpunkt zu rechnen, an dem der Neid feindselig-schädigend wird. Und der ist mit der Phantasie gegeben, Frauen würden es ausnutzen, daß Männer so triebhaft seien, um sie zu unterwerfen. Da sie selbst nicht sexuell getrieben seien, könnten sie ihre weiblichen Reize jederzeit strategisch-taktisch einsetzen, um mit den Bedürfnissen der Männer zu spielen, die existentiell darauf angewiesen seien, sich ihrer sexuellen Potenz zu vergewissern. An diesem Punkt schlägt die Bewunderung für das weibliche Geschlecht in einen durch Neid bedingten Frauenhaß um.

Allerdings sind auch Fälle dokumentiert, in denen die Männer ihre Wut gegen sich selbst wenden. Dann hängen sie der Phantasie nach, sie würden erst nach vollzogener Kastration die ersehnte Ruhe finden. Manche von ihnen setzen diese Phantasie auch in die Tat um.

Brustneid

Die männliche Einstellung gegenüber weiblichen Brüsten ist ambivalent. Männer sind zwischen Faszination und Entwertung hin- und hergerissen. Besonders klar kommt dies in Krankengeschichten von Jungen zum Vorschein, die psychische Schwierigkeiten mit ihrer Geschlechtsidentität haben und in diesem Zusammenhang einen ausgeprägten Brustneid erkennen lassen. Zum einen wünschen sie sich, selbst weibliche Brüste zu besitzen. Denn die Jungen phantasieren, daß Frauen sich selbst nähren könnten. Hätten die Jungen nun gleichfalls Brüste, wären sie genauso unabhängig. Hinzu kommt jedoch die ängstigende Phantasie, daß Frauen durch ihre Brüste über Macht verfügen. Sie können Jungen und Männern, die keine Brüste besitzen, und Mädchen, die noch keine besitzen, die lebensspendende Nahrung vorenthalten oder entziehen. Folglich fühlen sich die Jungen ausgeliefert. Scheitert ihr Wunsch nach eigenen Brüsten an zunehmender Realitätseinsicht, schlägt er in Haß um. Die Phantasien, selbst Brüste besitzen zu können, werden dann von Phantasien abgelöst, weibliche Brüste zu zerstören.[12]

Diese quälende Ambivalenz bleibt in der Normalentwicklung von Jungen vergleichsweise unscheinbar. Dennoch lassen sich auch in der Männerwelt immer wieder ihre Spuren auffinden. Sogar in wissenschaftlichen Arbeiten: So bekennt der Autor eines Anatomie-Lehrbuches, dessen erste Auflage Ende der 1970er Jahre erschienen ist, mitten in der Beschreibung des anatomischen Aufbaus der weiblichen Brüste: «Die BH-freie Mode finde ich als Mann sehr schön», um aber sofort eine Entwertung nachzuschieben: «als Arzt sehe ich auch die Schattenseiten: Bei den ‹oben ohne› lebenden Naturvölkern haben die meisten Frauen schon in den mittleren Lebensjahren entsetzliche Hängebrüste.» Ob ihm dies wirklich vorwiegend aus medizinischen Gründen bedenklich erscheint, ist wenig überzeugend. Ästhetische Gründe herrschen vor: «Die ‹Hängebrust› ist kein ‹erhebender› Anblick.»[12]

Mit diesem zotigen Geschmacksurteil aber zielt der Autor auf bestimmte Frauen. Denn die Erschlaffung ihrer Brüste ist nicht zuletzt ein Zeichen dafür, daß eine Frau gesäugt hat. Folglich zielt die Entwertung auf die Mutterschaft, die das männliche Wunschbild einer Frau mit festen Brüsten stört. Aber auch diese jugendlichen Brüste sind nicht vor Entwertung sicher: «In unseren Breiten hat sie [die weibliche Brust] für die Fortpflanzung kaum noch Bedeutung. Die meisten Säuglinge werden nicht mehr ‹gestillt›, sondern mit der Milch eines anderen Säugetiers genährt, wodurch der schreiende Säugling auch ‹still› wird und bestens gedeiht. Die Brustdrüse ist damit überflüssig geworden, und wir können sie zur Vorbeugung gegen Brustkrebs schon vorsorglich beim kleinen Mädchen entfernen. In der Bundesrepublik Deutschland könnte man auf diese Weise etwa 10000 Brustkrebsfälle pro Jahr verhindern (müßte allerdings die Sterblichkeit der ‹Vorsorgeoperationen› dagegen aufrechnen). Die Natur schützt sich gegen solche Manipulationen mit psychologischen Waffen: Sie gab dem überflüssigen Organ eine neue Aufgabe: Es wurde zum Sexsymbol, und seitdem können die meisten Frauen gar nicht genug von diesem ‹überflüssigen› Organ bekommen.»

Unter dem Vorwand, eine zweifelsfreie medizinische Hilfeleistung zum Besten der Frau durchzuführen, sollen ihr bereits im Mädchenalter die Brüste entfernt werden, ohne auch nur ein Wort darüber zu verlieren, daß das Organ auch eine Bedeutung für die weibliche Geschlechtsidentität hat. Diese Bedeutung klingt allenfalls, wenn auch abfällig, im Hinweis auf das «Sexsymbol» an. In der Tat gelingt keine weibliche Geschlechtsidentität, ohne daß eine Frau ihre Brüste als wertgeschätztes Organ nicht nur des Säugens, sondern auch des Lustempfindens in ihr Körperbild integriert. Den Anteil, den Männer an dieser Integration haben, aber leugnet der Autor, wenn er so tut, als würden Frauen ihre Brüste ausschließlich selbst zu einem solchen «Sexsymbol» entwickeln.

Indessen ist der Busenfetischismus in unserer Gesellschaft, den bereits ein kurzer Streifzug durch beliebige Herrenmagazine belegt, doch wohl in erster Linie eine Folge des sexualisierten Blickes von Männern. Indem sie Frauen an dem männlichen Wunschbild begehrenswerter Brüste messen, üben sie erheblichen Druck aus. Die Verleugnung des Mannes ist somit letztlich eine Verleugnung seiner eigenen Faszination. Sein Begehren soll unerkannt bleiben, da es verrät, daß er sich nicht unter Kontrolle hat. Er fühlt sich dazu getrieben hinzuschauen, macht dafür aber die Frau verantwortlich. Und er rächt sich für diese Erfahrung seines Kontrollverlustes, indem er das Objekt seines Begehrens medizintechnologisch unter seine Herrschaft bringt.

Im Grenzbereich dieses Herrschaftsanspruches ist die wachsende Anzahl von Schönheitschirurgen tätig, zu deren häufigsten Operationen die Neugestaltung weiblicher Brüste gehört. Dabei stellt sich die Frage, woher eigentlich das Bild der begehrenswerten Brüste stammt, das sich durchsetzt.

Von grundsätzlicher Bedeutung ist die Geschichte eines Schönheitschirurgen, der seine eigene Frau operiert und sie anschließend als sein «Meisterwerk»[13] bezeichnet. Damit sind die Rollen klar verteilt: Er ist der Schöpfer, sie seine Schöpfung. Zwar gibt er an, es sei seine Frau gewesen, die sich als «häßlich» empfunden habe. Damit tut er so, als ginge ihn das selbst überhaupt nichts an. Als es dann aber um die neue Gestalt für die Brüste seiner Frau geht, setzt sich der männliche Geschmack durch: «Die Größe der Brust habe ich vorher mit meiner Frau abgesprochen. Wir haben lange diskutiert. Sie tendierte zu einem kleinen Busen, ich zu einem größeren. Zwei Größen waren bei der Brustkorrektur möglich. Dann habe ich beide getestet, die größere genommen. Wir sind beide sehr zufrieden.»

Die mythologische Tiefendimension eines solchen Schöpfungsaktes liefert die Geschichte des antiken Bildhauers Pygmalion. Sicher nicht von ungefähr versteht sich ein Großteil der Schönheitschirurgen dann auch als Bildhauer am lebenden

Material. Der Erzählung von Ovid zufolge schnitzt Pygmalion sich aus Elfenbein eine Frauengestalt, die so schön ist wie keine natürlich geborene. Deshalb verliebt er sich in sie. Pygmalion berührt sein Werk mit den Händen und meint, einen lebendigen Körper statt des Elfenbeins zu spüren. Er küßt die Statue, spricht zu ihr und versieht sie mit Kleidern, Ringen, Ohrringen und Kettchen. Schließlich legt er sie gar auf ein Ruhebett, «nennt sie Genossin des Lagers».[14] Nichts wünscht er sich sehnlicher, als daß sie wirklich lebendig sei – ein Wunsch, den ihm Venus, die Göttin der Liebe, erfüllt.

Fragt man sich, warum Pygmalion diesen Weg wählt, um zu einer Frau zu kommen, so muß man die Episode mit den Propoetiden berücksichtigen, die Ovid der Pygmalion-Erzählung voranstellt. Die Propoetiden sind unsittliche Frauen; «sie waren die ersten, [...] die Reize des Leibes zu prostituieren». Zur Strafe verwandelt Venus sie in Stein. Und Pygmalion wird deshalb zu einem Frauenfeind: «Da Pygmalion sah, wie die Mädchen verbrecherisch lebten, / War er empört ob der Menge der Laster des Weibergeschlechtes, / Die von Natur aus es besitzt». Ob es wirklich moralische Gründe gewesen sind, die aus Pygmalion einen Frauenfeind gemacht haben, verrät der Mythos nicht. Wenn der junge Bildhauer freilich alle Frauen von Natur aus für lasterhaft hält, spricht das doch wohl eher für seine Angst vor einer sexuellen Selbstbestimmung des weiblichen Geschlechts. Diese Selbstbestimmung hebt er auf, indem er sich eine Frau nach seinem Bild schafft.

Gebärneid

Kulturkritische Psychoanalytikerinnen haben immer wieder behauptet, der Penisneid der Frauen sei eine Erfindung von Männern, um ihren eigenen zentralen Geschlechtsneid zu verdecken: den Neid auf die weibliche Gebärfähigkeit. Tatsächlich hat sich Freud nicht darum bemüht, entsprechende Zeugnisse in der Kulturgeschichte aufzuspüren. Die gibt es aber. Sogar in der biblischen Schöpfungsgeschichte:

Im Gegensatz zur natürlichen Realität, in der Frauen sowohl die Mädchen als auch die Jungen gebären, erschafft «Gott, der Herr» nicht nur beide Geschlechter, er erschafft Eva überdies noch aus einer Rippe Adams: «Da ließ Gott, der Herr, einen tiefen Schlaf auf den Menschen [Adam] fallen, so daß er einschlief, nahm eine seiner Rippen und verschloß ihre Stelle mit Fleisch. Gott, der Herr, baute aus der Rippe, die er vom Menschen genommen hatte, eine Frau und führte sie dem Menschen zu. Und der Mensch sprach: Das endlich ist Bein von meinem Bein und Fleisch von meinem Fleisch. Frau soll sie heißen; denn vom Mann ist sie genommen.»[15]

Diese Belegstelle beschreibt zwar noch keine Szene, in der Adam seine Eva gebiert. Aber genau diese Interpretation der Bibelstelle erobert zwischen dem 11. und 14. Jahrhundert ganz Europa. Und zwar von Augsburg aus:[16] In der Stadt am Lech findet sich auf der alten Domtür eine Bronzetafel, die zeigt, wie Eva auf Geheiß Gottes dem Inneren Adams entsteigt: Auf der Augsburger Tafel ist lediglich Evas Oberkörper zu sehen. Spätere Darstellungen derselben Szene zeigen Evas Körper, der sich bereits vollständig von Adams Körper gelöst hat. Zudem wird Gott nur mehr im Hintergrund dargestellt, so daß der Eindruck entsteht, die Erschaffung Evas sei eine autonome Leistung Adams und damit tatsächlich ein Geburtsakt.

Der Sinn dieses Bildtypus und seiner Variationen liegt in Ehe- und Familienvorstellungen begründet, die vor allem das paulinische Christentum propagierte. Paulus hat das gewünschte Verhältnis zwischen Mann und Frau unmißverständlich festgeschrieben: Der «Mann ist das Haupt der Frau», weshalb den Frauen die Gott gefällige Pflicht zukommt, sich «den Männern in allem unter[zu]ordnen».[17] Gregor der Große (540–604) bringt dann auch dieses Herrschaftsverhältnis in Verbindung mit der biblischen Szene von der Erschaffung der ersten Frau: «Eva ging aus der Seite des schlafenden Adam hervor, damit deutlich werde, das einer – d. h. der Mann – zu befehlen habe und dem anderen – d. h. der Frau – befohlen werden müsse.»[18]

Daß die Unterordnung der Frau als Geburtsakt dargestellt wird, hängt mit der damaligen Vorstellung zusammen, die Geburt verleihe Gewalt über das geborene Leben, so wie die Geburt ja tatsächlich über Leben und Tod eines Kindes entscheidet. Wenn die Geburt Evas aus Adam die Herrschaft des Mannes über die – durch die Geburtsszene immer auch zum Kind gemachte – Frau rechtfertigen soll, dann mag das die tröstende Entstellung einer ängstigenden Realität gewesen sein: daß die Frau als Gebärende Gewalt über den Mann besitzt, werden doch alle Männer von Frauen geboren.

Noch deutlicher als in der Bibel sind die Belege, die aus der Antike stammen. So erzählen die griechischen Göttersagen eine ganze Reihe von Episoden, die für den durch Neid bedingten Wunsch von Männern sprechen, Kinder ohne Mütter zu erzeugen. Man denke nur an Dionysos, den zweimal Geborenen. Semele trägt ihn sechs Monate aus und wird dann von dem erzürnten Zeus umgebracht. Um das Kind zu retten, näht Hermes ihn in den Schenkel des Zeus ein, wo er die restliche Zeit bis zu seiner Geburt heranreift. Und auch Pallas Athene wird von Zeus geboren. Hephaistos spaltet mit seinem Beil den Kopf des Göttervaters, worauf die streitbare Göttin der Kunstfertigkeit, Weisheit und des Verstandes in voller Rüstung herausspringt – eine männliche Kopfgeburt also.

Nun gibt es aber nicht nur mythologische Belege, sondern auch Berichte über Riten in naturnahen Gesellschaften, die Gebärneid nahelegen. Am offensichtlichsten zeigt sich der Wunsch von Männern, sich die generative Potenz der Frauen anzueignen, an der Couvade, dem Männer-Kindbett: «Die Frau arbeitet wie gewohnt bis wenige Stunden vor der Niederkunft; sie geht dann mit einigen Frauen in den Wald, wo die Geburt stattfindet. Nach einigen Stunden steht sie wieder auf und kehrt zu ihrer Arbeit zurück. Sobald das Kind geboren ist, nimmt der Vater es zu sich in die Hängematte und bleibt der Arbeit fern, ißt weder Fleisch noch andere Nahrung außer dünnem Haferschleim, raucht nicht, wäscht sich nicht und rührt vor allem überhaupt keine Waffen an. Er wird von allen Frauen des Hauses [manchmal tagelang, manchmal wochenlang] ernährt und umsorgt.»[19] Dies ist keine freundliche Handlung. Denn der Mann schickt seine von der Geburt erschöpfte Frau sogleich wieder arbeiten, während er ihre Stelle einnimmt und sich wie eine Wöchnerin versorgen läßt.

Überhaupt tritt Gebärneid in der Menschheitsgeschichte kaum einmal offen als Wunsch von Männern zutage, selbst gebären zu können. Denn dieser Wunsch läßt sich ja nicht real, sondern lediglich symbolisch erfüllen.[20] Deshalb verbergen Männer entsprechende Wünsche durch eine auffallend aggressive Praxis, mit der Gebärfähigkeit von Frauen umzugehen. So findet man in allen Volkskulturen eine Fülle von magischen

Vorstellungen, die um den fruchtbaren weiblichen Körper kreisen.[21] Sie alle auf den fehlenden naturwissenschaftlichen Sachverstand der vormodernen Menschen zurückführen zu wollen vermag nicht recht zu überzeugen. So wird der Uterus als eigenständiges Lebewesen wahrgenommen, das den Körper von Frauen bewohnt und sich jederzeit selbständig machen kann. Er wandert dann in ihrem Bauch herum, macht sie hysterisch und damit unberechenbar. Ist diese Selbständigkeit schon erschreckend genug, so wird der Schrecken durch die Monatsregel noch gesteigert. Denn Menstruationsblut gilt als giftig. An Giftigkeit übertroffen nur von den Körperflüssigkeiten, die der schwangere Uterus absondert. Insgesamt erscheint somit alles, was auf die generative Potenz von Frauen verweist, als eine Bedrohung, vor der die Männer sich und die Dorfgemeinschaft zu schützen suchen. Folglich werden Frauen aus der Gemeinschaft ausgegrenzt, solange sie sich in diesen körperlichen Ausnahmezuständen befinden, die Zuständen ähneln, wie sie bei Krankheit und Verrücktheit auftreten. Deshalb gibt es Menstruationshütten, in denen man die Frauen isoliert. Und Geburten finden außerhalb der Dorfgrenzen statt. Daß die Frauen selbst die Ängste ihrer Männer teilen, spricht nicht notwendig für eine Unwissenheit beider Geschlechter. Die Herrschaft der Männer kann es Frauen geraten sein lassen, ihr Wissen geheimzuhalten oder gar die männliche Sicht zu übernehmen.

Ausgrenzung ist keine Zerstörung. Aber auch Zerstörung findet sich in der Geschichte der Frauenfeindlichkeit – bis heute. In vielen gewalttätigen Gruppenkonflikten wird sexuelle Gewalt verübt, am häufigsten als Gewalt von Männern der einen Gruppe gegen die Frauen einer bekämpften Fremdgruppe.[22] Meist handelt es sich um Massenvergewaltigungen, bei denen die vergewaltigten Frauen am Leben gelassen werden. Denn ihre Schändung soll immer auch eine Schande für ihre Männer sein. Ziel ist es, die bekämpfte Fremdgruppe nachhaltig zu schwächen, indem man deren Beziehungen zwischen den Geschlechtern – womöglich über Generationen hinweg – untergräbt.

Nicht selten sind aber auch die Fälle, in denen eine Vergewaltigung mit einer Zerstörung der weiblichen Sexualorgane einhergeht: Brüste werden durchbohrt, zerfetzt, abgeschnitten,

183

Vaginen aufgeschlitzt, Uteri herausgerissen. Die Männer benutzen ihren Penis als Waffe, und Waffen ersetzen ihren Penis: So erzählen einige US-amerikanische Vietnam-Soldaten, daß sie, nachdem jeder von ihnen eine Vietnamesin vergewaltigt hatte, einer Krankenschwester jeweils eine Handgranate in die Vagina und in den After steckten und dann abzogen.[23]

Die Zerstörung weiblicher Sexualorgane richtet sich gegen das Leben selbst, indem es alle lebenspendenden Organe vernichtet. Meist tobt sie sich mit einer Wut aus, die uneingestandene Motive vermuten läßt. Die Enthemmung des männlichen Gebärneides mag ein solches Motiv sein. Erinnern wir uns an die ethnographische Beschreibung des Männer-Kindbettes, dann ist bemerkenswert, daß ein Mann in dieser Zeit «vor allem überhaupt keine Waffen an(rührt)». Vorstellbar ist, daß dieser Gegensatz von Waffengebrauch und Mütterlichkeit auch den Hintergrund für die Zerstörung weiblicher Sexualorgane abgibt. Der Mann greift zur Waffe, um in der Frau aus der bekämpften Fremdgruppe seinen feindselig-schädigenden Neid auf die weibliche Fähigkeit, Leben zu schaffen, auszuagieren und damit zugleich seine verpönten eigenen mütterlichen Regungen abzutöten. Wieweit dieser Aspekt der sexuellen Gewalt von Männern einem überkommenen Männerbild entspricht, dessen Wandel zu einer Veränderung frauenfeindlicher Gewaltbereitschaft führen würde, ist eine offene Frage.

Waffen sind Bestandteile eines Maschinensystems, das sich im Laufe der Menschheitsgeschichte weltweit ausgebreitet hat. Betrachtet man diese Ausbreitung psychohistorisch, so spricht vieles dafür, daß sie ein männliches Anliegen ist – wie überhaupt Technik bis heute zu den Domänen von Männern gehört. Ein möglicher Erklärungsversuch führt das Bedürfnis an, sich von der Natur zu befreien. Denn das Maschinensystem ist nicht so sehr eine Ergänzung der Natur. Vielmehr soll es die unberechenbare Natur durch berechenbare künstliche Welten ersetzen. Der Wunsch, Natur zu beherrschen, schließt die Beherrschung von Frauen ein. Denn Frauen werden von Männern wahrscheinlich schon immer als die der Natur näheren Menschen wahrgenommen, gerade weil sie Leben zu geben vermögen.

Aufgrund dieser Fähigkeit können Frauen erleben, daß ihr

ganzer Körper produktiv ist. Ein solches Bewußtsein organischer Produktivität bleibt Männern weitgehend verschlossen. Das drängt sie – wie einstmals Zeus – zu Kopfgeburten: So heißt es vor allem von Männern, daß sie «fruchtbare Gespräche» führen und «mit Ideen schwanger gehen», die sie zu verwirklichen suchen, auch wenn sich das als eine «schwere Geburt» erweisen sollte. Anschließend pflegen und verteidigen sie dann ihre «Geisteskinder», unter denen die technischen Phantasien einer selbsterzeugten künstlichen Welt hervorragen – einschließlich der medizintechnologischen Phantasie, diese Welt mit Kindern zu bevölkern, die nicht mehr von Frauen geboren werden. So findet der männliche Gebärneid in der Erfindung, Konstruktion und Verbreitung von Maschinen eine mögliche Form. Mit ihrer übermenschlichen Produktivität triumphieren diese Kopfgeburten über die organische Produktivität der Frau: «Die Maschine ist das [...] Ideal männlicher Zeugung [...]. Jede Maschine, sie sei noch so primitiv, hat die Doppeldeutigkeit; Nachahmung weiblichen Gebärens, in zweifelsfreier männlicher Form, nämlich: gradlinig, eindeutig, berechenbar, gefühllos, sprachlos.»[24]

Aber es sind nicht nur die Ingenieure, denen ihre Maschinen zu einem starken männlichen Selbstbewußtsein verhelfen. Den einfachen Benutzern geht es ebenso. Autofahrer liefern dafür ein alltägliches Beispiel. Maschinen stärken das männliche Selbstbewußtsein, indem sie es mit ihren übermenschlichen Fähigkeiten anreichern.

Frauenfeindlichkeit

Es gibt viele Gründe für Männer, zu einem Frauenfeind zu werden. Ein systematischer Grund mag in dem Entwicklungsprozeß zu finden sein, in dem der Junge sich von seiner Mutter ablöst. Da sie seine erste Bezugsperson ist, liegt die Annahme nahe, daß er zunächst auch so werden möchte wie sie. Denn bestimmt sie nicht über Leben und Tod? Der Junge schwankt zwischen dem Wunsch, mit dieser «Großen Mutter» eins zu werden, und der Angst, dabei unterzugehen. Unter solchen Bedingungen kann er sich ein Gefühl der Unabhängigkeit verschaffen, wenn er so wird wie sie, was einer symbolischen

185

Vereinigung gleichkommt. Aber der Junge wird enttäuscht. Er entdeckt, daß ein Mann keine Frau sein kann. Hinzu kommt die Entdeckung, daß Frauen nur im Intimbereich der Familie mächtig sind, außerhalb der Familie aber selbst zu den Ohnmächtigen gehören. Auch das enttäuscht ihn. Deshalb möchte er nicht länger seiner Mutter gleichen. Um jedoch nicht ganz auf sie verzichten zu müssen, entwickelt er eine Einstellung, die es ihm dennoch erlaubt, ihr nahe zu bleiben: Statt ihr zu gleichen, wünscht er sich nun, sie zu besitzen. Und beginnt infolgedessen, mit seinem Vater zu rivalisieren. Sein ursprünglicher Wunsch, ihr zu gleichen, erscheint ihm nun selbst als abwegig. Schließlich ist er ein Mann. Was von seinem Wunsch dennoch übrigbleibt, versenkt er in seinem Unbewußten und hindert es daran, sich zu zeigen.

Für Männer ist der Druck, ihre feminine Seite zu unterdrükken, wahrscheinlich nach wie vor größer als im umgekehrten Fall. Denn es geht um die Verteidigung ihrer gesellschaftlichen Vorrangstellung. Und die erlaubt es ihnen nicht, zu ihrem Neid auf das andere Geschlecht zu stehen. Anders die Frauen: Da sie gesellschaftlich einen vergleichsweise niedrigeren Rang einnehmen, fällt es ihnen leichter, Zugang zu ihrem Neid auf das andere Geschlecht zu finden. Die klinische Erfahrung lehrt dann auch, daß der Penisneid von Frauen viel bewußtseinsnäher bleibt als der Neid von Männern auf Vagina, Brust und Gebärfähigkeit.

Alle Gesellschaften stehen vor der Aufgabe, mit Geschlechterneid umzugehen. Werden die Geschlechter polarisiert, dann erzieht man Jungen und Mädchen dazu, ihre andersgeschlechtlichen Wünsche zu verdrängen. Entweder – oder. Infolgedessen dürfte der Neid von Männern und Frauen aufeinander zunehmen – und feindselig-schädigende Züge annehmen, da es verpönt ist, solche Wünsche zu leben. Verspürt man sie dennoch, taucht sofort die ängstigende Vorstellung auf, die anderen Angehörigen des eigenen Geschlechts könnten einem auf die Spur kommen und daran zweifeln, ob man überhaupt zu ihnen gehört. Um diesen Zweifel an seiner eigenen Männlichkeit nicht aufkommen zu lassen, kann sich ein Mann betont frauenfeindlich verhalten. Bezeichnenderweise wird er das vor allem in Gegenwart anderer Männer tun. Damit geht er zu Frauen auf maximale Distanz und bringt gleichzeitig, wenn auch nur für den Moment, seine eigenen femininen Wünsche zum Schweigen. Das schließt die Diskriminierung von Homosexuellen ein. Denn diese Männer haben eine sexuelle Orientierung, die es ihnen möglich macht, die andersgeschlechtlichen Wünsche zu leben, die andere Männer verdrängen müssen. Aber damit unterlaufen sie die gesellschaftlich erwünschte Polarisierung der Geschlechter.

Neid unter Geschwistern

Beziehungen, die zwischen Geschwistern bestehen, können sehr verschieden sein.[1] Sie reichen von der Zwillingsphantasie, es gebe überhaupt keine Unterschiede zu einem Geschwister, über den Wunsch, wie ein bewundertes Geschwister zu werden, oder die Angst, einem abgelehnten Geschwister zu ähneln, bis hin zu dem Wunsch, sich in Anerkennung von Gemeinsamkeiten und Unterschieden gegenseitig zu fördern. Solche Beziehungsmuster entstehen früh und bleiben oftmals lebenslang erhalten. Sie machen Brüder und Schwestern zu besonderen Personen, ob sie sich das nun eingestehen oder nicht. Vor allem der Neid auf Geschwister hinterläßt tiefe Spuren.

Von dem französischen Dichter Jean de La Fontaine (1621–1695) stammt die Fabel «Der Greis und seine Kinder». Ihre Aussage ist von zeitloser Bedeutung. Sie erzählt von einem Vater, der seinen Tod nahen fühlt und deshalb seine drei Söhne zu sich bittet. Dort gibt er ihnen ein Bündel mit Pfeilen in die Hand und fordert sie auf, sie zu zerbrechen. Nacheinander versuchen sich die Söhne an dieser Aufgabe. Aber keinem gelingt sie. Daraufhin nimmt der Vater die Pfeile wieder an sich, löst das Bündel und zerbricht mit Leichtigkeit einen Pfeil nach dem anderen. Auf diese Weise will er seinen Söhnen zeigen, daß geschwisterliche Einigkeit stark macht und äußeren Gefährdungen widerstehen kann. Die Söhne versprechen ihrem Vater, zusammenzuhalten. Aber wenig später brechen sie bereits ihr Versprechen:

> [Der Vater] stirbt, es finden nun
> Die Brüder reiches Gut, doch viel damit zu tun.
> Kurz ist die Freundschaft nur, die man so selten findet,
> Der Eigennutz zerstört das Band, das sie verbindet.
> Mit mannigfachem Rat schleicht sich zur gleichen Zeit
> Der Ehrgeiz und der Neid in ihren Erbschaftsstreit.
> Als all ihr Gut dahin, sahn sie zu spät erst ein,
> Welch eine Lehre sollt im Bündel Pfeile sein.[2]

Es ist der Neid, der die fürsorglichen Bande der Geschwisterlichkeit zerstört. Die Brüder schädigen sich selbst, weil jeder
nur an seinen eigenen Vorteil denkt. Den Geschwisterneid, vor
dem die Fabel warnt, kennen alle Eltern, die mehr als ein Kind
haben. Als typisch darf dabei die Situation des erstgeborenen
Kindes gelten, wenn ein zweites Kind geboren wird.

Das neugeborene Geschwister

Lassen wir zunächst einmal drei junge Mütter zu Wort kommen, die über ihre Erfahrungen mit der Geburt ihres zweiten
Kindes berichten: Als Monika mit ihrem Baby aus der Klinik
nach Hause kommt, bemerkt sie schnell, wie schwer es ihrem
knapp dreijährigen Sohn Thomas fällt, seine Schwester will-
kommen zu heißen. Zwar haben die Eltern ihn auf die Geburt
vorbereitet, aber jetzt, wo die kleine Sylvia wirklich in der
Wiege liegt, ist das etwas ganz anderes. Mehrmals läuft er um
die Wiege herum und begutachtet das neue Familienmitglied.
Erst sagt er leise, daß er es nicht mag. Dann laut und empört:
Die Mutter soll es ins Krankenhaus zurückbringen. Tagelang
ist er nicht zu beruhigen. Als die Mutter aber Sylvia für einen
kurzen Augenblick auf der Wickelkommode unbeaufsichtigt
läßt, versucht Thomas, sie herunterzuwerfen.

Bei Ulrike ist die Situation etwas anders: Ihre anderthalb-
jährige Tochter freut sich sehr auf die Geburt ihres Bruders
und bemuttert ihn in den ersten Wochen voller Fürsorglich-
keit. Irritiert ist Sara nur, wenn ihre Mutter dem Baby die
Brust gibt. Dann schaut sie mit wachsender Unruhe zu, wie
Tobias saugt. Kann sich aber immer wieder selbst beruhigen.
Eines Tages gelingt ihr das aber nicht: Sie hat sich beim Spielen
weh getan und ist danach sehr trostbedürftig. Als sie diesmal
sieht, wie ihre Mutter das Baby an die Brust legt, schiebt sie
es weg und versucht, seinen Platz einzunehmen. In der Woche
darauf äußert sie auch den Wunsch, so gewickelt zu werden,
wie sie es bei Tobias sieht. Sara gibt sich nur zufrieden, wenn
ihre Eltern mit ihr Wickeln spielen.

Wieder etwas anders ist die Situation, von der Barbara
berichtet: Christian, ihr dreijähriger Sohn, beachtet das neue
Familienmitglied überhaupt nicht. Es hat den Anschein, als sei

ihm sein Bruder völlig gleichgültig. Den Eltern aber fällt auf, daß er eine bestimmte Situation überhaupt nicht ertragen kann: wenn sie oder andere um das Baby herumstehen und sich freudig mit ihm beschäftigen. Dann kann man gewiß sein, daß es Christian plötzlich einfällt, den versammelten Erwachsenen unbedingt sein Malbuch zeigen zu müssen. Oder er stimmt mit lauter Stimme ein Lied an. Hilft überhaupt nichts, um ihre Aufmerksamkeit zu wecken, geht auch schon einmal eine Vase zu Bruch.

Alle drei Fälle sind Beispiele für frühen Geschwisterneid. Neid oder Eifersucht? Gerade im frühen Geschwisterneid sind beide Gefühle eng miteinander verbunden. Das erstgeborene Kind wacht eifersüchtig über den Vorrang bei seinen Eltern, den ihm das zweitgeborene Geschwister vielleicht streitig macht. Und es beneidet den Bruder oder die Schwester um deren Fähigkeit, die Augen ihrer Eltern glänzen zu lassen.

Sigmund Freud (1856–1939) hält Eifersucht und Neid von Erstgeborenen für zwangsläufig. Denn das erstgeborene Kind beansprucht die ganze Liebe seiner Eltern für sich. Dieser Monopolanspruch wird durch die Geburt eines Geschwisters in Frage gestellt. Das erstgeborene Kind steht vor der Aufgabe, die bislang ungeteilte Liebe fortan zu teilen. Gegen die Forderung, Verzicht zu leisten, aber wehrt es sich: «Es fühlt sich entthront, beraubt, in seinen Rechten geschädigt, wirft einen eifersüchtigen Haß auf das Geschwisterchen und entwickelt einen Groll auf die ungetreue Mutter, der sich oft in einer unliebsamen Veränderung seines Benehmens Ausdruck verschafft.»[3]

Freud meint, daß wir «uns selten die richtige Vorstellung von der Stärke dieser eifersüchtigen Regungen (machen)». Denn das erstgeborene Kind wünsche sich nichts sehnlicher als den Tod seines Geschwisters. Tatsächlich kann es Eltern erschrecken, mit welcher Feindseligkeit ihr Kind, das bis dahin freundlich und folgsam gewesen ist, dem Bruder oder der Schwester zu begegnen vermag. Allerdings kann die Vorstellung, alle Erstgeborenen trügen das Kainszeichen auf der Stirn, leicht zu einer ungerechtfertigten Dramatisierung führen. Freud hat dazu beigetragen, da er die Tötungswünsche des erstgeborenen Kindes für naturgesetzlich hält. Eifersucht und Neid entstehen, weil es seinen Monopolanspruch aufgeben muß. Wie sich die Eltern verhalten, wäre demnach weit weniger wichtig.

Darüber aber läßt sich streiten. Zwar erlebt das erstgeborene Kind die Geburt eines Geschwisters wahrscheinlich immer ambivalent. Wie dramatisch die Geschwisterbeziehung allerdings wird, hängt von zahlreichen Bedingungen ab. Zum Beispiel von dem Altersunterschied, der zwischen beiden besteht:

Eltern erleben es am problematischsten, wenn das erstgeborene Kind bei der Geburt seines Geschwisters zwischen 14 und 48 Monaten alt ist. Das hängt sehr wahrscheinlich mit der besonderen Entwicklungsphase zusammen, in dem es sich dann befindet: Sie ist durch die allmähliche Lösung des Kindes von der Mutter gekennzeichnet. Wie rasch es sich löst, hängt von seinen kognitiven und emotionalen Fähigkeiten ab, Trennungen zu bewältigen. Aber selbst wenn es grundsätzlich dazu fähig ist, bleibt ihm doch nicht erspart, immer wieder Trennungsängste zu erleiden. Ein Kind, dem es noch schwerfällt, sich alleine zu behaupten, möchte einerseits nichts lieber, als sich von seinen Eltern helfen zu lassen. Andererseits weist es aber gerade dann deren hilfreiche Angebote zurück. Es will beweisen, daß es sich alleine behaupten kann. Fällt die Geburt eines Geschwisters in diese sensible Phase, wird sie als besonders bedrohlich erlebt. Denn nun erscheint es dem Kind sehr leicht so, als ob es sich alleine behaupten müsse, weil das Geschwister sehr viel mehr Hilfe benötigt. Kinder, die sich ihrer selbst bereits sicher sind, Trennungen zu bewältigen, lassen sich dagegen weniger leicht verunsichern und können deshalb angesichts der Bedürftigkeit ihres Geschwisters auch gelassener bleiben.

Neben solchen allgemeinen Bedingungen, die den Geschwisterneid verstärken können, wirken sich vor allem bestimmte Familienkonstellationen ungünstig aus. So wird der Neid immer dann stark sein, wenn das erstgeborene Kind tatsächlich Grund hat, sich zurückgesetzt zu fühlen, ohne daß es verstehen kann, warum dies geschieht:

◆ Das Zweitgeborene ist ein Kind, um dessen Leben die Eltern seit der Schwangerschaft fürchten. Es hat einen Gendefekt, dessen gesundheitliche Auswirkungen sie nicht genau kennen. Falls es sterben sollte, wollen sie ihm in der kurzen Zeit, die ihnen womöglich miteinander bleibt, all ihre Liebe und Aufmerksamkeit schenken.

- Eltern haben sich einen Jungen gewünscht. Ihr erstgeborenes Kind ist aber ein Mädchen geworden. Kommt dann endlich ein Sohn auf die Welt, wird er von den Eltern als die Erfüllung ihrer Träume behandelt.

- Eine Mutter hat ihren erstgeborenen Sohn eng an sich gebunden. Indem sie ihren Sohn derart bindet, hält sie ihren Mann auf Distanz. Eine solch exklusive Mutter-Kind-Beziehung läßt sich aber nur für kleine Kinder rechtfertigen. Kommt ein zweiter Sohn zur Welt, wird die Mutter deshalb das neue Baby vorziehen. Damit vertreibt sie aber ihren erstgeborenen Sohn abrupt aus seinem Paradies unbedingter mütterlicher Fürsorge.

- Der erstgeborene Sohn stammt aus einer gescheiterten Ehe. Die Mutter sieht in ihrem Sohn die Verkörperung des Mannes, dem sie die Schuld daran gibt, die besten Jahre ihres Lebens verloren zu haben. Dann lernt sie wieder einen Mann kennen und lieben. Der zweite Sohn, den sie auf die Welt bringt, besiegelt diese Liebe und wird deshalb auch tatsächlich mehr geliebt.

- Eltern haben ihr Kind unvorbereitet bekommen. Sie sind völlig überfordert. Es dauert ein paar Jahre, bis sie sich soweit fühlen, wirklich Verantwortung zu übernehmen. Nun machen sie sich Vorwürfe, schlechte Eltern gewesen zu sein. Sie setzen ein weiteres Kind an, um an ihm ihre Fehler mit dem erstgeborenen Kind wiedergutzumachen.

Freilich ist nicht nur das erstgeborene Kind neidisch. Neid kommt zwischen allen Geschwistern und in allen Altersstufen vor. Ihn zu besänftigen gehört zu den wichtigsten elterlichen Aufgaben.

Alle Geschwister sind gleich ...

Geben Eltern zu erkennen, daß ihnen Geschwisterneid mißfällt, müssen sich die Kinder arrangieren, um die elterliche

Liebe nicht zu verlieren. Folglich nimmt jedes seinen Anspruch auf Vorrang zurück. Allerdings nur unter der Bedingung, daß die Eltern sie alle gleich lieben: «Wenn man schon selbst nicht der Bevorzugte sein kann, so soll doch wenigstens keiner von allen bevorzugt werden. [...] Keiner soll sich hervortun wollen, jeder das gleiche sein und haben.»[4]

Machen die Geschwister die Erfahrung, daß ihrer Forderung entsprochen wird, befriedet das ihr Zusammenleben. Allerdings achten sie ganz genau darauf, daß ja keines von ihnen mehr von einem begehrten Gut erhält als das andere. Denn ihr Neid ist lediglich besänftigt. Jederzeit sind Rückfälle möglich. Dafür gibt es zahllose Gelegenheiten, da Geschwister eben nie gleich sind. Eltern stehen somit vor der schwierigen Aufgabe, Unterschiede zu machen, ohne daß sich eines ihrer Kinder benachteiligt fühlt.

Wie sehr Eltern dabei unter Beobachtung stehen, mag eine Episode aus der Autobiographie der französischen Schriftstellerin Simone de Beauvoir (1908–1986) veranschaulichen. In den Abschnitten, in denen sie sich an ihre Kindheit erinnert, kommt sie immer wieder auf das Verhältnis zu ihrer zweieinhalb Jahre jüngeren Schwester Poupette zu sprechen. Sie akzeptiert, daß ihre Eltern sie beide gleich lieben. Aber Simone sucht und findet einen Weg, sich dennoch vorzustellen, das Lieblingskind ihrer Eltern zu sein: «Es ist klar, daß ich ihr eigentlich nur eine Art von ‹Gleichheit in der Andersartigkeit› zuerkannte, was ebenfalls eine Form ist, sich den Vorrang zu sichern. Ohne es mir ausdrücklich in dieser Form zu sagen, vermutete ich, daß meine Eltern diese Hierarchie anerkannten und daß ich ihr Lieblingskind war. [...] von meinem Bett aus hörte ich des Nachts meinen Vater mit meiner Mutter sprechen [...]; eines Abends stand mir das Herz fast still; mit gemessener, kaum von Neugier bewegter Stimme stellte Mama meinem Vater die Frage: ‹Welche von beiden ist dir die liebere?› Ich erwartete, Papa werde meinen Namen aussprechen, aber einen Augenblick lang, der mich ewig dünkte, zögerte er: ‹Simone ist die Überlegenere, aber Poupette ist so anschmiegsam ...› Sie wogen weiter das Für und Wider ab [...]; schließlich einigten sie sich darauf, daß sie die eine von uns genau wie die andere liebten; das entsprach zwar ganz und gar dem, was man in Büchern liest: Eltern haben alle ihre Kinder gleich lieb.

Dennoch empfand ich etwas wie Groll. Ich hätte nicht ertragen, wenn einer von ihnen meine Schwester mehr geliebt hätte als mich; wenn ich mich nun mit einer Teilung zu gleichen Hälften abfand, so deshalb, weil ich überzeugt war, daß sie trotz allem zu meinem Vorteil ausschlug. Da ich die Ältere, Klügere, Kundigere von uns beiden war, mußten mich meine Eltern ja doch, bei sonst gleicher Liebe zu uns, höher einschätzen und das Gefühl haben, daß ich ihnen an Reife näherstünde.»[5]

Erziehungsberechtigte haben oft die Sorge, daß unbewältigter Geschwisterneid im späteren Leben zu dauerhaften «Charakterfehlern» führt. Deshalb ist die pädagogische Ratgeberliteratur voll von Maßnahmen, wie Eltern den Neid ihrer Kinder besänftigen können: Ist ein neues Baby unterwegs, dann sollen sie sich ihren Kleinkindern besonders zärtlich zuwenden oder ihnen etwas schenken, was sie spüren läßt, wie sehr sie trotz der Freude auf das neue Familienmitglied nach wie vor geliebt werden. So erinnern sich noch manche älteren Menschen an die Sitte der «Storchentüte»:

Bei der Geburt eines Babys findet das erstgeborene Kind in der Wiege eine Tüte mit Süßigkeiten vor, die es ganz alleine aufessen darf. Die Eltern erwarten nicht, daß es den Neuankömmling um seiner selbst willen annimmt. Sie rechnen mit einer Kränkung und versuchen, ihrem erstgeborenen Kind diesen Schmerz zu versüßen, so daß Eifersucht und Neid nicht feindselig-schädigend werden. Dabei wird sowohl die Ursache der Kränkung, das Baby, als auch deren symbolische Heilung, die Tüte mit Süßigkeiten, derselben überirdischen Instanz zugeschrieben: dem Storch. Er hat beides gebracht, also ist beides gut. Das erstgeborene Kind soll sein Brüderchen oder Schwesterchen genauso süß finden wie den Inhalt der Tüte.

Für andere Situationen gelten andere Maßnahmen: Zum Beispiel wird Eltern und Verwandten geraten, stets alle Geschwister zu bedenken. Sogar wenn eines der Kinder Geburtstag hat. Selbst dann sollen auch seine Geschwister ein Geschenk erhalten. Zumindest eine Kleinigkeit.[6] Damit versuchen die Erwachsenen, Verteilungskämpfe unter den Kindern zu verhindern. Allerdings sind solche Kämpfe nicht nur negativ, da sie auf die lebenslange Aufgabe vorbereiten, die Ungleichverteilung begehrter Güter zu bewältigen.

Eltern müssen den Eigenwert geschwisterlicher Beziehungen anerkennen. Ziehen sie statt dessen alle Angelegenheiten der Geschwister an sich, verschärfen sie nur den Kampf um elterliche Liebe und Aufmerksamkeit. Es bedarf einiger Sensibilität, um genau abschätzen zu können, wann es gut ist, daß die Geschwister etwas unter sich ausmachen, und wann es gilt, eines von ihnen tatsächlich vor Benachteiligungen zu schützen, die es nicht ausgleichen kann. Kinder richten sich dabei weniger nach dem, was ihre Eltern sagen, sondern mehr nach dem, was diese ihnen vorleben. Probleme, die Geschwister miteinander haben, sind deshalb nicht selten die Probleme ihrer Eltern: So kann der Neid zwischen Geschwistern Ausdruck eines Kampfes sein, den die Eltern um die Liebe und Aufmerksamkeit ihrer Kinder führen. Jedes Elternteil versucht, mehr kindliche Zuwendungen als das andere Elternteil zu erringen, um dadurch dessen Neid zu erregen.

... aber manche Geschwister sind gleicher

Die wichtigsten Dimensionen, auf denen sich Geschwister vergleichen, sind Leistung und Erfolg, Sexualität und Schönheit sowie die sozialen Beziehungen zu Gleichaltrigen innerhalb und außerhalb der Familie. Ist ein Geschwister den anderen auf allen drei Dimensionen überlegen, geht seine Überlegenheit zumeist auf Kosten des Selbstwertes der unterlegenen Geschwister. Diese leiden dann oft an depressiv-lähmendem Neid, der ihre Entwicklungsmöglichkeiten einschränkt. Eine derart umfassende Überlegenheit ist freilich eher selten. Häufiger findet man den Fall, daß Geschwister sich anstrengen, ihre Unterlegenheit auf einer Dimension durch ein Streben nach Überlegenheit auf einer anderen Dimension auszugleichen: Wer gute Noten nach Hause bringt, ist nicht unbedingt auch beliebt. So kann das Geschwister, das die geringeren Erfolgserlebnisse in der Schule vorzuweisen hat, alles daransetzen, viele Freunde zu gewinnen. Mit seiner größeren Beliebtheit besänftigt es dann seinen Neid auf das erfolgreichere Geschwister, zumal dann, wenn es mit seinem Freundeskreis dessen Neid erregen kann. Eltern helfen ihren Kindern bei solchen Ausgleichsbemühungen, indem sie individuelle Stärken fördern,

aber auch dazu ermutigen, schwache Seiten weiterzuentwik-
keln. Das verlangt nicht Gleichbehandlung, sondern eine faire
Differenzierung, bei der jedes Geschwister die gleiche Chance
erhält. Die erhält es aber nur dann, wenn die Eltern keines
ihrer Kinder favorisieren. Tun sie es doch, hätten seine Brüder
und Schwestern allen Grund zu empört-rechtendem Neid.

Als ein lehrreiches Beispiel für Favorisierung läßt sich die
Kindheit von Sigmund Freud anführen. Sigmund, der ursprünglich den königlichen Namen Sigismund trägt, ist der
älteste Sohn seiner Eltern. Zwar gibt es aus der ersten Ehe des
Vaters zwei Stiefbrüder, die aber zwanzig und dreiundzwanzig
Jahre älter sind als er. Sigmund wächst mit fünf jüngeren
Schwestern und Alexander, einem zehn Jahre jüngeren Bruder,
auf. Julius, ein neun Monate jüngerer Bruder, stirbt, als Sigmund gut anderthalb Jahre alt ist.

Sigmund genießt es, von seiner Mutter Amalie favorisiert
zu werden. Denn sie sieht in ihm von Anfang an ein Genie.
Und so gelten die folgenden Sätze, die er später schreibt, zuallererst für ihn selbst: «Ich habe gefunden, daß die Personen,
die sich von der Mutter bevorzugt oder ausgezeichnet wissen,
im Leben jene besondere Zuversicht zu sich selbst, jenen un-
erschütterlichen Optimismus bekunden, die nicht selten als
heldenhaft erscheinen und den wirklichen Erfolg erzwingen.»[7]
Und an anderer Stelle: «Auf den Sohn kann die Mutter den
Ehrgeiz übertragen, den sie bei sich unterdrücken mußte
[...]».[8]

Aufgrund dieser Favorisierung durch seine Mutter fällt es
Sigmund leicht, seinen Vater Jakob zu übertrumpfen, zumal
der – obgleich geliebt – in der Familie als schwacher Mann
gilt. Aber daraus entstehen Konfliktspannungen, wie sie in
einer bemerkenswerten Episode zum Ausdruck kommen. Etwa
im Alter von sieben oder acht Jahren uriniert Sigmund in das
Zimmer seiner Eltern – eine Geste, die sein Vater als Geste der
Verachtung erlebt haben mag. Denn das Genie der Familie
bekommt daraufhin von seinem Vater zu hören, daß aus ihm
wohl nichts werde. Sigmund vergißt diese Bemerkung zeitlebens nicht mehr: «Es muß eine furchtbare Kränkung für
meinen Ehrgeiz gewesen sein, denn Anspielungen an diese Szene kehren immer in meinen Träumen wieder und sind regelmäßig mit Aufzählung meiner Leistungen und Erfolge ver-

knüpft, als wollte ich sagen: Siehst du, ich bin doch etwas geworden.»[9]

Was die Beziehungen zu seinen Geschwistern[10] anbelangt, so ist er gegenüber seinen Schwestern ein väterlicher Bruder. Freilich haben die unter dem Einfluß der Mutter auch schnell gelernt, Sigmund ehrfürchtig und unterwürfig zu begegnen. Denn seine Sonderstellung ist unangreifbar. Vor allem Anna muß darunter leiden. So schreibt sie in ihren Lebenserinnerungen, daß der große Bruder zum Beispiel trotz räumlicher Beengung der Familie immer ein eigenes Zimmer hatte, in das er sich zurückzog: «Als Jugendlicher aß er nicht mit uns zusammen zu Abend, sondern allein in seinem Zimmer bei seinen Büchern.»[11] Und als Anna Klavierspielen lernen will, verhindert Sigmund diese musikalische Ausbildung, die damals eine der wenigen Möglichkeiten für junge Mädchen ist, sich hervorzutun: «Ich fing an, regelmäßig eine Stunde täglich zu üben. Obwohl Sigmunds Zimmer am anderen Ende der Wohnung lag, störte ihn das. Er forderte meine Mutter auf, das Klavier abzuschaffen, andernfalls würde er ausziehen. Das Klavier verschwand [...]» Wenn Sigmund später seine eigene Tochter Anna nennt und sie, die erfolgreiche Kinder- und Jugendanalytikerin, bei verschiedenen Gelegenheiten zu seiner Stellvertreterin bestimmt, trägt dies Züge einer Wiedergutmachung an seiner Schwester.

Die entspannteste Geschwisterbeziehung besteht zu Alexander. Vor allem deshalb, weil der gar nicht daran denkt, Sigmunds Autorität in Frage zu stellen. Im Gegenteil: Er bewundert den großen Bruder. Sigmund fällt es leicht, ihn zu dominieren. Immerhin stammt bereits sein Name von ihm. Denn kurz nach seiner Geburt hat sich die Familie an Sigmund gewandt und ihn nach einem passenden Namen gefragt. Sein Vorschlag ist sofort angenommen worden. Als junger Erwachsener reist Sigmund mit Alexander, sie gehen zusammen wandern und schwimmen, wobei Alexander pflichtgetreu und gutmütig das Gepäck des großen Bruders trägt.

Freud betont, man unterschätze leicht die «Zähigkeit», mit der Eifersucht und Neid der Geschwister untereinander «haftenbleiben», und ebenso «die Größe ihres Einflusses auf die spätere Entwicklung».[12] Damit ist zweierlei gemeint: zum einen der Sachverhalt, daß diese Gefühle noch im Erwachsenenalter jederzeit wieder aufbrechen können. Es bedarf nur eines geeigneten Anlasses. Sofort sind alle Stillhalteabkommen, die Brüder und Schwestern im Laufe der Jahre unausgesprochen geschlossen haben, null und nichtig. Als wäre die Zeit stehengeblieben: Sie versuchen, offene Rechnungen zu begleichen und doch noch zu entscheiden, wer das Lieblingskind ihrer Eltern gewesen ist.

Zum anderen besteht der Einfluß unbewältigter Geschwisterkonflikte auf das Erwachsenenleben darin, daß sie es erschweren, anderen Personen unvoreingenommen zu begegnen. Stets ist man geneigt, die eigene Geschwisterposition wiederherzustellen. Auch dafür bietet Freud selbst ein gutes Beispiel:

Zu ihm aufzublicken oder ihm aus dem Weg zu gehen – eine andere Alternative hat es für seine Geschwister nicht gegeben. Und genau das ist es, was der Erfinder der Psychoanalyse später von allen seinen Kolleginnen und Kollegen erwartet. Das beste Verhältnis besteht zu denen, die sich als seine Schüler verstehen und ihn wie sein Bruder Alexander bewundern. Dagegen bekämpft er Widersacher: versucht, sie zu unterwerfen oder – mißlingt das Unternehmen – sie loszuwerden. Wie etwa C. G. Jung:[13]

Es ist der 21. August 1908. Freud und Jung warten zusammen mit Sandor Ferenczi in Bremen, um auf der «George Washington» einzuschiffen, die sie zu einer Vortragsreise in die USA bringen soll. Beim Mittagessen bringt Jung die Unterhaltung auf die «Torfmoorleichen» in bestimmten Gegenden Norddeutschlands: Leichen prähistorischer Menschen, die im Moor umgekommen und anschließend mumifiziert worden sind. Jung ist davon so fasziniert, daß er ständig darüber spricht. Freud wird immer ärgerlicher. Plötzlich fällt er in Ohnmacht. Als er wieder erwacht, hält er ihm vor, «dieses Geschwätz von Leichen bedeute», daß Jung «ihm den Tod wünsche». Zwischen beiden schwelt ein Konflikt. Jung, in dem Freud lange seinen Kronprinzen sieht, hat an Sympathien verloren. Er droht, ihm die Gefolgschaft aufzukündigen, was die psychoanalytische Bewegung spalten würde. Bisher hat das Schlimmste gerade noch einmal abgewendet werden können. Während Jung seine schaurige Geschichte erzählt, kommt Freud wohl zu Bewußtsein, daß alle seine Bemühungen, die Trennung zu vermeiden, doch letztlich vergeblich sein werden. Wahrscheinlich spürt er aber auch, daß er selbst gar nicht bereit ist, Jung zu tolerieren. Denn Jungs Erzählung geht ein Ereignis vorher, das als ihr Auslöser verstanden werden kann:

Jung lehnt es dogmatisch ab, Alkohol zu trinken. Darin gleicht er dem Psychiater Eugen Bleuler, dessen Assistent er noch bis vor kurzem gewesen ist. Nun hat Freud während des Mittagessens Jung zu einem Glas Wein überredet. Vor dem Hintergrund ihres Konfliktes ist dieser Bruch von Prinzipien ein wahrhaft symbolisches Ereignis: Freud bringt Jung von seiner starren Haltung ab. Indem Jung Wein trinkt, entscheidet er sich gegen Bleuler und für Freud. Freud erlebt dies als Unterwerfungsgeste, für die Jung sich dann aber an Freud rächt, indem er ihm, wenn auch verborgen, den Tod wünscht. Freud stellt später einen Zusammenhang zu dem Tod seines kleinen Bruders Julius her. Dem hat er einst als Erstgeborener selbst den Tod gewünscht. Daß Julius dann wirklich gestorben ist, belastet Freud zeitlebens. Er fühlt sich schuldig. Und Schuldgefühle sind es auch, die hinter seinem Ärger auf Jung lauern. Sie gemahnen Freud daran, daß er Jungs Tod nicht weniger wünscht, wie der ihm den Tod gewünscht haben mag.

Geschwisterneid in der Gruppenpsychotherapie

Unter allen Psychotherapieverfahren ist es die Gruppenpsychotherapie, die unbewältigte Geschwisterkonflikte wiederbelebt. Denn die Männer und Frauen in einer solchen Gruppe können einem durchaus wie Brüder und Schwestern erscheinen, mit denen man sich die Zuwendungen des Gruppenleiters teilen muß:[14]

Seit etwa einem Jahr treffen sich vier Frauen und fünf Männer regelmäßig in einer Therapiegruppe. Eine fünfte Frau ist vor noch nicht allzu langer Zeit hinzugekommen. Die Sitzung, um die es hier geht, wird von Herrn Liebling eröffnet. Er erzählt, sein Sohn sei zwischenzeitlich krank gewesen. Herr Liebling, der Arzt ist, hat sich große Sorgen gemacht, allerdings völlig übertriebene Sorgen. Er befürchtet eine Hirnhautentzündung bei seinem Sohn, obwohl er mit mehr Gelassenheit leicht hätte feststellen können, daß alle Anzeichen dafür fehlen. Der Kinderarzt, den er aufsucht, beruhigt ihn. Herr Liebling fühlt sich von der verständnisvollen Haltung des medizinischen Kollegen so angetan, daß er einen zweiten Termin vereinbart: weniger für seinen Sohn, mehr für sich. An seinem Wunsch, selbst der Patient sein zu wollen, habe er gemerkt, wie groß seine eigene emotionale Bedürftigkeit sei. Als Herr Liebling das erzählt, kommen ihm die Tränen.

Die anderen Gruppenmitglieder hören ihm voller Anteilnahme zu. Deshalb erzählt er, was ihn weiter beschäftigt. Nämlich ein Familientreffen, das ihn vor einiger Zeit mit seinen vier Geschwistern zusammengeführt hat. Herr Liebling stammt aus einer Arztfamilie. Er ist der Vorletzte in der Geschwisterreihe. Die älteren Geschwister sind 11 bis 15 Jahre vor ihm geboren. Fürsorglich hätten sich seine Eltern um ihre Patienten gekümmert. Aber leider nicht auf gleiche Weise auch um ihn: Bis heute fühlt sich Herr Liebling gegenüber den Patienten zurückgesetzt. Auch die älteren Geschwister hätten sich nicht um ihn gekümmert. So jedenfalls erinnert er die damalige Zeit, die bei dem Familientreffen wieder lebendig geworden ist. Infolgedessen schreibt er nach dem Treffen einen Brief an seine Geschwister, in dem er die mangelnde persönliche Beziehung untereinander anspricht. Aber nur eines seiner Geschwister antwortet.

Herr Liebling erzählt von seinem Brief in einer Langatmigkeit, die alle anderen Gruppenteilnehmer in lähmendes Schweigen versetzt. Denn sie können die Traurigkeit, in der er zu weinen begonnen hat, nicht mehr nachempfinden. Ein anderes Gefühl drängt sich in den Vordergrund: Ärger und Wut darüber, daß Herr Liebling ihre ganze Aufmerksamkeit mit seiner Geschichte bindet, die er mit einer unterschwelligen, aber spürbaren Vorwurfshaltung erzählt. Wie sich später herausstellt, ist der Brief an die Geschwister in demselben anklagenden Ton verfaßt. Hinter dem bekundeten Wunsch, geschwisterliche Beziehungen aufzunehmen, lauert die unbewältigte Kränkung, in der Familie zu kurz gekommen zu sein. Und die trägt Herr Liebling seinen Geschwistern nach. Noch immer hält er ihnen vor, sich nicht um ihn zu kümmern. Daß er dadurch einen Druck ausübt, der seinen bekundeten Wunsch hintertreibt, vermag er nicht wahrzunehmen.

Als sich die Gruppenteilnehmer aus ihrer Lähmung befreien, werfen sie ihm ihrerseits voller Ärger und Wut vor, daß er die letzten vier oder fünf Sitzungen an sich gerissen habe. Er nehme ihnen allen Raum für ihre eigenen Anliegen, was sie sich aber nicht weiter bieten lassen würden. Daraufhin wendet sich Herr Liebling an den Gruppenleiter und erinnert ihn vorwurfsvoll an eine bestimmte zurückliegende Sitzung: In der habe eine der Frauen so viel Zuwendung von dem Gruppenleiter erhalten, wie er sie niemals von ihm erhalte, obwohl doch er es sei, der am meisten für die Gruppe leiste.

Offensichtlich ist die Art und Weise ähnlich, wie Herr Liebling seine Geschwister und die anderen Teilnehmer seiner Therapiegruppe erlebt. In beiden Fällen klagt er ein, daß andere mehr an Zuwendung erhalten als er. Dabei werden die leiblichen Eltern durch den Gruppenleiter und die leiblichen Geschwister durch die anderen Gruppenteilnehmer vertreten. Wer ist das Lieblingskind?

Wie aggressiv Herr Liebling seinen Anspruch vertritt, das Lieblingskind zu sein, macht die Episode mit seinem Sohn deutlich. Denn auch in dieser Episode findet eine Wiederholung früherer Erfahrungen statt. Dabei vertritt der medizinische Kollege die leiblichen Eltern und der eigene Sohn die leiblichen Geschwister: Zwar bringt Herr Liebling seinen Sohn zum Arzt. Dort aber nimmt er dessen Platz ein: wird zu einem der Patienten, die er als Kind stets um die Fürsorge seiner Eltern beneidet hat. Denkt man an Herrn Lieblings rätselhafte Phantasie, sein Sohn könne an einer Hirnhautentzündung erkrankt sein, dann läßt sich vermuten, daß er nicht nur auf seine große emotionale Bedürftigkeit gestoßen ist, sondern auch auf den erschreckenden Wunsch, seinen Sohn zu beseitigen.

In der Gruppe ist Herr Liebling aber nicht der einzige Gruppenteilnehmer, der Eifersucht und Neid erlebt. Vielmehr eignet er sich aufgrund seiner Lebensgeschichte nur besonders gut, diese Gefühle darzustellen, die aber die ganze Gruppe umtreiben. Das wird zum einen daran deutlich, daß die Gruppenteilnehmer ihrerseits Herrn Liebling vorwerfen, er beanspruche allen Raum für sich, worin ihr eigener Anspruch nach Raum – allem Raum – anklingt. Zum anderen stellt sich heraus, daß der beschriebene Gruppenprozeß beginnt, als die neue Teilnehmerin in die Gruppe kommt: die Gruppe ein neues Geschwisterkind erhält. Damals haben sich die alten Gruppenteilnehmer nach der ersten Sitzung, in der die Neue dabei war, noch alleine in einer Kneipe getroffen, um über sie zu sprechen. Denn jeder neue Gruppenteilnehmer weckt bei den alten Gruppenteilnehmern die Angst vor Zurücksetzung. Und damit tauchen auch die Gefühle von Eifersucht und Neid wieder auf, die in den Geschwisterbeziehungen unbewältigt geblieben sind.

Neid im Konflikt der Generationen

Wir alle leben in einer Abfolge von Generationen, deren Beziehungen stets neu gestaltet werden müssen. Dabei sind die familial-verwandtschaftlichen Generationenbeziehungen in historisch-gesellschaftliche Generationenbeziehungen eingebettet. Das Zusammenleben der Generationen ist nie idyllisch gewesen. Im Verlauf der Menschheitsgeschichte haben immer wieder die Alten ihre Jungen und die Jungen ihre Alten nicht nur respektiert, sondern auch unterdrückt und sogar getötet. Bis auf den heutigen Tag gibt es mehr oder weniger heftige Konflikte zwischen den Generationen.[1]

Familien verlangen von ihren Mitgliedern, loyal zu sein. Dieser Anspruch zielt darauf ab, einen starken Zusammenhalt herzustellen. Allerdings ist jedes Familienmitglied auch ein Individuum, das Ziele verfolgt, die nicht reibungslos mit den Zielen seiner Familie zu vereinbaren sind. Familien drängen auf Angleichung, die sie mittels emotionaler Nähe durchsetzen: Wer loyal ist, wird mit Nähe belohnt. Dagegen führt eine Individualisierung der Familienmitglieder zu dem Anspruch, daß die Familie den Druck, sich ihr anzugleichen, verringert und Verschiedenheit toleriert. Werden die Differenzen zu groß, schlägt Verschiedenheit jedoch in Entfremdung um, die eine emotionale Distanzierung nach sich zieht: Familienmitglieder erleben dann einander als so fremd, daß ihre familiären Bande zerreißen. Infolgedessen sind Familien stets damit beschäftigt, beide Ansprüche auszubalancieren.

Historisch haben sich die Erwartungen an die Generationen verändert. In der traditionellen Gesellschaft wird von den Jungen erwartet, daß sie den Lebensstil fortführen, den ihnen die Alten vorgelebt haben. In der modernen Gesellschaft ist es umgekehrt: Von den Jungen erwartet man, daß sie den Lebensstil der Alten erneuern und verbessern. Denn die junge Generation verkörpert die Zukunft und den Fortschritt, die alte Generation dagegen eine antiquierte Vergangenheit. Zudem gilt es als geboten, daß keine Generation einer nachfolgenden

Generation die Lebenswelt so hinterlassen darf, daß sich die Jungen nicht mehr für einen anderen Lebensstil als den der Alten entscheiden können.

Generationenbeziehungen beruhen auf Regeln der Gegenseitigkeit: Zunächst sind die Jungen von den Alten abhängig: Vater und Mutter schenken ihren Kindern das Leben und ziehen sie auf. Dafür verpflichten sich die Kinder, ihre alten Eltern zu versorgen. Infolgedessen sind die Alten von den Jungen abhängig – eine Rollenumkehr, mit der sich viele Alte nicht leicht abfinden. Gerade heute ist ihr Wunsch, selbständig zu leben, besonders groß. Innerhalb der letzten zwanzig Jahre geht der Anteil der Haushalte zurück, in denen drei Generationen einer Familie zusammenleben. Dagegen wächst die Anzahl der Generationen, aus denen eine Familie besteht. Ursache dafür ist die Zunahme der mittleren Lebenserwartung. Vier- und sogar Fünf-Generationen-Familien sind nicht selten. Ihre Mitglieder wohnen getrennt, weil sie ihren eigenen Lebensstil leben wollen. Dies führt zu einer Intimität auf Distanz, die freilich ausreichend binden muß, um soziale Unterstützung voneinander erwarten zu dürfen. Das verlangt der Generationenvertrag.

Der Vertrag verlangt auch, daß Mütter und Väter die Verselbständigung ihrer Kinder fördern. Söhne und Töchter sollen sich mit zunehmendem Alter von ihren Eltern lösen und die Verantwortung für ihr eigenes Leben übernehmen. Ihre Selbständigkeit erreichen sie, wenn sie volljährig werden und dadurch nicht länger der elterlichen Gewalt unterstehen. Wenn sie sich weltanschaulich an Gruppen von Gleichaltrigen orientieren, eigenes Einkommen erwerben und einen eigenen Haushalt gründen. Vor allem müssen die erwachsenen Kinder an Rollensicherheit gewinnen. Und das schließt ein, sich von Schuldgefühlen oder Rachegefühlen gegenüber den Eltern freizumachen.

Betrachtet man Generationenbeziehungen als Tauschbeziehungen, so hängt die Leistung der einen Generation von der Gegenleistung der anderen Generation ab. Folglich verdient ein Familienmitglied nicht mehr Unterstützung, als es selbst bereit ist, den anderen Familienmitgliedern zu geben. Aber Familien weichen von diesem Verdienstprinzip ab. Statt dessen halten sie das Prinzip der Bedürftigkeit hoch. Familienmitglieder erhalten Unterstützung, weil sie Mitglieder der Familie sind. Kraft Zugehörigkeit und damit ungeachtet einer Gegenleistung. Allerdings trifft auch das nicht die ganze Wirklichkeit. Denn unausgesprochen werden durchaus Gegenleistungen erwartet: So sind Eltern enttäuscht, wenn ihre Kinder nicht das werden, was sie sich von ihnen versprechen. Und erwachsene Söhne und Töchter beschäftigt die Frage, ob sie genug für die alten Eltern tun, denen sie ihr Leben zu verdanken haben.

Zwar ist es in Familien zumeist verpönt, Leistungen gegeneinander aufzurechnen. Dennoch kann familiale Solidarität zunehmend weniger als selbstverständlich vorausgesetzt werden. An die Stelle einer moralischen Pflicht tritt Freiwilligkeit. So werden sich erwachsene Kinder in Zukunft nur um jene Familienmitglieder kümmern, an denen sie interessiert sind. Damit verlieren Familienbande ein Stück ihrer Unauflösbarkeit. Statt dessen tendieren Familien dazu, frei gewählte Gemeinschaften zu werden. Zumindest nach außen hin. Denn nicht nur biologisch, sondern auch psychisch gilt weiterhin, daß wir ein Leben lang die Kinder unserer Eltern bleiben. Haben wir in unserer Kindheit eine positive Beziehung zu ihnen aufgebaut, was die konstruktive Lösung von Konflikten einschließt, so halten wir diese Beziehung auch später aufrecht. Wir lassen die Eltern an unserem erwachsenen Leben teilhaben. Andernfalls reduziert sich unser Engagement auf materielle Unterstützungen. Oder wir handeln ganz und gar so, als ob wir elternlos wären.

Historisch hat diese Lockerung der Familienbande nicht zuletzt ökonomische Gründe. Vormals waren Kinder für ihre Eltern von ökonomischem Wert. Man erwartete von ihnen, daß sie deren Altersversorgung übernahmen. Dagegen gewinnen heutige Eltern infolge der staatlichen Altersversorgung eine sehr viel größere ökonomische Unabhängigkeit gegenüber ihren Kindern. Freilich ist Versorgung nicht mit Geborgenheit gleichzusetzen. Anzunehmen, die ökonomische Unabhängigkeit alter Eltern würde zwangsläufig zu einer emotionalen Auskühlung der Beziehung führen, greift aber ebenfalls zu kurz. Denn die ökonomische Entlastung der Kinder vergrößert ihren Spielraum, die Beziehung zu ihren alten Eltern betont emotional zu gestalten.

Indem Kinder an ökonomischem Wert für ihre Eltern verlieren, werden sie selbst als Kostenfaktor wahrgenommen.

Und die Kosten sind hoch: Bis ein heranwachsendes Kind sozial gesichert ist, kann es heute an die drei Jahrzehnte dauern. In dieser Zeit entgehen seinen Eltern Konsumchancen, die an den Wert eines Einfamilienhauses heranreichen. Wer will es Eltern da verdenken, wenn sie ihre gewünschte Kinderzahl mit ihrem gewünschten Konsumniveau verrechnen. Sinkende Geburtenzahlen gehören deshalb zu den aussagekräftigsten Merkmalen, die gesellschaftlichen Wohlstand anzeigen.

Gleichzeitig belegt diese Entwertung von Nachkommen aber auch einen feindselig-schädigenden Neid der Alten. Denn die Alten erledigen den Generationenkonflikt, indem sie die Jungen dezimieren. Das alles, weil sie in den Jungen die ihnen entgangenen Konsumchancen verkörpert erleben. Ihren ungeborenen Söhnen und Töchtern mißgönnen sie das Leben, weil die Jungen mit Unterstützung der Alten mehr daraus machen könnten, als es die Alten selbst machen konnten: «Mir kommt die Welt immer wie eine Bühne vor ... Und jedes Kind, das ich hätte, wäre doch nur ein verdammter junger Schauspieler, der darauf brennt, mich ganz von der Bühne zu drängen, der aufpaßt und darauf wartet, mich zu beerdigen, damit *er* im Mittelpunkt des Bühnengeschehens stehen kann.»[2]

Traditionell ist dieser feindselig-schädigende Neid durch die Vorstellung besänftigt, in den eigenen Kindern weiterzuleben. Denn dann tun alle Eltern, die in ihre Kinder investieren, gleichzeitig auch etwas für sich selbst. Verliert diese Vorstellung jedoch an Überzeugungskraft, verstehen sich die Generationen als Lobbys, die gegensätzliche Interessen verfolgen.

So hält die heutige Jugendlobby den Alten vor, den Generationenvertrag gebrochen zu haben. Sind es nicht die Alten, die den Jungen die Zukunft verbauen: Haben nicht die Alten von einer Wirtschaft profitiert, die den Jungen die Arbeitsplätze nimmt? Haben nicht sie die Erde in eine Müllhalde verwandelt? Haben nicht sie die politische Macht in Händen, die nur die eigenen Interessen bedient: Politiker zwingt, hohe Renten statt Bildungsinvestitionen durchzusetzen? Sind die Jungen einmal alt, so wird es ihnen – argumentiert ihre Lobby – schlechter gehen als den heutigen Alten. Warum sie also unterstützen, wenn sie doch nur auf Kosten der Jungen leben? Und auch diese Entwertungen tragen unverkennbar Züge feindselig-schädigenden Neides.

Auf ewig jung

Die Alten beneiden die Jungen nicht zuletzt um ihre Jugend. Genaugenommen um ihre Jugendlichkeit. Denn Jugendlichkeit ist eine Phantasie von Vitalität, hinter der die realen Lebenslagen von Jugendlichen verschwinden. Dafür interessieren sich die Alten sehr viel weniger. Die Phantasie der Jugendlichkeit ist aber ihre Erfindung. Historisch datiert sie an den Anfang des 20. Jahrhunderts zurück, hat aber in der «Jugendrevolte» der späten 60er eine massive Verstärkung erlebt. In ihrem Song «Talkin' 'bout my generation» gab die Rockgruppe «The Who» damals die Richtung vor: «Hope I die before I get old». Nur jung ist das Leben lebenswert. Alt zu sein bedeutet dagegen, tot zu sein, ohne daß man gestorben wäre. Deshalb setzen Alte alles daran, sich jung zu fühlen. Sie träumen den Traum ewiger Jugend, aus dem sie die Jugendlichkeit echter Jugend aber immer wieder in die Realität ihrer eigenen Hinfälligkeit und Sterblichkeit zurückholt. Diese Desillusionierung verzeihen die Alten den Jungen nicht.

Eine bemerkenswerte literarische Auseinandersetzung mit diesem Problem bietet Arthur Schnitzler (1862–1931) in seiner Erzählung «Casanovas Heimfahrt» (1918). Sie stellt den berühmt-berüchtigten Freidenker und Frauenhelden Giacomo Casanova zwischen seinem 50. und 60. Lebensjahr vor.[3] Er, der nach seinem spektakulären Ausbruch aus den Bleikammern, in die er wegen staatsfeindlicher Umtriebe eingesperrt worden war, seine Vaterstadt Venedig seit Jahrzehnten nicht mehr gesehen hat, sucht und findet einen Weg, sich dem Großen Rat anzudienen, so daß ihm die Rückkehr erlaubt wird. Das eigentliche Thema der Erzählung ist jedoch das Erschrekken Casanovas, ein alter Mann geworden zu sein. Ständig pendelt er zwischen Panik und Flucht. Er flieht in seine Phantasien, in denen er sich an die Zeit seines größten Glanzes zurückbesinnt, als er noch der gefeierte Abenteurer gewesen ist. Diese Zeit möchte er ein letztes Mal heraufbeschwören, obgleich er weiß, daß es auch nach seiner Rückkehr nach Venedig kein wirkliches Zurück gibt.

Während Casanova in der Nähe von Mantua auf Nachrichten aus Venedig wartet, lernt er im Hause eines Freundes den jungen Offizier Lorenzi kennen. Als er dem jungen Mann zum ersten Mal gegenübersteht, ist es, als würde er in einen Spiegel blicken, in dem er sich selbst als jungen Mann sieht: «Nur eine Sekunde lang überlegte Casanova, an wen ihn Lorenzi erinnerte. Dann wußte er, daß es sein eigenes Bild war, das ihm, um dreißig Jahre verjüngt, hier entgegentrat. Bin ich etwa in seiner Gestalt wiedergekehrt? fragte er sich. Da müßte ich doch vorher gestorben sein ... Und es durchbebte ihn: Bin ich's denn nicht seit langem? Was ist denn noch an mir von dem Casanova, der jung, schön und glücklich war?»

Und sofort haßt Casanova sein Alter ego, weil er es um die Jugend beneidet, die für ihn auf ewig vorbei ist. Bietet sich eine Gelegenheit, wird er es zerstören. Das ist sicher. Lorenzi zählt zu den Gästen, die im Haus des Freundes aus und ein gehen. Zu dieser Gästeschar gehört auch Marcolina, eine selbstbewußte junge Philosophin, die sich für den Sommer dort einquartiert hat. Casanova begehrt sie, noch bevor er sie zu Gesicht bekommt. Denn sie wird ihm als vergeistigt und unnahbar beschrieben. Das reizt ihn. Sie zu erobern würde beweisen, daß er so alt dann doch noch nicht ist. Marcolina aber bleibt unbeeindruckt. Anscheinend interessiert sie sich tatsächlich nicht für Männer. Casanova mag das nicht glauben. Und er behält recht. Denn er findet heraus, daß sie sich Lorenzi hingegeben hat. Diese Entdeckung versetzt ihn in einen Ausnahmezustand, in dem er zunächst in Selbsthaß versinkt: «Er fühlte plötzlich die Trockenheit seiner Lippen, schenkte sich ein Glas Wasser ein aus einer Flasche, die auf dem Tisch stand; es schmeckte lau und süßlich. Angewidert wandte er den Kopf nach der Seite; von der Wand, aus dem Spiegel über der Kommode, starrte ihm ein bleiches, altes Gesicht entgegen mit wirrem, über die Stirn fließßendem Haar. In selbstquälerischer Lust ließ er seine Mundwinkel noch schlaffer herabsinken, als gälte es, eine abgeschmackte Rolle auf dem Theater durchzuführen, fuhr sich ins Haar, daß die Strähnen noch ungeordneter fielen, streckte seinem Spiegelbild die Zunge heraus, krächzte mit absichtlich heiserer Stimme eine Reihe alberner Schimpfworte gegen sich selbst [...].»

Aus diesem Selbsthaß befreit er sich schließlich, indem er Marcolina, das Objekt seiner Begierde, entwertet. Mit böser Schadenfreude stellt er sich den körperlichen Verfall ihrer jugendlichen Frische vor: «Denkst du, die Freude währt lang? Du wirst fett und runzelig und alt werden wie die andern Weiber, die mit dir zugleich jung gewesen sind, – ein altes Weib mit schlaffen Brüsten, mit trockenem grauen Haar, zahnlos und von üblem Duft ... und endlich wirst du sterben! Auch jung kannst du sterben! Und wirst verwesen! Und Speise sein für Würmer.»

Casanovas Begehren aber setzt sich durch. Es kommt die Gelegenheit, wo er über Marcolina und ihren Geliebten triumphieren wird. Geschickt nutzt er die Spielschulden des jungen Offiziers, um sich eine Liebesnacht mit Marcolina zu erkaufen. Casanova will sie täuschen: Sie soll glauben, sie schlafe mit Lorenzi. Dabei geht es Casanova allerdings nicht minder um eine gewünschte Selbsttäuschung: Indem der alte Frauenheld die Stelle des jungen Mannes einnimmt, versucht er, sich selbst zu verjüngen. Wenn sich Marcolina täuschen läßt, den Unterschied zwischen den Männern nicht spürt, ist auch seine Selbsttäuschung gelungen. Aber: Casanova schläft ein. Als er gegen Morgen erwacht, ist Marcolina bereits aufgestanden und blickt ihn an: «Und Casanova wußte, wie sie ihn sah; denn er sah sich selbst gleichsam im Spiegel der Luft und erblickte sich so, wie er sich gestern in dem Spiegel gesehen [...]. Und was er in Marcolinas Blick las, war nicht, was er tausendmal lieber darin gelesen: Dieb – Wüstling – Schurke –; er las nur dies eine – das ihn schmachvoller zu Boden schlug, als alle anderen Beschimpfungen vermocht hätten – er las das Wort, das ihm von allen das furchtbarste war, da es sein endgültiges Urteil sprach: Alter Mann. –»

Wortlos flieht er aus Marcolinas Zimmer. Aus dem Haus. Davor erwartet ihn Lorenzi und fordert ihn zum Duell. Casanova nimmt an, ficht, als läge sein letzter Waffengang nicht Jahrzehnte zurück, und tötet den jungen Mann. Als er danach in seiner Kutsche sitzt, die ihn nach Venedig bringt, und sich seine Erregung gelegt hat, ist er ganz zufrieden mit sich: «Casanova lehnte sich tief zurück, in den Mantel gehüllt, der einmal Lorenzi gehört hatte.» Der Mantel ist Lorenzis Haut, in die Casanova schlüpft. Er hat den jungen Mann besiegt, aber nicht sein Alter. Denn schon ein paar Tage später muß er erkennen, daß Venedigs Jugend kaum Notiz von ihm und seinen früheren Abenteuern nimmt.

Der griechische Mythos von Ödipus beginnt mit einem Teil, der nur selten erinnert wird. Das Orakel in Delphi warnt Laios, er werde durch die Hand seines Sohnes sterben. Als seine Frau Jokaste ihm einen männlichen Erben gebiert, läßt Laios ihn aussetzen. Zuvor befiehlt er noch, daß man dem Säugling die Füße bindet. Zwar wird sein Sohn gerettet. Als Folge der Fesselung bleibt der jedoch lebenslang verkrüppelt. Sein Name Ödipus (= Klumpfuß) zeugt davon. Fortan hinkt Ödipus, was nicht nur als körperliche Behinderung, sondern auch als psychische Beschädigung zu verstehen ist.[4]

Heute kennen wir diese Geschichte vor allem in der Lesart von Sigmund Freud (1856–1939). Aber Freud mißt dem versuchten Kindermord keine größere Bedeutung bei. Statt dessen betont er die Schuld des Sohnes, der – wenn auch zunächst unwissentlich – seinen Vater erschlägt, seine verwitwete Mutter heiratet und mit ihr schläft.[5] Wenn Ödipus sich blendet, nachdem er um die Tragödie weiß, nimmt er mit dieser Selbstbestrafung alle Schuld auf sich. Damit aber bleibt die Untat der Eltern weiter ausgeblendet. Indem Freud einer berechtigten Anklage des mißhandelten Sohnes keinen Raum gibt, stützt er ein idealisiertes Elternbild: Es kann nicht sein, was nicht sein darf. Seitdem wird in der Psychoanalyse der Sohn bevorzugt als ein junger Mann gesehen, der seinen Vater mit Eifersucht und feindselig-schädigendem Neid verfolgt, weil der alte Mann die Frau besitzt, die der junge Mann begehrt.

Geht man vor diesem Hintergrund an den Anfang der Geschichte zurück, so ist zu fragen, welche Gefühle Laios wohl bewogen haben, seinen Sohn töten zu wollen? In der Angst, die er empfindet, mögen ebenfalls Eifersucht und Neid enthalten sein. Noch bevor der Sohn das Licht der Welt erblickt hat, neidet ihm der Vater die Möglichkeit, ihm zukünftig überlegen zu sein. Und er ist eifersüchtig, weil er fürchtet, seine Frau könne den Sohn dem Vater vorziehen. Tatsächlich geraten nicht wenige Paare durch die Geburt ihres ersten Kindes in eine Beziehungskrise.[6] Mutter und Kind gehen eine so enge Bindung ein, daß sich der Vater ausgeschlossen fühlt. Wenn sich seine Frau ihm auch noch sexuell verweigert, weil sie durch den Körperkontakt mit ihrem Sohn ausreichend befriedigt ist, wird er von Ärger und Wut auf den kleinen Nebenbuhler gepackt werden – von Gefühlen, die eine mörderische Intensität erreichen können.

Die moderne Psychoanalyse hat Freuds einseitige Lesart des Ödipus-Mythos längst korrigiert. Sie spricht von einem «Laios-Komplex»,[7] wenn Väter ihre Söhne mit feindselig-schädigendem Neid und Eifersucht verfolgen. Dabei muß es sich nicht nur um leibliche Verwandte handeln. In einem übertragenen Sinne sind alle Alten und Jungen betroffen, die sich in Positionen begegnen, die denen von Vätern und Söhnen entsprechen. Wie dies etwa in der Schule bei Lehrern und Schülern oder in Unternehmen bei Vorgesetzten und Untergebenen der Fall ist.

Ein Schauplatz, auf dem sich der Laios-Komplex in seinen zerstörerischen Auswirkungen immer wieder beobachten läßt, sind Familienunternehmen. Mehr als die Hälfte sämtlicher Unternehmen im deutschsprachigen Raum ist das Eigentum von Familien, die nicht selten bis zu 200 Mitarbeiter beschäftigen. In vielen dieser Unternehmen, in denen die Kapital- oder Stimmenmehrheit von Familienmitgliedern gehalten wird, gibt es kein eigenes Management, so daß sich problematische Familienbeziehungen direkt als Führungsprobleme niederschlagen – oder umgekehrt. Die Übergabe des Unternehmens an die Kinder ist dabei besonders konfliktträchtig.[8] Von neu gegründeten Familienunternehmen kommt etwa die Hälfte in die zweite Generation. Und davon schafft es wiederum nur der kleinere Teil, das Unternehmen auch in der dritten Generation innerhalb der Familie zu halten. Diese Reduzierung auf ein gutes Viertel hat verschiedene Gründe. Einer davon ist unbewältigter Neid zwischen den Generationen.

Unternehmensgründer neigen dazu, sich sehr mit ihrem Unternehmen sowie den produzierten Gütern, mit denen sie wirtschaftlichen Erfolg gehabt haben, zu identifizieren. Sie betrachten diesen Erfolg als eine einzigartige Lebensleistung, die ihnen einen immensen Verzicht auf andere Entfaltungsmöglichkeiten abverlangt hat. Dieser Verzicht ist einerseits Tatsache. Andererseits entsteht oftmals im nachhinein eine Gründerlegende, die den Verzicht zu tagtäglicher harter Arbeit ohne jede Lebensfreude dramatisiert. Folglich erwartet der Gründer, daß sich seine Kinder dankbar erweisen, selbstverständlich darauf verzichten, einen alternativen Lebensweg einzuschlagen, und ihre ganze Kraft einsetzen, um das Unternehmen weiterzuführen. Sein Weiterbestehen zu sichern verlangt aber, sich dem Markt anzupassen, was eine ständige kritische Prüfung der Marktfähigkeit und infolgedessen eine grundsätzliche Erneuerungsbereitschaft voraussetzt. Damit sind Veränderungen in der tradierten Unternehmensstruktur sowie in der bisher produzierten Güterpalette überlebenswichtig. Was dem Vater recht war, darf deshalb nicht zwangsläufig auch dem Sohn – oder seltener: der Tochter – recht sein. Der Sohn steht vor der heiklen Aufgabe, notwendige Veränderungen durchzuführen, ohne den Vater zu kränken. Ohne ihm das Gefühl zu vermitteln, sein Lebenswerk und damit ihn selbst zu entwerten. Die Angst vor Entwertung begleitet den gesamten Prozeß der Übergabe. Und je mehr feindselig-schädigender Neid zwischen Vater und Sohn besteht, desto wahrscheinlicher werden beide auch entwertend miteinander umgehen.

Aufmerksam geworden bin ich auf das Problem, als ich den Erben eines größeren Handwerksbetriebes psychologisch beraten habe. Der junge Mann ist zum zweiten Mal durch seine Abschlußprüfung in Betriebswirtschaft gefallen, obwohl er bereits des öfteren bewiesen hat, daß er den geforderten Prüfungsstoff beherrscht. Bei der gemeinsamen Arbeit an seiner Prüfungsangst stellt sich heraus, daß es nicht die vermeintliche Versagensangst ist, die ihn blockiert: sondern die Angst, die Prüfung zu bestehen! Denn das bedeutet, sich anschließend einer ganz anderen Prüfung stellen zu müssen. Sein Vater erwartet, daß er nach Beendigung seines Studiums den Betrieb übernimmt. Er selbst möchte das zwar auch, glaubt aber, er werde unausweichlich versagen, weil sein Vater es darauf anlege. Denn der könne seine Anstrengungen nicht würdigen, sondern lasse keine Gelegenheit aus, ihn lächerlich zu machen. In den letzten Semesterferien habe er das immer wieder erleben müssen:

So rede sein Vater auch in Gegenwart der Arbeiter von ihm nur spöttisch als «Sohnemann». Das klinge in seinen Ohren, als spräche er ihm ab, überhaupt schon ein Mann zu sein. Weiterhin fange jeder zweite Satz seines Vaters mit den Worten «Damals, als ich den Betrieb hochgebracht habe ...» an und ende mit einem Vorwurf: Er komme zu spät in den Betrieb und gehe zu früh, trage zu modische Kleidung, sei den Kunden gegenüber unhöflich und frage nie, was seine Ideen eigentlich kosten. Sei er mit einer seiner Ideen aber erfolgreich, verliere sein Vater kein Wort darüber. Wie immer der Vater sich auch verhält, es bedeutet dem Sohn: «Du bist nicht so gut wie ich!»

In einer offenen Aussprache kann der Vater seinem Sohn mitteilen, wie schwer es ihm fällt, sich aus dem Unternehmen zurückzuziehen. Das Unternehmen sei sein Leben, weshalb ihn die Angst quäle, mit 66 Jahren sei nunmehr sein Leben zu Ende. Wenn er gesagt bekomme, er solle sich die verdiente Ruhe gönnen, höre er immer nur, er sei zu nichts mehr zu gebrauchen. Er beneide seinen Sohn um die Aufgabe, die vor ihm liege. Zwar sei es anstrengend gewesen, das Familienunternehmen groß zu machen, aber er habe sich dabei stets vital gefühlt. Um diese unbändige Tatkraft aber hat der Sohn im Gegenzug seinen Vater beneidet. Er habe ihn dafür stets bewundert, sich gleichzeitig aber auch eingeschüchtert gefühlt. Wenn er ihn jetzt seinerseits manchmal mit seinem Marketingwissen vor den Arbeitern kritisiere, dann falle diese Kritik schon einmal schärfer aus, um den Vater buchstäblich «alt aussehen zu lassen».

Nachdem der Neid zwischen Vater und Sohn erkannt ist, kann ein Übergabeplan erarbeitet werden, der für den Vater eine beratende Rolle vorsieht, aber auf der Einsicht beruht, daß das Lebenswerk des Vaters nur erhalten bleibt, wenn der Sohn seinen eigenen Weg gehen darf.

Delegierter Neid

Selbstverständlich ist Neid nicht das einzige Gefühl zwischen den Generationen. Aber doch eines der Gefühle zwischen Alten und Jungen, die beide nur ungern eingestehen. Deshalb halten sie den Neid voreinander verborgen und sind meist erst dann widerwillig bereit, sich bewußt mit ihm auseinanderzusetzen, wenn ihre Beziehung bereits vergiftet ist. Zwar untergräbt der Neid die Solidarität zwischen den Generationen, aber weniger dadurch, daß er sie wirklich trennt. Mehr dadurch, daß er eine befreiende Trennung verhindert. Mag die Gleichgültigkeit füreinander auch noch so groß erscheinen: wo Alte und Junge einander beargwöhnen, um ja nicht benachteiligt zu werden, bleiben sie auf eine heillose Weise aneinander gebunden. Es fehlt ihnen die innere Freiheit, ihre Ungleichheit anzuerkennen und zu ihrem gemeinsamen Vorteil zu nutzen.

Eine besondere Form solcher schwieriger Bindungen zwischen den Generationen ist die Delegation.[9] Sie beruht auf der Vorstellung von Eltern, ihre Kinder sollten den eigenen Lebensentwurf übernehmen und fortführen. Denn kein Leben reicht aus, um alle Aufgaben, die man sich vorgenommen hat, zu erledigen. Noch weniger, sich alle seine Wünsche zu erfüllen. Aber vielleicht können es die Kinder. Ihre Lebensspanne reicht über die eigene hinaus. Sind sie den Eltern ähnlich, besteht die Hoffnung, daß sie ähnliche Wünsche haben und sich für ähnliche Aufgaben engagieren. Diese Ähnlichkeit entsteht freilich nicht zwangsläufig. Vielmehr ist sie zu einem erheblichen Teil das Ergebnis vielfältiger elterlicher Beeinflussungen mit dem Ziel, daß die Kinder einen Lebensentwurf entwickeln, der dem ihrer Eltern ähnelt. Am besten freiwillig. Zumindest mit dem Gefühl der Freiwilligkeit. Indessen kommt es immer wieder vor, daß erwachsene Kinder zu zweifeln beginnen, ob sie wirklich nach eigenen Vorstellungen leben: So entdeckt eine Tochter in ihrem eigenen Berufswunsch den unerfüllten Berufswunsch ihrer Mutter. Wollte nicht die Mutter einst selbst die erfolgreiche Architektin werden, die ihre Tochter inzwischen geworden ist? Um dieses Ziel zu erreichen, hat sie auf eine eigene Familie verzichtet, die sie ehrlich gesagt sehr viel glücklicher und zufriedener machen würde.

Solche Delegationen wirken unbewußt. Sie gehören zur psychischen Struktur eines jeden von uns und befeuern unseren Ehrgeiz bestimmte Ziele zu erreichen. Problematisch werden sie erst dann, wenn Kinder ihre eigenen Suchbewegungen einstellen, weil sie alternative Lebensentwürfe als Verrat an den Eltern erleben.

Wie uneingestandener Neid delegiert werden kann und dadurch vom Vater auf den Sohn übergeht, belegt der folgende Fall, der aus meiner gruppenanalytischen Praxis stammt. Es ist die Geschichte eines Scheiterns. Der junge Mann stammt aus einem kleinbürgerlichen Elternhaus. Er ist der einzige Sohn. Sein Vater hält sich zugute, ein Leben lang rechtschaffen gearbeitet und deshalb heute etwas auf der hohen Kante zu haben, so daß er und seine Frau gelassen ihrem Alter entgegensehen können. Seinen Sohn sucht er von Kindheit an auf sein Arbeitsethos zu verpflichten. Gleichzeitig erwartet er aber auch, der Sohn solle es weiter bringen als er selbst, da der ja die besseren Startbedingungen vorgefunden habe. Der Sohn fühlt sich seit der Schulzeit unter einem enormen Leistungsdruck, die Investition, die sein Vater in seine Ausbildung macht, zu rechtfertigen.

Der Vater ist der Überzeugung, daß Personen seiner eigenen sozialen Herkunft, die aber heute ökonomisch bessergestellt sind als er, dies häufig nicht durch eigene Leistung, sondern durch Begünstigung oder sonstwie, mithin eigentlich unverdient geschafft haben. Den Neid, der dieser Überzeugung entspricht, erlebt er jedoch nicht bewußt, weil er ihn kompensieren kann: Da er sich selbst alles, was aus ihm geworden ist, sogar gegen Widerstand habe erkämpfen müssen, fühlt er sich den vermeintlichen Günstlingen gegenüber moralisch überlegen. Daß sein Sohn Betriebswirtschaft studiert, findet seine Zustimmung.

Schon bald ist der Sohn von allem fasziniert, was mit Börse zu tun hat. Er schließt sich einer Studierendengruppe an, die zu Übungszwecken Börsengeschäfte simuliert: Mit echten Aktienkursen, wenn auch ohne echtes Geld, wird auf Anlagegewinne spekuliert. Da er bei dieser Simulation einigen Erfolg hat, wird sein Wunsch immer drängender, sein Können unter Ernstbedingungen unter Beweis zu stellen. Er phantasiert sich als abgezockten Broker.

Der junge Mann träumt vom schnellen Geld. Es ist der Traum von einer Traumrendite: von einer unterbewerteten Aktie, die er für wenig Geld kauft, die dann aber rapide anzieht, so daß er sie für ein Vielfaches verkaufen kann. Seine Traumwelt sind die großen Börsen mit ihrer fiebrigen Atmosphäre. Seine Helden heißen Bill Gates und George Soros, in dessen Buch mit dem bezeichnenden Titel «Die Alchemie der Finanzen» er immer wieder liest. Besonders faszinieren ihn legendäre Berichte von riesigen Verlusten, die kurz darauf von noch riesigeren Gewinnen wettgemacht werden. Er liest sie als Versicherung, daß Verluste nie endgültig, sondern immer nur vorübergehend sein werden. Dies mag ab mehrstelligen Millionensummen oder für das Börsensystem als Ganzes in gewisser Weise tatsächlich gelten, für Kleinanleger gilt es freilich nicht.

Aus seiner Identifikation mit den Helden der Börse heraus verachtet er seinen Vater für dessen kleinbürgerlichen Stolz auf ein rechtschaffenes Arbeitsleben. So macht er sich über dessen Vorsicht lustig, sein Erspartes lediglich in Bundesschatzbriefen anzulegen. Dagegen entwirft der Sohn das visionäre Bild zwar riskanter, aber ab einer bestimmten Geldsumme sicher kalkulierbarer Börsengeschäfte, die seinen Vater auf einen Schlag mehr Geld verdienen lassen würden, als er in seinem bisherigen Leben zusammengespart habe.

Es dauert einige Monate, dann hält der Vater diesem Druck seines Sohnes nicht länger stand; er läßt sich von dessen Faszination anstecken und stellt ihm 90 000 DM, den größten Teil der familiären Ersparnisse, zur Verfügung, um sie an der Börse zu vervielfachen. Statt dessen ist das Geld in kürzester Zeit verspekuliert, die väterliche Lebensleistung vernichtet. Den Sohn befällt panische Angst, seinem Vater den Verlust eingestehen zu müssen, weshalb er ständig neue Geschichten von Reinvestitionen erfindet, um ihn hinzuhalten. Offensichtlich ahnt dieser die Katastrophe, wagt aber seinerseits nicht, seinen Sohn zur Rede zu stellen, und läßt sich deshalb von ihm auch immer wieder vertrösten.

In der Gruppe zeigt sich, daß der junge Mann keine Schuldgefühle gegenüber seinem Vater empfindet. Ihm bereite es viel größere Probleme, daß er versagt habe und sich deswegen schämen müsse. Warum er versagt habe, verstehe er nicht. Und so läge er nachts wach und grübele voll innerer Unruhe darüber nach, wie er wieder zu Geld kommen könne, das den momentanen Verlust in einen Gewinn verwandele, um den ihn alle beneiden.

Das Wunschbild, das er von sich hat, ist das Bild eines erfolgreichen Börsenspekulanten. Solche Männer machen schnelles Geld, nutzen die Gunst des Augenblicks, um reich zu werden. Dieser Reichtum ist nicht im herkömmlichen Sinn erarbeitet. So gesehen entspricht die Identifizierung des Sohnes mit den Helden der Börse einer Identifizierung mit den vermeintlichen Günstlingen, die sein Vater beneidet, auch wenn er sie moralisch verachtet. Wenn der Vater in den Deal einwilligt, dann geht er von seinen Prinzipien ab, die er auch seinem

Sohn gepredigt hat. Und zwar deshalb, weil er selbst, wenn auch uneingestanden, an deren Wert zweifelt: Was hat ihm – im Vergleich zu den vermeintlichen Günstlingen – sein rechtschaffenes Arbeitsleben denn eingebracht? Zuwenig! Das Gefühl moralischer Überlegenheit entschädigt ihn letztlich nicht. So gesehen ist der Sohn ein Delegierter seines Vaters. Unbewußt verfolgt er die Aufgabe, die beschämend erlebte Benachteiligung seines Vaters wiedergutzumachen: vom Neider zum Beneideten zu werden.

Neid am Arbeitsplatz

Die meisten von uns verbringen einen großen Teil ihres erwachsenen Lebens an ihren Arbeitsplätzen. Folglich gehören Kollegen zu den Personen, mit denen wir am häufigsten zusammen sind. Manche von uns haben mehr mit ihnen zu tun als mit ihren Lebenspartnern und Kindern. Sosehr wir uns auch wünschen mögen, Kollegen zu haben, auf deren Hilfsbereitschaft wir vertrauen können. Es wäre naiv, Kollegialität einfach vorauszusetzen. Dagegen ist ein gesundes Mißtrauen durchaus angebracht. In der Regel beurteilt die Mehrheit der Arbeitnehmer ihr Betriebsklima als gut. Aber alle wissen auch, wie schnell es umschlagen kann. Unter den Ursachen, die sie für ein schlechtes Betriebsklima anführen, gehört Kollegenneid zu denen, die oft genannt werden.

Neid beruht auf Vergleichen. Arbeitsplätze sind Orte, an denen verglichen wird: Wir selbst vergleichen uns mit Kollegen. Vor allem aber werden wir von unseren Vorgesetzten mit Kollegen verglichen. Diese Vergleiche haben Konsequenzen: Sie entscheiden mit darüber, welche berufliche Karriere wir machen. Was wir an Gehalt bekommen. Und wie es um unseren Selbstwert bestellt ist. Denn berufliche Leistungen sind von zentraler Bedeutung für unsere Selbstwertschätzung. Beziehungen zu Kollegen werden deshalb besonders sensibel auf Bevorzugungen und Benachteiligungen hin beobachtet, da uns die Lebenserfahrung lehrt, daß nicht unbedingt die Tüchtigsten aufsteigen. Infolgedessen sind die Beziehungen zu Kollegen stets heikel: Freund oder Feind? Der freundliche Kollege könnte ein Wolf im Schafspelz sein.

Zwar scheint sich in den letzten Jahren die Kultur vieler Unternehmen zu ändern: Einzelkämpfertum und Ellenbogenmentalität verlieren an Zustimmung. Teamfähigkeit ist angesagt. Viele Mitarbeiter aber hegen den Verdacht, daß Lippenbekenntnisse überwiegen.

Organisationsberater stoßen in Unternehmen auf alle Formen des Neides. Sie wissen, daß die Motivierung von Leistungsbereitschaft nicht zuletzt über die Erregung von ehrgeizig-stimulierendem Neid geschieht. Der Neid auf den erfolgreicheren Kollegen soll die anderen dazu anhalten, ihre eigenen Reserven zu mobilisieren, um ihm nachzueifern. Organisationsberater wissen aber auch, was geschieht, wenn dieser Weg – aus welchen Gründen auch immer – versperrt ist. Dann droht zum einen depressiv-lähmender Neid, der enttäuschte Aufstiegshoffnungen in eine «innere Kündigung» verkehrt: Die Arbeitnehmer tun nur noch so viel, wie sie tun müssen, um nicht aufzufallen. Ohne Eigeninitiative und Verantwortungsgefühl. Zum Schaden des Unternehmens, aber auch zu ihrem eigenen Schaden, da sie ihre Fähigkeitspotentiale brachliegen oder sogar verkümmern lassen. Für den Betriebsfrieden am gefährlichsten ist freilich feindselig-schädigender Neid, weil er die Kooperationsbereitschaft der Kollegen zerstört. Da sich die Berechtigung von Benachteiligungsgefühlen nicht immer eindeutig feststellen läßt, ist auch nie ganz sicher, wo der heimliche oder offene Zerstörungswille aufhört und eine legitime politische Interessenvertretung beginnt, die den empört-rechtenden Neid von Arbeitnehmern nutzt, um ihre Schlagkraft zu erhöhen:

Das «Branston Polytechnikum» ist in finanziellen Nöten. Um Geld zu beschaffen, beschließt eine Reihe von Dozenten, außerhalb der regulären Arbeitszeit Kurse gegen Bezahlung anzubieten. Das Vorhaben der Dozenten wird aber boykottiert: Die Mitarbeiter der Kantine lehnen es ab, Tee und Kaffee für die Kursteilnehmer bereitzuhalten. Und am ersten Kurstag beginnt die Hausmeisterei mit Reparaturarbeiten an den Toiletten und Sanitäreinrichtungen, so daß man sie nicht benutzen kann. Als Folge dieser Unannehmlichkeiten beschimpfen die Kursteilnehmer die Veranstalter und brechen unter Protest, der sich gegen das ganze Polytechnikum richtet, ihre Kursteilnahme ab. Die Gründe für diesen Boykott sind in seiner Vorgeschichte zu suchen: Aufgrund der wirtschaftlich schlechten Situation wird in dem Polytechnikum seit geraumer Zeit darüber nachgedacht, die Kantine und die Hausmeisterei aufzulösen und entsprechende Dienstleistungen von privaten Firmen zu beziehen. Damit droht den Angestellten dieser Abteilungen die Entlassung, während die Dozenten nichts zu befürchten haben und deshalb um ihren privilegierten Status beneidet werden. Ein Beispiel, das sich verallgemeinern läßt: «Die Überlebensangst des weniger erfolgreichen Bereichs stimuliert ein von Neid geprägtes Verlangen, den Erfolg des anderen Bereichs zu verderben. [...] Diese Art zerstörerischen Neides ist oft der Anfang eines feindseligen Spaltungsprozesses zwischen verschiedenen Teilen der Organisation, der dazu führen kann, daß das Unternehmen als Ganzes zerstört wird.»[1]

Ich erinnere mich gut an einen Auftrag, der mich als Teamsupervisor in eine klinische Einrichtung geführt hat, in der eines der Teams durch feindselig-schädigenden Neid beinahe zerstört worden wäre. In diesem Team arbeiten Günther Hofmann und Adrian Bauer. Beide sind etwa gleich alt und fachlich auch gleich kompetent. Herr Hofmann hat die Stelle des Teamleiters inne und ist damit für Herrn Bauer und weitere fünf vergleichsweise unerfahrene Teammitglieder weisungsberechtigt. Zudem verdient er mehr. Daß er und nicht Adrian Bauer diese Stelle innehat, liegt schlicht daran, ein halbes Jahr früher eingestellt worden zu sein. So jedenfalls glaubt Herr Bauer. Hätte er sich damals ebenfalls auf die Stelle beworben, wäre er heute Teamleiter. Es treibt ihn die neidische Vorstellung um, Günther Hofmann habe ihm die Stelle entrissen, die eigentlich ihm zustehe. Daß er längere Zeit arbeitslos und deshalb froh gewesen ist, überhaupt eine Stelle zu bekommen, an diese Kränkung möchte er nicht erinnert werden. Er spürt einen bohrenden Neid auf seinen Vorgesetzten, kann ihn sich aber nicht eingestehen und folglich auch nicht zur Sprache bringen.

Nach knapp einem Jahr Zusammenarbeit, während dem Adrian Bauer nach außen hin als kooperativer Kollege erscheint, bietet sich ihm eine Gelegenheit, sich für seine vermeintliche unverdiente Zurücksetzung zu rächen. Was dann geschieht, ist freilich nicht das Ergebnis kühler Planung. Die Teammitglieder werden von den Ereignissen überrollt, ohne vorerst zu erkennen, wie sie selbst an dem Geschehen mitwirken.

Günther Hofmann fällt für drei Monate aus. Mit Zustimmung des Teams ist er für eine Fortbildung im Ausland freigestellt. Daraufhin bietet die Organisation Herrn Bauer an, für diesen Zeitraum die Teamleitung zu übernehmen. Entsprechend bezahlt. Ihm ist klar, daß kein anderes Teammitglied die dafür nötige Kompetenz besitzt und auch keine externe Vertretung zur Verfügung steht. Herr Bauer genießt diese Notlage, in der er sich von allen Seiten umworben fühlt. Aber er lehnt zu aller Erstaunen und Enttäuschung das Angebot aus nachvollziehbaren, aber vorgeschobenen Gründen besonderer privater Belastungen ab. Infolgedessen bleibt das Team leitungslos und erweist sich sehr schnell als überfordert. Es kommt immer weniger seinen Aufgaben nach.

Während die anderen Teammitglieder unter dieser nervenaufreibenden Situation leiden, fühlt Adrian Bauer sich nicht unwohl. Zwar ärgern sich seine Kollegen auch über ihn, da er die Leitung ausgeschlagen hat, zunehmend mehr aber über ihren fernen Vorgesetzten. Haben sie ihm anfangs den Auslandsaufenthalt gegönnt, so verwandeln sich ihre Gefühle nun unter dem Druck der Belastungen zunehmend in Neid auf seine vermeintlichen Privilegien, die auf ihre Kosten gehen. Infolgedessen wird immer öfter über seine Abwesenheit geschimpft. Die Frage taucht auf, wie Günther Hofmann überhaupt zu der Stelle als Teamleiter gekommen ist. Ob es da wohl mit rechten Dingen zugegangen sei.

Diese Entwertung tut Herrn Bauer gut. Denn sie bestätigt sein Selbstbild, der weitaus bessere Teamleiter gewesen zu sein. Zumindest vorübergehend hilft ihm das, seinen eigenen Neid zu besänftigen. Gleichzeitig sieht er aber tatenlos und nicht ohne Schadenfreude zu, wie das Team Schiffbruch erleidet. Den Widerspruch zu seinem Selbstbild vermag er nicht wahrzunehmen.

«Neid legt alles übel aus»: Gerüchte und ihre Folgen

Wie bereits erwähnt, gerät Herr Hofmann im Laufe des Teamkonfliktes in Verdacht, die Stelle des Teamleiters nicht rechtmäßig erhalten zu haben. Im Team wird gemunkelt, er sei von der Geschäftsleitung protegiert worden. Auch seine Freistellung spreche dafür, daß mit zweierlei Maß gemessen werde. Wem sonst sei schon einmal so kurz nach seiner Einstellung eine ähnliche Vergünstigung zuteil geworden? Niemandem! Und als Herr Bauer eines Tages eine Hochglanzbroschüre über die Fortbildung von Herrn Hofmann herumgehen läßt, braucht er nur wie nebenbei die Hoffnung zu äußern, daß ihnen das neue Wissen ihres Teamleiters wenigstens in Zukunft die Arbeit erleichtern werde, um den Neid des ganzen Teams hinter sich zu bringen.

Es ist dies ein Beispiel für die Macht von Gerüchten,[2] die zu den schärfsten Waffen neidischer Personen gehören. Im Arbeitsleben entstehen Gerüchte besonders leicht, weil kaum ein Unternehmen offen mit seinen Mitarbeitern kommuniziert. Die meisten Entscheidungen werden hinter verschlossenen Türen getroffen, obwohl Themen wie etwa Lohnfindung, Beförderung, Abmahnung, Entlassung oder Konkurs für die Belegschaft existentiell sind.

Die Auffassung, ein Gerücht sei immer unwahr, macht es sich zu einfach. Denn Gerüchte sind nicht zwangsläufig falsch, jedoch zwangsläufig inoffiziell. Die offizielle Kommunikation in einem Unternehmen verläuft von oben nach unten – von denen, die wissen, zu denen, die nicht wissen. Eine Belegschaft erfährt daher nur, was man sie wissen lassen will. Gerüchte sind demgegenüber eine nicht gleichermaßen kontrollierbare Art der Kommunikation. Sie bringen eigenmächtige Interpretationen in Umlauf, die geeignet sind, Schweigen zu brechen, offizielle Stellungnahmen zu provozieren und deren Einseitigkeit zu korrigieren. Falsche Gerüchte sind dabei der Preis, der für richtige Gerüchte zu zahlen ist. Freilich steht diese Befreiung von Kommunikationsbeschränkungen nicht immer auf der Seite legitimer Gegenmacht, mit der sich eine Belegschaft gegen die Winkelzüge der Unternehmenspolitik wehrt. Gerüchte dienen ebenso dazu, eigennützige Interessen durchzusetzen und unliebsame Widersacher aus dem Weg zu räumen, ohne eine offene Auseinandersetzung zu riskieren. Und das auf allen Ebenen eines Unternehmens. Also auch unter Kollegen.

Gerüchte entstehen zum einen spontan. Dann sind sie meist anonym. Sie kursieren innerhalb einer Gruppe, die sie allmählich zu immer plausibleren Geschichten ausarbeitet. Anlaß sind oftmals Ereignisse, die zugleich erklärungsbedürftig und folgenreich sind. Aber nicht alle Gerüchte entstehen auf diese Weise. Jemand kann auch aus strategisch-taktischen Gründen versuchen, ein Gerücht in Umlauf zu bringen; es zu «streuen». Um sich dieses Mittels erfolgreich zu bedienen, muß er von sich ablenken. Das gelingt ihm am besten, wenn er die ersten Anzeichen für ein geeignetes Gerücht, das sich spontan bildet, aufgreift und in eine Richtung verstärkt, die ihm nützt. Dabei versucht er, die richtungweisenden Eingriffe so sparsam wie möglich zu halten, damit die Zielgruppe zunehmend von sich aus in der gewünschten Richtung wirkt. Was die Gruppenmitglieder freilich nur dann tun werden, wenn sie – und sei es auch uneingestanden – ähnliche Interessen verfolgen.

Ein gutes Gerücht ist «ansteckend». Es breitet sich aus, weil es von denen, die für seine Verbreitung sorgen, geglaubt wird. Warum aber glauben sie es? «Gerüchteküchen» erinnern an ein grundsätzliches Erkenntnisproblem: Wir glauben nicht an etwas, weil es wahr – bewiesen oder wenigstens begründet – ist. Bis zu einem gewissen Grad verhält es sich eher umgekehrt: Wir halten etwas für wahr, weil wir daran glauben. Alle Gewißheiten sind sozial bedingt. Wahr ist, was die Gruppe, zu der wir gehören oder gehören möchten, für wahr hält. Soziales Wissen beruht in erster Linie auf Glauben und nicht auf Wahrheitsprüfung. Wahrheit ist auch gar nicht seine hauptsächliche Funktion. Statt dessen zählt die soziale Integration in die Gruppe, die zu Orientierungssicherheit und selbstwertschützender Anerkennung verhilft. In diesem Sinne erzählt ein «ansteckendes» Gerücht eine Geschichte, die möglich ist, darüber hinaus aber von den Gruppenmitgliedern für wahrscheinlich oder gar für wahr gehalten wird, weil sie deren Selbstbild und Weltbild bestätigt. Wer ein Gerücht erfolgreich in Umlauf bringen will, muß deshalb die Zielgruppe gut kennen, die es glauben soll.

Gerüchte tauchen auf und verschwinden. Wenn ein Gerücht verschwindet, heißt das freilich oftmals nur: Es verliert die Aufmerksamkeit der Zielgruppe, weil das Ereignis, das zu seiner Entwicklung geführt hat, niemanden mehr interessiert. Damit ist es aber nicht widerlegt. Sogar der Beweis für seine Unwahrheit garantiert nicht, daß die Gruppe es aus ihrem kollektiven Gedächtnis streicht. Es ist nicht leicht, ein Gerücht zu dementieren. Und genau das macht es so schlagkräftig: «Etwas bleibt immer hängen!»

Warum aber haben es Dementis so schwer? Erstens, weil ein Dementi selten alle Mitglieder der Gruppe erreicht, die zuvor von dem Gerücht erreicht worden sind. Mit dem Dementi erreicht das Gerücht sogar solche Gruppenmitglieder, die bislang nichts von ihm gehört haben, es aber für wahr halten. Wer dementieren will, sollte deshalb die gesamte Zielgruppe ansprechen.

Zweitens muß das Dementi glaubwürdiger sein als das Gerücht. Dies ist schwierig, wenn das Gerücht schon über eine lange Zeit ausgearbeitet worden ist. Wer dementieren will, sollte es deshalb rechtzeitig tun.

Drittens kann das Dementi – z. B. wenn es zu demonstrativ vorgetragen wird – geradezu als Beweis für die Wahrheit des Gerüchtes behandelt werden. Wäre es nicht wahr, so wird unterstellt, würde der Betroffener gelassener bleiben. Wer dementieren will, sollte sachlich – vor allem ohne Gegenangriff – dementieren.

Viertens muß sich derjenige, der ein Dementi glaubt, eingestehen, daß er zuvor einem Gerücht aufgesessen ist. Wer aber möchte das schon eingestehen. Deshalb wird das Gerücht zugleich verworfen und bestätigt: Man gesteht zu, daß es in diesem besonderen Fall falsch gewesen ist, aber nur um im selben Atemzug zu unterstreichen, daß es dennoch einer unbestreitbaren allgemeinen Wahrheit entspricht: «Ausnahmen bestätigen die Regel!» Wer dementieren will, sollte den Gruppenmitgliedern zugestehen, daß sie für den allgemeinen Fall recht haben, weshalb es verständlich ist, sich für den konkreten Fall zu täuschen. Ein solches Zugeständnis erlaubt es ihnen, ihr Gesicht zu wahren.

Oftmals hilft aber alles Dementieren nichts. Dann kursiert ein Gerücht so lange, bis es durch ein anderes abgelöst wird, das die aktuellen Bedürfnisse der Gruppe besser befriedigt.

Klatsch

Dem Gerücht verwandt ist der Klatsch.[3] Geklatscht wird überall, und zwar, um sogleich einem verbreiteten Vorurteil zu begegnen, von Männern ebenso wie von Frauen. Wenn unser Begriff der «Klatschbase» suggeriert, nur Frauen würden klatschen, dann mag das zwar etwas damit zu tun haben, daß die meisten Frauen stärker sozial interessiert sind als die meisten Männer. Vor allem aber bewahrt es ein Männerbild, das Männern schmeichelt: als seien sie das stets von Vernunft geleitete und deshalb auf Sachlichkeit bedachte Geschlecht.

Klatsch kommt an allen Arbeitsplätzen vor und hat großen Einfluß auf das Betriebsklima. Normalerweise erfolgt die Kommunikation unter Kollegen unter Beachtung von Höflichkeitsregeln. Jeder respektiert die Selbstdarstellung eines jeden anderen. Das Bild, das einer dem anderen von sich zu vermitteln sucht, wird öffentlich nicht angezweifelt, selbst dann nicht, wenn alle wissen, daß es geschönt ist. Insofern gewährleistet Höflichkeit, daß jeder selbst bestimmen kann, was er von sich enthüllen möchte. Diese Selbstbestimmung gestehen wir anderen zu, weil wir dadurch erwarten dürfen, selbst rücksichtsvoll behandelt zu werden. Höflichkeit kann aber auch die Fassade einer Freundlichkeit errichten und angestrengt aufrechterhalten, hinter der alle Freundlichkeit aufhört. Dann bekämpfen sich die Kollegen erbittert und machen doch gleichzeitig «gute Mine zum bösen Spiel».

Klatsch bricht mit Höflichkeitsregeln. Ein Kollege erzählt einem oder mehreren anderen Kollegen, was er über einen weiteren Kollegen weiß. Was er erzählt, sind intime Informationen. Der Kollege, über den sie erzählt werden, würde sie von sich aus nicht enthüllen, zumindest denjenigen Personen nicht, die sie auf diesem Wege erfahren. Wer klatscht, begeht deshalb eine Indiskretion. Er nimmt keine Rücksicht auf die Selbstbestimmung der betroffenen Person. Aber, und das zeichnet Klatsch aus: Die Indiskretion erfolgt heimlich. Hinter dem Rücken der betroffenen Person. Wenn sie nicht anwesend ist.

Klatsch kann verschiedene Funktionen erfüllen. Durchaus auch hilfreiche. Zum Beispiel, wenn Informationen über einen Kollegen verbreitet werden, die zu kennen wichtig sind, weil sie das Zusammenarbeiten mit ihm erleichtern, indem sie etwa Handlungsweisen plausibel machen, die sonst irritieren würden. Weniger hilfreich, aber ebenfalls harmlos ist es, wenn die expressive Funktion im Vordergrund steht: Dann wird Klatsch zu einer Form anregender Unterhaltung. Die Inhalte solchen Klatsches sind in der Regel nicht sehr intim. Sie werden auch nicht erzählt, um einem Kollegen zu schaden. Manchmal dienen sie sogar dem Gegenteil: Erfährt man etwas über die kleinen Sorgen, die ein ansonsten eher unzugänglicher Kollege hat, wirkt er menschlicher. Er ist dann nicht länger viel anders als andere Kollegen auch. Eine weitere, schon nicht mehr ganz so harmlose Funktion ist das Erzählen exemplarischer Geschichten: Was einem Kollegen zugestoßen ist, wird als Beispiel angeführt, über das man sich gemeinsam empören kann. Freilich lassen sich auf diese Weise auch Angriffe auf die Person gut als Mitgefühl tarnen.

Gefährlich wird Klatsch, wenn er darauf abzielt, rücksichtslos den Ruf eines Kollegen zu schädigen. Wie beim folgenden Vorfall, der sich im Rahmen meiner Teamsupervision in einem kirchlichen Verein zugetragen hat: Gerade sind Vorstandswahlen gewesen, bei denen Herr Justus gegen Herrn Franz angetreten ist und verloren hat. Zwei Tage später findet eine Supervisionssitzung statt. Das Team schneidet verschiedene Themen an. Unter anderem wird über die zusätzliche Arbeitsbelastung gesprochen, die auf den neuen Vorstand zukommt. «Da bleibt dem Kollegen Franz kaum Zeit für seine vier Kinder», bemerkt Herr Justus. «Wieso vier?» wird er erstaunt gefragt. Als Antwort zählt er sie auf, wobei er wie selbstverständlich den unehelichen Sohn von Herrn Franz erwähnt. Von dem bis zu diesem Zeitpunkt außer ihm aber niemand etwas weiß. Und er weiß es über Umwege: von Freunden von Bekannten, die ihrerseits die Familienverhältnisse von Herrn Franz kennen. Als ihn seine Kollegen ungläubig anschauen, gibt sich Herr Justus ganz bestürzt und beteuert mit Unschuldsmiene, er habe angenommen, alle wüßten davon. Ein solches Rückzugsmanöver ist für rufschädigenden Klatsch nicht untypisch. Es führt an, die Diskretion sei nur versehentlich verletzt worden, denn selbstverständlich erkenne man das Recht eines jeden an, selbst zu entscheiden, was er von seinem Privatleben preisgebe. Ein geschickter, aber eindeutiger Versuch, Herrn Franz im Team moralisch in Verruf zu bringen.

Im Unterschied zu Gerüchten ist Klatsch eher eine Form der Kommunikation «unter vier Augen». Dennoch können auch mehrere Personen beteiligt sein, aber nie eine große Öffentlichkeit. In Kollegenkreisen kommt es gelegentlich zu «Klatschrunden», die etwa in der gemeinsam verbrachten Mittagspause stattfinden. Dann nehmen sich die Anwesenden nacheinander alle abwesenden Kollegen vor. Dies zu wissen ist für manche so ängstigend, daß sie nur notgedrungen versäumen, an diesen Treffen teilzunehmen. Im schlimmsten Fall entwickelt sich die Kollegenschaft zu einer Zwangsgemeinschaft, in der alle einander mißtrauen und jeder jeden belauert. Unter solchen Bedingungen schwindet die Bereitschaft, sich einem Kollegen anzuvertrauen. Denn jeder rechnet damit, daß alles, was er über sich erzählt, bei nächster Gelegenheit gegen ihn verwendet wird. Nicht ohne Grund: In «Klatschrunden» herrscht ein Gruppendruck, der allen Anwesenden abverlangt, indiskrete Informationen beizutragen – oder zumindest die Bereitschaft zu bekunden, dies zu tun, sollten sie über solche Informationen verfügen. Um mitzuhalten, eignen sich auch plausible Erfindungen. Schon ist einer der Wege beschritten, wie ein Gerücht entsteht.

Witze

Eine sehr variable Möglichkeit, seinen Neid auf Kollegen oder Vorgesetzte auszuleben, ist es, auf deren Kosten Witze zu reißen. Vor allem solche Witze, in denen diese Personen herabgesetzt werden, weil sie über begehrte Güter wie etwa mehr Gehalt und mehr Macht verfügen. Das vermag Neid zu besänftigen, wenigstens vorübergehend:

«Was ist das Gemeinsame und der Unterschied zwischen unserer Firma und dem Eiffelturm? Bei beiden sitzen an den wichtigen Stellen Nieten; beim Eiffelturm sind die größten Nieten unten.»[4] – Die Firma wird mit dem Eiffelturm verglichen. So wie der Eiffelturm durch «Nieten» (= Stahlstifte) zusammengehalten wird, so wird auch die Firma durch «Nieten» (= unfähige Personen) zusammengehalten. Mit einem Unterschied: Die größten Nieten sitzen beim Eiffelturm «unten», während sie – das hat der Hörer zu schlußfolgern – in der Firma «oben» sitzen. Bezogen auf die Firmenhierarchie, handelt es sich bei «unten» und «oben» um Untergebene und Vorgesetzte. Folglich werden Vorgesetzte bis hinauf zur Firmenleitung als «Nieten» (= unfähige Personen) verspottet.

Man stelle sich nun vor, daß ein Untergebener diesen aggressiven Witz erzählt. Da im Vergleich zum Eiffelturm die ganze Firma aus «Nieten» besteht, ist der Untergebene ebenfalls eine. Damit wendet der Erzähler die Aggression auch gegen sich selbst. Immerhin ist er aber, da er sich unten befindet, eine kleinere Niete, was im Vergleich mit denen oben einen Triumph bedeutet. Er wertet sich selbst auf und kann sich dadurch für seine Unterlegenheit entschädigen.

Die beneideten Privilegien sind in diesem Witz allerdings nicht genannt. In einem verwandten Witz dagegen schon: bessere Bezahlung. «‹Sie wollen einen Posten in unserer Firma. Was können Sie denn?› ‹Nichts!› ‹Tut mir leid, die hochbezahlten Positionen sind alle schon besetzt.›» – Mit diesem Witz bezweifelt der Erzähler, daß es im Berufsleben leistungsgerecht zugeht. Die Erfolgreichen werden verdächtigt, es nicht aufgrund eigener Leistung nach oben geschafft zu haben, sondern etwa protegiert worden zu sein:

«Der Präsident des Konzerns empfängt den jungen Angestellten und klopft ihm wohlwollend auf die Schultern. ‹Ich muß sagen, junger Mann›, beginnt er leutselig, ‹daß Sie sich ausgezeichnet entwickeln. Vor drei Monaten sind Sie in unsere Firma eingetreten. Bereits einen Monat später wurden Sie zum Direktionsassistenten ernannt. Und heute habe ich die Ehre, Ihnen mitzuteilen, daß Sie in den Aufsichtsrat unserer Firma gewählt worden sind. Was haben Sie dazu zu sagen?› ‹Danke, Papa!›» – In dieser Perspektive wird beruflicher Erfolg zu einem Beweis für fehlende Chancengleichheit und mehr noch: für unlauteren Wettbewerb. – «‹Wie lange dauert es, bis man Vorstand ist?› ‹Ehrlich währt am längsten!›» – Mit seiner moralischen Entwertung des Erfolgreichen wertet sich der Erzähler gleichzeitig selbst moralisch auf: Zwar hat er keine vergleichbare Karriere gemacht. Aber er ist ehrlich und verdient dafür Anerkennung.

Über die Funktion eines Witzes entscheidet sein Gebrauch. Die aufgeführten Witze können mehr oder weniger treffsicher erzählt werden. Solange sie keine konkrete Firma nennen, verallgemeinern sie in einer Weise, die es erlaubt, die eigene Firma auszunehmen. Bei Bedarf kann der Erzähler von einer ihm unterstellten Übertragung auf die konkreten Verhältnisse zurücktreten: So war es nicht gemeint. Das wäre erheblich erschwert, würde er Namen nennen. Nennt er sie, wird die im Witz verpackte Aggression direkter und damit schärfer. Indessen braucht er sie nicht unbedingt zu nennen, um eine Konkretisierung zu erreichen. Treffsicherer wird ein Witz auch dann, wenn der Erzähler ihn in einer dazu passenden Situation erzählt – sozusagen als Kommentar zu einem vergleichbaren Vorfall in der eigenen Firma. Dann kann eine ausdrückliche Bezugnahme unterbleiben, da die Hörer aufgrund ihrer geteilten Erfahrung wissen, wovon die Rede ist.

Der Witz funktioniert allerdings erst dann, wenn nicht nur der Erzähler über ihn lacht, sondern seine Hörer mitlachen. Anders als Lächeln ist Lachen eine universale Reaktion von Menschen auf eine spielerische Überschreitung von normativen Grenzen. Je weniger spielerisch sie ist, desto wahrscheinlicher vergeht den Hörern das Lachen. Im vorliegenden Zusammenhang bestünde die normative Grenze in der Regel, beneidete Personen nicht zu entwerten. Indem die Zuhörer mitlachen, stimmen sie der spielerischen Grenzüberschreitung zu. Sie bestrafen den Erzähler nicht als Normbrecher, sondern vergemeinschaften sich mit ihm, indem sie mit ihrem Lachen selbst spielerisch die Norm verletzen. Fühlen sie ähnlich wie der Erzähler des Witzes, verschafft er ihnen die Möglichkeit, an seiner Aggression teilzuhaben.

Er geht dabei freilich das größere soziale Risiko ein. Zwar lachen seine Zuhörer mit, aber er hat sie zum Lachen gebracht. Das Risiko des Erzählens besteht darin, daß er nie sicher sagen kann, ob er einen Lacherfolg erzielen wird. Erzielt er ihn nicht, ist er sozial isoliert. Das kann zum Beispiel vorkommen, wenn er seinen Witz in Gegenwart des Kollegen oder Vorgesetzten erzählt, auf den er abzielt. Denn meist werden Witze, auch wenn sie auf eine bestimmte Person zielen, in deren Abwesenheit erzählt. Das erleichtert die Vergemeinschaftung im Lachen. Ist die anvisierte Person dagegen anwesend, wird das Erzählen zu einer unmißverständlichen Anspielung. Geschieht dies, kommt es sehr auf die Haltung der Person an. Souverän wäre eine Reaktion, die den indirekten Kommunikationsmodus des Witze-Erzählens beibehält und schlagfertig kontert: «Ein Angestellter möchte von seinem Chef mehr Gehalt haben: ‹Haben Sie nicht auch den Eindruck, daß mein Gehalt in keinem Verhältnis zu meinen Fähigkeiten steht?› ‹Sie haben recht, aber ich kann Sie doch nicht verhungern lassen.›»

Mobbing

Wo am Arbeitsplatz Neid und Mißgunst herrschen, dort gibt es auch ein Potential für Mobbing.[5] Unter Mobbing am Arbeitsplatz versteht man die zielstrebige Entwertung eines Mitarbeiters durch Kollegen im Rahmen einer Arbeitsgruppe (Abteilung, Team, Projekt), die diese Entwertung aktiv unterstützt, zumindest aber billigt. Ziel einer solchen Entwertung ist die Ausgrenzung des anvisierten Mitarbeiters. Infolge dieser aggressiven Gruppendynamik wird jedoch zumeist die Arbeitsfähigkeit aller untergraben.

Wer einen anderen mobbt, kann sich ganz verschiedener Strategien bedienen, da dem Einfallsreichtum für Schikane keine Grenzen gesetzt sind. Um nur einige zu nennen: Man schneidet die betroffene Person von notwendigen Informationen ab, gibt ihr falsche Informationen, läßt ihre Arbeitsmaterialien verschwinden, bezichtigt sie des geistigen Diebstahls, behandelt sie in Gesprächen wie Luft, macht sich hinter ihrem Rücken über sie lustig, terrorisiert sie mit geheimnisvollen Telefonanrufen und vieles andere mehr. Oftmals beginnt Mobbing relativ harmlos, um dann aber schnell zu eskalieren. Wie es sich entwickelt, hängt davon ab, wie die betroffene Person die Aggressionen der Kollegen beantwortet: Tragisch wird der Prozeß dann, wenn jede Handlung der einen Partei die Handlungen der anderen Partei zu rechtfertigen scheint: Dann nimmt der Mitarbeiter, der sich gemobbt fühlt, bei seinen Kollegen nur mehr Mobbing-Handlungen wahr, gegen die er sich zur Wehr setzt. Und die Kollegen finden sich dadurch in ihrer Wahrnehmung bestätigt, daß die betreffende Person immer nur Schererereien macht.

Mobbing beabsichtigt eine eindeutige Personalisierung: Es gibt nur eine Person, die für alle Probleme in der Arbeitsgruppe verantwortlich ist. Diese und keine andere. Hätten die Beteiligten genug Distanz zu sich und dem Prozeß, in den sie verstrickt sind, so würden sie einsehen, daß es schwierig ist und mit zunehmender Eskalation immer schwieriger wird, genau anzugeben, wer wem wann was angetan hat. Da sie diese Distanz aber nicht aufbringen, suchen sie nach einer einfachen Lösung. Und die besteht für den gemobbten Mitarbeiter darin, sich eindeutig als Opfer der Kollegen zu verstehen. Dagegen suchen die Kollegen die Interpretation durchzusetzen, er sei keineswegs unschuldig, sondern der eigentliche Täter. Diese Interpretation wird um so zwingender, je mehr Kollegen in der Arbeitsgruppe sich gegen die betreffende Person zusammenschließen. Eine Chance der Vermittlung besteht nur so lange, wie es einzelne Kollegen gibt, die sich dem Sog der Parteinahme entziehen können und vergleichsweise neutral bleiben.

Mobbing hat stets gruppendynamische Folgen, aber man sollte ebenso mit Ursachen rechnen, die in der Dynamik einer Arbeitsgruppe liegen. Nicht selten dient der gemobbte Mitarbeiter nämlich als «Sündenbock».[6] In diesem Falle bestehen in der ganzen Arbeitsgruppe unbewältigte zwischenmenschliche Spannungen, die so stark sind, daß sie die Gruppe zu sprengen drohen. Um dies zu verhindern, wird ein Mitarbeiter geopfert. Die Arbeitsgruppe stabilisiert sich auf seine Kosten. Dabei glauben die Kollegen, alle würden erfolgreich zusammenarbeiten, wenn es nur diese eine Person nicht gäbe. Das stellt sich aber nicht selten als Illusion heraus. Denn kaum hat sie die Gruppe verlassen, wird ein anderer Mitarbeiter in die Rolle des «Sündenbocks» gedrängt.

Was Neid und Mißgunst anbelangt, so werden vor allem Mitarbeiter gemobbt, die den Neid der Kollegen erregen, gelegentlich aber auch Mitarbeiter, die selbst neidisch sind. Neid erregen nicht nur Mitarbeiter, die besondere berufliche Erfolge vorzuweisen haben. Eine Provokation stellt auch ein Mitarbeiter dar, der die Leistungsnormen, deren Erfüllung die Kollegen nachjagen, nicht erfüllt: sich der Konkurrenz am Arbeitsplatz entzieht, wenig ehrgeizig, dafür aber hilfsbereit und großzügig ist. Ihm kann gerade diese Freiheit geneidet werden. Die Eigenschaften eines gemobbten Mitarbeiters sind von Fall zu Fall verschieden, aber meist nicht zufällig. Welche Eigenschaften die Kollegen an ihm als störend wahrnehmen, ist deshalb immer auch ein Hinweis auf Themen, die in der Arbeitsgruppe nicht offen besprochen werden können.

Gilt das Mobbing dem Mitarbeiter, der vergleichsweise am wenigsten neidisch ist, hat man es meist mit einer Arbeitsgruppe zu tun, in der ein bohrender, aber verleugneter Neid herrscht: etwa dann, wenn es ein Entlohnungssystem gibt, das die Kollegen nicht durchschauen, weshalb jeder von ihnen beständig argwöhnt, andere würden bevorzugt, ohne es verdient zu haben. Unter solchen Umständen lenkt Mobbing von den wirklichen Problemen ab. Indirekt kommen sie aber dennoch zum Vorschein: Wird der Mitarbeiter gemobbt, der vergleichsweise am wenigsten neidisch ist, dann neiden ihm die Kollegen seine relative Zufriedenheit und innere Ruhe. Indem sie ihn gemeinsam mit dem Ausschluß aus der Gruppe bedrohen, bringen sie ihn gleichzeitig in eine Situation, in der er möglicherweise die Kollegen um ihren Zusammenhalt beneidet. Dann kann sich die Arbeitsgruppe im provozierten Neid der betroffenen Person als eine Solidargemeinschaft gespiegelt sehen, die sie in Wirklichkeit überhaupt nicht ist.

Mobbing gibt es auf allen Ebenen eines Unternehmens: zwischen Kollegen, aber auch zwischen Vorgesetzten und Untergebenen, einerseits von oben nach unten, andererseits von unten nach oben. Empirische Untersuchungen[7] zeigen, daß Mobbing am häufigsten zwischen Kollegen stattfindet. In einem Drittel der Fälle geht die Aggression von Vorgesetzten aus, was aus Gründen der Unterscheidung gelegentlich «Bullying» genannt wird. Bei zehn Prozent treten Vorgesetzte und Kollegen gemeinsam gegen die betroffene Person auf. Meist bringt der Vorgesetzte die Kollegen hinter sich, seltener spannen die Kollegen den Vorgesetzten für ihre Ziele ein. Am seltensten wird Mobbing gegen Vorgesetzte festgestellt.

Vorgesetzte können Untergebene mobben, weil sie neidisch auf sie sind. Dies ist eine Spielart des Laios-Komplexes, den wir bereits kennengelernt haben: «Neid auf die nachfolgende Generation, der sich als rachsüchtiges Verhalten älterer Führungskräfte gegenüber jüngeren manifestiert, läßt sich im Organisationsalltag häufig beobachten. Die Bitterkeit, die sie empfinden, weil die nachrückenden Manager vielleicht in Bereichen erfolgreich sind, in denen sie selbst versagt haben, kann sie veranlassen, diese jüngeren Menschen in Fallen zu locken und ihnen Hindernisse in den Weg zu legen, um ihre Karriere zu blockieren. Hierzu bedienen sie sich häufig einer raffinierten Strategie: Sie geben dem Newcomer scheinbar reichlich Gelegenheit, sich zu beweisen, basteln aber gleichzeitig an Rechtfertigungen, um sein Vorankommen zu erschweren.»[8]

Dieser Neid läßt sich gut maskieren, gehört es doch zu den Aufgaben von Vorgesetzten, Aufgaben zu verteilen und die

Bewältigung dieser Aufgaben zu bewerten. So kann der neidische Vorgesetzte den beneideten Untergebenen mit Aufgaben betrauen, die seine Leistungsfähigkeit überfordern oder unterfordern. Auch kann er ihn von Projekten abziehen, wenn sie erfolgreich zu werden drohen. Dabei kann er sogar in Kauf nehmen, sich selbst zu schädigen: Unterläßt er es etwa überhaupt, Aufgaben an ihn zu delegieren, um ihm ja keine Gelegenheit zu geben, sich zu profilieren, wird er letztlich selbst so überlastet sein, daß die Qualität seiner eigenen Arbeit rapide sinkt.

Vorgesetzte mobben aber auch aus viel profaneren Gründen: z. B. um unliebsame oder überflüssige Untergebene loszuwerden. Je schwerer es ist, Kündigungen durchzusetzen, desto mehr muß sich der Vorgesetzte etwas einfallen lassen, was solche Untergebene schließlich selbst dazu bringt, ihren Arbeitsplatz zu räumen. Vor allem dann, wenn er ein «Profitcenter» leitet: Richtet sich seine Bezahlung nicht nach der Kopfzahl seiner Untergebenen, sondern nach dem Profit, den er mit ihrer Hilfe dem Unternehmen erwirtschaftet, gibt es für ihn keinen Grund, unprofitable Mitarbeiter zu halten. Denn sein Lohn ist am höchsten, wenn möglichst wenige Mitarbeiter möglichst viel Profit machen.

Eine besonders hinterhältige Form des Mobbings ist es, wenn der Vorgesetzte die Situation so manipuliert, daß ihm die Kollegen des anvisierten Mitarbeiters die Aggression abnehmen. Das geschieht etwa dann, wenn – wie eine Unternehmensberaterin berichtet[9] – «der Chef eine bestimmte Person bewußt über das Team hinaushebt und demonstrativ fördert, um Neid zu wecken». Noch schwerer zu durchschauen ist die Situation in folgendem Fall:

«In einer neuen Telefon-Bank hatte es eine Kundenberaterin geschafft, die Probezeit gut zu überstehen. Nur wenige Tage danach litt sie an einer echten oder angeblichen Stimmbandentzündung. Sie konnte nicht mehr viel sprechen, schon gar nicht war ihr die Telefonbetreuung von Kunden zuzumuten. Außerdem mußte sie dienstags und donnerstags zur Logopädin. Wie wirft man jemanden wegen Krankheit raus? Ganz egal, ob die plötzliche Krankheit stimmt oder nicht, einen Kündigungsgrund kann man daraus nicht ableiten. Der Vorgesetzte nahm der betroffenen Person ihren bislang fest zugeordneten Schreibtisch weg und ließ sie jeden Morgen einen anderen freien Platz suchen. Diese Maßnahme kennzeichnet die Mitarbeiterin vor den Kollegen als nicht wichtige Person. Zunächst waren einige Kollegen noch mitleidig und gaben ihr recht, wenn sie sich über die Gemeinheit des Chefs beklagte. Mit der Zeit nervte das Jammern jedoch. Außerdem neidete man der Kollegin ihre ständigen Ausflüge zur Logopädin während der Arbeitszeit. Das Mobbing nahm seinen Lauf und war nach kurzer Zeit auch höchst erfolgreich. Die gemobbte Person verließ nicht nur das Unternehmen, niemand traut sich auch seitdem, wegen Krankheit der Arbeit fernzubleiben.»

Beneidete Karrierefrauen

Daß man sich vor beruflichen Mißerfolgen ängstigen kann, läßt sich leicht nachvollziehen. Aber vor dem eigenen Erfolg? Psychotherapeuten aber kennen viele Patienten mit Arbeitsstörungen, die trotz guter Leistungsfähigkeit, ausreichender Förderung und günstigen Gelegenheiten beruflich nicht vorankommen, obwohl sie sagen, daß sie nichts lieber wollen. Aber etwas in ihrer Psyche hindert sie daran. Noch irritierender sind Personen, die aufgrund ihrer Fähigkeiten und Anstrengungen beruflichen Erfolg haben, ihn aber nicht genießen können. Mit jeder Sprosse, die sie die Karriereleiter nach oben steigen, fühlen sie sich zunehmend kraftloser und scheitern dann auch tatsächlich wiederholt an Aufgaben, deren Bewältigung ihnen zuvor leichtgefallen ist. In allen diesen Fällen kann die unbewußte Angst vor Erfolg der Grund sein. Diese Angst findet sich bei Männern wie bei Frauen, scheint bei Frauen aber stärker ausgeprägt zu sein.[10] Gerade sogenannte Karrierefrauen leiden nicht selten daran.

Die betroffenen Frauen fühlen sich niedergeschlagen und von unrealistischen Versagensgefühlen geplagt. Sie glauben, ihr Aufstieg sei unverdient, und gönnen sich deshalb keine Ruhe, sondern arbeiten doppelt und dreifach soviel wie ihre männlichen Kollegen in vergleichbaren Positionen, ohne aber jemals wirklich ihr schlechtes Gewissen zu verlieren. Manche erleben ihren Aufstieg als Anmaßung und befürchten, dafür bestraft zu werden, was in ängstlichen Vorstellungen zum Ausdruck kommen kann, unheilbar zu erkranken oder einen Unfall zu erleiden, der sie in den Rollstuhl zwingt. Die Liste solcher beunruhigender Symptome läßt sich beliebig verlängern. Auf dieser Liste taucht regelmäßig auch Neid auf: Selbst wenn die Kollegen augenscheinlich freundlich sind, befürchten die betroffenen Frauen, von Neidern umstellt zu sein. Sie fühlen sich beobachtet und reagieren darauf nicht selten übersensibel, indem sie etwa die leiseste Kritik an ihrer Arbeit als eine Entwertung ihrer ganzen Person erleben. Infolgedessen weisen sie die Kritik an ihnen so barsch zurück, daß ihre Kollegen dieses Verhalten als mangelnde Souveränität wahrnehmen müssen.

Frauen gehen an leistungsbezogene Aufgaben anders heran als Männer. Vor allem dann, wenn sie traditionell erzogen worden sind. Denn die traditionelle weibliche Geschlechtsrolle betont nicht die instrumentelle Bewältigung von Sachaufgaben, sondern die emotionale Pflege von Beziehungen. Was leistungsbezogene Aufgaben anbelangt, so sind solche Frauen eher mißerfolgsmotiviert, Männer dagegen eher erfolgsmotiviert: Die Frauen gehen – von allen anderen Umständen abgesehen – davon aus, daß sie sehr wahrscheinlich an der Aufgabe scheitern werden. Dagegen rechnen Männer von vornherein mit ihrem Erfolg. Diese generelle Erwartungshaltung wirkt sich darauf aus, wie Frauen und Männer die tatsächlichen Ergebnisse ihrer Leistungsbeweise erklären. Da Männer Erfolg erwarten, schreiben sie sich einen tatsächlich erreichten Erfolg als Auswirkung ihrer Fähigkeiten zu. Bleibt der Erfolg aus, nehmen sie dagegen an, sie hätten sich nur nicht genug angestrengt, die Situation sei ungünstig gewesen oder sie hätten einfach nur Pech gehabt. Durch diese defensive Erklärung bewahren sie sich den Glauben an ihre Leistungsfähigkeit. Erwarten Frauen Mißerfolg, sind sie von einem tatsächlich erreichten Erfolg überrascht. Sie schreiben ihn nicht ihren Fähigkeiten zu, sondern bestenfalls ihren Anstrengungen. Öfter noch aber nehmen sie an, eine besonders günstige Situation oder einfach nur Glück habe ihnen diesen Erfolg beschert. Eine solche Erklärung ist jedoch selbstschädigend. Denn sie bestärkt die Frauen in dem Glauben an ihre Unfähigkeit.

Dieser Glaube macht Karrierefrauen anfällig für neidische Gerüchte, die munkeln, sie würden ihren Erfolg nicht ihren beruflichen Fähigkeiten verdanken, sondern etwa der Begünstigung durch einen männlichen Vorgesetzten. Sie habe sich «nach oben geschlafen», gehört unter solchen Umständen fast schon zum Standardrepertoire der üblen Nachrede. Nicht selten fällt es Karrierefrauen schwer, sich von derartigen neidischen Angriffen innerlich zu distanzieren. Das liegt an dem brüchigen Stolz auf ihren beruflichen Erfolg. Solange sie daran glauben, diesen Erfolg eigentlich gar nicht verdient zu haben, treffen die Gerüchte emotional den Vorwurf, den sie unbewußt gegen sich selbst erheben: irgendwie illegitim zu ihrer herausragenden Position gekommen zu sein, auch wenn es nicht zutrifft, daß sie sich zu diesem Zweck sexuell prostituiert haben.

Insoweit sich die Angst vor Erfolg als eine Angst vor dem Neid der Kollegen herausstellt, beruht sie selten auf reiner Phantasie. Denn Kollegen neiden einander berufliche Erfolge. Keine Frage. Was Frauen dabei allerdings am meisten beunruhigt, ist weniger der Neid ihrer männlichen Kollegen. Emanzipierte Frauen haben mit neidischen Angriffen von Männern zu rechnen gelernt. Denn von Ausnahmen abgesehen, ist die Berufswelt nach wie vor ein Männerbund, der vor allem seine höheren Positionen für das eigene Geschlecht reserviert. Sehr viel mehr beunruhigt Frauen der Neid anderer Frauen. Gerade emanzipierte Frauen hoffen auf die Solidarität ihrer Geschlechtsgenossinnen, weil sie unterstellen, diese würden sich durch ihr Beispiel ermutigen lassen, selbst Karriere zu machen. Jedoch ist die mangelnde Solidarität unter Frauen nicht nur ein hämisches Vorurteil von Männern, sondern allzuoft bittere Realität. Wie in der Geschichte von Hilary.

Hilary gehört zu einer Gruppe von Psychologinnen, die an einem Zentrum für psychologische Frauenforschung arbeitet. Als sie eine Studie über Kindesmißhandlungen erstellt, werden die Medien auf sie aufmerksam. Daraufhin erhält Hilary schnell relativ große Publizität. Dieser Erfolg aber verschlechtert die Beziehungen zu ihren Kolleginnen dramatisch:

«Einerseits war sie [Hilary] äußerst zufrieden mit dem positiven Echo, das ihre Arbeit und das Zentrum in der Öffentlichkeit bekamen. Andererseits hatte sie große Schwierigkeiten mit ihrer Rolle als Person der Öffentlichkeit. Die einst enge Gemeinschaft von sechs Mitarbeiterinnen glich immer mehr einer Fünfergruppe mit einer Außenseiterin. Es gab keine konkreten Beweise, aber Hilary meinte, daß die anderen sie nicht mehr mögen würden, daß sie ihr kritisch gegenüberstünden. Sie fühlte sich allmählich in der Gegenwart ihrer Kolleginnen unbehaglich und spürte, daß sehr viel Spannung in der Luft lag. [...] Als sie zum ersten Mal gebeten worden war, etwas zum Thema Kindesmißhandlung zu sagen, war sie äußerst nervös gewesen. Ihre Kolleginnen hatten ihr zur Seite gestanden, ihr gute Ratschläge gegeben, ihre Angst genommen. Inzwischen stellte sie eindeutig unter Beweis, daß sie zu solchen Auftritten fähig war. Und jetzt fanden es die anderen schwierig, sich auf sie einzustellen. Als Hilary noch schwach gewesen war, wußten die Kolleginnen, wie sie sie unterstützen könnten. [...] In ihren Augen hatte sie jetzt eine Schwelle überschritten. [...] Sie hatte unter Beweis gestellt, daß sie fähig, selbstsicher und unabhängig war. Die Kolleginnen beneideten und fürchteten sie wegen dieser Eigenschaften. Niemand wußte, wie man die Verbindung auf dieser Grundlage aufrechterhalten sollte, und so brachen sie sie ab.

Als Hilary versuchte, das Durcheinander zu entwirren, erkannte sie, daß sie selbst zu ihrer Isolation und den Problemen des Zentrums beigetragen hatte. Sie war nicht in der Lage gewesen, den anderen zu vermitteln, wie sehr sie die öffentliche Anerkennung freute. Sie konnte ihre gewachsene Selbstsicherheit nicht mit den anderen teilen. [...] Sie ertappte sich dabei, wie sie ihre neuen Qualitäten versteckte. Sie konnte kaum einer Freundin über all das Gute berichten, das ihr zur Zeit widerfuhr, ohne das leise Gefühl zu bekommen, kräftig anzugeben. Für sie gab es keinen Weg, ihr Glück mit anderen zu teilen, ohne gleichzeitig zu fürchten, daß sie bei ihren Zuhörerinnen Neid provozierte.

Ihre Kolleginnen waren in der Tat wegen verschiedener Dinge verstimmt. Einerseits lehnten sie es ab, daß das Zentrum nur noch mit ihrer Arbeit gleichgesetzt wurde und andere Forschungsarbeiten nicht mehr registriert wurden. Andererseits [...] strebten sie auch so etwas an, aber ein solcher Erfolg schien ihnen unerreichbar.

Die Frauen waren nicht in der Lage, sich mit ihren Neidgefühlen auseinanderzusetzen. Und so kehrten sie diese unangenehmen Emotionen in etwas anderes um: in Selbstzweifel und Minderwertigkeitskomplexe bzw. in Aggressionen gegen die

Kollegin. [...] Deren Erfolge machten ihnen den Ehrgeiz bewußt: Sie sehnten sich nach Anerkennung, nach Selbstsicherheit, nach Autonomie. [...] Die psychischen Barrieren der Frauen blieben aber intakt. Weil sie sich selbst zurückhielten, fühlten sie sich [...] dazu gezwungen, eine andere Frau ebenfalls zurückzuhalten.»[11]

Hilary hat Schuldgefühle, weil sie sich von der Gruppe entfernt. Ihre herausgehobene Position zerstört die Illusion, alle seien gleich. Hilary individuiert sich. Durch ihre Leistungen unterscheidet sie sich von den anderen Frauen und wird als Individuum kenntlich. Sie kann diese Position aber nicht mit Stolz besetzen. Das trägt dazu bei, daß sie keine Möglichkeit findet, die anderen Frauen an ihrem Erfolg teilhaben zu lassen. Da diese ihr den Erfolg neiden, aber nicht wissen, wie sie zu einem ähnlichen Erfolg kommen können, wird ihr Neid feindselig-schädigend: Sie ziehen sich von ihrer erfolgreichen Kollegin zurück, so daß die in ein Dilemma gerät: Entweder sie bleibt auf dem beschrittenen Weg, auch wenn es sie wichtige Beziehungen kostet, oder sie verzichtet auf weiteren Erfolg, um diese Beziehungen nicht zu gefährden.

Warum Liebe im Büro Neid erregt

Ein weiteres soziales Phänomen, an dem Neid beteiligt sein kann, ist die Entwertung von Romanzen am Arbeitsplatz.[12] Liebesbeziehungen gibt es in allen Unternehmen. Es wäre auch verwunderlich, wenn sie ausblieben, da Kolleginnen und Kollegen sehr viel Zeit zusammen verbringen, was erfahrungsgemäß eine günstige Bedingung dafür ist, sich auch sympathisch zu finden. Kommen dann vielleicht noch gemeinsame berufliche Erfolge hinzu, mag das die Hoffnung wecken, eine Beziehung, die beruflich zufriedenstellt, könnte auch privat gelingen. Freilich gibt es ganz verschiedene Wege, wie und warum solche Liebesbeziehungen entstehen. Insgesamt sind sie weniger selten, als dies gemeinhin den Anschein haben mag, da die meisten Paare sehr diskret damit umgehen. Am häufigsten sind Liebesbeziehungen zwischen Ranggleichen. Und sie werden von Kollegen auch am ehesten toleriert. Trotzdem erregen sie Neid, zumal dann, wenn ein Paar einen glücklichen Eindruck erweckt. Denn es wird leicht zu dem beneidenswerten Wunschbild eines ganzheitlichen Lebens stilisiert: Sind Arbeitnehmer in der Regel gezwungen, Verstand und Gefühl in Berufsleben und Privatleben aufzuspalten, so hat ein solches Paar diese Spaltung anscheinend überwunden. Dadurch erinnert es die Kollegen aber ständig an deren eigene unerfüllte Wünsche.

Die Toleranz gegenüber Romanzen am Arbeitsplatz hört sofort auf, wenn es sich um Liebesbeziehungen zwischen Personen ungleicher Ranges handelt. Solche Beziehungen sind deshalb auch seltener. Kommen sie vor, dann am ehesten zwischen ranghohen Männern und rangniederen, nicht selten direkt abhängigen Frauen. Unternehmen sind bemüht, solche Beziehungen zu unterbinden, da sie in den meisten Fällen das Betriebsklima stören. Denn der Verdacht, die untergebene Frau ziehe unverdiente Vorteile aus ihrer Beziehung, läßt sich nie restlos aus der Welt schaffen. Und auch der Ruf des Vorgesetzten wird beschädigt: Ist er verheiratet, gibt er moralisch ein schlechtes Vorbild. Versucht er, die Romanze unbedingt geheimzuhalten, wird er erpreßbar. Ständig steht er in der Gefahr, beiläufig Informationen an seine Geliebte weiterzugeben, die nicht für die Ohren der Mitglieder ihrer Ranggruppe bestimmt sind.

In den USA, in denen diese Problematik sehr viel früher als bei uns diskutiert worden ist, warnt deshalb das «Bureau of National Affairs» in einer Stellungnahme vor derart prekären Liebesverhältnissen: «Andere Mitarbeiterinnen und Mitarbeiter reagieren auf solche Romanzen mit Neid und Mißtrauen; ein allgemeines Absinken der Produktivität kann die Folge sein. Bei Liebesbeziehungen zwischen Personen, die nicht den gleichen Rang einnehmen, kommt es oft zu Klagen über Begünstigung und Favoritentum. Kolleginnen und Kollegen empfinden oft Wut und Eifersucht und fühlen sich im Stich gelassen.»

Gerechtfertigter Neid:
Wie gerecht ist die Welt, in der wir leben?

Erinnern wir uns an die Diktatur der Gleichheit, von der Hartley in «Facial Justice» erzählt hat. Ihr politisches Programm, den Neid aus der Welt zu schaffen, wird als Ideologie entlarvt: Die alte Diktatorin zwingt schöne junge Frauen, sich die Schönheit ihres Gesichtes verringern zu lassen, weil sie ihnen diese Schönheit neidet. Hartley hat mit dem Plot seiner Erzählung eine politische Absicht verfolgt. Seine Stoßrichtung geht gegen den Sozialismus. Er verdächtigt ihn einer neidischen Zwangskollektivierung, die in der Bevölkerung alle kreativen Bestrebungen unterdrückt, sich hervorzutun. Ebendiesem Verdacht sind wir auch in Fontanes Roman «Frau Jenny Treibel» begegnet, als sich die Kommerzienrätin besorgt zeigt, ihr großbürgerliches Hausfest könne den Neid der «Sozialdemokraten» schüren.

Der scharfe Vorwurf an Revolutionäre und Reformer, sich den Neid der Unterprivilegierten zunutze zu machen, um an die Macht zu kommen, durchzieht die politische Rhetorik bis heute. So behauptet der österreichische Nationalökonom und Nobelpreisträger Friedrich August von Hayek (1899–1992), der Kampf für soziale Gerechtigkeit, den er als Kampf für eine Gleichverteilung von Gütern darstellt, sei ein Raubzug von Neidern. Seiner Auffassung nach zielen alle politischen Forderungen in dieser Richtung auf «schmutzige Gefühle»: «[auf] die Abneigung gegen Leute, denen es besser geht als einem selbst, oder einfach [auf] den Neid [...], jene Feindseligkeit gegen großen Reichtum, die es als einen ‹Skandal› darstellt, daß einige große Reichtümer genießen, während andere nicht einmal ihre Grundbedürfnisse befriedigen können, und die unter dem Namen der Gerechtigkeit etwas verbirgt, was mit Gerechtigkeit nichts zu tun hat. Zumindest alle, die die Reichen zu plündern wünschen, nicht weil sie erwarten, daß irgend jemand, der es mehr verdient, jenen Reichtum genießen könnte, sondern weil sie allein die Existenz der Reichen als eine

Schmach betrachten, können nicht nur keinerlei moralische Rechtfertigung für ihre Forderung beanspruchen, sondern geben sich einer völlig irrationalen Leidenschaft hin und schaden in Wirklichkeit denen, an deren räuberische Instinkte sie appellieren.»[1]

Auch einige der bekanntesten Monographien über Neid verfolgen diese Linie – wie etwa der Soziologe Helmut Schoeck in seinem Buch «Der Neid. Eine Theorie der Gesellschaft» (1966) oder der spanische Staatstheoretiker Gonzalo Fernández de la Mora in seinem Buch «Der gleichmacherische Neid» (1980). Beide wollen den Neid «ächten».[2] denn die «zwangsweise Enteignung des Erfolgreichen und Fähigen und die daraus folgende unentgeltliche Bereicherung der Gescheiterten und Unfähigen erfüllt das höchste Streben des Neiders».[3]

Mit einer solchen Dämonisierung des Neides aber wird die Frage nach dem Zusammenhang von Neid und Gerechtigkeit von vornherein als illegitim hingestellt. Aber weder verweist Neid stets auf eine ungerechte Verteilung begehrter Güter. Noch ist Neid ein genügender Beweis dafür, daß eine kritisierte Güterverteilung zu Recht besteht. Nicht selten zielt nämlich ein schneller Neidvorwurf darauf ab, Kritiker mundtot zu machen, bevor sie die entscheidende Frage stellen können, ob und wie sich eine festgestellte Ungleichheit rechtfertigen läßt:

«Neidisch sein zu können impliziert einen Sinn für Ungleichheit und begründet die Fähigkeit, die Frage nach der Ungerechtigkeit der Verhältnisse zu stellen. Und er stimuliert seinen Träger affektiv, so daß die Bereitschaft und der Drang entstehen, Abhilfe zu schaffen. Der Beneidete, meist aus eigener Erfahrung wissend, wird seinerseits in seinem durch die Besserstellung begünstigten Wohlbehagen geweckt und muß die Frage der Ungerechtigkeit der Ungleichheit im wohlverstandenen eigenen Interesse ebenfalls stellen. Der Neid scheint evolutionär von Vorteil zu sein. Eben deswegen ist er wohl allen – wohlmeinenden, aber von irrealen Vorstellungen getragenen – Erziehungsversuchen zum Trotz ubiquitär da und wirksam.»[4]

Folglich ist der Zusammenhang von Neid und Gerechtigkeit komplexer, als es durch einfache Formeln zu erfassen wäre.

Gerechtigkeitsfragen sind von großer sozialer Relevanz. Insbesondere für die Verteilung begehrter knapper Güter. Wir haben ein um so größeres Vertrauen in unsere gesellschaftliche Ordnung, je gerechter sie diese Verteilung regelt. Gerechtigkeit ist mehr als nur Rechtmäßigkeit. Man kann auf geltendes Recht pochen, aber dennoch nicht die Gerechtigkeit auf seiner Seite haben. Vielmehr muß sich geltendes Recht daraufhin prüfen lassen, wie gerecht es ist. Gerechtigkeit dient dabei als regulative Idee: als ein Maßstab, den wir anlegen, ohne ihn je zu erreichen. Insofern bleibt auch die gerechte Gesellschaft stets mehr Wunsch als Wirklichkeit.

Sich ihr soweit wie möglich anzunähern ist politisch-moralische Pflicht. Zu diesem Zweck gilt es, den entschuldbaren Neid zu verringern. So jedenfalls sieht es der amerikanische Gerechtigkeitsphilosoph John Rawls. Für entschuldbar erachtet er Neid dann, wenn man «es geradezu moralisch übelnehmen (kann), neidisch gemacht zu werden».[5] Dies geschieht in gesellschaftlichen Verhältnissen, in denen die Verteilung von zentralen materiellen und immateriellen Gütern unter den Gesellschaftsmitgliedern so ungleich ist, «daß das nur die Selbstachtung herabsetzen kann»: «Für die davon Betroffenen sind Neidgefühle nicht vernunftwidrig; ihre Befriedigung würde bewirken, daß sie sich besser fühlten. Ist der Neid eine Reaktion auf den Verlust von Selbstachtung unter Umständen, unter denen es unvernünftig wäre, andere Gefühle zu erwarten, dann nenne ich ihn entschuldbar.»

Bei bestehender Ungleichverteilung wird die Selbstachtung des Unterprivilegierten dann gewahrt, wenn die folgenden Bedingungen erfüllt sind: Der Unterprivilegierte hat dasselbe Grundrecht, die begehrten Güter zu erlangen. Indirekt nützt es auch ihm, daß der Privilegierte mehr besitzt. Der Unterschied zwischen ihnen ist nicht zu steil. Denn es gibt viele andere dazwischen, mit denen sich der Unterprivilegierte vergleichen und infolgedessen ehrgeizig-stimulierenden Neid entwickeln kann, der ihn antreibt, seine Situation zu verbessern. Der Privilegierte verzichtet darauf, seine Überlegenheit triumphal zu demonstrieren.

Werden diese Bedingungen verletzt, schlägt entschuldbarer Neid in empört-rechtenden Neid um. Von feindselig-schädigendem Neid läßt er sich durch die Gründe unterscheiden, die der Unterprivilegierte zu seiner Rechtfertigung anführt.

Gerechtigkeitsnormen

Wer sich zu erklären versucht, warum er von einem begehrten Gut weniger besitzt als ein anderer, dem er dessen Mehrbesitz neidet, kann zu dem Schluß kommen, die bestehende Ungleichheit sei ungerecht. Ungerechtigkeit gibt es allerdings nicht als objektiven Tatbestand. Sie ist stets ein Urteil, das Menschen fällen. Es sind Menschen, die feststellen, ob die Verteilung eines begehrten Gutes – oder das Verfahren seiner Verteilung – gerecht ist oder nicht. Ihr Urteil kann durchaus strittig sein.

Dabei streiten der Neider und der Beneidete vor dem Hintergrund der sozialen Gruppe oder Gesellschaft, der beide angehören. Menschliche Gemeinschaften definieren sich nicht zuletzt über die Normen, die sie für das Zusammenleben ihrer Mitglieder entwickelt haben und deren Einhaltung sie überwachen, um für alle die notwendige Orientierungssicherheit zu gewährleisten. Jeder kann von jedem wissen, was er von ihm erwarten darf, weil alle dieselben Normen anerkennen. Zu der Vielfalt von Normen, die der Erleichterung des Zusammenlebens dienen, gehören auch Gerechtigkeitsnormen. Sie schreiben fest, welche Güterverteilung unter welchen Bedingungen als gerecht gilt.

Historisch haben sich verschiedene Grundtypen von Gerechtigkeitsnormen herausgebildet. Die *Bedürfnisnorm*: «Gerecht ist eine Güterverteilung dann, wenn jeder so viel von einem begehrten Gut besitzt, daß es sein Bedürfnis befriedigt.» Die *Gleichheitsnorm*: «Gerecht ist eine Güterverteilung dann, wenn alle gleich viel von einem begehrten Gut besitzen.» Und schließlich die *Verdienstnorm*: «Gerecht ist eine Güterverteilung dann, wenn jeder so viel von einem begehrten Gut besitzt, wie er es verdient hat.» Dabei ist Verdienst als eine sozial wertgeschätzte Leistung zu verstehen. Folglich erscheint die Verteilung eines begehrten Gutes dann als gerecht, wenn sie proportional zu der erbrachten Leistung erfolgt.

Stellt jemand fest, daß er von einem begehrten Gut weniger

besitzt als ein anderer, dann kann er sich diese Ungleichverteilung auf verschiedene Weise erklären: Der andere sei fähiger, das begehrte Gut zu erlangen. Oder: Er habe sich, obwohl gleich fähig, mehr angestrengt. Weiterhin läßt sich anführen, die Gelegenheit, das begehrte Gut zu erlangen, sei für den anderen günstiger gewesen; er habe also die besseren Chancen gehabt. Und schließlich: Der andere sei vom Schicksal begünstigt und deshalb einfach der Glücklichere.

Die Verdienstnorm setzt Fähigkeiten und Anstrengungen voraus. Wer fähiger ist oder sich, gleich befähigt, mehr anstrengt, mehr von einem begehrten Gut zu erlangen, besitzt zu Recht auch mehr davon. Freilich nur dann, wenn alle dieselben Chancen hatten, diesen Mehrbesitz zu erlangen, was die Chancengleichheit einschließt, dieselbe Leistungsfähigkeit und dieselbe Leistungsmotivation auszubilden. Sind die Chancen nicht gleich verteilt, das begehrte Gut zu erlangen, dann ist es unfair, sich ausschließlich auf die Verdienstnorm zu berufen. Desgleichen wird sie von Schicksal und Glück gesprengt, weil diese Einflußgrößen sich der Kontrolle entziehen: Man kann nur hoffen, daß sich das Glück wendet, weshalb «Fortuna» als Frau dargestellt wird, die auf einer Kugel balanciert.[6]

Denken wir auch gelegentlich, die Verdienstnorm sei eine Erfindung der modernen Konkurrenzgesellschaft, so unterschätzen wir deren historisches Alter. Selbst die Verteilung himmlischer Freuden folgt ihr. Denn sie sind die Belohnungen, die ein Christ für sein Gott gefälliges Leben verdient. Und die werden dann auch streng nach Verdienst und das heißt ungleich verteilt. Für Katholiken ist diese Ungleichheit im Himmel seit dem Konzil von Florenz im Jahre 1439 ein Glaubensartikel. Theologisch bestehen die Unterschiede zwischen den Auserwählten hauptsächlich in Unterschieden der Gottesschau: Je größer die Verdienste eines Auserwählten sind, desto klarer bekommt er Gott zu sehen. Für einfachere Gemüter hat man in der Antike und im Mittelalter das Jesus-Wort «Im Hause meines Vaters gibt es viele Wohnungen»[7] wörtlich genommen: Wer auf Erden fester glaubt als andere, darf damit rechnen, eine himmlische Wohnstatt zu erhalten, die schöner und näher bei Gott gelegen ist als die seiner weniger glaubensfesten Brüder und Schwestern. Andere Visionen gehen noch darüber hinaus, wenn sie sich eine himmlische Hofhaltung mit Festbanketten vorstellen, bei denen die Gäste ihrer Rangstufe entsprechend Platz nehmen. Wie streng diese Verdienstlogik angewendet worden ist, veranschaulichen exemplarisch die Überlegungen zur Vergabe von Heiligenscheinen, die Thomas von Aquin (1225–1274) anstellt.[8] Um sie nicht ungerecht zu vergeben, da der Himmel nur ein Ort vollkommener Gerechtigkeit sein kann, muß z. B. genau festgelegt werden, ob eine Jungfrau größere Verdienste hat als eine keusche Witwe. Und wenn ja, ob überhaupt oder unter welchen Bedingungen sie diese Verdienste im Falle einer Vergewaltigung verliert. Denn nur dann, wenn es in solchen Fragen keinen Zweifel gibt, kommt es zwischen den Auserwählten nicht zu feindselig-schädigendem Neid. Herrscht vollkommene Gerechtigkeit, werden die Geringeren die Höheren bewundern und sich darüber freuen, daß diese eine noch höhere Seligkeit genießen.

Wann gilt welche Norm?

Wenn es verschiedene Gerechtigkeitsnormen gibt, hängt die Beurteilung, wie gerecht eine bestehende Güterverteilung ist, von der Norm ab, die in einer bestimmten Situation gilt. Nun lassen sich aber nicht alle Situationen vorhersehen, die eintreten können. Deshalb wird es immer Situationen geben, für die noch nicht festgestellt worden ist, welche der Gerechtigkeitsnormen gelten soll. Außerdem müssen sich nicht alle Mitglieder einer sozialen Gruppe oder Gesellschaft einig sein. Sie können sich jederzeit über die Angemessenheit einer Norm streiten.

Gerechtigkeitsnormen richten sich zum Beispiel danach, welche Kultur eine Gruppe oder Gesellschaft hat. Bei einer *kollektivistischen* Orientierung fühlt, denkt und handelt das einzelne Mitglied in Übereinstimmung mit allen anderen. Denn sein erstes Ziel ist es, zwischenmenschliche Beziehungen zu stärken und dadurch Zusammenhalt zu fördern. Dagegen fühlt, denkt und handelt das einzelne Mitglied bei einer *individualistischen* Orientierung anders. Sein erstes Ziel ist es, seinen eigenen Nutzen zu maximieren. Der Individualismus bevorzugt die Verdienstnorm, der Kollektivismus dagegen die Gleichheitsnorm oder auch die Bedürfnisnorm. Mehrere Untersuchungen belegen das.[9] Sie zeigen auch, daß eine kollektivistische Orientierung zu einer Polarisierung zwischen Mitgliedern führt, die der eigenen Gruppe oder Gesellschaft angehören, und solchen, die nicht dazugehören. Während man die Güterverteilung zwischen seinesgleichen für gerecht hält, wenn sie der Gleichheits- oder der Bedürfnisnorm folgen, erhalten Fremde nur so viel, wie sie verdienen. Folglich ist der Kollektivismus bestrebt, eine möglichst große soziale Distanz zwischen Gruppen oder Gesellschaften herzustellen, so wie der Individualismus danach strebt, die soziale Distanz zwischen Individuen zu maximieren. Mit einer zunehmenden individualistischen Orientierung wächst die Solidarität mit Fremden. Denn bei einer individualistischen Orientierung wird das Verdienstprinzip weit weniger rigoros angewandt als bei einer kollektivistischen Orientierung, die Fremde auszugrenzen sucht.

Neben allgemeinen soziokulturellen Einflüssen ist weiteres zu bedenken. Etwa der Sachverhalt, daß Gerechtigkeitsnormen meist nicht exklusiv angewandt werden, sondern kombiniert. Nehmen wir als Beispiel die Besoldung deutscher Beamter. In diesem Fall sucht man Besoldungsgerechtigkeit durch eine Kombination aller drei Normen zu erreichen. So lassen sich Verteilungskriterien finden, die gleichzeitig an Verdienst (Besoldungsgruppe, Dienstalter), Gleichheit (gleiches Urlaubsgeld, Sockelbeträge) und Bedürfnis (Beihilfe, Kindergeld) orientiert sind.

In einer Reihe von Untersuchungen haben Psychologen geprüft, wie wir die verschiedenen Gerechtigkeitsnormen kombinieren, um eine Verteilung von Gütern herzustellen, die wir als gerecht erleben. Das verteilte Gut ist dabei zumeist Geld. Gefragt wird, wer wieviel Geld erhalten soll. Ein Beispiel: Wie hoch ist ein gerechtes Anfangsgehalt? Und zwar in Abhängigkeit von der Ausbildungsschwierigkeit, dem Geschlecht und dem Familienstand des Berufsanfängers. Was meinen Sie? Die Untersuchung erbringt folgenden Befund:[10] Als gerecht wird es erlebt, wenn Berufsanfänger, die eine aufwendige Berufsausbildung hinter sich haben, mehr Einkommen beziehen als Berufsanfänger mit einer weniger aufwendigen Ausbildung. Das entspricht der Verdienstnorm: Wer mehr leistet, erhält mehr. Einen Unterschied macht es auch, ob der Berufsanfänger nur für sich oder noch für eine weitere Person (Kind oder Partner ohne eigenes Einkommen) zu sorgen hat. Als gerecht wird es erlebt, wenn die Personen mit familiärer Verantwortung mehr Einkommen beziehen. Das entspricht der Bedürfnisnorm: Sie brauchen mehr und erhalten deshalb auch mehr. Und beide Normen werden kombiniert: Bei einer leichten Ausbildung führt Bedürftigkeit zu einer deutlichen Anhebung des Einkommens, bei schwerer Ausbildung hat Bedürftigkeit dagegen eher einen gegenteiligen Effekt. Man kann annehmen, daß bei dem niedrigeren Einkommen für Personen mit leichter Ausbildung die Sorge für ein abhängiges Familienmitglied eine relativ höhere Belastung darstellt und daher das angemessene Einkommen stärker bestimmt.

Bleibt die Frage, wie sich das Geschlecht des Berufsanfängers auswirkt? Das Ergebnis mag überraschen: Es wird als gerecht erlebt, wenn Frauen unter sonst gleichen Bedingungen weniger Einkommen beziehen als Männer. Unabhängig vom Geschlecht derjenigen, die das Urteil fällen: Also auch Frauen halten es für gerecht, wenn Frauen weniger erhalten! Und das nicht nur in dieser Untersuchung.[11] Die Frauen zeigen keinen empört-rechtenden Neid. Ziehen wir unser Wissen über soziale Vergleiche heran, dann liegt eine Erklärung nahe: Die Zufriedenheit einer Person hängt stark von der Wahl ihrer Bezugsgruppe ab, mit der sie sich vergleicht. Vergleichen sich Frauen selbst mit anderen unterbezahlten Frauen, dann bewirkt das, daß sie von vornherein ein niedrigeres Einkommensniveau erwarten und deshalb geringere Ansprüche stellen. Sie arrangieren sich mit der Ungleichbehandlung, indem sie ihr Anspruchsniveau senken. Auf wieviel Ohnmacht und damit womöglich depressiv-lähmendem Neid ein solcher Verzicht im Einzelfall beruht, wäre zu klären.

Ein weiteres Untersuchungsbeispiel mag deutlich machen, daß uns Gerechtigkeit so wichtig ist, daß wir für ihre Verteidigung sogar auf die Maximierung unseres Nutzens verzichten.[12] Stellen Sie sich vor, Ihnen und einem Ihnen unbekannten Platznachbarn im Zug wird von einem Mitreisenden folgendes Angebot gemacht: «Ich werde Ihnen beiden 500 DM geben, vorausgesetzt, Sie können sich einigen, wie Sie diese 500 DM untereinander aufteilen. Ihr Platznachbar soll Ihnen vorschlagen, wie Sie den Betrag aufteilen. Wenn Sie diesen Vorschlag akzeptieren, bekommt jeder von Ihnen den vorgeschlagenen Betrag. Wenn Sie den Vorschlag ablehnen, bekommt keiner etwas.» Ihr Platznachbar überlegt und sagt dann: «Ich bekomme 490 DM und Sie 10 DM.» Würden Sie diesen Vorschlag akzeptieren?

Geht man von dem ökonomischen Prinzip der Nutzenmaximierung aus, dann müßte jeder Betrag, der größer ist als Null, akzeptiert werden, da er ja einen Gewinn darstellt. Die Mehrzahl der Befragten lehnt dieses Angebot aber ab. Vielleicht sind 10 DM auch ein zu geringer Anreiz? Wo verläuft dann die Grenze? Ergebnis solcher Ultimatum-Experimente ist immer wieder, daß Angebote, die deutlich von einer Gleichverteilung abweichen, auf Ablehnung stoßen. Denn sie werden als ungerecht erlebt. Beachten wir die Überlegungen von Rawls zu den Bedingungen einer gerechten Gesellschaft, dann sind solche Angebote als Angriffe auf die Selbstachtung dessen zu verstehen, der weniger erhält. Denn dessen Neid wird erregt. Entschuldbarer Neid. Freilich bleibt die Frage, ab welcher Summe jemand dennoch zugreift. Aber auch wenn er zugreift. Ein stichhaltiger Gerechtigkeitsbeweis ist das nicht: Er kann das Geld nehmen und die Verteilung trotzdem als ungerecht erleben.

Streit um Gerechtigkeit

Wenn sich eine Person fragt, wie gerecht die ungleiche Verteilung eines begehrten Gutes zwischen ihr und einer beneideten Person ist, dann sind vier verschiedene Fälle denkbar, zwei konvergente und zwei divergente. Stimmen beide Personen mit der geltenden Gerechtigkeitsnorm überein, daß die festgestellte Güterverteilung entweder zu Recht oder zu Unrecht besteht, liegt kein Streitfall vor.

Nun kann die betreffende Person eine Güterverteilung für gerecht halten, obwohl sie unter Berufung auf die geltende Gerechtigkeitsnorm als ungerecht zu gelten hat: wie im Beispiel des geringeren Gehalts von Frauen. Gilt die Verdienstnorm, dann muß gleiche Leistung gleich entlohnt werden. Werden Frauen schlechter entlohnt, ohne dies als ungerecht zu erleben, dann deshalb, weil sie ihre eigene Leistung abwerten. So lange liegt ebenfalls keine Streitfall vor. Zum Streitfall kann es kommen, wenn etwa Frauenrechtlerinnen für ihre Geschlechtsgenossinnen eintreten, indem sie die Anwendung der Verdienst-norm ohne Ansehung des Geschlechtes einfordern. Indessen stehen sie wie alle politischen Repräsentanten immer vor der Frage, wen von den Betroffenen sie wirklich hinter sich haben. Das schließt ein, Unrechtsbewußtsein zu schaffen, wo es bislang fehlt.

Sich trotz Unrechts gerecht behandelt zu fühlen ist das eine. Ein anderes, sich durch die Anwendung einer geltenden Gerechtigkeitsnorm ungerecht behandelt zu fühlen. Geht die betroffene Person unter diesen Bedingungen aggressiv gegen diejenige Person vor, die mehr von dem begehrten Gut besitzt, setzt sie sich dem Verdacht aus, von feindselig-schädigendem Neid getrieben zu sein. Sie selbst wird dagegen empört-rechtenden Neid für sich in Anspruch nehmen. Behaupten, die geltende Norm sei nicht gerecht, und für eine angemessenere Gerechtigkeitsnorm eintreten.

Da eine Person ihren feindselig-schädigenden Neid hinter einer Maske empört-rechtenden Neides verbergen kann, wäre es töricht, ihr unbesehen zu vertrauen. Vielmehr ist zu prüfen, wie ernst sie es mit der Gerechtigkeit meint. Um Gerechtigkeit geht es ihr aber nur dann, wenn ihr eigener Vorteil nicht im Vordergrund steht: Jemand muß demnach auch dann zustimmen, so behandelt zu werden, wie er es einklagt, wenn er selbst derjenige wäre, der durch die festgestellte Güterverteilung bevorteilt würde. Besteht jedoch ein begründeter Zweifel an seiner Zustimmungsbereitschaft, dann ist Skepsis gegenüber dem behaupteten Gerechtigkeitsmotiv für seine Klage angebracht, zu Unrecht weniger von einem begehrten Gut zu besitzen. Wahrscheinlich beruht die Klage dann doch eher auf feindselig-schädigendem Neid.

Der Glaube an eine gerechte Welt

Gerechtigkeit ist uns wichtig. Wir sind verstört, wenn wir uns ungerecht behandelt fühlen. Anscheinend haben wir das Bedürfnis, an eine gerechte Welt zu glauben.[13] An eine Welt, in der alle bekommen, was ihnen zusteht. Dieser Glaube verbessert unsere allgemeine Lebenszufriedenheit. Er gibt uns das Gefühl, etwas im Leben erreichen zu können, da sich Anstrengungen auszahlen. Und er erhöht unsere Bereitschaft, anderen Menschen zu helfen. Denn wir dürfen auf den Lohn für gute Taten vertrauen. Gleichzeitig wissen wir aber, daß wir mit Ungerechtigkeit rechnen müssen. Der Glaube, in einer gerechten Welt zu leben, ist deshalb eine positive Illusion. Jede Ungerechtigkeit, die wir an anderen beobachten oder an uns selbst erleben, bedroht sie. Indessen geben wir sie nicht einfach auf, sondern versuchen, sie so lange wie möglich zu bewahren. Sonst fühlen wir uns in unserer Lebenswelt nicht sicher.

Was liegt näher, als den Glauben, in einer gerechten Welt zu leben, zu stärken, indem wir für Gerechtigkeit eintreten: Wir verlangen, daß Ungerechtigkeiten wiedergutgemacht werden, und sind gegebenenfalls selbst bereit, Wiedergutmachung zu leisten. Allerdings handeln wir nur dann auf diese Weise, wenn wir über eine Eingriffsmöglichkeit verfügen, von deren Wirksamkeit wir überzeugt sind. In vielen, wenn nicht in den meisten Fällen fühlen wir uns aber ohnmächtig. Was dann?

Dann neigen wir dazu, die Realität nicht mehr wahrzunehmen, wie sie ist, sondern so, wie sie unserem Glauben entspricht. Wir nehmen dem Opfer einer Ungerechtigkeit seine Unschuld: Wenn jemand selbst an dem schuld ist, was ihm widerfährt, bleibt die Welt in Ordnung. Denn er bekommt genau das, was ihm zusteht. Folglich machen wir uns selbst bei «schreienden Ungerechtigkeiten» auf die Suche, ob sie sich nicht doch rechtfertigen lassen. Sich einzugestehen, daß selbst tadellose Menschen jederzeit Opfer von Ungerechtigkeiten werden können, ist schwer zu ertragen. Denn dann können auch wir, die wir weniger tadellos sind, jederzeit Opfer werden.

Angenommen, wir fühlen uns benachteiligt. Wir haben nicht das erhalten, was uns zusteht. Dann befinden wir uns in einem Dilemma: Entweder wir täuschen uns in dem Glauben, in einer gerechten Welt zu leben. Oder wir leben in einer gerechten Welt, dann täuschen wir uns in dem, was uns zusteht. Dann ist es auch nicht erfolgversprechend, Wiedergutmachung zu verlangen. In der Regel versuchen wir, das Ausmaß der Ungerechtigkeit, die wir an uns erleben, herunterzuspielen: So ist der Glaube, es gehe in der Welt gerecht zu, schwächer als der Glaube an die Gerechtigkeit im eigenen Leben. Vor allem glauben wir, in der eigenen Herkunftsfamilie sei es gerecht zugegangen. Und nehmen wir uns als Mitglied einer benachteiligten sozialen Gruppe wahr, so halten wir uns noch immer für weniger benachteiligt als andere Gruppenmitglieder. Demnach erzählen wir uns unser Leben so, daß darin möglichst wenig Ungerechtigkeit vorkommt. Jedenfalls nicht mehr, als wir verkraften können. Und werden wir von Schicksalsschlägen heimgesucht, die wir nicht kontrollieren können, reden wir uns auch schon einmal ein, wir hätten es doch gekonnt. Das erspart uns das Gefühl, ausgeliefert zu sein. Lieber sind wir an dem Schicksalsschlag selbst schuld, als den Glauben aufzugeben, im eigenen Leben gehe es gerecht zu.

Freilich glauben wir nicht alle mit derselben Stärke. Je stärker jemand glaubt, in einer gerechten Welt zu leben, desto mehr schützt er sich vor einer Desillusionierung – und sei es durch eine Verzerrung der Realitätsprüfung. Dementsprechend gibt es deutliche Unterschiede zwischen Gläubigen und Ungläubigen: Personen, die an eine gerechte Welt glauben, sind politisch konservativ und autoritativ. Sie verteidigen die eigenen Privilegien, wobei sie die Unterschiede bagatellisieren, die zwischen ihnen und denjenigen bestehen, die schlechtergestellt sind. Außerdem neigen sie dazu, unterprivilegierte Personen abzuwerten und ihnen vorzuhalten, selbst daran schuld zu sein, daß sie nicht bessergestellt sind. Folglich fühlen sie sich auch nicht in der Verantwortung, Hilfsbedürftige zu unterstützen. Ihre vorherrschende Stimmung ist positiv. Demgegenüber haben Personen, die nicht daran glauben, daß die Welt, in der sie leben, gerecht ist, deutlich mehr Schuldgefühle gegenüber Unterprivilegierten, weshalb sie auch die Bedürfnisnorm der Verdienstnorm vorziehen.[14]

Legt man diesen Befund auf Neidgefühle um, darf folgendes vermutet werden: Unterprivilegierte, die daran glauben, daß die Welt, in der sie leben, gerecht ist, erleben ihr neidisches Begehren als ungerecht. Deshalb entwickeln sie Scham- und Schuldgefühle, die es tabuisieren. Es wird der Thematisierung entzogen – gerät dadurch aber leicht zum Ressentiment. Privilegierte, die glauben, die Welt, in der sie leben, sei gerecht, werden jeden Versuch, die bestehende Güterverteilung zu problematisieren, sofort als neidisches Begehren erleben und mit Vorwürfen reagieren, die Scham- und Schuldgefühle hervorrufen sollen. Gelingt das, wird die bestehende Ungleichheit stabilisiert.

Welchen Stellenwert aber hat der Neid, wenn man nicht daran glaubt, in einer gerechten Welt zu leben? Das hängt davon ab, wie man Ursache und Wirkung beurteilt. Neid als Ursache läßt vermuten, er zerstöre den Glauben an eine gerechte Welt. Ebenso vorstellbar ist aber auch ein umgekehrtes Bedingungsverhältnis: Neid als Wirkung. Dann läßt sich vermuten, es sei der fehlende Glaube an eine gerechte Welt, der neidisch macht. Politisch ist es von großer Tragweite, was als Ursache und was als Wirkung gilt: So hat eine demoskopische Umfrage des Allensbach-Institutes 1995 aufhorchen lassen. Denn sie stellt fest, daß ein erheblicher Teil der Bevölkerung in Deutschland – im Osten mehr als im Westen – daran zweifelt, in einer gerechten Welt zu leben. So glauben 53 Prozent im Westen und 64 Prozent im Osten, die soziale Gerechtigkeit nehme ab. Als Anzeichen dafür verweisen sie auf die Einkommensverteilung, die 38 Prozent im Westen und 64 Prozent im Osten für nicht gerecht halten.

Ist dieser mangelnde Gerechtigkeitsglaube nun eine Wirkung von feindselig-schädigendem Neid? Oder verlaufen Ursache und Wirkung in umgekehrter Richtung? Nimmt man einen mangelnden Gerechtigkeitsglauben als Ursache an, wäre Neid eine seiner möglichen Wirkungen. Und zwar empört-rechtender Neid, wenn die Bevölkerungsteile gute Gründe haben, die bestehende Einkommensverteilung für ungerecht zu halten. Nun ist die Schere zwischen den Einkommen, die in der Bevölkerung vorhanden sind, tatsächlich zunehmend weiter auseinandergegangen: Das obere Drittel der Einkommensverteilung legt ungleich mehr zu als das untere Drittel. Unter anderem auch deshalb, weil die Steuer der gut Verdienenden, die Einkommenssteuer, zu einer Bagatellsteuer verkommen ist. Seine Haupteinnahmen erzielt der Staat aus der Lohnsteuer der weniger gut Verdienenden. Denn vor dem Finanzamt sind die Reichen im Lande arm. Die Deutsche Steuergewerkschaft schätzt, daß in den letzten Jahren um 800 Milliarden Mark jährlich am Staat vorbei in Steueroasen flossen. Zudem sind die Gewinne der Unternehmen explodiert, ohne daß es zu einer vergleichbaren Anhebung von Löhnen und Gehältern geführt hätte. Nach Maßgabe dieser Entwicklung ist empört-rechtender Neid nicht unwahrscheinlich.[15]

Folgt man Rawls, dann wird dieser Neid allerdings so lange gedämpft, wie es für alle Gesellschaftsmitglieder höhere Einkommensstufen gibt, die sie als erreichbar erleben. Unter solchen Bedingungen würde ehrgeizig-stimulierender Neid auftreten. Der setzt aber den Glauben voraus, die Einkommensverteilung nachhaltig zu den eigenen Gunsten beeinflussen zu können. Aber auch dieser Glaube nimmt ab: So hat das Meinungsforschungsinstitut Forbas 1998 die Frage gestellt: «Wie wird man in Deutschland am ehesten reich?» 32 Prozent der Bundesbürger antworten: durch Steuerhinterziehung, 31 Prozent: durch Erbschaft. Und nur 15 Prozent glauben, mit Arbeit reich werden zu können. Das läßt sich als Zweifel verstehen, legal und aus eigener Kraft voranzukommen. Damit droht jedoch depressiv-lähmender Neid, der – wir sind diesem Zusammenhang bereits mehrfach begegnet – so unerträglich sein kann, daß er leicht in feindselig-schädigenden Neid umschlägt.

Die Gefahr für den sozialen Frieden ist nicht zu unterschätzen. Darin sind sich alle politischen Lager einig. Nicht aber in der Ursachenzuschreibung. Wer das Bemühen von Regierungen, die Verteilungsgerechtigkeit in der Bevölkerung zu verbessern, als «Neidstaat»[16] verleumdet, handelt politisch verantwortungslos. Wer für eine Verbesserung der Verteilungsgerechtigkeit eintritt, ist seinerseits politisch aber nur glaubwürdig, wenn er nicht allen Neid als empört-rechtenden Neid schönzureden versucht. Denn keine Frage: Feindselig-schädigender Neid kommt trotz festgestellter Verteilungsgerechtigkeit vor.

Selbstgerechtigkeit

Mit einer neidischen Person klären zu wollen, wie gerecht es ist, daß sie von einem begehrten Gut weniger besitzt als andere, stößt nicht selten auf taube Ohren. Vor allem, wenn die Person von Selbstmitleid beherrscht wird. Mischt sich Selbstmitleid in Gerechtigkeitsfragen, wird daraus sehr schnell Selbstgerechtigkeit. Der Neider fühlt sich als unschuldiges Opfer. Daraus leitet er seinen Anspruch ab, daß er alles, was er begehrt, auch verdient und es deshalb möglichst unverzüglich erhalten sollte. Strittige Gerechtigkeitsfragen kann es nicht geben, weil für ihn immer schon entschieden ist, ein Recht auf Wiedergutmachung zu haben.

Diese Psychodynamik stellt Jean-Paul Sartre (1905–1980) in den Mittelpunkt seiner existenzphilosophischen Darstellung der «Welt des Neides»:[17] Der Neider begegnet jemandem, der von einem begehrten Gut mehr besitzt, mit einem «Ja, ich weiß …, aber trotzdem». Er weiß, daß der andere das begehrte Gut zu Recht besitzt. Obgleich er keinen Grund hat, an der Rechtmäßigkeit dieses Besitzes zu zweifeln, ist er gleichzeitig davon überzeugt, der andere habe das Gut dennoch nicht verdient. Und dafür hat der Neider einen paradoxen Beweis: eben die Tatsache, daß der andere das Gut zu Recht besitzt. Denn dies beweist ihm, daß der andere in Übereinstimmung mit der Welt lebt und sie anerkennt – mit einer Welt, die ihn, den Neider, tief enttäuscht. Aus dieser Enttäuschung nun leitet der Neider ab, daß eigentlich er es ist, der ein Recht auf das begehrte Gut hat.

Der Neider ist davon überzeugt, daß er das begehrte Gut – oder ein Äquivalent – nie bekommt, wie sehr er sich auch darum bemühen wird, weil er nie bekommt, was er begehrt. Deshalb sagt Sartre treffend: «Beneiden heißt wissen, daß man im voraus verloren hat.» Aus dem Gefühl, daß er nie bekommt, was er begehrt, leitet der Neider nun ab, mehr Recht auf das begehrte Gut zu haben als der andere, der es besitzt. Daß dieser es besitzt, privilegiert ihn, wobei allerdings das konkrete Gut zweitrangig ist. Denn es dient dem Neider lediglich als sichtbarer Beweis dafür, daß der Beneidete ein Gut, das er begehrt, auch besitzt. Oder genauer: daß es zumindest einen Fall gibt, in dem das Begehren des anderen gestillt worden ist. Und das ist genau ein Fall mehr, als der Neider für sich bilanziert. Denn der hält seine Enttäuschung dagegen, daß sein Begehren noch niemals gestillt worden ist.

Wenn der Neider nun das begehrte Gut für sich beansprucht, obgleich es dem anderen rechtmäßig zusteht, dann gründet er diesen Anspruch auf ein Recht, das er aus der Größe seines enttäuschten Begehrens ableitet. Je mehr er es begehrt, desto mehr steht es ihm zu, weil er aufgrund der Enttäuschung all seines Begehrens viel mehr gelitten hat. Deshalb darf er dann auch keine Spur von Leid an der beneideten Person wahrnehmen. Man könnte sagen, daß der Neider seinen Opferstatus als Verdienst verrechnet wissen will, wobei er jeden Verzicht als ungerechtfertigtes Opfer beklagt.

Diese Einstellung ist von nicht zu unterschätzender politischer Brisanz. Die Schwierigkeiten der Ost-West-Integration in Deutschland liefern dafür ein gutes Beispiel: Viele Menschen in Ostdeutschland gehen davon aus, einen Anspruch auf denselben Wohlstand wie die Westdeutschen zu haben, auch wenn sie gemessen an der Arbeitsproduktivität wesentlich weniger leisten. Die Entkoppelung von Arbeitsproduktivität und Arbeitslohn durch die schnelle Angleichung der Ostlöhne, die in den meisten Branchen per Tarifvertrag festgeschrieben wurde, führte zu einer Vernichtung von Hunderttausenden von industriellen Arbeitsplätzen. Dies ist von westdeutschen Politikern gefördert worden. Leichtfertig haben sie gleiche Lebensverhältnisse statt gleiche Chancen versprochen. Aufgrund der Betonung des gemeinsamen «Deutschseins» vergleichen Ostdeutsche ihren wirtschaftlichen Aufschwung nicht so sehr mit der sozialistischen Mangelwirtschaft der ehemaligen DDR und auch nicht mit dem wirtschaftlichen Aufschwung in den anderen Ländern des ehemaligen Ostblocks, sondern wie selbstverständlich mit dem Wohlstand in den alten Bundesländern. Vorbewußt verbuchen sie dabei ihr Ertragen der «unverdienten Benachteiligung durch den sowjetischen Sozialismus» als eine Leistung, die sie gegen die «unverdiente Bevorzugung durch den US-amerikanischen Kapitalismus» aufrechnen.

Die Kunst, sich das Leben
nicht durch Neid verbittern zu lassen

Alle Menschen streben danach, gut zu leben. Das erscheint uns als eine Fraglosigkeit. Und es wird kaum jemanden geben, der die Berechtigung dieses Anspruches auf ein gutes Leben bestreitet. Ob unser Leben gut ist, bemessen wir zwar nicht ausschließlich, aber doch vorrangig an unserem Wohlbefinden. Befinden wir uns wohl, so führen wir ein gutes Leben. Auch darüber erzielen wir wohl schnell Einigkeit. Denn welcher vernünftige Mensch kann ohne Wohlbefinden leben wollen? Keiner. Wie aber gelingt, was alle wollen? Genau an dieser Frage scheiden sich die Geister.

Psychologisch ist Wohlbefinden eine komplexe Befindlichkeit. Vor allem anderen besteht sie aus Glück und Zufriedenheit. Deshalb sagen wir mit einer bekannten Redewendung, «glücklich und zufrieden» wollten wir sein. Betrachten wir einmal genauer, was wir da wollen:

Verfolgt man die Bedeutungsgeschichte des Wortes Glück, dann weist die Sprachforschung «Lücke [...] als nächstverwandtes Wort zu Glück»[1] aus. Folglich ist Glück als «ge-lük-ke» eine erfüllte Lücke, und zwar eine erfüllte existentielle Lücke. Eine solche besteht im menschlichen Leben zwischen Subjekt und Objekt, Sein und Bewußtsein, Realität und Traum, Wollen und Sollen sowie zwischen der Unendlichkeit der Wünsche und der Endlichkeit aller wunscherfüllenden Ressourcen, einschließlich der Endlichkeit des Lebens. Perfekt wäre diese Lücke geschlossen, wenn alle Wünsche erfüllt sind. Oder man überhaupt keinen Wunsch hat.

Mit den Wünschen ist das aber so eine Sache. Zwar unterstellen wir, daß Wunscherfüllung glücklich macht. Jedoch können auch Wünsche irren. Wunschdenken ist kein realistisches Denken. Jemand kann sich nichts sehnlicher als ein bestimmtes Gut wünschen, um nach der Erfüllung dieses Wunsches aber enttäuscht feststellen zu müssen, daß er nicht glücklicher geworden ist. Und wie steht es mit der Vorstellung, wunschlos glücklich zu sein? Vielleicht macht uns wunschloses Glück aber gar nicht glücklich. Vielleicht liegt eine wesentliche Bedingung des Glückserlebens darin, daß zu einem bestimmten Zeitpunkt eben nicht alle Wünsche erfüllt oder noch nicht erfüllt sind, so daß wir uns weiter nach Wunscherfüllung sehnen können. Dann gehört das Wünschen selbst zum Glück dazu!

Unterscheidet man beim Glückserleben zwischen einem momentanen Glücksgefühl und einem dauerhaften Glückszustand, so stellt sich die Frage, ob dauerhaftes Glück überhaupt glücklich machen würde. Denn es hieße, das Glückserleben zu veralltäglichen, wodurch es sehr wahrscheinlich zumindest an Erlebnisintensität verlieren würde. Aber mehr noch: Dauerhaftes Glück bedeutet auch die dauerhafte Abwesenheit seines Gegenteils, des Unglücks. Vielleicht benötigen wir aber die Kontrasterfahrung. Vielleicht können wir Glück ohne Unglück überhaupt nicht erleben?

Weiterhin unterstellen wir, Wünsche würden uns anleiten, nach Wunscherfüllung zu streben: Jemand wünscht sich ein bestimmtes Gut und sucht deshalb nach Möglichkeiten, sich diesen Wunsch zu erfüllen. Wenn er dann erfüllt ist, erscheint ihm dies als Ergebnis einer Anstrengung. Besonders glücklich fühlen wir uns allerdings, wenn wir von der Wunscherfüllung überrascht werden. Denn dann erscheint das Gut nicht länger als etwas, für das wir uns angestrengt haben, sondern als ein Geschenk, das wir nicht erwarten durften. Angestrengt die Lücke zwischen Wunsch und Wunscherfüllung schließen zu wollen macht sie unter Umständen nur noch größer. Vielleicht muß uns, um Glück erleben zu können, der Zufall zu Hilfe kommen. Das deutsche Wort «Glück» ist dementsprechend doppeldeutig: Es meint das Glücksgefühl oder den Glückszustand und zugleich den glücklichen Zufall. Während etwa die englische Sprache zwischen «happiness» (Glückserleben) und «luck» (Zufallsglück) unterscheidet, zieht die deutsche Sprache beide Bedeutungen zusammen und legt damit nachdrücklich die Vorstellung nahe, auch das Glückserleben falle einem zu und sei niemals kontrollierbar. Wir können nur wach bleiben, damit wir es nicht übersehen, wenn es uns zufällt.

Sind wir nicht sogar dann am glücklichsten, wenn uns ein Gut zufällt, das uns einen Wunsch erfüllt, von dem wir zuvor nichts gewußt haben: weil wir ihn gar nicht zu wünschen wagten? Bei der Erfüllung solcher geheimen oder sogar unbewußten Wünsche taucht der Wunsch im Bewußtsein erst mit seiner Erfüllung auf, geht somit in unserer Handlungsplanung seiner Erfüllung also keineswegs voran.

Das Glück, zufrieden zu sein

Wunscherfüllung ist komplizierter, als man denkt. Nun betont die bereits in Erinnerung gerufene Redewendung stets Glück und Zufriedenheit. Warum wohl? Zufrieden zu sein ist etwas anderes, als glücklich zu sein. Während Glück uns an ein intensives emotionales Erleben denken läßt, klingt Zufriedenheit in unseren Ohren immer schon sehr viel abgeklärter. Manchmal sogar leicht resignativ. Als Anpassung an das, was man hat, weil es aussichtslos erscheint, mehr zu bekommen. Wie das deutsche Wort «Zufriedenheit» – wörtlich genommen – besagt: Wer zufrieden ist, hat seinen Frieden gefunden. Wünscht nicht mehr, als erfüllt werden kann, damit die Lücke nicht unerträglich groß wird. Demnach ist Zufriedenheit mehr, als unglücklich zu sein. Aber weniger, als glücklich zu sein.

Glück und Zufriedenheit in einem Atemzug zu nennen verweist darauf, daß es zwei getrennte Dimensionen sind, aus denen sich unser Wohlbefinden zusammensetzt. Beide zusammen ergeben das Optimum. Auf der einen Seite das Streben nach Glück: über das Gegebene hinauszugehen, um seine Wünsche zu erfüllen. Auf der anderen Seite das gegenläufige Streben, sich mit dem zufriedenzugeben, was man erreicht, und es genießen zu können. Das Glücksstreben treibt an, das Zufriedenheitsstreben mäßigt. Sind unsere Ansprüche, glücklich zu werden, sehr hoch, dann fällt es uns schwer, uns mit dem zufriedenzugeben, was wir erreichen. Sind unsere Ansprüche sehr gering, dann geben wir uns zu schnell zufrieden, ohne das, was zu erreichen möglich wäre, überhaupt nur anzustreben. Wer bei seinem Glücksstreben die Zufriedenheit aus den Augen verliert, der riskiert, mit nichts zufrieden und deshalb ständig getrieben zu sein, was letztlich das Glück vertreibt, dem er nachjagt. Wer bei seinem Zufriedenheitsstreben das

Glück aus den Augen verliert, der erniedrigt sein Glücksstreben zu einer bloßen Unglücksvermeidung. Und riskiert mit dieser defensiven Haltung, arm an Lebensfreude und Lebenslust zu bleiben.

Die Extreme auszubalancieren ist eine Kunst. Eine Lebenskunst. Als solche verlangt sie ein Können. Eine Kompetenz, Güter aufzuspüren, die einen glücklich *und* zufrieden machen. Diese Kompetenz schließt die Fähigkeit ein, mit dem eigenen Neid so zu leben, daß er unser Wohlbefinden nicht zersetzt. Denn das neidische Schielen auf begehrte Güter, von denen andere mehr haben, birgt die Gefahr, weder glücklich *noch* zufrieden zu werden: «Neid verbittert das Leben.»

Alternative Glücksgüter

Wohlbefinden ist höchst individuell. Was für einen selbst zutrifft, muß noch lange nicht für alle gelten. Woher wissen wir überhaupt, was uns glücklich und zufrieden macht? Zweifellos wissen wir es nicht von vornherein, sondern jeder muß es für sich erst herausfinden. Diese Suche spielt sich allerdings in einem sozialen Raum ab, in dem es Erwartungen gibt, welche Güter am wahrscheinlichsten das Wohlbefinden steigern. Und diese Erwartungen werden allen Mitgliedern einer Gruppe oder Gesellschaft vermittelt. Sie stecken den Rahmen ab, in dem sich ihre Suche bewegt – mehr nicht. Freilich wird erwartet, daß sich die Suche zunächst in diesem Rahmen bewegt. Wer mit anderen als den darin ausgewiesenen Gütern glücklich und zufrieden wird, nimmt einen Weg, für den es vergleichsweise schwieriger ist, Zustimmung zu finden. Indessen gehört es zu den Merkmalen liberaler Gesellschaften, solche eigensinnigen Wege sowenig wie möglich zu verbauen.

In einer Selbsterfahrungsgruppe junger Erwachsener geht es hoch her. Seit einigen Sitzungen sprechen die Männer und Frauen darüber, wie sie sich ihre Zukunft vorstellen. Dabei haben sich zwei Untergruppen gebildet: Diejenigen Gruppenteilnehmer, die zu der größeren von beiden gehören, bezeichnen sich selbst als «Realisten». Sie formulieren klare berufliche Ziele. Wollen Karriere machen und sind sehr auf materiellen Wohlstand aus. Die Hauptvertreter dieser Untergruppe erwecken den Eindruck, als hätten sie ihre kommenden Lebensjahre generalstabsmäßig geplant. Wie selbstverständlich nennen sie, was sie in welchem Alter erreicht haben wollen. Aus ihrer Sicht besteht die andere, viel kleinere Untergruppe aus lauter «Träumern». Tatsächlich sind die Unterschiede unübersehbar:

Die «Träumer» sprechen eher über Wünsche als über Ziele und schon gar nicht über Pläne. Sie stellen sich als Personen mit einer völlig offenen Zukunft dar. Wissen noch gar nicht, was sie wollen. Sind auf der Suche. Für sie hat ihre Suchbewegung einen eigenen Wert, den sie verteidigen, obwohl sie gleichzeitig berichten, gelegentlich von Existenzängsten überfallen zu werden. Jens ist der Hauptvertreter dieser Gruppe. Seine momentanen Existenzängste sind vergleichsweise gering. Im Gegenteil: Er gibt sich gelassen. Beschreibt, wie er sein Leben bisher «aus dem Bauch heraus» lebt. Immer wieder habe er Neues angefangen, sich darin erprobt, aber «ohne die letzte Konsequenz». Und deshalb außer der Schule auch noch nie etwas «abgeschlossen». Selbst da sei er sich lange unsicher gewesen, ob er das Abitur überhaupt machen solle. So wie er jetzt lebe, fühle er sich «reich». Die Zukunft bereite ihm keine Sorgen. Irgendwann werde sich schon «alles fügen».

Die «Realisten» der Selbsterfahrungsgruppe werden durch diese Haltung sehr provoziert. Spöttisch bezeichnen sie ihn als «Jens [Hans] im Glück» und «letzten Hippie». Vor allem Tobias hält ihn zunehmend weniger aus. Wenn Jens erzählt, schüttelt Tobias gleichzeitig den Kopf: ungläubig und mißbilligend. Und als Jens meint, warum solle er sich um seine Zukunft sorgen, da in «unserer Gesellschaft noch niemand verhungert» sei, platzt Tobias der Kragen. Wütend redet er auf Jens ein, was in der Anklage gipfelt, Jens sei auf dem besten Wege, ein «Sozialschmarotzer» zu werden. Und er, Tobias, sei nicht bereit, «Leute wie ihn auf seine Kosten durchzufüttern». Er zeichnet das Bild einer Gesellschaft, in der es auf der einen Seite Gesellschaftsmitglieder wie ihn gibt, die durch ihre Anstrengungen die «Staatskasse» füllen, und auf der anderen Seite Gesellschaftsmitglieder wie Jens, die sich «schamlos daraus bedienen». Er halte das für unverantwortlich. Hoffe, Jens «falle auf den Bauch», wenn er so weiter lebe. Das klingt bitter – und neidisch.

Verlassen wir meine Selbsterfahrungsgruppe an dieser Stelle.
Die Auseinandersetzung, die ihre Teilnehmer führen, belegt
eindrucksvoll: Zwar ist das Streben nach Glück und Zufriedenheit eine höchst individuelle Angelegenheit. Die Güter, mit
denen wir glücklich und zufrieden zu werden suchen, sind aber
auch in liberalen Gesellschaften Gegenstand moralischer Be-
wertungen. Nicht alle Güter gelten in dieser Perspektive als
gleichwertig. Folglich ist dann auch nicht alles Wohlbefinden
von gleichem Wert.

Sollte ein Bankräuber mit dem Geld, das er geraubt hat,
glücklich und zufrieden werden, dann halten wir nicht nur
seine Tat für ein Verbrechen, sondern auch sein Wohlbefinden
für minderwertig. Ähnliches gilt für einen Haschisch-Raucher:
Wer sein Wohlbefinden in dieser Droge sucht und findet, wird
kriminalisiert. Obgleich sie eher weniger süchtig macht als Alkohol oder Nikotin. Und auch nur insoweit eine Einstiegsdro-
ge ist, wie Haschischraucher beim Einkauf zwangsläufig in
Kreise hineingeraten, in denen auch harte Drogen verkauft
werden.

Ist das größte Wohlbefinden lediglich die größte Lust, dann
sind alle Güter gleichwertig, die einem dieselbe Lustmenge verschaffen. Wer so denkt, erlebt moralische Qualifizierungen als
Lustverlust und wird sie dementsprechend mißachten – es sei
denn, moralisches Handeln würde am meisten Lust machen.
Eine solche hedonistische Orientierung kümmert sich nicht um
die gesellschaftlichen Werte, die durch moralische Hemmungen geschützt werden. Gerade deshalb weckt sie Mißtrauen.
Die Verteidiger der Moral wollen sie bestraft sehen. Erinnern
wir uns, was Freud über das gesellschaftliche Strafbedürfnis
vermutet: Es sei nie frei von Neid. Denn der Verteidiger von
Recht und Ordnung neide dem Verbrecher die noch so vage
Chance auf ein Wohlbefinden, das größer ist, als es ihm seine
eigene, gesetzestreue Lebensführung ermöglicht. Aber nicht
nur Gesetzesbrecher, alle, die außerhalb der gesellschaftlich
markierten Wege nach Wohlbefinden streben, stehen unter Beobachtung. Dabei werden die Erwartungen, wo Glück und
Zufriedenheit zu suchen sind, nicht zwangsläufig auch offen

ausgesprochen. Statt dessen erzeugen sie lebenspraktisch einen Druck, der so stark sein kann, daß es schwerfällt, sich alternative Wege überhaupt nur vorzustellen.

Beschreiben wir die Gesellschaft, in der wir leben, als Konsumgesellschaft, dann verweist dies auf einen solchen Druck. Es ist der Druck, sein Wohlbefinden in der Vermehrung von Konsumchancen oder, anders ausgedrückt: in materiellem Wohlstand zu suchen. Von jemandem, der in materiellem Wohlstand lebt, wird erwartet, daß er glücklich und zufrieden ist. Wem es trotzdem nicht gelingt, glücklich und zufrieden zu werden, hat es nicht leicht, dafür Gehör zu finden. Vor allem glauben ihm all diejenigen nicht, die weniger materiellen Wohlstand haben. Statt dessen vermuten sie Abstandsneid: den Versuch, ihnen einen Genuß zu verderben, dem derjenige, der in materiellem Wohlstand lebt, bereits überdrüssig geworden ist.

Neid und materieller Wohlstand

Fragt man, welche sozialen Einstellungen die Entwicklung von Neid begünstigen, so bekommt man oft zu hören: Wären wir nicht so materialistisch eingestellt, dann wären wir auch nicht so neidisch. Die Konsumforschung teilt diesen Verdacht, indem sie Neid als eines von drei Merkmalen bestimmt, aus denen sich eine materialistische Einstellung zusammensetzt. Im Sinne dieser Einstellung ist eine Person dann materialistisch, wenn sie materiellen Gütern einen Vorrang in ihrem Leben einräumt. Und dies tut, weil ihr Wohlbefinden von ihrer Ausstattung mit solchen Gütern abhängt.[1]

Eine materialistische Einstellung beruht erstens auf einem ausgeprägten Besitzstreben: dem – mehr oder weniger habsüchtigen – Streben, begehrte materielle Güter unter die eigene Verfügungsgewalt zu bekommen. Um sie dann zweitens kleinlich zu gebrauchen. Kleinlichkeit ist eine enge Verwandte des Geizes und somit der Unwille, von den materiellen Gütern, die man besitzt, etwas abzugeben: sie zu teilen oder anderen auch nur zu leihen. Als drittes Merkmal schließlich der Neid, der es unerträglich macht, daß materielle Güter, die man selbst begehrt, von anderen besessen werden.

Kritik des Privateigentums

Die genannten Bestimmungsmerkmale der materialistischen Einstellung finden sich an prominenter gesellschaftskritischer Stelle wieder. Und zwar bei dem jungen Karl Marx (1818–1883), der in seinen «Pariser Manuskripten» (1844) einen vehementen moralischen Protest gegen eine Gesellschaft vorträgt, in der das Privateigentum herrscht. Er beurteilt den Rechtstitel des Privateigentums als eine Form des Besitzens, die in psychologischer Hinsicht auf *Habsucht, Kleinlichkeit und Neid* beruht. Denn indem das Privateigentum die exklusive Nutzung eines Gutes rechtlich garantiert, die den Habenichts ausschließt, sei der gezwungen, es selbst haben zu wollen. Infolgedessen entstehe Konkurrenz, die ein «Krieg unter den Habsüchtigen»[2] sei. Dabei sei der Neid lediglich die «versteckte Form, in welcher die Habsucht sich herstellt und nur auf eine andere Weise sich befriedigt».

Solche gesellschaftlichen Verhältnisse hält Marx für inhuman. Sie führten zu einer Verkümmerung der menschlichen Möglichkeiten. Denn die Erfindung des Privateigentums unterwerfe alle Bedürfnisse unter das eine Bedürfnis: zu haben. Dieses Bedürfnis nehme alle menschlichen Sinne in seinen Dienst. So sehe das habsüchtige Auge nur den «merkantilen Wert» eines Gutes, nicht aber dessen «Schönheit und eigentümliche Natur». Und – ich ergänze – schielt neidisch auf die Habe der anderen. Dagegen entwirft Marx die Vorstellung einer von Habsucht, Kleinlichkeit und Neid befreiten Menschheit, die nur durch eine «Aufhebung des Privateigentums» zu erreichen sei. Erst dann werde aus dem habsüchtigen Auge ein wahrhaft menschliches Auge, das «anders genießt». Wie genau, fällt Marx schwer anzugeben. Seine Bestimmung, daß sich die emanzipierten Sinne «zu den Sachen um der Sachen willen» verhalten, bleibt letztlich vage.

Die Aufhebung des Privateigentums begreift Marx als eine Entwicklung, die sich in Stufen vollzieht. Dem wahren Kommunismus, den er anstrebt, gehe eine Stufe des «rohen Kommunismus» voraus. Auf ihr sei das Privateigentum noch nicht überwunden, sondern zunächst lediglich verallgemeinert. Es bestehe der Anspruch, daß alle gleich haben sollen. Dieser Anspruch müsse kritisiert werden, da er nur der kollektive Geist des Privateigentums sei. Die Bedürfnisse der Gesellschaftsmitglieder blieben nach wie vor von Habsucht geprägt. Schlimmer noch: Die Habsucht werde selbstverständlich und damit unsichtbar. Schließlich nehme der Neid zu, eben weil der egalitäre Anspruch jede Ungleichheit unerträglich mache: «Der Gedanke jedes Privateigentums als eines solchen ist wenigstens gegen das reichere Privateigentum als Neid und Nivellierungssucht gekehrt [...]. Der rohe Kommunis[mus] ist nur die Vollendung dieses Neides und dieser Nivellierung von dem vorgestellten Minimum aus.» Wir sind einem ähnlichen Argument bereits bei Tocqueville begegnet. Freilich für die USA, was eine überraschende Ähnlichkeit zwischen der Vorstufe des wahren Kommunismus und einem Kapitalismus herstellt, der den materiellen Wohlstand aller Gesellschaftsmitglieder zu steigern sucht.

Marx will mehr. Deshalb kritisiert er auch alle politischen Strömungen, die Habsucht, Kleinlichkeit und Neid unangetastet lassen, weil sie nicht bereit sind, das Privateigentum aufzuheben. Was man sich unter dessen Aufhebung vorzustellen hat, erlaubt zwei Lesarten: zum einen die Abschaffung des Privateigentums durch dessen Kollektivierung. Zum anderen die Veränderung des Privateigentums hin zu einem «wahrhaft menschlichen und sozialen Eigentum», einem Eigentum, das von Habsucht, Kleinlichkeit und Neid befreit ist. Ein utopisches Ziel. Samt einem unbekannten Weg dorthin.

Mit seinen «Pariser Manuskripten» formuliert der junge Marx eine humanistische Ethik, die dem Muster der christlichen Heilsgeschichte folgt. Es gibt einen Sündenfall: die Erfindung des Privateigentums. Und so wie die Vertreibung aus dem Paradies letztlich auf eine Rückkehr ins Paradies angelegt ist, stellt Marx den wahren Kommunismus als dieses Paradies vor. Das Privateigentum versperrt den Weg dorthin, weist ihn aber auch gleichzeitig. Es spielt die Rolle des Versuchers, der das notwendig Böse verkörpert. Notwendig deshalb, weil es – gegen seinen Willen – dem Guten hilft, sich durchzusetzen, indem es zu erkennen zwingt, was wirklich gut ist. Insofern geht Marx von einer «geschichtlichen Notwendigkeit» des Privateigentums aus.

Wie nun erkennen die Menschen, was wirklich gut ist? Sie erkennen es, weil sie unter der Herrschaft des Privateigentums – mitten im materiellen Wohlstand – verelenden. Sie bekommen zu spüren, daß es ihre materialistische Einstellung ist, an der sie mit Leib und Seele leiden.

Haben oder Sein?

Zu den sozialpsychologischen Vertretern, die in der Nachfolge dieser Ethik stehen, gehört Erich Fromm (1900–1980). In vielen seiner Schriften befaßt er sich mit dem «Haben-Modus» menschlicher Lebensführung. Dieser Modus trete in zwei verschiedenen Formen auf: als «funktionales» und als «charakterbedingtes»

Haben. Funktional sei der Besitz von materiellen Gütern so lange, wie die Güter produktiv gebraucht würden. Und so lange halte sich auch der Neid in Grenzen: «Wenn ich habe, was ich tatsächlich brauche, dann bin ich dauernd angeregt, tätig zu sein. [...] Es ist unwahrscheinlich, daß ich neidisch werde, denn wie sollte ich einen anderen um das, was er hat, beneiden, solange ich mit dem Nutzen dessen, was ich habe, beschäftigt bin.»[3]

Wem das Haben aber zu einem Charaktermerkmal werde, der definiere sich selbst über seinen Besitz an materiellen Gütern. Schließe seinen Selbstwert mit seinem materiellen Wohlstand kurz. Mehre deshalb seinen Besitz um der Besitzvermehrung willen, nicht weil er die angehäuften Güter tatsächlich brauche. Dies verrate eine unstillbare Gier, die auch den Neid entfessele. Und den Besitzer schließlich seine innere Freiheit koste: «Der Mensch, der von [...] Neid [...] oder anderen Formen der Gier getrieben wird, handelt unter Zwang. Sein Handeln ist weder frei noch vernünftig [...] sein Verhalten wird mehr und mehr starr und stereotyp. Er ist zwar aktiv, aber doch nicht produktiv.»[4]

Historisch setzt Fromm die gesellschaftliche Ausbreitung des «charakterbedingten Habens» mit dem Siegeszug der bürgerlichen Gesellschaft als einer Gesellschaft von Privateigentümern an: «Mit Beginn der Neuzeit sah sich der Mensch vor die Aufgabe gestellt, sich selbst als [von Gott] unabhängiges Wesen erleben zu müssen; damit wurde die eigene Identität zum Problem. Man nahm an, daß der Besitz, den man habe, das Ich darstelle. Die Definition lautete nicht mehr [wie in der berühmten Formel von René Descartes]: ‹Ich bin, was ich denke›, sondern ‹Ich bin, was ich habe›. Und das hieß: ‹Ich bin, was ich besitze›.»

Als Beleg für dieses Selbstverständnis führt Fromm den Standpunkt des amerikanischen Philosophen und Psychologen William James an, der am Ende des 19. Jahrhunderts schreibt: «Im weitesten Sinn ist das Ich eines Menschen die totale Summe alles dessen, was er sein eigen nennt. Dazu gehört nicht nur sein Körper, sondern auch Haus, Weib, Kinder, seine Vorfahren und Freunde, sein Ruf, sein Werk, sein Land, seine Pferde, seine Yacht, sein Bankkonto.»

Für Fromm ist diese Aufzählung der Inbegriff einer Verfehlung: Der Bürger verschreibe sein Leben dem Haben und werde dadurch existentiell von dem Besitz abhängig, den er sein eigen nennt. Dabei gebe der Besitz materieller Güter das Vorbild ab, nach dem sich der Bürger die ganze Welt aneigne. Folglich suche er auch seine Mitmenschen – überhaupt alle Lebewesen – so unter seine Verfügungsgewalt zu bringen, als seien es Sachen. Sogar mit sich selbst gehe er nicht anders um.

Fromm wird nicht müde, diese materialistische Einstellung zu kritisieren: Sein einflußreichstes Buch stellt darin auch im Gestus eines Hamlet die vermeintlich entscheidende Frage: «To Have or to Be [Haben oder Sein]?» (1976). Zwar kann man schon den Eindruck gewinnen, daß Fromm materiellen Wohlstand gelegentlich dämonisiert. Die Frage, die er uns für eine kritische Selbstprüfung zu stellen aufgibt, bleibt jedoch relevant: «Wer bin ich, wenn ich bin, was ich habe, und dann verliere, was ich habe?»[5]

Eine solche Selbstprüfung schließt ein, sich Rechenschaft darüber zu geben, welche Funktion die materiellen Güter erfüllen sollen, die wir haben wollen. Historisch sind in diesem Zusammenhang nämlich deutliche Veränderungen festzustellen. Der «hortende Charakter»,[6] der materiellen Wohlstand anhäuft, um ein «Gefühl der Sicherheit» zu erleben, und andere, die mehr haben, um ihren Schutzwall beneidet, wird seltener. An seine Stelle tritt der «Marketing-Charakter». Damit sind Personen gemeint, die im Bewußtsein leben, ihren «Marktwert» steigern zu müssen, um gesellschaftlichen Erfolg zu haben – sei es auf dem Arbeitsmarkt oder auf dem Heiratsmarkt. Und wie auf Konsumgütermärkten, auf denen es beständiger Werbung bedarf, um Käufer zu finden, verlangt das: sich selbst so darzustellen, daß andere auf einen aufmerksam werden. Damit verliert die materialistische Einstellung nicht an Boden. Sie wird nur anders ausgerichtet. Man bevorzugt materielle Güter, die ein erfolgversprechendes Bild der eigenen Person glaubhaft machen: die helfen, für das gehalten zu werden, für das man gehalten werden möchte. Wer solche Güter besitzt, ist in einer Gesellschaft der Selbstdarsteller zu beneiden.

Wohlbefinden und Neid in
der Konsumgesellschaft

Die Ökonomie von Konsumgesellschaften produziert Konsumgüter nach der Logik einer permanenten Steigerung: mehr,
schneller, besser. Diese Logik steht im Dienste der Maximierung betriebswirtschaftlicher Profite. Damit die Rechnung aufgeht, muß sichergestellt werden, daß die produzierten Güter
auch ihre Käufer finden. Folglich soll die Bevölkerung ihre
Konsumgewohnheiten dieser Absatznot anpassen. Konsum-
müdigkeit darf nicht aufkommen. Statt dessen soll eine kon-
sumfreundliche Haltung durchgesetzt und aufrechterhalten
werden. Denn dann geht die Bedarfsdeckung in eine Bedürf-
nisweckung über, die es ausnutzt, daß menschliche Bedürfnisse
sehr plastisch sind. Ziel ist es, jeweils die Bedürfnisse herzustellen, die durch die Konsumgüterindustrie befriedigt werden.
Darüber hinaus wird die Herstellung eines übergeordneten Bedürfnisses angestrebt: eines Bedürfnisses nach Bedürfniswek-
kung. Es ist dies das Bedürfnis, neue Bedürfnisse zu haben,
deren Befriedigung nach neuen Konsumgütern verlangt. Aber
schon der französische Soziologe Emile Durkheim (1858–
1917) wußte: «Wenn [...] Bedürfnisse geweckt sind, können
sie zweifellos nicht unbefriedigt bleiben, ohne daß sie schmerzen. Aber unser Glück ist deswegen nicht größer, weil sie her-
vorgerufen worden sind.»[1]

Werbung als Mittel der Neiderregung

Die Wirtschaft in entwickelten Konsumgesellschaften hat nicht
die Aufgabe, Mangel zu beseitigen, sondern in einer Welt des
Überflusses Mangel zu erzeugen. Werbung ist dabei die Kom-
munikationsform, der diese Aufgabe zukommt.[2] Eine Strategie
der Mangelerzeugung besteht darin, Konsumenten neidisch zu
machen: Sie sollen die Güter begehren, die ihnen die Personen,
die in Anzeigen und Fernsehspots auftreten, voraus haben.

Und so wie der Konsument diese Vorbilder beneidet, kann er durch den Kauf des Gutes selbst zu jemandem werden, den andere beneiden: «Neid verkauft sich. Die Werbeagenturen haben begriffen, daß sie, indem sie in den Menschen die Unzufriedenheit mit ihren Besitztümern wecken, diese leicht dazu bewegen können, das noch kaum Getragene und Benutzte zu ersetzen. ‹Sie dachten, Sie seien glücklich mit dem Wagen, den Sie vor sechs Monaten gekauft haben?› so der Werbespot. ‹Nun, Sie Idiot, dann schauen Sie mal, was Ihre Nachbarn gerade gekauft haben, schauen Sie sich an, was die wirklich wichtigen Leute tragen, essen, trinken. Und besser noch, übertreffen Sie Ihren Nachbarn, legen Sie sich einen Wagen zu, der noch auffälliger ist als der seine, und sehen Sie dann zu, wie er sich krümmt und windet!›»[3]

Man kann das den heimlichen Lehrplan der Werbung nennen. Heimlich deshalb, weil der Neid so gut wie nie offen angesprochen wird. Dabei gelingt es, die Neiddynamik immer besser zu verbergen. Denn immer häufiger spielt die Werbung herunter, daß es überhaupt um den Verkauf von Gütern geht. Statt dessen entwickelt sie sich zu einer Kunst alltäglicher Unterhaltung, indem sie uns kleine Kunststücke präsentiert, die uns unseren Alltag für Sekunden erhellen sollen. Von einer Firma finanziert, die nichts weiter dafür verlangt, als daß wir uns beim nächsten Einkauf an sie erinnern und eines ihrer Güter kaufen, sozusagen als Dankeschön für ihre Liebesmühe. Zwar behauptet inzwischen ein Großteil der erwachsenen Bevölkerung von sich, die Tricks der Werbung zu durchschauen und deshalb nicht auf sie hereinzufallen. Schließlich sei man ja ein mündiger Konsument. Überzeugen kann dieses vollmundige Selbstbewußtsein allerdings nicht. Zu ungebrochen ist die Kauflust für Güter, die unter Aufbietung aller Medienmacht beworben werden. Dabei nimmt die Werbung zunehmend Kinder und Jugendliche ins Visier, damit sie frühzeitig lernen, ihr Wohlbefinden danach zu bemessen, welche Güter sie sich im Vergleich mit anderen leisten können. Gelegentlich nimmt der Druck auf diese Zielgruppe so zu, daß sich die weniger Begüterten die begehrten Designerklamotten mit Gewalt von ihren begüterteren Altersgenossen beschaffen.

Aber es gibt sie doch: die Anzeigen und Spots, die offen mit dem Versprechen werben, die zum Kauf angebotenen Güter seien erfolgreiche Neiderreger. Fündig wird man vor allem in der Automobilwerbung. Etwa bei Kult-Marken wie Jaguar: Von einem der neuen Modelle heißt es, es biete ein «besonders günstiges Preis-Neid-Verhältnis». Aber auch die Werbung für Mittelklasse-Wagen spekuliert auf die Macht des Neides, obwohl es sie nur als «Nr. 8» von «100 gute[n] Gründe[n]» anführt, einen «KIA zu fahren» und deshalb auch zu kaufen (Abb. 10): «Sie wären der erste in Ihrer Straße. Machen Sie Ihren Nachbarn neidisch – mit einem KIA Clarus Kombi GLX.»

Raffiniert an der Gestaltung des Werbebildes ist die Ansicht, in der man den Wagen gezeigt bekommt. Man sieht ihn vor pechschwarzem Hintergrund in eine gleißende Aureole gehüllt. Das entspricht dem Namen des Wagens, denn das lateinische Wort «clarus» bedeutet – auf das Auge bezogen – «hell», «klar», «glänzend», in seiner übertragenen Bedeutung dann «hervorleuchtend» und «berühmt». Indem der Wagen aus dem Dunkel heraussticht, wird bildlich das Versprechen verstärkt,

Abb. 10: KIA Clarus Kombi GLX.
Damit Sie nicht das Nachsehen haben!

sein Besitzer werde ebenfalls herausstechen: aus der Menge seiner unscheinbaren Nachbarn. Denn der glänzende Wagen verleihe auch ihm Glanz. Wer ihn besitzt, könne mit vor Stolz glänzenden Augen auf ihn blicken. Und wer ihn nicht besitzt: mit Neid. Um dies sinnfällig zu machen, ist das Heck des Wagens zu sehen. Die Anzeige richtet sich ja vor allem an Personen, die den Wagen noch nicht besitzen. Warum zeigt man ihn solchen Personen von hinten? Damit sie das Nachsehen haben! Man versetzt sie in die Rolle des Neiders. Um aber gleichzeitig den Ausweg zu weisen: Wer den Wagen kauft, werde dadurch selbst zu jemandem, der die neidischen Blicke seiner Nachbarn auf sich zieht, weil er einen Wagen besitzt, der ihnen das Nachsehen gibt. Im Tunnelblick des Begehrens, anderen voraus zu sein, soll der Betrachter in dem Wagen ein Mittel sehen, dieses Begehren erfolgreich zu befriedigen.

Sichtet man die Automobilwerbung der letzten Jahre, dann fällt einem generell das Bemühen auf, Hemmungen abzubauen, Neid zu erregen. Wer sich etwas leisten kann, soll es auch zeigen: «Es gibt immer noch ein paar Privilegierte, die keinen Firmenwagen fahren müssen» (Porsche). – «Da weiß man, daß ihn keiner hat» (Rover). – «Alle Menschen sind nicht gleich» (Mercedes/Benz). – «Das Klassenbewußtsein ist wieder größer geworden» (Jeep). Die Werbung, die auf Understatement setzt, macht davon keine Ausnahme. Denn sie wartet mit dem paradoxen Versprechen auf, demonstrierte Unauffälligkeit sei das beste Mittel, um aufzufallen: «Erfolg zeigt sich oft daran, daß man ihn nicht zeigt» (Rover). – «Wer es sich leisten kann, kauft sich kein Statussymbol» (Saab). – «Wenn Sie Luxus ganz gerne für sich behalten» (Volvo). Somit findet das Prahlereiverbot, das die gesamte Kulturgeschichte des Neides durchzieht, auch in der modernen Werbung seinen Widerhall.

Betrachten wir ein weiteres Beispiel (Abb. 11). Geworben wird für eine «Schlauer anlegen»-Beratung durch die Sparkasse. Mit ihrer Hilfe sollen wir unser Geld vermehren, um uns mehr leisten zu können: «Wir machen mehr aus Ihrem Geld.» Auch die Sparkasse heizt den Neid ihrer Kunden an.

Als Blickfang der Anzeige dienen drei Fotos, die Luxusgüter zeigen: eine Villa im Landhausstil, ein Sportwagen und ein hochseetüchtiges Motorboot. Die Fotos liegen auf einem gedeckten Tisch. Messer, Gabel und Serviette deuten eine Zeit

Abb. 11: Anlageberatung der Sparkasse.
Ihre Retterin in der Not!

vor dem Essen an. Auf der einen Seite des Tisches der Betrachter. Auf der anderen ein Mann im Anzug, von dem nur eine
Hand zu sehen ist, die dem Betrachter die Fotos hinblättert.
Dazu wird er von seinem Gegenüber gefragt: «Ihr Haus, Ihr
Auto, Ihr Boot?» Der Betrachter verneint. Und denkt sich vielleicht: Schön wär's, kann ich mir aber nicht leisten. Worauf er
zu hören bekommt: «Unsere Anlageberatung» macht es aber
möglich. Lassen Sie uns mit Ihrem Geld arbeiten, dann können
die fotografierten Güter bald schon in Ihrem Besitz sein. So
gesehen wäre der Gegenüber ein Anlageberater der Sparkasse,
der seinem Kunden exemplarisch den Wohlstand vorführt, für
den es sich lohnt, Geld gewinnbringend anzulegen. Neid ist
dabei nur so weit im Spiel, wie der Betrachter diejenigen beneidet, die solche Güter besitzen. Indessen hat die Anzeige wei-
terreichende Bezüge. Denn sie ist ein Erinnerungsbild, das auf
einen Werbespot im Fernsehen verweist, in dem die Szene

ausgespielt wird. Eine Szene, in der Neid im Vordergrund steht. Vorgeführt wird das Imponiergehabe konkurrierender Männer: Zwei alte Freunde, die sich lange nicht gesehen haben, treffen sich in einem Restaurant, um einander zu erzählen, was inzwischen aus ihnen geworden ist. Wer hat nicht selbst schon ähnliche Situationen erlebt, die fast zwangsläufig darauf hinauslaufen, sich mit dem anderen, den man von früher kennt, zu vergleichen. Die Kameraführung des Werbespots legt dem Betrachter die Perspektive von einem der beiden Männer nahe. Aus dieser Perspektive muß er mit ansehen, wie sein Gegenüber voller Stolz und mit triumphierendem Gesichtsausdruck drei Fotos aus seiner Brieftasche zieht und rasch hintereinander auf den Tisch blättert: «Mein Haus, mein Auto, mein Boot!» Dokumente einer Erfolgsstory, die neidisch machen kann – und soll. Momentan stockt einem der Atem. Die Absicht, Neid zu erregen, trifft. Man fragt sich: Gehört man zu den Verlierern, die nicht mithalten können, so daß ihnen außer depressiv-lähmendem Neid nichts bleibt? Aber diese Frage stellt sich nur eine Schrecksekunde lang. Dann beginnt der Mann, aus dessen Perspektive der Betrachter die Begegnung verfolgt, zu lächeln. Zieht ebenfalls drei Fotos aus der Brieftasche, mit denen er die neiderregende Triumphgeste seines Konkurrenten überbietet: «Mein Haus, mein Auto, mein Boot!» Jedes um mindestens eine Klasse besser. Der alte Freund schaut ungläubig. So schnell kann sich die Rangordnung ändern: Statt Neid zu erregen, hat er nun Grund, selbst neidisch zu sein. Der Betrachter, der diesen Absturz sieht, ist froh und erleichtert: der Sparkasse dankbar, daß sie verspricht, ihm durch ihre gewinnbringende Anlageberatung die Beschämung zu ersparen, die dem unterlegenen Konkurrenten am Ende ins Gesicht geschrieben steht.

Ein drittes Beispiel (Abb. 12) aus der Sammlung von Werbeanzeigen, die Neid vergleichsweise offen ansprechen, verwendet die Darstellung des neidischen Blickes. Das beneidete Gut ist eine Damenhandtasche.

Zwei junge Frauen fahren auf einer Rolltreppe aneinander vorbei. Von der Umgebung her könnte die Begegnung etwa in einer U-Bahn-Station stattfinden. In der Werbung werden Treppen des öfteren eingesetzt, um sozialen Aufstieg und Abstieg zu versinnbildlichen. So auch hier. Die Frau die nach oben

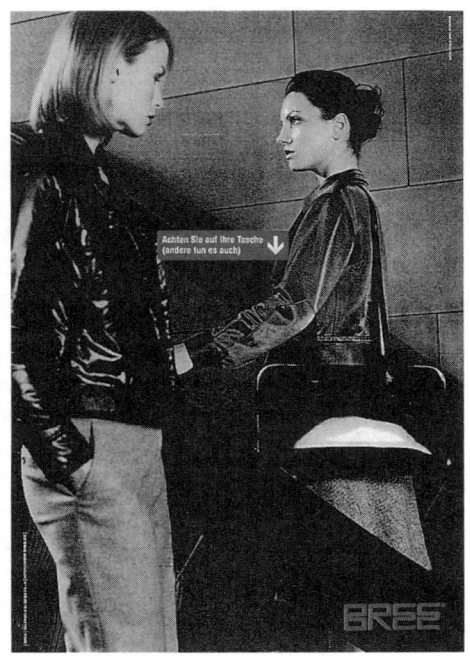

Abb. 12: Bree-Taschen. Ihr Blickfang!

fährt, hat das Objekt der Begierde über der Schulter hängen. In dem Moment, in dem sich die nach unten fahrende Frau etwa auf gleicher Höhe befindet, kommt es zu einem bezeichnenden Blickwechsel. In der Anzeige wird er durch die Worte kommentiert: «Achten Sie auf Ihre Tasche (andere tun es auch)». Zusätzlich wird mit einem Pfeil darauf verwiesen. Dazu passend blickt die Besitzerin der anderen Frau besorgt ins Gesicht, wo sie sieht, daß diese einen schrägen Blick auf ihre Tasche wirft. Es ist dies der schräge Blick des Neides, der einem anderen den Besitz eines begehrten Gutes mißgönnt. Darüber hinaus deutet der Kommentar einen möglichen Taschendiebstahl an. Nun ist die Werbebotschaft klar: «Taschen von Bree machen einen Unterschied. Wer sie besitzt, ist auf dem Weg nach oben. Alle anderen werden Sie um eine solche Tasche beneiden. Und zwar so sehr, daß sie bereit sind, sich strafbar zu machen, um sie selbst in ihren Besitz zu bekommen. Was wäre geeigneter, den hohen Aufmerksamkeitswert dieses Gutes zu bestätigen, als der Neid, den Sie mit ihm erregen?»

Die vielleicht raffinierteste Neid-Werbung kommt mit sparsamen Mitteln aus. Sie stammt aus der Kosmetikbranche, deren Hauptaufgabe darin besteht, Schönheitsmängel auszugleichen. Da Schönheit kein erwerbbares und obendrein ein vergängliches Gut ist, kann die Werbung zwar nicht wirklich Schönheit, aber doch Attraktivität versprechen, die sich vor allem durch Kleidung, Frisuren und Körperpflege beeinflussen läßt. Dazu gehören nicht zuletzt Parfüms. Vor drei Jahren hat Gucci ein Parfüm auf den Markt gebracht, das die Firma «Envy [Neid]» nennt (Abb. 13). Es gibt spezielle Duftnoten für Frauen, aber auch für Männer. Geworben wird nur mit dem Namen, dem abgebildeten Flakon sowie Aktdarstellungen von einzelnen Frauen, einzelnen Männern oder Paaren, die in Nahaufnahme zu sehen sind.

Abb. 13: Envy. Damit Sie nach Erfolg riechen!

Parfüm ist zwar flüchtig, kann aber immer wieder aufgetragen werden. Und entscheidend: Es verbindet sich mit der Haut, so daß es zu einem unverwechselbaren eigenen Körpergeruch wird. Während beneidenswerte materielle Güter wie Automobile oder Taschen ihren Besitzern mehr oder weniger äußerlich bleiben, ist das bei einer Duftnote, die verspricht, Neid zu erregen, anders. Bei materiellen Gütern bleibt immer die Unsicherheit, daß der Besitzer nicht als Person beneidet wird, sondern lediglich als Besitzer eines beneidenswerten Gutes. Damit fällt es nicht leicht zu vergessen, daß der Selbstwert, den ihm sein Besitz verschafft, immer nur ein geborgter Selbstwert ist. Dieses Problem verspricht ein neiderregender Duft zu lösen. Indem er in den Körper eindringt, wird die Person selbst beneidenswert. Sie erregt Neid, weil ihre Überlegenheit keine Äußerlichkeit, sondern eine persönliche Eigenschaft ist, die sie selbstverständlich verkörpert. Deshalb wird der junge Mann auf dem Werbebild auch nicht beifallsheischend in Szene gesetzt. Statt dessen genießt er seine eigene Erhabenheit. «Von anderen beneidet zu werden ist eine einsame Form der Selbstbestätigung, die davon abhängt, daß man seine Erfahrungen nicht mit jenen teilt, die einen beneiden. Man wird mit Interesse beobachtet, aber man selbst beobachtet niemanden. Tut man es doch, verringert sich der Neid der anderen. [...] Dies erklärt den [gerade in den Werbebildern der Kosmetikbranche] häufig zu beobachtenden abwesenden und unbestimmten Blick der vermeintlich Glücklichen; sie blicken *über* die neiderfüllten Blicke, die sie bestätigen, hinweg.»[4]

Selbstschädigender Ehrgeiz

Wie wir festgestellt haben, setzt der junge Marx in seiner kommunistischen Utopie darauf, daß die habsüchtigen, kleinlichen und neidischen Bürger mitten im materiellen Wohlstand verelenden. Wer nun meint, diese Skepsis gegenüber dem Versprechen, eine fortwährende Steigerung des materiellen Wohlstandes führe ins Paradies, sei auf die marxistische Tradition beschränkt, muß sich eines Besseren belehren lassen. Denn auch Adam Smith (1723–1790), der schottische Begründer der Volkswirtschaftslehre und bürgerliche Vorläufer von Marx, ist ähnlich skeptisch. In seinen beiden Hauptwerken «Theorie der ethischen Gefühle» (1759) und «Reichtum der Nationen» (1766) finden sich eine Reihe höchst hellsichtiger Bemerkungen über den Zusammenhang von materiellem Wohlstand, Neid und Wohlbefinden.

Smith bestimmt Neid als den «Affekt, welcher mit boshaftem Mißfallen den Vorrang derjenigen betrachtet, die doch wirklich auf den ganzen Vorrang, den sie besitzen, einen begründeten Anspruch haben».[5] Dieser feindselig-schädigende Neid bedroht die volkswirtschaftliche Prosperität, weil er ungleiche Güterverteilungen nicht akzeptiert: «Überall, wo es große Vermögen gibt, ist auch die Ungleichheit groß. Auf einen sehr Reichen kommen dann wenigstens 500 Arme, denn der Überfluß weniger setzt Armut bei vielen voraus. Ein solcher Reichtum der Besitzenden reizt zur Empörung der Besitzlosen, die häufig, durch Not gezwungen und von Neid getrieben, sich deren Eigentum aneignen.»[6]

Um diese Gefahr zu verringern, empfiehlt Smith den Privilegierten, ihr «Glück mit mehr Mäßigung zu tragen»,[7] heißt: es nicht zur Schau zu stellen. Wir sind in der Geschichte des Neides bereits des öfteren auf eine solche Empfehlung gestoßen. Smith reichen sie jedoch nicht weit genug. Er zieht eine staatliche Eindämmung des feindselig-schädigenden Neides vor. Als deren schärfstes Mittel gilt ihm der strafrechtliche Schutz des Privateigentums, da Nächstenliebe – Smith spricht von einer Neid dämpfenden «Geneigtheit zur Sympathie» – alleine keinen ausreichenden Schutz bietet: «Er [der Eigentümer von wertvollem Hab und Gut] ist ständig von unbekannten Feinden umgeben, die er nie besänftigen kann, obgleich er selbst sie niemals gereizt hat, und vor deren Unrecht ihn nur der mächtige Arm einer Zivilbehörde schützt, die stets zu einer Bestrafung bereit ist.»[8]

Smith weiß andererseits aber auch um den volkswirtschaftlichen Nutzen, der aus Neid entsteht. Freilich nicht aus feindselig-schädigendem, sondern aus ehrgeizig-stimulierendem Neid: «Ein Mann, der armer Leute Kind ist, den jedoch der Himmel in seinem Zorn mit Ehrgeiz heimgesucht hat, wird, wenn er anfängt, um sich blicken, die Verhältnisse der Reichen bewundern. Er wird die ärmliche Behausung seines Vaters für seine Bequemlichkeitsansprüche zu klein finden und sich vorstellen,

um wieviel besser und angenehmer er in einem Palaste unter-
gebracht wäre. Es ärgert ihn, daß er zu Fuß gehen oder die
Anstrengung des Reitens ertragen muß; er sieht, wie höher
stehende Personen sich in Wagen herumfahren lassen, und
stellt sich vor, wie auch er in einem solchen mit weit geringerer
Unbequemlichkeit reisen könnte.»[9]

Daß es die Privilegierten besser haben, spornt den Ehrgeiz
der Unterprivilegierten an, es ihnen gleichzutun. Sie entwik-
keln einen Arbeitseifer, der zu den wichtigsten volkswirtschaftlichen Vermögen gehört. Da die Unterprivilegierten auf diese
Weise sozial aufsteigen können, erlahmt auch der Ehrgeiz der
Privilegierten nicht. Sie setzen ihren ehrgeizig-stimulierenden
Abstandsneid in die Förderung der Erfindung neuer Güter um,
mit deren Erwerb sie sich weiterhin unterscheiden können.
Gleichzeitig geben sie den Unterprivilegierten auf diese Weise
kontinuierlich neue materielle Ziele vor und halten damit den
Arbeitseifer in der Bevölkerung kontinuierlich hoch. Die Privilegierten verfolgen lediglich ihr egoistisches Interesse, es sich
immer besser, und das heißt auch: besser als den Unterprivilegierten, gehen zu lassen. Und obwohl die Reichen nichts anderes als «die Befriedigung ihrer eitlen und unersättlichen Be-
gierden» anstreben, «trotzdem teilen sie doch mit den Armen
den Ertrag aller Verbesserungen». Und auch die Unterprivilegierten folgen nur ihrem egoistischen Interesse, es sich ständig
besser gehen zu lassen und dabei den Privilegierten so nahe
wie möglich zu kommen.

Privilegierte und Unterprivilegierte verbindet somit dasselbe
Motiv: der «Hang, sich vor anderen auszuzeichnen, der dem
Menschen so natürlich ist». Er sorgt für eine Dynamik beständiger Differenzierung. Und solange sozialer Aufstieg kein lee-
res Versprechen ist, sorgt diese Dynamik wie eine «unsichtbare
Hand»[10] für eine ständige Zunahme des allgemeinen materiellen Wohlstandes, indem sie ehrgeizig-stimulierenden Neid fördert und dadurch feindselig-schädigenden Neid besänftigt. Bei
Rawls haben wir diese Dynamik als eine der Bedingungen
einer gerechten Gesellschaft kennengelernt.

So weit kommt in den Ausführungen von Smith eine Reihe
bekannter Überlegungen zusammen. Richtig interessant wird
es aber, wenn er auf die tieferen Beweggründe des Ehrgeizes
zu sprechen kommt. Er bereitet sie mit der bereits zitierten

bemerkenswerten Formulierung vor, daß «der Himmel in seinem Zorn» den arbeitseifrigen, nach sozialem Aufstieg strebenden Mann «mit Ehrgeiz heimsucht». Damit verliert der Ehrgeiz seine Unschuld. Er ist keineswegs nur Segen, sondern auch Fluch.

Was bewegt jemanden, ständig die Bequemlichkeit seines Lebens durch den Erwerb neuer materieller Güter verbessern zu wollen, die er bei den Privilegierten bewundert? «Hätte er einmal das erreicht, so denkt er, dann würde er zufrieden stillsitzen, würde innerlich ruhig sein und sich an der Betrachtung der Glückseligkeit seiner Lebenslage erfreuen. Er ist ganz bezaubert von diesem Bilde einer in weiter Ferne liegenden, künftigen Glückseligkeit. In seiner Phantasie scheint es ihm wie das Leben irgendeiner höheren Art von Wesen, und um dieses Ziel zu erreichen, weiht er sich für immer dem Streben nach Reichtum und Größe. Um die Bequemlichkeiten zu erlangen, die diese gewähren, unterwirft er sich allein im ersten Jahr, ja schon im ersten Monat seiner Bemühungen, größeren körperlichen Anstrengungen und größeren seelischen Beschwerden, als er sein ganzes Leben hindurch infolge des Mangels jener Bequemlichkeit hätte erdulden können. Er trachtet, sich in einer mühevollen Beschäftigung hervorzutun. Mit äußerstem, unnachgiebigem Fleiß arbeitet er Tag und Nacht, um Talente zu erwerben, die diejenigen all seiner Mitbewerber übertreffen sollen. Dann trachtet er zunächst, jene Talente an das Licht der Öffentlichkeit zu bringen, und mit gleicher Beharrlichkeit bewirbt er sich um jede Gelegenheit, diese Talente zu beschäftigen. Zu diesem Zweck macht er aller Welt den Hof; er erweist denjenigen Dienste, die er haßt, und ist denjenigen gegenüber unterwürfig, die er verachtet. Sein ganzes Leben hindurch jagt er hinter dem Bilde einer gewissen künstlichen und vornehmen Ruhe her, die er vielleicht niemals erreichen wird und der er eine wirkliche Seelenruhe opfert [...].»[11]

Das Ziel allen ehrgeizigen Strebens, die Bequemlichkeit des Lebens durch eine Mehrung materieller Güter zu verbessern, wird von Smith als ein innerweltliches Ziel bestimmt. Er bezeichnet es als «Seelenruhe». Genau die verliert der Ehrgeizige aber, wenn er sich nicht vorsieht. Schneller, als der Ehrgeizige glauben mag, verschleißt er sie in der ständigen Anstrengung, die Güter zu mehren, die ein besseres Leben versprechen. Er verschleißt seine «Seelenruhe» nicht zuletzt deshalb, weil es immer andere geben wird, die mit ihrer Güterausstattung noch näher an diesem Ziel zu sein scheinen. Folglich hört der Steigerungslauf nie auf. Wer von Ehrgeiz getrieben ist, dem verlangt ein solcher Lauf sogar ab, sich um geringfügiger Vorteile willen zu verstellen. Letztlich ein Leben zu leben, das sein Ziel verrät, weil es dieses Ziel mit äußerster Härte gegen sich selbst und andere verfolgt.

Zieht der Ehrgeizige nun im Greisenalter eine Bilanz seines Lebens und rechnet die Kosten seines kräftezehrenden Strebens gegen seinen Gewinn an «Seelenruhe» auf, dann stellt er fest, «daß er die Ruhe und Sorglosigkeit seiner Jugend [...] törichterweise für etwas geopfert hat, das ihm, nachdem er es endlich erlangt hat, keine wirkliche Befriedigung gewähren kann». Er ahnt das bereits früh. Vor allem in Zeiten, wenn er krank ist und seine Hinfälligkeit und Endlichkeit spürt. Aber kaum genesen, scheint es erneut nichts Lohnenderes zu geben, als die Jagd sofort wieder aufzunehmen.

Damit kommt zwangsläufig die Frage auf, warum man sich überhaupt an dieser Jagd beteiligen soll. Wenn die «Seelenruhe» letztlich nicht von der Ausstattung mit materiellen Gütern abhängt, dann ist sie vielleicht gerade dadurch zu erreichen, daß man darauf verzichtet, seinen materiellen Wohlstand über ein bestimmtes Maß hinaus zu mehren. Smith stimmt dem zu. Denn er betont, niemand müsse seine «wirkliche Seelenruhe» opfern, da «[sie] zu erwerben jederzeit in seiner Macht steht». Eben durch Verzicht. Gleichzeitig liefert Smith aber ein Argument, das äußerst prekär ist: «Als die Vorsehung die Erde unter eine geringe Zahl von Herren und Besitzern verteilte, da hat sie diejenigen, die sie scheinbar bei ihrer Teilung übergangen hat, doch nicht vergessen und nicht ganz verlassen. Auch diese letzteren genießen ihren Teil von allem, was die Erde hervorbringt. In all dem, was das wirkliche Glück des menschlichen Lebens ausmacht, bleiben sie in keiner Beziehung hinter jenen zurück, die scheinbar so weit über ihnen stehen. In dem Wohlbefinden des Körpers und in dem Frieden der Seele stehen alle Lebensstände einander nahezu gleich, und der Bettler, der sich neben der Landstraße sonnt, besitzt jene Sicherheit und Sorglosigkeit, für welche Könige kämpfen.»

Prekär ist dieses Argument deshalb, weil es sich als der übliche falsche Trost gebrauchen läßt, den die Habenden den Habenichtsen spenden, wenn sie ihnen den Ausschluß von einer angemessenen Teilhabe am materiellen gesellschaftlichen Reichtum schmackhaft machen wollen. Dann klingt das Argument wie die uns bekannte Strategie, Neid dadurch zu besänftigen, daß der Beneidete die Last herausstellt, die ihm sein privilegierter Status bereite: reich, aber unglücklich zu sein. Freilich folgt daraus nicht zwangsläufig, Arme seien glücklicher. Das aber soll suggeriert werden.

Verständnis für die Zweifel, ob «wirkliche Seelenruhe» durch ein ehrgeiziges Streben nach einer ständigen Verbesserung der materiellen Güterausstattung zu erzielen sei, hat Smith allerdings nur als Privatmann. Nicht jedoch als Volkswirt. In dieser Rolle weiß er zwar, daß dieses Streben auf einer Illusion beruht. Aber sie hält die Dynamik aufrecht, die nationalen Wohlstand hervorbringt: «Und es ist gut, daß die Natur uns auf diese Weise betrügt. Denn die Täuschung ist es, was den Fleiß der Menschen erweckt und in beständiger Bewegung erhält.»

Ist weniger vielleicht mehr?

In Konsumgesellschaften glaubt die Bevölkerung, daß die Steigerung des materiellen Wohlstandes auch zu einer Steigerung des Wohlbefindens führt. Und sie soll es glauben, weil sie damit dem Erhalt solcher Gesellschaften dient. Die versprochene Steigerung ist freilich eine Illusion. Wie empirische Untersuchungen belegen, gibt es den unterstellten linearen Zusammenhang nicht. Ab einem bestimmten, allerdings veränderlichen Niveau materiellen Wohlstandes steigt das Wohlbefinden nicht länger an. Sinkt womöglich sogar ab.

Nicht alle Länder, die dasselbe materielle Wohlstandsniveau – berechnet als Bruttosozialprodukt pro Kopf – aufweisen, ziehen auch dasselbe Wohlbefinden daraus:[12] Isländer und Westdeutsche haben den gleichen materiellen Wohlstand. Das durchschnittliche Wohlbefinden der Bevölkerung ist in Island aber höher als in Westdeutschland. Und auch Niederländer sind glücklicher und zufriedener, obwohl deren materieller Wohlstand unter dem der Westdeutschen liegt.

Als Gründe für diese Unterschiede sind kulturelle Eigenheiten der einzelnen Länder anzunehmen. Dadurch wird die Vermutung gestützt, es komme wahrscheinlich mehr auf die Mentalität an, mit dem erreichten materiellen Wohlstand umzugehen, als auf dessen Höhe. Insofern muß dann auch – ein entsprechender Wandel der Mentalität vorausgesetzt – Verzicht auf materiellen Wohlstand nicht zwangsläufig zu einem Verzicht auf Wohlbefinden führen. Vielmehr gilt es die Fähigkeiten zu verbessern, Wohlbefinden aus gegebenem materiellen Wohlstand zu ziehen. Ein Problem, das auch ein innerdeutsches ist: «Die Menschen im Osten starren unverwandt nach Westen – vielleicht ist es eben das, was sie so melancholisch macht. Zu DDR-Zeiten hatte ihnen dieser Blick Kraft gegeben. Die Bundesrepublik verbürgte jene Existenz des ganz Anderen, die Mut zum Weiterleben machen konnte. Sie war ein Vorbild des Wohlstandes. Nun aber war der Wohlstand nur noch ein Ärgernis: Er enthüllte nicht von sich aus das Geheimnis seines Glücks. Ganz abgesehen davon, daß der Osten den westlichen Grad des Reichtums bei weitem noch nicht erreicht hat, sind ihm auch die Strategien, mit der die bundesrepublikanische Seele ihren Materialismus verkraftet, verborgen.»[13]

Eine materialistische Einstellung zu verkraften setzt die Erkenntnis voraus, daß Konsumgesellschaften ihr eigenes Versprechen hintertreiben, durch steigenden materiellen Wohlstand das Wohlbefinden zu steigern. Dies kommt in einer bei Werbeleuten beliebten Formel komprimiert zum Ausdruck: «Das Beste ist *gerade* gut genug!» Nimmt man diese Formel als Lebensmaxime ernst, dann wirkt sie demoralisierend: Es gibt keinen Punkt, an dem man umgekehrt sagen könnte: «Genug ist das Beste, was es gibt.»[14] Deshalb kann das materiell erreichte Wohlbefinden gemessen an dem, was versprochen wird, materiell noch zu erreichen, nur unzureichend sein.

In Konsumgesellschaften bedarf es immer größerer Steigerungen des materiellen Wohlstandes für immer kleinere Steigerungen an Wohlbefinden. Und diese kleinen Steigerungen an Wohlbefinden werden aufgezehrt und sogar in ihr Gegenteil verkehrt, wenn die Anstrengungen, den materiellen Wohlstand zu steigern, selbst Wohlbefinden kosten. Ganz so, wie Smith es vorausgesehen hat. Folglich gibt es in Konsumgesellschaften eine innere Dynamik, die verhindert, daß das vorgebliche Ziel einer Steigerung des Wohlbefindens auch tatsächlich erreicht wird. Solange nämlich das Streben nach Wohlbefinden auf die Steigerung materiellen Wohlstandes verengt bleibt, fehlt es an einer realistischen Einschätzung, was man von materiellen Gütern zu erwarten hat und was nicht.

Der Neid von Kaufsüchtigen

In Konsumgesellschaften kommt es mit steigendem materiellen Wohlstand zu einer Psychologisierung des Konsums. Smith hat ihn gewissermaßen, wenn auch auf «Seelenruhe» beschränkt, bereits bedacht. Das dazugehörige moderne Stichwort lautet: erlebnisrationaler Konsum.[1] Ziel ist der Gebrauch von Konsumgütern für die Beeinflussung innerweltlicher Zustände. Pointiert läßt sich behaupten: Sie werden in erster Linie danach beurteilt, ob und wieweit sie sich als Stimmungsmacher eignen und Selbstwert erhöhen.

Mit einer Psychologisierung des Konsums werden Konsumgüter zu bevorzugten Psychoprothesen, die anderweitiges Leid kompensieren sollen. Quellen der Angst und der Ohnmacht gibt es viele: Die himmlischen Mächte haben ausgedient. Sie bieten weder Geborgenheit noch ausgleichende Gerechtigkeit. Was auf Erden nicht erreicht wird, ist auf ewig verloren. Die gesellschaftlichen Verhältnisse sind schwer zu durchschauen. Zwischenmenschliche Beziehungen büßen an Bindungskraft ein. Erfahrungen nehmen zu, auf dem Arbeitsmarkt selbst nur eine Ware und damit Spielball wechselnder Nachfragen zu sein. Die allgegenwärtige Forderung nach Flexibilität führt zu einer beschleunigten Entwertung von erworbenen Fähigkeiten, die Selbstwert vermitteln. In dieser Situation richten sich viele Hoffnungen auf eine Steigerung von Konsumchancen, die für Angst und Ohnmacht entschädigen sollen. Das begünstigt die Aufnahme riskanter privater Konsumentenkredite[2] und begünstigt süchtiges Kaufen.

Trügerische Hoffnungen

Ob tatsächlich «rd. 5 % der erwachsenen Menschen in den westlichen Bundesländern als akut kaufsuchtgefährdet gelten [dürfen und] weitere 20 % auf dem Weg dahin [sind]»,[3] sei offengelassen. Die Zahlen hängen davon ab, wie streng Kaufsucht definiert wird. Unstrittig dürfte aber sein, daß Kaufsüchtige ein drastisches Beispiel dafür abgeben, wie trügerisch die Hoffnungen sind, durch Konsumgüter glücklich und zufrieden zu werden. Genau das Gegenteil geschieht: Die Konsumgüter halten ihre Versprechen nicht. Je größer die Hoffnung, desto größer die Enttäuschung und desto tiefer der Sturz in ein Leben ohne Lebensfreude und Lebenslust.[4]

Konsumgesellschaften wissen um das Problem, nehmen es aber nicht wirklich ernst. Eben weil Kaufsucht der Extremfall dessen ist, was von Mitgliedern einer Konsumgesellschaft erwartet wird: zu kaufen, um damit den profitorientierten Produzenten von immer neuen Konsumgütern aus ihrer Absatznot zu helfen. Ein erhellendes Beispiel dafür liefert das Modeunternehmen Esprit. In einer Postkartenaktion fragt es zehntausend seiner zumeist jugendlichen Kunden: «Was würdest Du tun, wenn du die Welt verändern könntest?» Dann wählt es Antworten aus, um sie in Zeitschriftenanzeigen zu veröffentlichen. Und so trifft man in einer der Anzeigen auf ein junges Mädchen, das nachdenklich sagt: «Ich würde etwas gegen den Kaufrausch der Menschen tun.» Damit wirbt nun ein Unternehmen, das auf Umsatzsteigerung aus ist? Indessen kann es sich die werbewirksame Konsumkritik leisten. Denn längst gibt es ein grundsätzliches Einverständnis mit der Konsumgesellschaft, das verhindert, daß sich die Kritik gegen das Unternehmen wendet, das sie veröffentlicht. Statt dessen stärkt es die Marke, da das Unternehmen, das sie produziert, ja als ein selbstkritisches Unternehmen erscheint.

Gerade Kaufsüchtige möchten durch den Kauf von Konsumgütern ihre Stimmungen beeinflussen. Wie differenziert dies geschieht, belegt die folgende Selbstbeschreibung einer Frau in den später 30ern, Mutter zweier Kinder: «Wenn ich mich als Teenager deprimiert fühlte und nichts zu tun hatte, konnte ich meine Gefühle ändern, indem ich mich verschieden kleidete. War ich in einer ‹guten› deprimierten Stimmung, kaufte ich mir ein Kleid. War ich in einer ‹schlechten› deprimierten Stimmung, kaufte ich mir ein Sweatshirt oder Dinge, die zusammen nicht gut aussahen oder überhaupt nicht zusammenpaßten. War ich in einer ‹Schuh-Stimmung›, fühlte ich mich schlecht über die Art, wie ich aussah, wollte ich mich nicht auf Kleider verlassen und mich im Spiegel sehen, wollte ich mich auf den am weitestentfernten Teil von mir konzentrieren, meine Füße. Wenn ich mich völlig wertlos fühlte, wollte ich etwas erwerben, was mit meinem Körper überhaupt nichts zu tun hatte; zu solchen Zeiten, wenn ich mich wirklich, wirklich schlecht fühlte – ich mich überhaupt nicht wie eine Person fühlte und ich kein Kleid wollte, wollte ich etwas, was kein Teil von mir war, zum Beispiel irgendwas fürs Haus.»[5]

Und Kaufsüchtige sind besonders neidisch. Erwiesenermaßen neidischer als die Normalbevölkerung.[6] In einer meiner Selbsterfahrungsgruppen erzählt eine junge, kaufsuchtgefährdete Frau, Mitte zwanzig: «Ich wache morgens auf, und schlecht geht's mir. Wie schlecht geht's mir? 800 Mark! Ich geh in die Stadt und kauf ein und bin erst zufrieden, wenn ich zwei volle Plastiktaschen hab. Vorher kann ich Leute mit vollen Plastiktaschen nicht sehn. Dann bin ich zufrieden – für den Tag.»

Wenn die Seele hungert

Was geneidet wird, sind nicht die Konsumgüter selbst. Das zeigt sich eindrucksvoll an folgendem Beispiel: Astrid, eine weitere kaufsuchtgefährdete Frau, konkurriert mit Bettina, ihrer Freundin. Beide sind wohlhabend und kaufen vor allem Kleidung, Schmuck, Kosmetika, Kunst, Mobiliar. Kaum sieht Astrid, daß sich Bettina wieder etwas Neues geleistet hat, nagt der Neid an ihr. Sie muß es auch haben. So geht das über Monate. Bettina legt vor, und Astrid zieht nach. Gelegentlich ist es umgekehrt. Aber gleich wie: Astrid ist ganz verzweifelt, weil sich ihr quälender Neid auch dann nicht legt, wenn sie dieselben begehrten Güter hat wie ihre Freundin. Damit ist der irritierende Fall gegeben, daß eine Person einer anderen ein Gut neidet, das sie selbst besitzt. In einem solchen Fall muß genau betrachtet werden, was das tatsächlich beneidete Gut ist:

Zwar mögen beide Frauen das gleiche Modellkleid besitzen. Astrid aber hat stets den Eindruck, daß das Kleid ihrer Freundin irgendwie besser sei. Vielleicht neidet sie ihr nicht das Gut, sondern die Tatsache, daß ihre Freundin es vor ihr trug. Dann müßte sich ihr Neid legen, wenn sie selbst eine Neuerwerbung voraus wäre. Aber auch das besänftigt ihren Neid nicht. Sogar wenn es ihr gelingt, den Neid ihrer Freundin zu erregen, bleibt sie selbst weiterhin neidisch. Schließlich stellt sich heraus, daß das, was sie ihr tatsächlich neidet, etwas ganz anderes ist: nämlich ihre Fähigkeit, die Güter, die sie kauft, auch zu genießen. Zumindest unterstellt sie ihrer Freundin eine solche Fähigkeit, von der sie spürt, sie selbst nicht zu besitzen. Ganz gleich, was sie auch kauft, es hilft ihr nicht, ihr Wohlbefinden zu steigern.

Ich halte diesen Fall für verallgemeinerbar. Anscheinend werden Konsumgüter geneidet. Tatsächlich aber das Wohlbefinden, das man sich von ihnen verspricht. Bleibt es aus, läßt sich sein Ausbleiben leicht auf die Güter schieben, die enttäuscht haben. Das entlastet. Denn es lenkt davon ab, nicht für das eigene Wohlbefinden sorgen zu können. Vielleicht hält ja schon das nächste Gut, was man sich von ihm verspricht.

Astrids Fall hat noch eine weitere, eine symbolische Dimension, die in einem ihrer Träume auftaucht: «Ich befinde mich in einem Raum, der vollständig ausgekachelt ist. Fußboden, Wände, Decke, überall weiße Kacheln. Steril. Ich seh mich so, wie ich heute aussehe, aber nicht größer als ein Säugling. Der Raum wird von 'ner Wand mit 'nem Glasfenster geteilt. Es ist nicht ganz durchsichtig, eher so Milchglas. Ich hab große Angst und schreie mit weit aufgerissenem Mund, aber lautlos. Vielleicht hört man nichts, weil ich mein Gesicht fest an die Scheibe presse. Hinter der Scheibe seh ich die Umrisse einer Art Liege. Auf der legt eine schöne Frau, die ist tot. Eine Leiche. Es ist wie in einem Kriminalfilm, wie in der Pathologie. Gleich kommt der Quincy [ein Gerichtsmediziner aus einer Fernsehserie] rein. Ich friere und betrachte die tote Frau. Ich bewundere ihren schönen, prallen Körper. Bis ich ihre Brüste seh. Die sind ganz ausgemergelt. So faltige Lappen wie bei einer uralten Frau, aber mit langen Brustwarzen. Ich seh das und krieg noch mehr Angst. Es ist schrecklich. Dann wache ich auf.»

Ohne diesen Traum hier in allen Einzelheiten deuten zu wollen, führe ich ihn an, weil er als ein Beleg für die Theorie des Neides verstanden werden kann, die von der Kinderanalytikerin Melanie Klein (1882–1960) formuliert worden ist.[7] Diese umstrittene Theorie behauptet: Für den Säugling sei die

Brust seiner Mutter die primäre Quelle alles Guten. Werde er enttäuscht, dann erlebe er dies so, «daß die versagende Brust die ihm vorenthaltene Befriedigung für sich selbst zurückhält». Der Säugling trachte deshalb, die Brust seiner Mutter zu zerstören. Seine Gier leere die Brust: Er versuche, sie auszusaugen, damit sie nichts Begehrenswertes mehr enthält. Sein Neid nötige ihn, sich vorzustellen, die Brust sei «vor allem [mit] böse[n] Exkrementen» gefüllt. Dadurch werde sie entwertet. So könne sie die Mutter nicht mehr zu ihrem eigenen Genuß gebrauchen. Als böse Brust werde sie dem Säugling aber gleichzeitig auch gefährlich.

Die Brust müsse enttäuschen, gleich wie eine Mutter ihren Säugling tatsächlich stille. Denn Gier und Neid seien «weitgehend angeboren». Es gebe zwar Unterschiede in ihrer angeborenen Stärke. Beide gingen erlebten Enttäuschungen aber immer voraus. So sei auch ein einfühlsames, bedürfnisgerechtes Stillen nicht in der Lage, starke Gier und starken Neid zu besänftigen. Es könne nicht verhindern, daß die Brust als böse und verfolgend wahrgenommen werde. Dagegen würden Gier und Neid noch verstärkt, wenn sich eine Mutter nicht angemessen auf ihren Säugling einstelle.

Klein beschreibt auch eine Verbindung zwischen dem Neid auf die Brust der Mutter und der Entstehung von Eifersucht, die auf der Rivalität mit dem Vater und den Geschwistern beruht. Ihnen laste der Säugling an, ihm die Quelle alles Guten streitig zu machen, die doch allein für ihn fließe. Empfinde er Eifersucht, dann verschiebe er seine Feindseligkeit von der Mutter auf die Rivalen: Im Falle des Neides werde dem Säugling das Gute von der Quelle selbst vorenthalten, im Falle der Eifersucht lediglich von anderen streitig gemacht, was leichter zu ertragen sei.

Nach Ansicht der meisten Säuglingsforscher unterstellt Klein dem Säugling eine Phantasietätigkeit, die er zu diesem frühen Zeitpunkt noch gar nicht haben kann. Indessen ist die Verknüpfung der Psychodynamik des Neides mit der ersten natürlichen Nahrungsquelle des Menschen dennoch relevant. Denn Fälle intensiven Neides vermitteln schon den Eindruck, daß das Gut, das der Neider begehrt, für ihn von existentieller Bedeutung ist. Sein Verhalten gleicht einem Säugling, der sich von Verhungern bedroht erlebt. Somit wäre es möglich, daß das begehrte Gut, worum immer es sich konkret handelt, in einer symbolischen Gleichung für die lebensspendende Brust steht.

In Astrids Traum kommt eine Reihe von Anspielungen vor, die dafür sprechen. Die Gestalt der Träumerin in der Größe eines Säuglings verweist auf den Säugling in der erwachsenen Frau. Das «Milchglas» auf Muttermilch. Und die «langen Brustwarzen» lassen sich als Hinweis auf eine stillende Mutter verstehen. Der weit aufgerissene Mund wirkt wie eine Verdichtung aus Saugen und schreiender Enttäuschung. Während die «ausgemergelten Brüste» eine entleerte Brust anzeigen. Die ganze Szene ist in einem kriminalistischen Umfeld lokalisiert, so daß sich die Frage stellt, wer wohl die Frau – deuten wir sie als stillende Mutter – mit welcher Waffe umgebracht hat? Da die Träumerin voller Angst ist und vor allem beim Anblick der entleerten Brust so erschreckt, daß sie aufwacht, dürfen wir vermuten, sie erlebe sich selbst als Täterin. Das könnte ein lebensgeschichtlich tiefverwurzeltes Schuldgefühl nahelegen, die Mutter durch den eigenen feindselig-schädigenden Neid auf das Gute, das sie bot, zerstört zu haben. Unterstellt, Astrid habe ein solches, ihr aber nicht bewußtes Schuldgefühl, dann kann man sich leicht vorstellen, wie es ihr als erwachsener Frau jeglichen Genuß verdirbt: «Heftiger Neid auf die nährende Brust stört die Fähigkeit zu vollständiger Befriedigung [...]. Die Fähigkeit, eine Befriedigung durch die Brust voll zu genießen, bildet das Fundament sowohl für alles spätere Glücklichsein wie für Lustgewinnung verschiedenster Art.»

Neid und die Unfähigkeit, für sich zu sorgen

Die kulturgeschichtlichen Wurzeln der Lebenskunst reichen zurück in die Antike. Dort ist die Kunst, das eigene Leben zu gestalten, ein praktisches Anliegen von Stoikern, Epikureern und Kynikern.[1] Kunst meint dabei zuallererst «techne», also handwerkliche Geschicklichkeit, aber auch List. Im Mittelpunkt dieses Anliegens steht die Sorge um sich: die Selbstsorge. Und die schließt Techniken ein, glücklich und zufrieden zu werden. Ihr Ziel ist «askesis». Freilich nicht die leiblich-sinnliche Genußfeindlichkeit, die wir in der christlichen Tradition mit diesem Begriff verbinden.

Zur antiken «askesis» gehört die Vorstellung von einer Distanzierung nach außen und nach innen. Nach außen ist eine kritische Distanz zu den Gütern gemeint, die unter den herrschenden gesellschaftlichen Verhältnissen als begehrenswert und damit auch als beneidenswert gelten. Der Asket nimmt sich die Freiheit, anders zu sein. Das ist die Botschaft jener berühmten Anekdote über Diogenes in der Tonne. Als Alexander der Große ihm einen Wunsch gewährt, antwortet Diogenes lapidar: «Geh mir aus der Sonne!» Sonnenschein aber gehört auch bei den antiken Griechen nicht zu den Gütern, von denen man sich konventionell Glück und Zufriedenheit erwartet. Dieser kritischen Distanz nach außen korrespondiert eine kritische Distanz nach innen: eine Distanz zu sich selbst. Sich nicht von seinem eigenen Begehren beherrschen zu lassen. Nicht verbissen nach begehrten Gütern zu streben und Personen zu beneiden, die sie besitzen. Statt dessen nimmt der Asket eine selbstironische Haltung ein, in der er die Maßlosigkeit seines Begehrens belächelt und gerade dadurch Maß halten kann.

Vor diesem kulturgeschichtlichen Hintergrund verlangt die Selbstsorge, mit begehrten, aber ungleich verteilten Gütern leben zu lernen, ohne sich seinem Neid zu überlassen. Denn Neid macht unfrei. Der Neider fesselt sich selbst an die Güter, die er begehrt. Wie ein Liebender, der nicht wahrhaben will, daß ihn die Geliebte wegen eines anderen verschmäht, kann er seinen Blick nicht von diesen Gütern lassen. Was er aber zu sehen bekommt, zieht die Fessel mit jedem Blick enger: Die Güter, die der andere besitzt, bezeugen seinen eigenen Mangel. Lassen ihn schmerzlich spüren, daß er selbst Mangel leidet.

Maßlosigkeit

Der Neider kann den Mangel an begehrten Gütern, von denen er alles Wohlbehagen erwartet, psychisch nicht integrieren. Er ist so gebannt, daß er sich weder aufmacht, sie selbst zu erwerben, noch nach alternativen Gütern in seiner Reichweite sucht, die ihn glücklich und zufrieden machen könnten. Der Neider ähnelt einem Süchtigen. Abhängig von den Gütern, nach denen er giert, kann er das, was er selbst hat, nicht genießen. Wer sich bei den Gütern, die er besitzt, ständig vorstellt, eigentlich mehr haben zu müssen, um glücklich und zufrieden zu sein, entwertet das, was er hat. Und verdirbt sich selbst den Genuß.

Der Neider müßte ein Maß finden, dessen Einhaltung ihm guttut, weil es ihn weder unterfordert noch überfordert. Aber er findet dieses Maß nicht. Denn er ist nicht fähig, sein Begehren zu relativieren. Statt dessen hält er an einer Größenphantasie fest, mit der er sich selbst schadet: der Phantasie, nur dann etwas wert zu sein, wenn er keinen Mangel leidet, da er jeden Mangel als unerträglichen Makel erlebt. Darin ist er unerbittlich gegen sich selbst. Alles oder nichts! Folglich kann er sich auch an eigenen Entwicklungsschritten nicht freuen: Denn jeder Schritt wird – gebannt durch den Blick auf die Überlegenheit des Beneideten – als zu gering abgewertet. Sogar ganz eingestellt. Annehmbar wäre nur: mit einem einzigen riesigen Schritt ihm gleich zu werden oder an ihm vorbeizuziehen.

Als Illustration mag der Fall von Siegfried König dienen, einem außerordentlich begabten jungen Chemiker. Von ihm hat mir ein Kollege erzählt, der ihn seit längerem psychotherapeutisch behandelt. Der 35jährige Patient leidet an einer «larvierten [= maskierten] Depression». Bei dieser Form von Depression tritt die depressive Verstimmung gegenüber diffusen körperlichen Symptomen in den Hintergrund. Siegfried

König klagt über Rückenschmerzen, Herzstechen und eine innere Unruhe, die ihm den Schlaf raubt.

Das Leben des jungen Chemikers ist das Projekt, in dem er in leitender Funktion arbeitet. Er kommt als erster und geht als letzter. Ständig hat er verschiedene Versuchsreihen gleichzeitig laufen. Seine Mitarbeiter fürchten die Verbissenheit, mit der er seine Ideen verfolgt. Stets muß er ihnen voraus sein und mischt sich deshalb in alles ein. Gleich, wie unwichtig eine Angelegenheit ist. Auch kann er Arbeiten nicht abgeben. Er muß sie selbst machen: Wird vereinbart, sich das Referieren neuer Untersuchungsergebnisse zu teilen, darf man sicher sein, Siegfried König hat dennoch alle Untersuchungsberichte gelesen. In seiner Phantasie braucht er niemanden, um Erfolg zu haben. Denn ein geteilter Erfolg ist für ihn ein Mißerfolg. Mit dieser Haltung entwertet er seine Mitarbeiter, die das spüren und sich deshalb von ihm abwenden. Sie setzen sich nicht länger mit seinen Ideen auseinander. Was er für respektvolle Zustimmung hält, ist Gleichgültigkeit.

Der Eindruck unerschütterlicher Selbstsicherheit, den Siegfried König erweckt, trügt. Er fürchtet Kritik. Wird er auf kleinste Unschlüssigkeiten in seinem Denken aufmerksam gemacht, erlebt er das als eine völlige Entwertung seiner Person. Er leidet unter einem Selbstbild eigener Vollkommenheit, weshalb er es nicht erträgt, ein Lernender zu sein. Alles muß er sofort und besser als andere können. Andernfalls beginnt er zu wüten, was ihm unter seinen Mitarbeitern den Spitznamen «Rumpelstilzchen» eingebracht hat. Oder er vergräbt sich tief beschämt in seinen Unterlagen, bis er – was Tage dauern kann – wieder auftaucht und die anderen mit neuen Erkenntnissen verblüfft. Diese Gefühlsschwankungen machen ihn unberechenbar.

Jeder Wissensvorsprung eines anderen erlebt Siegfried König als Bedrohung seiner Größenphantasie, auf die er mit depressiv-lähmendem Neid reagiert, den er dann unter Aufbietung aller seiner Kräfte bekämpft. Er zieht sich zurück und verschafft sich – nunmehr von ehrgeizig-stimulierendem Neid getrieben – seinerseits einen Wissensvorsprung, mit dem er seine Mitarbeiter einschüchtert. Dadurch kann er seinen feindselig-schädigenden Neid befriedigen und das Bild von sich bewahren, unerreicht zu sein.

Nicht alle Personen sind gleich neidisch. Es gibt erhebliche Unterschiede. Und die richten sich nicht nur danach, wie groß das Gefälle in der Ausstattung mit begehrten Gütern ist. Neid hat mehr mit der Wahrnehmung dieses Gefälles als mit dessen Größe zu tun. Ein geringes Gefälle kann neidischer machen als ein großes. Es kommt auf die Person und ihre Fähigkeiten an, Ungleichheit psychisch zu integrieren.

Nennen wir die Intensität, mit dem eine Person auf die wahrgenommene Ungleichverteilung eines begehrten Gutes neidisch reagiert, ihre Neidbereitschaft. Die Forschung weiß bislang recht wenig darüber, welche Bedingungen diese Bereitschaft verstärken und welche sie abschwächen. Zweifellos hängt unsere Neidbereitschaft – auch dann, wenn es für sie eine erbliche Veranlagung geben sollte – von den lebensgeschichtlichen Erfahrungen ab, die wir machen. Wie wir von Kindheit an mit Hilfe unserer Bezugspersonen gelernt haben, für uns zu sorgen. Denn in unserer Selbstsorge spiegelt sich deren Fürsorge, die zwischen den Extremen von Vernachlässigung und Verwöhnung liegt.

Es wäre vermessen, im einzelnen auflisten zu wollen, welche Erfahrungen man gemacht haben muß, um seinen Neid mehr oder weniger gut zu bewältigen. Dafür gibt es zu viele verschiedene Verläufe. Zudem kann man meist erst im Rückblick plausibel machen, wie eine bestimmte Neidbereitschaft lebensgeschichtlich entstanden ist. Lediglich zwei Bedingungsgefüge möchte ich herausstellen, die für den Zusammenhang von Neid und Selbstwert von Interesse sind:

So ist mit einer großen Neidbereitschaft zu rechnen, wenn jemand im Laufe seines Lebens ein «falsches Selbst»[2] entwickelt hat. Solche Personen dürfen sich bereits als Kinder nicht erproben, um selbst herauszufinden, wozu sie neigen und was sie am besten können. Statt dessen werden sie von ihren Familien starren Leistungsforderungen unterworfen und nur wertgeschätzt, wenn sie diese Anforderungen auch erfüllen. Als Folge davon investieren sie ihre Lebensenergie in die Erreichung von Zielen, die nicht die ihren sind. Die Betroffenen können sie selbst dann nicht zu ihren eigenen machen, wenn sie erfolgreich sind. Erfolg freut sie deshalb auch nicht. Mehr oder weniger bewußt leiden sie unter der Vorstellung, ihr Leben verfehlt zu haben. Ihr Neid ist ständig sprungbereit. Denn sie sind davon überzeugt, anderen ginge es sehr viel besser. Was sie denen neiden, ist ein vitales Lebensgefühl, das sie selbst nicht spüren. Es bei anderen zu spüren ertragen sie nicht und müssen es ihnen deshalb verderben. Erinnern wir uns an Tobias aus der Selbsterfahrungsgruppe, in der «Realisten» und «Träumer» aufeinandertrafen. Tobias dürfte eine dieser verbitterten Personen sein.

Mit einer großen Neidbereitschaft ist allerdings auch dann zu rechnen, wenn angemessene Leistungsanforderungen ausbleiben. Die «Selbstwert-Bewegung» erhebt diese Schonung zu einem Erziehungsideal, das in den letzten Jahrzehnten an Anhängern gewonnen hat. Die Bewegung beruht auf der Überzeugung, Kinder würden sich am besten entwickeln, wenn sie unbedingte Wertschätzung erfahren. Die extreme Form dieser Haltung führt jedoch zu dem Bemühen, Kindern jede Enttäuschung zu ersparen. Das schließt Neidgefühle ein, da sie einen Mangel anzeigen. Neid erscheint als so gefährlich, daß er erst gar nicht aufkommen soll. Dadurch lernen Kinder aber auch nicht, die Realität des Mangels anzuerkennen. Statt dessen entwickeln sie ein unrealistisches Selbstwertgefühl und mit ihm den Anspruch, alles, was sie begehren, auch umgehend zu erhalten: ohne den Umweg über eigene riskante, weil stets enttäuschungsanfällige Anstrengungen zu nehmen. Solange solchen Kindern und späteren Erwachsenen jeder Anspruch erfüllt wird, ist der Selbstwert, den sie für sich verbuchen, übertrieben hoch. Aber bereits kleinste Enttäuschungen pulverisieren ihn. «Wir erweisen Kindern jedoch einen furchtbar schlechten Dienst, wenn wir sie mit unverdienten Anerkennungen überschütten. Die Art von Bestätigung, die sie brauchen, kommt nur mit einer zunehmenden Fähigkeit, überindividuellen Kompetenzmaßstäben gerecht zu werden; Kinder müssen das Risiko eingehen, zu versagen und enttäuscht zu werden, sie müssen Hindernisse überwinden und sich auf die Kraftprobe mit den Schrecken, die sie umgeben, einlassen. Selbstachtung kann nicht verliehen werden, man muß sie sich verdienen. Die gegenwärtige therapeutische und pädagogische Praxis, ganz ‹Empathie› und ‹Verständnis›, versucht Selbstachtung ohne Risiko zu erzeugen. Selbst das stärkste Voodoo könnte kein Wunder dieser Größenordnung bewirken.»[3]

Wer mit einem Selbstwert lebt, der beständig zwischen Grandiosität und Minderwertigkeit schwankt, sucht die Gründe dafür, von einem begehrten Gut weniger als andere zu besitzen, auch nicht bei sich. Sondern ausschließlich bei diesen anderen. Sie werden für den eigenen Mangel verantwortlich gemacht. Gäbe es sie nicht, hätte man selbst mehr. Zumindest bräuchte man das, was man selbst hat, nicht als Mangel zu erleben. Und deshalb müssen diejenigen, die mehr besitzen, entwertet werden. Feindselig-schädigender Neid kommt dabei bevorzugt in der Geste empört-rechtenden Neides daher. Die Forderung nach mehr Gerechtigkeit bleibt jedoch lediglich eine leere Geste, da der Neider nicht bereit ist, sich einer Bewertung seiner Leistungen zu stellen. Denn er leitet – wie in Sartres Theorie des Neides – allein aus der Stärke seines enttäuschten Begehrens die Berechtigung ab, alle Güter, die er begehrt, auch zu erhalten. Damit vergibt er jedoch reale Chancen, seine Situation zu verbessern. Indem er eigene Anstrengungen aufschiebt, versäumt er es, sich auf das ihm hier und jetzt Mögliche zu konzentrieren.

Selbstsorge und Neidtoleranz

Gefühle zu tolerieren heißt: die Fähigkeit zu haben, sie bewußt in voller Intensität erleben zu können, gleich, wie schmerzlich sie auch sein mögen. Wir erleben jedes Gefühl um so irritierender, je weniger wir es aushalten. Es überflutet uns. Wir laufen Gefahr, die Kontrolle zu verlieren. Insofern ist Gefühlstoleranz ein Merkmal psychischer Stärke. Im «Aushalten» steckt eine Haltearbeit, die von Kindheit an gelernt sein will. Je schwächer die Fähigkeiten eines Kindes noch ist, desto mehr müssen ihm seine Bezugspersonen ihre Fähigkeiten zur Verfügung stellen. Sie haben die Aufgabe, ihr Kind zu halten, in welcher emotionalen Erregung es sich auch immer befindet. Halten ist dabei sowohl buchstäblich als auch im übertragenen Sinne zu verstehen: es nicht fallenzulassen. Das schließt ein, Grenzen zu setzen, die eine hemmungslose Ausbreitung der Erregung begrenzen, aber dennoch offen genug sind, um das Gefühl differenziert auszudrücken. Nur so kann es konstruktiv bewältigt werden.[1]

All das gilt auch für Neidtoleranz: die Fähigkeit, gelassen zu bleiben, wenn man feststellen muß, daß ein anderer das Gut besitzt, das man selbst begehrt. Dazu bedarf es eines stabilen Selbstwertes. Warum aber soll es überhaupt erstrebenswert sein, Neidtoleranz zu entwickeln? Weil es uns ohne diese Fähigkeit nicht möglich ist, Neid als ein Signal zu nutzen, das uns etwas über uns selbst verrät. Fehlt sie, unterdrücken wir bereits das kleinste Anzeichen eines Neidgefühles, statt zu überlegen, wie wir den Mangel, den uns der Neid anzeigt, beheben können. Vergegenwärtigt man sich den inneren Aufruhr, in den uns Neidgefühle versetzen, ist es nur zu verständlich, wenn wir vermeiden wollen, sie wahrzunehmen, um sie nicht für wahr nehmen zu müssen.

Innerer Aufruhr

«Und als ich sehen mußte, daß er meine Traumreise machen durfte, hat mir das einen Stich versetzt!» Dieser Stich wird meist in der Herzgegend lokalisiert. Auch in der Lunge. «Momentan ist mir die Luft weggeblieben, und ich hab tief durchatmen müssen.» Oder: «Ganz schön geschluckt hab ich.» Was da hinuntergeschluckt wird, damit es nicht «im Halse steckenbleibt» und «verdaut» werden kann, ist ein Gemisch aus Traurigkeit und Ärger: Traurigkeit, weil man das begehrte Gut selbst nicht besitzt, Ärger, weil es der andere besitzt. «Ich könnte vor Wut losheulen», bringt dieses Gemisch zum Ausdruck, wobei «heulen» doppeldeutig ist, sowohl Tränen als auch den Kampfschrei meint, mit dem man sich auf einen Gegner stürzt.

Angesichts dessen, daß ein anderer das Gut besitzt, das wir selbst begehren, werden wir panisch. Wir kämpfen mit uns, um die Beherrschung nicht zu verlieren. «Das muß der Neid ihm lassen», reden wir uns ein. Die bekannte Redewendung drückt unseren inneren Kampf präzise aus: Gerne würden wir unserem Ärger «Luft machen», ohne uns dafür zu interessieren, ob der andere das Gut verdient hat. Allein, daß wir es nicht besitzen, «schreit zum Himmel». Aber dann rufen wir uns wieder zur Ordnung: Der andere hat das Gut verdient. Soll er es haben. Wir gönnen es ihm, wenn auch mit «zusammengebissenen Zähnen».

Typisch ist auch der Stimmungsumschwung: «Denk ich an nichts Böses, da sehe ich, wie sich mein Kollege über seine Prämie freut. Plötzlich fühle ich mich ganz leer.» Hinzu kommen Erstarrung und Kraftlosigkeit: «Als wenn mir alles Leben aus dem Leib gezogen würde.» Diese Entleerung, die in einem Gefühl der Leere endet, ist Ausdruck einer Selbstwertkrise: Was bin ich wert, wenn ich das begehrte Gut nicht habe? Und mich erschreckt, daß ich vielleicht weniger wert bin als andere. Vielleicht habe ich das auch schon immer geahnt und mir nur nicht eingestehen wollen. Jetzt aber ist es offensichtlich.

Um eine solche krisenhafte Entwicklung zu stoppen, bleibt oftmals nur demonstrative Gleichgültigkeit: «Ob andere Erfolg haben, was soll mich das kümmern!» Mühsam kämpfen wir unser enttäuschtes Begehren nieder, um unseren Neid zu besänftigen. Daß es dabei tatsächlich um Neid geht, zeigt sich meist an unserer fehlenden Gelassenheit. Der Neid «bohrt»: Immer und immer wieder muß die Selbstberuhigung erneuert werden. Es gelingt uns nicht, davon abzusehen, daß der andere das begehrte Gut besitzt. Im Gegenteil: Wir fühlen uns gezwungen hinzusehen, um uns dann aber einzureden, daß das, was wir zu sehen bekommen, nichts mit uns zu tun hat: «Und überhaupt. Wenn ich gewollt hätte, aber ich hab ja nicht gewollt.»

Gefühlsregeln

Der innere Kampf, den wir mit unseren Neidgefühlen kämpfen, ist nicht unabhängig von der Gefühlskultur der Gesellschaft oder sozialen Gruppe, in der wir aufgewachsen sind und leben. Schließlich zeigen alle unsere Gefühle eine soziokulturelle Prägung. Allerdings muß uns diese Prägung ebensowenig bewußt sein wie die Prozesse, die in unserem Organismus ablaufen, wenn wir ein bestimmtes Gefühl fühlen. Gefühlskulturen geben Regeln – Konventionen, Normen, Tabus – vor, die wir von Kindheit an verinnerlichen. Gefühlsregeln sind Regeln, die in die Entstehung und Mitteilung von Gefühlen eingreifen.[2]

So gibt es Regeln, die den expressiven Signalen gelten: der Mimik und den Gesten. Sie schreiben vor, welches Gefühl wie zum Ausdruck gebracht werden darf. Darf man es überhaupt zum Ausdruck bringen? Ein besonderer Fall solcher Ausdrucksregeln sind Regeln, die vorschreiben, ob über Gefühle gesprochen werden darf. Und wenn ja, mit welchen Worten dies zu geschehen hat. Während es diese Regeln offenlassen, was jemand tatsächlich fühlt, greifen andere Regeln sehr viel tiefer in das Erleben ein. Sie schreiben vor, in welcher Situation von wem welches Gefühl erwartet werden darf und welche Gefühle in dieser Situation dagegen verpönt sind. Und schließlich gibt es Regeln, die vorschreiben, wie eine Person zu behandeln ist, die ein bestimmtes Gefühl zum Ausdruck bringt.

Wie steht es um die Gefühlsregeln des Neides? Daß es sie gibt, dafür haben wir bei unserem Streifzug durch die Kulturgeschichte des Neides zahlreiche Belege gefunden. Die zentrale Regel verlangt, nicht neidisch zu sein, wenn es der andere verdient hat, mehr von dem begehrten Gut zu besitzen. Zumindest seinen Neid nicht zu zeigen. Ihn nicht zu zeigen kann zwar über die wahren Gefühle hinwegtäuschen. Einen neidfreien Ausdruck in einer neiderregenden Situation zustandezubringen belegt aber mindestens, seinen Neid beherrscht zu haben. Und hilft somit, die Situation zu entschärfen. Dies gilt vor allem für feindselig-schädigenden Neid. Für ehrgeizig-stimulierenden Neid sind die Regeln milder. Er darf gezeigt werden, solange die aufrichtige Bewunderung für ein Vorbild überwiegt, dem man nachzueifern beabsichtigt. Um empört-rechtenden Neid zeigen zu dürfen, muß jemand gute Gründe für die Ungerechtigkeit der neiderregenden Güterverteilung anführen. Schließlich depressiv-lähmender Neid: Solange er ohne anklagenden Unterton ausgedrückt wird, darf man auch ihn zeigen.

Bleiben wir bei feindselig-schädigendem Neid: Wer sich um dessen Beherrschung bemüht, darf seinerseits erwarten, daß andere nichts tun, um seinen Neid zu erregen. Sie dürfen stolz darauf sein, mehr von dem begehrten Gut zu besitzen. Aber nicht damit prahlen. Unter Umständen darf von ihnen sogar erwartet werden, daß sie jemandem, der von dem begehrten Gut weniger besitzt, ein Stück weit entgegenkommen, damit er die Ungleichheit leichter erträgt: z. B. dadurch, daß sich der Beneidete großzügig zeigt.

Auch wenn dies der Kernbestand der Gefühlsregeln sein mag, der für Neid gilt, so läßt er sich doch nicht genau festlegen. Denn wie alle Regeln, so sind auch Gefühlsregeln veränderbar. Welche Gefühlsregeln zu einem bestimmten Zeitpunkt in einer bestimmten sozialen Gruppe oder Gesellschaft gelten, muß jeweils neu geprüft werden. Man erkennt sie daran, wie andere Mitglieder derselben sozialen Gruppe oder Gesellschaft – vor allem unbeteiligte Dritte – reagieren, wenn sie mit Neid konfrontiert sind.

Zeigt jemand feindselig-schädigenden Neid, muß er mit Sanktionen rechnen. Man macht ihm Vorwürfe, neidisch zu sein. Diese Vorwürfe zielen darauf ab, Schamgefühle und Schuldgefühle hervorzurufen: Der Neider soll sich seines «blanken» Neides schämen. Und sich schuldig fühlen. In beiden Gefühlen meldet sich sein Gewissen. Allerdings auf je eigene Art:[3] Schamgefühle verweisen darauf, hinter einem Ideal zurückgeblieben zu sein. Es verfehlt und deshalb persönlich versagt zu haben. Ein solches Ideal wäre etwa die Neidfreiheit, wie sie uns in der christlichen Tradition begegnet. Im Unterschied dazu entstehen Schuldgefühlen, wenn man die persönliche Integrität einer anderen Person verletzt. Sogar bereits dann, wenn man in Kauf nimmt, sie zu verletzen, oder sie zu verletzen beabsichtigt. Meist wirken Schamgefühle und Schuldgefühle zusammen, da das Ideal der Neidfreiheit nicht zuletzt die Unterdrückung von Ärger und Wut samt der durch sie vermittelten aggressiven Handlungen verlangt.

Wir alle haben hinsichtlich unseres Neides eine Sanktionsgeschichte, die im Elternhaus beginnt, das uns die geltenden Gefühlsregeln beibringt. Je unnachgiebiger die elterlichen Forderungen nach Neidfreiheit durchgesetzt worden sind, desto unerträglicher wird es, sich selbst als neidisch zu erleben. Sofort halten Schamgefühle und Schuldgefühle dagegen. Dadurch kommt zu dem erlebten Ungenügen, den der mangelnde Besitz eines begehrten Gutes anzeigt, noch das moralische Ungenügen hinzu, seinen Neid nicht beherrschen zu können.

Demaskierung

Wenn die geltenden Regeln verlangen, feindselig-schädigenden Neid zu beherrschen, dann dient das den sozialen Beziehungen. Denn unsere Beziehungen kommen nicht ohne ein Mindestmaß an wechselseitigem Vertrauen aus. Das verlangt jedem die riskante Bereitschaft ab, es den anderen vorzuschießen. Riskant ist sie deshalb, weil sie jederzeit enttäuscht werden kann. Solange wechselseitiges Vertrauen besteht, unterstellt jeder jedem, daß der andere, wenn schon nicht neidfrei, so doch fähig ist, seinen Neid unschädlich zu machen. Man kann auch sagen: Jeder unterstellt jedem, fair zu sein. Mithin die Ungleichverteilung begehrter Güter anzuerkennen, wenn sie nicht ungerecht ist.

Wer seinen feindselig-schädigenden Neid nicht zu beherrschen vermag, zerstört dieses Vertrauen. Es wird ihm nicht länger selbstverständlich vorgeschossen. Mit dem Neid zieht Mißtrauen in die sozialen Beziehungen ein. Breitet es sich aus, beginnt jeder, jedem zu unterstellen, neidisch zu sein, ohne es offen zu zeigen. Dann sind alle darauf aus, den Neid der anderen zu demaskieren.

Tatsächlich zwingen die geltenden Gefühlsregeln dazu, den Neid, der erlebt wird, aber nicht gezeigt werden darf, zu maskieren. Und das um so mehr, je stärker diese Regeln versuchen, Neidfreiheit durchzusetzen. Auf diese Weise wird, wie Arthur Schopenhauer (1788–1860) betont, der Neid «ein unerschöpflicher Erfinder von Listen, Schlichen und Kniffen, sich zu verhüllen und zu maskieren, um ungesehn seinen Gegenstand zu verwunden. Da wird er z. B. die Vorzüge, welche sein Herz zerfleischen, mit unbefangenster Miene ignorieren, sie gar nicht sehn, nicht kennen, nie bemerkt, noch davon gehört haben, und wird so im Dissimulieren [= Verheimlichen] einen Meister abgeben. Dabei aber wird er, vor allen Dingen, bemüht sein, durch heimliche Machinationen [= Machenschaften], jenen Vorzügen alle Gelegenheit, sich zu zeigen und bekannt zu werden, sorgfältig zu entziehn. Sodann wird er über sie, aus dem Finstern, Tadel, Hohn und Spott aussenden. Nicht weniger wird er unbedeutende Menschen, oder auch das Mittelmäßige, ja Schlechte, in derselben Gattung von Leistungen, enthusiastisch loben.»[4] Letztlich aber helfe der Neid selbst mit, sich zu demaskieren: «Ihn verrät schon die Scheu und Flucht vor seinem Gegenstande [...] ihn verrät sein Haß ohne allen Anlaß, der bei der geringsten, ja oft nur eingebildeten Gelegenheit, zur heftigsten Explosion kommt.»

Indessen sind nicht alle Masken bewußt. Wenn Neid tabuisiert wird, hält ihn der Neider nämlich nicht nur vor anderen, sondern – um ihn nicht dauernd spüren zu müssen – auch vor sich selbst geheim. Es kommt zu einer Spaltung: Die Neidgefühle werden vom Bewußtsein ferngehalten. Dann handelt jemand neidisch, ohne daß er selbst erlebt, neidisch zu sein. Direkt darauf angesprochen, wird er es vermutlich sogar bestreiten. Nicht, daß er lügt. Er täuscht sich über seine wirklichen Gefühle. Sein Bewußtsein bleibt hinter seinem Handeln zurück. Freilich kann ihm sein Neid wieder bewußt werden, wenn er – und sei es mit der professionellen Hilfe etwa eines Psychotherapeuten – genau beobachtet, wie er handelt.

So erleben Frauen meist die Traurigkeit – die depressive Seite – ihres Neides bewußt, während sie Ärger und Wut – die aggressive Seite – eher bewußtseinsfern halten. Bei Männern ist es umgekehrt: Sie halten meist die Traurigkeit bewußtseinsfern, während sie Ärger und Wut bewußt erleben.[5] Frauen wehren mit depressiv-lähmendem Neid feindselig-schädigenden Neid ab, während sich Männer in feindselig-schädigenden Neid flüchten, um depressiv-lähmenden Neid nicht ertragen zu müssen.

Die Masken, die den Neid am nachhaltigsten unsichtbar machen, sind die «Saure Trauben-Reaktion» und die reaktive Bedürfnislosigkeit. Die *Saure Trauben-Reaktion* erinnert ihrem Namen nach an die antike Fabel vom Fuchs und den Trauben. Solange der Fuchs glaubt, er könne die Trauben erreichen, erscheinen sie ihm süß, und das Wasser läuft ihm im Maul zusammen. Als er erkennen muß, daß sie ihm doch zu hoch hängen, werden aus den süßen Trauben umgehend saure. Da der Fuchs die Welt nicht verändern kann, ändert er eben seine Wahrnehmung der Welt: Der Neider redet sich ein, daß er das Gut gar nicht begehrt, um das er den anderen beneidet. Er leugnet dieses Begehren. Gelegentlich kommt eine Flucht in Größenphantasien hinzu. Je grandioser sein ideales Selbst ist, desto wahrscheinlicher wählt der Neider diese Form, seine Verleugnung abzusichern. Wie im folgenden klinischen Beispiel:

Ein sexuell sehr gehemmter Patient beobachtet auf einem Fest einen anderen Mann, der die Volltrunkenheit eines Freundes ausnutzt, um dessen attraktive Freundin sexuell zu bedrängen. Er reagiert mit einer moralischen Entrüstung. Als ihn sein Therapeut aber darauf anspricht, ob er nicht vielleicht selbst die Frau begehrt und deshalb auf den Mann neidisch gewesen sei, antwortet der Patient: «Irgendwie schon. Aber eigentlich ist der mir zu dürftig, und diese dumme Punze noch viel mehr. Eigentlich hätte die mich mit ihren dicken Beinen auch gar nicht interessiert. Die zu kriegen ist auch nicht so schwer, denn die war schon eine ziemliche Nutte. – Ich werde zu so einer Fete nicht mehr gehen. Die sind selbst schuld, wenn ich zu solchen Feten nimmer gehe. Das war gut, daß ich mit den beiden nicht geredet habe. Die können mir eh das Wasser nicht reichen, weil ich mal was Aufsehenerregendes bringen werde.»[6]

Zunächst wertet der Patient den Mann und die Frau – wenn man so will: das begehrte Gut und seinen Besitzer – ab. Wertlos aber sind sie nicht mehr begehrenswert, weshalb sollte er sie also begehren. Nachdem er auf diese Weise sein Begehren

nach sexuellen Kontakten verleugnet, mithin die sprichwört-
lichen Trauben sauer geredet hat, beginnt er, sich selbst aufzuwerten. Der eigentlich begehrenswerte Mann ist er, auch
wenn das die anderen zu ihrem eigenen Schaden noch nicht
erkennen. Das Bedürfnis des Patienten, sich als großartig darzustellen, belegt aber nur, wie sehr er darum kämpft, vor sich
selbst und anderen nicht als minderwertig oder gar als wertlos
zu erscheinen.

Reaktive Bedürfnislosigkeit ist noch radikaler: Sie liegt vor,
wenn der Neider leugnet, überhaupt zu begehren. Und infolgedessen auch nicht mehr erlebt, daß er begehrt. Diese Maske
des Neides kann moralisch überhöht sein. Dann verklärt der
Neider seine Bedürfnislosigkeit zu einer beseligenden Tugend,
handelt sich dadurch aber letztlich ein psychisch verarmtes
Leben ein. In diesen Zusammenhang gehört auch das para-
doxe Phänomen des «reflexiven Neides».[7] Andere werden lediglich «um das dubiose Talent [beneidet], noch neiden zu
können, noch ein ‹Fehlen› empfinden zu können». In diesem
paradoxen «Neid auf die Neid-Fähigkeit des anderen» wird
einmal mehr eine positive Funktion des Neides deutlich: Er
zeigt Begehren an. Mehr noch: eine gehemmte Vitalität und
Kreaktivität, die ihrer Freisetzung harrt. Will der Neider sein
Wohlbefinden steigern, muß er sich seinem Mangel stellen.

Aus eigenen Neidgefühlen lernen

Sind wir psychisch stark genug, unseren Neid zu tolerieren,
kann er als Signal dienen, das unsere Selbsterkenntnis erweitert. Er liefert uns Aufschluß über unseren Selbstwert, unseren
Ehrgeiz und unser Gerechtigkeitsempfinden. Regt uns zu prüfen an, ob uns die Ziele, die wir im Leben verfolgen, angemessen sind. Oder ob wir nicht einen anderen Lebensentwurf aus-
probieren sollten, der uns vielleicht glücklicher und zufriedener macht.

Der Mangel, auf den Neidgefühle verweisen, kann aufheb-
bar oder unaufhebbar sein. Ein *aufhebbarer* Mangel liegt vor,
wenn das begehrte Gut prinzipiell in unserer Reichweite ist.
Dann können wir ihn beheben. Zu diesem Zweck müssen wir
unseren Neid als ehrgeizig-stimulierenden Neid nutzen, der

unsere Kräfte mobilisiert. Müssen unsere Alles-oder-nichts-Vorstellung durch die Vorstellung eines schrittweisen Erwerbs des begehrten Gutes ersetzen. Das gelingt uns jedoch nur, wenn wir unsere Größenphantasien auf unser aktuelles Entwicklungspotential abstimmen. Denn dann gewinnen wir ein Vertrauen in die Wirksamkeit unserer eigenen Anstrengungen, über die sich ein stabiler hoher Selbstwert aufbaut. Und das besänftigt unseren feindselig-schädigenden Neid. Somit müssen wir andere, die wir um ein begehrtes Gut beneiden, nicht länger entwerten, sondern können sie als bewunderte Vorbilder für eigene Entwicklungsziele nutzen.

Bei einem *unaufhebbaren* Mangel läßt sich dagegen nur die Einstellung dem Mangel gegenüber verändern. Vorrangig geht es darum, ihn nicht länger als beschämenden Makel zu erleben. Zu diesem Zweck muß ein Trauerprozeß in Gang kommen, in dessen Verlauf wir uns mit der kränkenden Tatsache aussöhnen, daß andere über das Gut verfügen, das wir begehren. Wir müssen uns bescheiden. Nicht selten macht erst eine gewonnene echte Bescheidenheit die Wahrnehmung frei: Wir erkennen, daß unser Mangel kein umfassender ist, sondern nur so lange so erscheint, wie wir uns an Güter fesseln, die uns unerreichbar sind. Erst wenn dieser Bann gebrochen ist, können wir in alternative Güter investieren. Können uns in Bereichen weiterentwickeln, die wir bisher sträflich vernachlässigt haben, obwohl wir in diesen Bereichen über unausgeschöpfte Möglichkeiten verfügen, unser Wohlbefinden zu steigern.

In den «Verlorenen Illusionen» (1837–39) hat Honoré de Balzac (1799–1850) Neid als die «abscheuliche Zuflucht für unsere getäuschten Hoffnungen, unsere versagenden Talente, unsere verfehlten Erfolge, unsere zurückgewiesenen Ansprüche»[8] bestimmt. Damit ist der Weg für eine konstruktive Neidbewältigung vorgezeichnet: Wir sind gut beraten, Enttäuschungen zu überwinden und Hoffnung gegen die Möglichkeit oder gar Wahrscheinlichkeit zu bewahren, erneut enttäuscht zu werden. Zudem: sich auf diejenigen unserer Talente zu besinnen, die uns befähigen, herausfordernde Ziele zu verfolgen, die so realistisch sind, daß wir sie auch erreichen. Und weiterhin: Ansprüche zu erheben, die andere anerkennen können, weil wir sie mit ihren Ansprüchen vermittelt haben. Schließlich sind wir gut beraten, gelassen zu bleiben und es uns selbst nachzusehen, hin und wieder neidisch zu sein. Sowie uns auch dann nicht aus der Ruhe bringen zu lassen, wenn man uns beneidet.

Zwar wäre es fatal, Neid zu verharmlosen. Dafür gibt es zu viele Zeugnisse für seine destruktive Macht. «Wer sich vor [...] Neid [...] fürchtet, ist deshalb noch kein Feigling»,[9] schreibt bereits der griechische Philosoph Aristoteles (384 v. Chr.–322 v. Chr.) in seiner «Nikomachischen Ethik» (322 v. Chr.) zu Recht. Indessen vergiftet nicht nur unser Neid unsere Beziehungen. Die schnelle Unterstellung, andere seien neidisch, nur weil sie uns kritisch sehen, ist nicht weniger giftig. Nicht selten verbirgt nämlich ein Neidvorwurf gegen andere nur notdürftig den eigenen Neid, der darauf spekuliert, daß die anderen auf seine Maske einer überlegenen Moralität hereinfallen. Gottfried Keller (1819–1890) hat in seinem autobiographischen Roman «Der grüne Heinrich» (1854–55) in der Figur des «Wurmlinger» einen Prototypen für dieses Verhalten skizziert: Dieser Mann fällt auf, weil «sein drittes Wort immer ‹Neid› war. Er versicherte, sich in einer ewig glückseligen moralischen Überlegenheit zu befinden, und sah daher in jedem Blatte, das nicht nach seiner Weise säuselte, einen neidischen Widersacher, und die ganze Welt war nur ein von Neid zitternder Wald für ihn. Widersprach ihm jemand, so schrieb er jeden Widerspruch dem Neide zu; schwieg man während seiner Vorträge, so wurde er wütend und konnte kaum das Weggehen des Schweigenden abwarten, um denselben des Neides zu beschuldigen, so daß seine ganze Rede durch das unaufhörlich wiederkehrende Wort Neid recht eigentlich zum tönenden Gesange des Neides selbst wurde.»[10]

Dem Neid, den wir bei anderen erregen, gelassen zu begegnen, setzt voraus, auf die eigene privilegierte Güterausstattung stolz sein zu können. Aufrichtig stolz. Denn falscher Stolz entspricht einem übersteigerten Selbstwertgefühl und ist die schlecht sitzende Maske, die über Minderwertigkeitsgefühle hinwegtäuschen soll. Infolgedessen mischt sich in den Gebrauch der beneidenswerten Güter immer eine Spur von Prahlerei. Sie läßt ahnen, daß wir uns selbst als Hochstapler fühlen. Unsere Angst vor dem Neid, den wir erregen, verringert sich erst dann auf ein realistisches Maß, wenn wir davon überzeugt sind, unsere privilegierte Güterausstattung verdient zu haben. Und trotzdem großzügig bleiben, weil wir wissen, daß es in den Wechselfällen des Lebens kaum einen Verdienst ohne schicksalhafte Begünstigung gibt.

Schließlich sind wir gut beraten, uns Bezugspersonen zu suchen, die nicht allzu neidisch sind. Zumindest sollten sie ihren feindselig-schädigenden Neid beherrschen können. Das ist leichter gesagt als getan. Denn es bedarf der Entwicklung eines neidtoleranten Beziehungsklimas, in dem Neid nicht vorschnell moralisiert wird, weil das alle dazu zwingt, ihn voller Schamgefühle und Schuldgefühle zu verschweigen. Statt dessen muß zur Sprache kommen dürfen, wer wem welche Güter neidet. Neid hemmt nämlich nicht nur die Vitalität und Kreativität der einzelnen Personen, sondern der Gruppe insgesamt. Sind wir nicht fähig und bereit, uns dem Neid zu stellen, der unter uns entsteht, kann unser Miteinander auch keine «zündenden Funken» schlagen: Aus Angst vor der destruktiven Seite des Neides verspielen wir die Chancen, die seine konstruktive Seite bietet. Um sie nutzen zu können, müssen wir alle eine riskante Vorleistung erbringen: das wechselseitige Vertrauen, niemand werde wegen seiner Neidgefühle ausgegrenzt.

Lassen Sie mich mit einem letzten Blick in eine meiner Selbsterfahrungsgruppen enden. Das beschriebene Geschehen mag als abschließende Parabel dienen: Frau Will erträgt es nicht, wenn in einer Sitzung alle durcheinanderreden. Sie reagiert darauf völlig verstört und appelliert an mich, dafür zu sorgen, daß jeder ausreden darf. Hat sie selbst das Wort, spricht sie lange, ungeheuer schnell, ohne Punkt und Komma. Als jüngstes von sieben Geschwistern leidet sie immer schon unter der Angst, zu kurz zu kommen. Da sie sich Neidgefühle aber verbietet, kann sie ihre Wut gegen andere, mit denen sie rivalisiert, nur entstellt zum Ausdruck bringen. Durch ihr monologisierendes Reden schottet sich Frau Will so ab, daß die anderen Gruppenteilnehmer sie nur erreichen, indem sie ihr ins Wort fallen. Geschieht dies, fühlt sie sich in ihrer Wahrnehmung bestätigt, immer wieder Übergriffe erleiden zu müssen.

Als Frau Will im Verlauf des Gruppenprozesses ihre Neidgefühle zuzulassen beginnt, gerät sie in Panik. Sie hat die Phantasie, daß ihr Neid die Gruppe und letztlich sie selbst zerstören werde. Deshalb bittet sie mich einmal, noch in der Sitzung nach einer fehlenden Teilnehmerin zu telefonieren, da diese sicher schwer krank – durch sie gekränkt – sei. Ein anderes Mal vergißt ein verspäteter Gruppenteilnehmer die Tür zu schließen; sofort springt Frau Will auf, um dies nachzuholen, wobei sie sich nachdrücklich versichert, daß die Tür auch fest verschlossen ist. Es wird nicht ganz klar, ob sie andere hinauszuwerfen wünscht oder Angst hat, selbst hinausgeworfen zu werden.

Zu Beginn der folgenden Sitzung erzählt Frau Will einen Angsttraum, in dem sie sich in einem Raum befindet, wo der Putz von den Wänden bröckelt und das Mobiliar zerfressen ist. Dazwischen hocken einige zerlumpte Gestalten auf Pappkoffern. Die Gruppe versteht, daß es sich um einen Gruppentraum handelt. Seine Deutung will ihr aber nicht gelingen. Mir dagegen scheint er weniger rätselhaft zu sein: Frau Will bietet der Gruppe ein Traumbild an, das die Gruppenteilnehmer als Flüchtlinge darstellt. Als Vertriebene, die ihre Heimat verloren haben. Dieses Bild entspricht ihrer Angst, ihr Neid könnte die Gruppe ins Elend stürzen. Darüber hinaus ist es vielleicht aber auch ein Bild nicht nur für ihren eigenen Neid: Dann wären die zerlumpten Gestalten auf den Pappkoffern die Gruppenteilnehmer, die allesamt Mangel leiden und einander neidisch beargwöhnen, statt sich fürsorglich umeinander zu kümmern. Was sie deshalb wohl von mir erwarten.

Da ich ihnen den Traum nicht deute, schweigen sie. Nach einigen Minuten kramt Frau Zoll, die neben mir sitzt, eine Tüte Bonbons aus ihrer Tasche, nimmt eines heraus und gibt sie dann an den nächsten Teilnehmer weiter. Von dort aus macht die Tüte die Runde. Jeder bedient sich. Zuletzt halte ich sie in Händen und bedeute der Gruppe schmunzelnd, daß sie den Traum wohl nicht nur verstanden, sondern auch gleich tatkräftig ihre Lehre aus ihm gezogen hätte: Mit ihrer Aktion symbolisieren die Gruppenteilnehmer eine verläßliche Gruppengrenze. Diese Grenze umschließt einen sozialen Raum, der ihnen allen trotz ihrer Neidgefühle auch Gutes zu bieten hat. Sie versichern einander, darauf zu achten, daß keiner von ihnen zu kurz kommt.

Anmerkungen

Allgegenwärtiger Neid

1   B. Mandeville (198c). Die Bienenfabel. Frankfurt am Main,
    S. 177.
2   G. M. Foster (1972). The anatomy of envy. Current Anthropology,
    13 (2), S. 165–186.
3   G. Forster (1958). Ansichten vom Niederrhein. Berlin, S. 327.
4   A. Schopenhauer (1999). Parerga und Paralipomena. Bd. 2. Zü-
    rich, S. 197.
5   G. W. Leibniz (1904). Neue Abhandlungen über den menschlichen
    Verstand. Leipzig, S. 243.
6   A. de Tocqueville (1987). Über die Demokratie in Amerika. Zürich,
    S. 354.

Bestimmungsmerkmale und Erscheinungsformen

1   I. Kant (1977). Die Metaphysik der Sitten. Frankfurt am Main,
    S. 443 f. (§ 36).
2   M. Silver und J. Sabini (1978). The perception of envy. Social Psy-
    chology Quarterly, 41, S. 105–117.
3   F. Bacon (1999). Über den Neid. In derselbe, Essays (S. 24–30).
    Stuttgart, S. 44.
4   A. v. Arnim (1989). Die Kronenwächter. Bd. 2. Frankfurt am
    Main, S. 393. Vgl. auch R. E. López-Corvo (1992). About inter-
    pretation of self-envy. International Journal of Psycho-Analysis, 73, S.
    719–728.

Brisante Verwandte: Neid und Eifersucht

1   R. H. Smith, S.-H. Kim und W. Parrot (1988). Envy and jealousy.
    Semantic problems and experimental distinctions. Personality and
    Social Psychology Bulletin, 14 (2), S. 401–409.
2   B. de Spinoza (1982). Die Ethik. Stuttgart, Lehrsatz 35.
3   W. Shakespeare (1989). Othello. In derselbe, Stücke. Bd. 3, Berlin.
4   A. Boito (1981). Kommentiertes Personenverzeichnis zu «Othel-

lo». In A. Csampai und D. Holland (Hg.), Giuseppe Verdi: Othello (S. 193–209). Reinbek, S. 193.

Das christliche Ideal der Neidfreiheit

1 Th. Fontane (1998). Der Stechlin. Kritische Ausgabe. Frankfurt am Main, Basel, S. 376.
2 Exodus 20, 17.
3 Buch der Weisheit 2, 24.
4 J. Milton (1968). Das verlorene Paradies. Stuttgart, S. 47.
5 Gregor von Nyssa (1927). Schriften. München, S. 167.
6 C. Andresen (Hg.) (1969). Lexikon der Alten Welt. Zürich, Stuttgart. Artemis. Stichwort «Phthonos Theon».
7 Zit. n. Th. Rakoczy (1996). Böser Blick, Macht des Auges und Neid der Götter. Tübingen, S. 73 ff.
8 F. Schiller (1992). Der Ring des Polykrates. In derselbe, Werke und Briefe. Bd. 1. Frankfurt am Main, S. 85 ff.
9 Genesis 2, 16 f.
10 Basileios der Große (1909). Die Predigten. 11. Predigt: Über den Neid. Leipzig.
11 Tertullian, De virginibus velandis, zit. n. Rakoczy, Böser Blick, S. 223 ff.
12 Römer 1, 32.
13 Galater 5, 19 ff.
14 U. Boner (1844). Der Edelstein. Leipzig, S. 30 ff. (XX, 49–51, 55–58).
15 Psalmen 53, 2.
16 S. Brant (1998). Das Narrenschiff. Stuttgart, Kapitel 53.

Der Kain-Komplex:
Neidbewältigung als Ursprung der Zivilisation

1 Genesis 4, 1–17. – Vgl. auch J. Ebach (1998). Kain und Abel in Genesis 4. In U. Kienzle (Hg.), Kain und Abel. Frankfurt am Main.
2 H. Melville (1980). Billy Budd. Stuttgart.

Ausdrucksformen des Neides

1 Vgl. K. R. Scherer (Hg.) (1990). Facts of emotions. Hillsdale.
2 Vgl. R. Plutchik (1994). The psychology and biology of emotions. New York.

3 Vgl. A. Ortony und T. J. Turner (1990). What's basic about basic emotions? Psychological Review, 97, S. 315–331.
4 Vgl. J. R. Averill (1980). A constructivist view of emotion. In R. Plutchik und H. Kellerman (Hg.), Theories of emotions. New York.
5 R. B. Hupka, Z. Zaleski, J. Otto, L. Reidl und N. V. Tarabrina (1996). Anger, envy, fear, and jealousy as felt in the body: A five-nation study. Cross-Cultural Research, 30 (3), S. 243–264.
6 Th. Fontane (1973). Frau Jenny Treibel. In derselbe, Romane und Erzählungen. Bd. 4. Berlin, S. 46 (3. Kap.)
7 Ch. Darwin (1986). Der Ausdruck der Gemütsbewegungen bei dem Menschen und den Tieren. Nördlingen, S. 267.
8 Ovid (1982). Metamorphosen. Stuttgart, S. 84 (2, 776).

Der böse Blick

1 Vgl. C. Maloney (Hg.) (1976). The evil eye. New York.
2 Horaz, zit. n. Rakoczy, Böser Blick, a. a. O., S. 56.
3 Galater 3, 1.
4 Basileios der Große, Neid-Predigt, a. a. O.
5 Dante Alighieri (1975). Die göttliche Komödie. Leipzig, S. 184 (13. Gesang, Zeile 70–73, 135).
6 Bacon, Über den Neid, a. a. O., S. 24.
7 Plautus, zit. n. Bacon, Der Neid, a. a. O., S. 26.
8 A. Freiherr v. Knigge (1977). Über den Umgang mit Menschen. Frankfurt am Main, S. 193 f. (5, 10).
9 F. Ebhardt (1878). Der gute Ton in allen Lebenslagen, zit. n. H.-V. Krumrey (1984). Entwicklungsstrukturen von Verhaltensstandarden. Frankfurt am Main, S. 264.
10 R. Girtler (1999). Bösewichte. Wien, S. 196.
11 Zit. n. J.-P. Sartre (1977). Der Idiot der Familie. Bd. 1. Reinbek bei Hamburg, S. 450.

Neid und Schadenfreude

1 Schopenhauer, Parerga und Paralipomena 2, a. a. O., S. 196.
2 Thomas von Aquin, Summa theologica-Supplement, zit. n. P.-A. Bernheim und G. Stavrides (1992). Welt der Paradiese – Paradiese der Welt. Zürich, S. 193 f.
3 S. Kierkegaard (1924). Leben und Walten der Liebe. Jena, S. 264.
4 K. Ph. Moritz (1979). Anton Reiser. Frankfurt am Main, S. 164 f.
5 F. Nietzsche (1960), Werke. Bd. 1. Darmstadt, S. 890.

6   R. H. Smith, T. J. Turner, R. Garonzik, C. W. Leach, V. Urch-
    Druskat und Chr. M. Weston (1996). Envy and *Schadenfreude*.
    Personality and Social Psychology Bulletin, 22 (2), S. 158–168.

Neid und Rache

1   G. E. Lessing (1975). Hamburgische Dramaturgie. Berlin, Weimar,
    S. 153 (14. August 1767).
2   E. Fromm (1980). Anatomie der menschlichen Destruktivität. In
    derselbe, Gesamtausgabe. Bd. 7. Stuttgart, S. 247 f.
3   S. Freud (1960). Totem und Tabu. In derselbe, Gesammelte Werke.
    Bd. 8. Frankfurt am Main, S. 89.
4   A. Bruno (1995). Sieben. Das Buch nach dem Film. München.

Neid und Ressentiment

1   Vgl. L. Wurmser (1990). Zur Psychoanalyse des Ressentiments. In
    Chr. Rohde-Dachser (Hg.), Zerstörter Spiegel. Göttingen, S. 57
    (Definition).
2   M. Scheler (1955). Das Ressentiment im Aufbau der Moralen.
    Berlin, S. 36.
3   Nietzsche, Werke. Bd. 2, a. a. O., S. 865.
4   Vgl. A. Mahler-Bungers (1999). Sprachanalytische Aspekte pro-
    jektiver Neidabwehr. Am Beispiel von Richard Wagners Schrift
    «Das Judentum in der Musik». Jahrbuch für Gruppenanalyse, 4,
    S. 111–135.
5   H. Rosenfeld (1984). Narzißmus und Aggression. DPV-Arbeitsta-
    gung Wiesbaden vom 21.–24. November, S. 79 f.
6   Nietzsche, Werke. Bd. 2, a. a. O., S. 782 f.
7   B. Brecht (1977). Die sieben Todsünden der Kleinbürger. In der-
    selbe, Gesammelte Werke. Bd. 7. Frankfurt am Main, S. 2869 ff.

Neid und Mitleidlosigkeit

1   J.-J. Rousseau (1963). Emile oder über die Erziehung. Paderborn,
    S. 242 f.
2   Bacon, Über den Neid, a. a. O., S. 28.
3   1 Könige 3,16–28.

Neid und Zynismus

1   Cummings, zit. n. G. R. Hocke (1978). Europäische Tagebücher
    aus vier Jahrhunderten. Wiesbaden, München, S. 918.
2   H. Heine (1975). Misere. In derselbe, Sämtliche Schriften. Bd. 6/1.
    Darmstadt, S. 332 f.
3   Nietzsche, Werke. Bd. 1, a. a. O., S. 1190.
4   Nietzsche, Werke. Bd. 2, a. a. O., S. 502.

Selbstwertschutz: Neid als Bewältigungsmechanismus

1   A. Adler (1947). Menschenkenntnis. Zürich, S. 178.
2   P. Shaffer (1982). Amadeus. Frankfurt am Main.

Die Kehrseite:
Selbstvergiftung und Selbstzerfleischung

1   Abraham a Sancta Clara (1911). Blütenlese aus seinen Werken.
    Freiburg i. Br., S. 71.
2   Ovid, Metamorphosen, a. a. O., S. 84 (2, 775 ff.)
3   Ovid, Metamorphosen, a. a. O., S. 83 (2, 760 ff.)

Kein Neid ohne sozialen Vergleich

1   D. Hume (1978). Ein Traktat über die menschliche Natur. Bd. 2.
    Hamburg, S. 111 ff. (2. Teil, 8. Absch.).
2   Mandeville, Die Bienenfabel, a. a. O., S. 178.
3   Bacon, Über den Neid, a. a. O., S. 27.
4   S. Freud (1960). Die Zukunft einer Illusion. In derselbe, Gesam-
    melte Werke. Bd. 4. Frankfurt am Main, S. 334.
5   J.-J. Rousseau (1978). Abhandlung über den Ursprung und die
    Grundlage der Ungleichheit unter den Menschen. In derselbe,
    Schriften. Bd. 1 München, S. 236 f.
6   B. Joseph (1994). Neid im Alltagsleben. In dieselbe, Psychisches
    Gleichgewicht und psychische Veränderung. Stuttgart, S. 277.
7   J. G. Seume (1869). Apokryphen. Berlin, S. 166.
8   A. Gehlen (1978). Aufbau und Wandel der Gesellschaftsstruktur.
    In derselbe, Einblicke. Frankfurt am Main, S. 53.
9   Vgl. H. J. Wulff (1992). Fernsehkommunikation als parasoziale
    Interaktion. Semiotische Berichte, 16 (3–4), S. 279–295.

10 G. W. F. Hegel (1986). Vorlesungen über die Geschichte der Philosophie. In derselbe, Werke. Bd. 12. Frankfurt am Main, S. 47.

Neid macht alle gleich

1 Mandeville, Die Bienenfabel, a. a. O., S. 182 f.
2 Bacon, Über den Neid, a. a. O., S. 29.
3 Nietzsche, Werke. Bd. 3, a. a. O., S. 295 f.
4 J. P. Hartley (1960). Facial justice. London.
5 Vgl. R. Haubl (1991). «Unter lauter Spiegelbildern ...» Frankfurt am Main, S. 36 ff.

Neid und Rivalität

1 Zusammenstellung unter Verwendung von A. Kohn (1989). Mit vereinten Kräften. Weinheim, Basel.
2 Vgl. J. Fengler (1995). Konkurrenzprozesse in Selbsterfahrungsgruppen. Zeitschrift für Gruppenpsychotherapie und Gruppendynamik, 31, S. 41–60.
3 B. Russell (1963). Warum ich kein Christ bin. München, S. 93.
4 Vgl. H. van der Loo und W. van Reijen (1992). Modernisierung. München, Kap. 5.
5 K. Horney (1977). Kultur und Neurosen. In dieselbe, Neue Wege in der Psychoanalyse. München, S. 142.
6 S. Kagan und M. C. Madsen (1971). Cooperation and competition of Mexican, Mexican-American and Anglo-American children of two ages under four instructional sets. Developmental Psychology, 5, S. 32–39. – Dieselben (1972). Experimental analysis of cooperation and competition of Anglo-American and Mexican children, 6, S. 49–59.
7 Vgl. Kohn, Mit vereinten Kräften, a. a. O., S. 44.
8 Vgl. W. Hopf (1981). Soziale Zeit und Körperkultur. Münster, Kap. VI.
9 Vgl. T. Orlick (1982). Kooperative Spiele. Weinheim, Basel. – Derselbe (1985). Neue kooperative Spiele. Weinheim, Basel.

Neid kennt keine Dankbarkeit

1 S. Freud (1960). Das Ich und das Es. In derselbe, Gesammelte Werke. Bd. 13. Frankfurt am Main, S. 278.
2 H. Beland (1989). Ichveränderung durch Abwehrprozesse und die

Grenzen der Analyse. Zeitschrift für psychoanalytische Theorie und Praxis, IV, S. 225–249, hier: S. 230. – Vgl. auch J. Bégoin und F. Bégoin (1981). The negative therapeutic reaction. Envy and catastrophic anxiety. Bulletin der Europäischen Psychoanalytischen Föderation, 16, S. 5–21.

3 K. König und W.-V. Lindner (1991). Psychoanalytische Gruppentherapie. Göttingen, S. 96.

4 Zit. n. W. Hering (1999). Neid und Psychose. Psyche, 53 (8), S. 742–770, hier: S. 750.

Die Angst, Neid zu erregen

1 F. Kafka (1983). Zum Nachdenken für Herrenreiter. In derselbe, Erzählungen. Frankfurt am Main, S. 33 f.

2 Bacon, Über den Neid, a. a. O., S. 28.

3 Foster, The anatomy of envy, a. a. O., S. 177.

4 Bacon, Über den Neid, a. a. O., S. 28 f.

5 Knigge, Umgang mit Menschen, a. a. O., S. 41, 39.

6 Zusammenstellung n. Krumrey, Entwicklungsstrukturen, S. 257 ff.

7 Vgl. Chr. Wenger (200c). Zlatko, Jürgen & Co. Der Kult um «Big Brother» und seine Alltagsstars. In R. Haubl (Hg.), Schau- und Zeigelust. Gießen, S. 81–98.

8 Vgl. G. Franck (1998). Ökonomie der Aufmerksamkeit. München, Wien.

9 Foster, The anatomy of envy, a. a. O., S. 175.

10 Fontane, Frau Jenny Treibel, a. a. O., S. 19 (2. Kap.).

Die Lust, Neid zu erregen

1 G. Chr. Lichtenberg (1994). Sudelbücher. Bd. 1. Frankfurt am Main, S. 530 (Heft F, 510).

2 Th. Fontane (1973). Mathilde Möhring. In derselbe, Romane und Erzählungen. a. a. O., Bd. 7, S. 94 (10. Kap.).

3 Zit. n. I. Zbarski (2000). Lenin und andere Leichen. München.

4 W. Shakespeare (1989). Julius Caesar. In derselbe, Stücke. Bd. 2. Berlin, S. 324 ff (II/2–3), 353 (III/2).

5 K. Kereny (1959). Prometheus. Hamburg.

6 J. W. v. Goethe (1969). Prometheus. In derselbe, Goethes Werke. Bd. 1. Hamburg, S. 44 ff. – Vgl. auch I. Mülder-Bach (1996). Prometheus. In R. Otto und B. Witte (Hg.), Goethe Handbuch Bd. 1. Stuttgart.

7 J. W. v. Goethe (1955). Dichtung und Wahrheit. Frankfurt am Main, S. 576 f.

Geschlechterneid

1 Platon (1974). Das Gastmahl. In derselbe, Werke. Bd. 3. Darmstadt, S. 270 ff.
2 S. Freud (1960). Drei Abhandlungen zur Sexualtheorie. In derselbe, Gesammelte Werke. Bd. 5. Frankfurt am Main, S. 120.
3 Vgl. I. Fast (1991). Von der Einheit zur Differenz. Berlin, Heidelberg.
4 Vgl. B. Schuhrke (1997). Genitalentdecken im zweiten Lebensjahr. Zeitschrift für Sexualforschung, 10, S. 106–126.
5 S. Freud (1960). Neue Folge der Vorlesungen zur Einführung in die Psychoanalyse. In derselbe, Gesammelte Werke. Bd. 15. Frankfurt am Main, S. 134 ff.
6 Vgl. J. Lacan (1977). The signification of the phallus. In derselbe, Ecrits: A selection. London.
7 Vgl. H. E. Lerner (1980). Elterliche Fehlbenennung der weiblichen Genitalien als Faktor bei der Erzeugung von «Penisneid» und Lernhemmungen. Psyche, 34, S. 1092–1104.
8 E. Jacobson (1978). Wege der weiblichen Über-Ich-Entwicklung. Psyche, 32, S. 764–775, hier: S. 770.
9 B. Bettelheim (1975). Die symbolischen Wunden. Pubertätsriten und der Neid des Mannes. München, S. 135 ff.
10 Vgl. H. Tarpley (1993). Vagina envy in men. Journal of the American Academy of Psychoanalysis, 21 (3), S. 457–464.
11 Bettelheim, Die symbolischen Wunden, a. a. O., S. 41.
12 Zit. n. H. Becker (1984). Der Busen: Neid und Sehnsucht des Mannes? Sexualmedizin, 13 (9), S. 519–526, hier: S. 520.
13 A. Ensel (1996). Nach seinem Bilde. Bern, S. 35 ff.
14 Ovid, Metamorphosen, a. a. O., S. 324 ff. (10, 242 ff.).
15 Genesis 2, 21–23.
16 Vgl. R. Zapperi (1984). Der schwangere Mann. München, S. 9 ff.
17 Epheser 5, 31.
18 Gregor der Große, zit. n. Zapperi, Der schwangere Mann, a. a. O., S. 17.
19 R. Briffault, zit. n. Bettelheim, Die symbolischen Wunden, a. a. O., S. 147. – Vgl. auch: M. Lipkin und G. Lamb (1982). The couvade syndrom: An epidemiologic study. Annals of Internal Medicine, 96, S. 509–511. – R. L. Munroe, R. H. Munroe und W. M. Whiting (1973). The couvade: A psychological analysis. Ethos, 1, S. 30–74.

20 Vgl. D. Jaffe (1968). The masculine envy of women's procreative function. Journal of the American Psychoanalytic Association, 16, S. 521–548. – W. Walter (1996). Gebärneid. In Bausteine Männer (Hg.), Kritische Männerforschung. Berlin.

21 Vgl. E. Shorter (1984). Der weibliche Körper als Schicksal. München, Zürich, S. 32 ff.

22 Vgl. H.-P. Duerr (1993). Obszönität und Gewalt. Frankfurt am Main.

23 Vgl. M. Baker (1981). Nam. New York, S. 231 f.

24 D. Hoffmann-Axthelm (1982). Stichwort: Technik und Sozialisation. Ästhetik und Kommunikation, 48, S. 20–33, hier: S. 33.

Neid unter Geschwistern

1 Vgl. H. Kasten (1998). Geschwister. München.

2 J. de LaFontaine (1991). Der Greis und seine Kinder. In derselbe, Fabeln. Stuttgart, S. 109 f.

3 S. Freud (1960). Vorlesungen zur Einführung in die Psychoanalyse. In derselbe, Gesammelte Werke. a. a. O., Bd. 11, S. 208.

4 Freud, Neue Folge der Vorlesungen, a. a. O., S. 133.

5 S. de Beauvoir, Memoiren einer Tochter aus gutem Hause, zit. n. B. Bronnen (1987). Schwestern. München, S. 23.

6 Vgl. N. Stearns (1997). Konsumgesellschaft. Ein Kinderkreuzzug. In H. Siegrist, H. Kaelbe und J. Kocka (Hg.), Europäische Konsumgeschichte. Frankfurt am Main, New York, S. 154 ff.

7 S. Freud (1960). Traumdeutung. In derselbe, Gesammelte Werke Bd. 2/3, S. 403 (Zusatz von 1911).

8 Freud, Neue Folge der Vorlesungen, a. a. O., S. 143.

9 Freud, Traumdeutung, a. a. O., S. 221 f.

10 Vgl. S. Bank und M. Kahn (1980–81). Freudian siblings. Psychoanalytic Review, 67, S. 493–504.

11 A. Bernays (1940). My brother, Sigmund Freud. American Mercury (November), S. 334–340.

12 Freud, Neue Folge der Vorlesungen, a. a. O., S. 132.

13 C. G. Jung (1963). Erinnerungen, Träume, Gedanken. Stuttgart, Zürich; S. 61.

14 Vgl. W.-V. Lindner (1988). Von der Inszenierung innerseelischer Konflikte in der Gruppe. In D. Ritter-Röhr (Hg.), Gruppenanalytische Exkurse. Berlin, S. 77 ff.

1 Vgl. L. Rosenmeyer (1998). Generationen. In M. Teising (Hg.), Altern. Opladen.

2 L. Alther (1976). Kinflicks [kin = Blutsverwandtschaft, flick = Schlag], zit. n. Chr. Lasch (1982). Das Zeitalter des Narzißmus. München, S. 264.

3 A. Schnitzler (1970). Casanovas Heimfahrt. In derselbe, Die erzählenden Schriften. Bd. 2. Frankfurt am Main.

4 Vgl. W. Christlieb (1979). Der entzauberte Ödipus. München.

5 Freud, Vorlesungen, a. a.O., S. 342.

6 Vgl. K. Gammer und A. Jütte (2000). Die evolutionäre Psychologie der Liebe. In ZDF-Nachtstudio (Hg.), Große Gefühle. Frankfurt am Main, S. 43 f.

7 Vgl. W. Mertens (1992). Laioskomplex. In derselbe, Kompendium psychoanalytischer Grundbegriffe. München.

8 Vgl. M. F. R. Kets de Vries (1996). Human dilemmas in family firms: A case book. London.

9 Vgl. H. Stierlin (1978). Delegation und Familie. Frankfurt am Main.

Neid am Arbeitsplatz

1 W. Halton (1994). Unconscious aspects of organizational life. In A. Obholzer und V. Z. Roberts (Hg.), The unconscious at work. London, New York, S. 15 f.

2 Vgl. J.-N. Kapferer (1996). Gerüchte. Leipzig.

3 Vgl. J. R. Bergmann (1987). Klatsch. Berlin, New York.

4 Dieser und die anderen Witze stammen aus: O. Neuberger (1990). Was ist denn da so komisch? Der Witz in der Firma. Weinheim, Basel.

5 Vgl. O. Neuberger (1999). Mobbing. München.

6 Vgl. R. Haubl (2000). Blaming the victims. Über Sündenbockphänomene. Jahrbuch der Gruppenanalyse, 6, S. 55–75.

7 H. Leymann (1993). Ätiologie und Häufigkeit von Mobbing am Arbeitsplatz. Zeitschrift für Personalforschung, 7 (2), S. 271–284.

8 M. Kets de Vries (1998). Machtverzicht: Die emotionale Abrechnung. In derselbe, Führer, Narren und Hochstapler. Stuttgart, S. 66 f.

9 H. Kellner (1997). Die Teamlüge. Frankfurt am Main, S. 190 f.

10 D. W. Krueger (1984). Success and fear of success in women. New York. – J. R. Miller (1994). Fear of success: Psychodynamic implications. Journal of the American Academy of Psychoanalysis. 22 (1), S. 129–136.

11 L. Eichenbaum und S. Orbach (1987). Bitter und süß. Frauen-feindschaft – Frauenfreundschaft. Düsseldorf, S. 95 ff.

12 Vgl. L. A. Mainiero (1991). Liebe im Büro. Flirts, Intrigen und Karrieren am Arbeitsplatz. Stuttgart.

Gerechtfertigter Neid:
Wie gerecht ist die Welt, in der wir leben?

1 F. A. v. Hayek (1981). Die Illusion der sozialen Gerechtigkeit. Landsberg am Lech, S. 135 f.

2 H. Schoeck (1980). Die Urgeschichte des Bösen [Titel der ersten Auflage: Der Neid. Eine Theorie der Gesellschaft]. München, Wien, S. 381.

3 G. F. de la Mora (1987). Der gleichmacherische Neid. München, S. 145.

4 D. Fabricius (1998). Die Wurzeln der Gerechtigkeit. In Chr. Roh-de-Dachser (Hg.), Verknüpfungen. Göttingen, S. 143.

5 J. Rawls (1979). Eine Theorie der Gerechtigkeit. Frankfurt am Main, S. 575 ff.

6 Vgl. K. Reichert (1985). Fortuna. Frankfurt am Main.

7 Johannes 14, 2.

8 Zit. n. Bernheim und Stavrides, Paradiese, a. a. O., S. 153 f.

9 Vgl. K. Leung (1988). Theoretical advances in justice behavior: Some cross cultural inputs. In M. H. Bond (Hg.), The cross cultural challenge to social psychology. Newbury Park, C.

10 B. Bossong (1983). Gerechtigkeitsnormen und angemessenes Ein-kommen. Zeitschrift für Experimentelle und Angewandte Psychologie, 30 (1), S. 32–44.

11 Vgl. J. Brockner und L. Adsit (1986). The moderating impact of sex on the equity-satisfaction relationship. Journal of Applied Psychology, 71, S. 585–590. – M. Donnerstein (1988). Pay equity evaluations of occupations and their bases. Journal of Applied Social Psychology, 18, S. 905–925.

12 Zit. n. M. H. Bazerman (1994). Judgement in management decision making. New York, S. 115 ff.

13 Vgl. M. L. Lerner (1980). The belief in a just world. New York.

14 C. Dalbert, L. Montada und M. Schmitt (1987). Glaube an eine gerechte Welt als Motiv: Validierungskorrelate zweier Skalen. Psychologische Beiträge, 29, S. 596–615.

15 Vgl. Chr. Nürnberger (1999) Die Machtwirtschaft. München.

16 Vgl. R. Nef (2000). Neidgesellschaft und Umverteilungsstaat im Vormarsch. Schweizer Monatshefte, 78 (10), S. 17–22.

17 Sartre, Der Idiot der Familie, a. a. O., S. 427 ff.

Die Kunst, sich das Leben nicht durch Neid
verbittern zu lassen

1   W. Sanders (1965). Glück – Zur Herkunft und Bedeutungsent-
    wicklung eines mittelalterlichen Schicksalsbegriffs. Köln, Graz,
    S. 241.

Neid und materieller Wohlstand

1   R. W. Belk (1985). Materialism: Trait aspects of living in the ma-
    terial world. Journal of Consumer Research, 12, S. 265–280.
2   K. Marx (1968). Texte zu Methode und Praxis II. Reinbek bei
    Hamburg S. 73 ff.
3   E. Fromm (1989). Vom Haben zum Sein. Schriften aus dem Nach-
    laß. Bd. 1. Weinheim, Basel, S. 139 f.
4   E. Fromm (1980). Psychoanalyse und Ethik. In derselbe, Gesamt-
    ausgabe. Bd. 1. Stuttgart, S. 58 f., 127 f.
5   E. Fromm (1980). Haben oder Sein. In derselbe, Gesamtausgabe.
    Bd. 1. Stuttgart, S. 110.
6   Fromm, Psychoanalyse und Ethik, a. a. O., S. 68 ff.

Wohlbefinden und Neid in der Konsumgesellschaft

1   E. Durkheim (1988). Über soziale Arbeitsteilung. Frankfurt am
    Main, S. 246.
2   R. Haubl (1992). «Früher oder später kriegen wir euch». In H. A.
    Hartmann und Rolf Haubl (Hg.), Bilderflut und Sprachmagie. Op-
    laden.
3   N. Friday (1997). Die Macht der Schönheit. München, S. 93.
4   J. Berger (1974). Sehen. Reinbek bei Hamburg, S. 126 f.
5   A. Smith (1977). Theorie der ethischen Gefühle. Hamburg, S. 411.
6   A. Smith (1993). Der Wohlstand der Nationen. München, S. 601.
7   Smith, Theorie der ethischen Gefühle, a. a. O., S. 65, 61 f.
8   Smith, Der Wohlstand der Nationen, a. a. O., S. 601.
9   Smith, Theorie der ethischen Gefühle, a. a. O., S. 310 ff.
10 Smith, Der Wohlstand der Nationen, a. a. O., S. 371.
11 Smith, Theorie der ethischen Gefühle, a. a. O., S. 310 ff.
12 Vgl. R. Inglehart (1998). Modernisierung und Postmodernisie-
    rung. Frankfurt am Main, New York, S. 12 (Graphik).
13 M. Siemons (1993). Schöne neue Gegenwelt. Frankfurt am Main,
    New York, S. 29 f.
14 A. Gorz (1989). Kritik der ökonomischen Vernunft. Berlin, S. 160.

Der Neid von Kaufsüchtigen

1 Vgl. G. Schulze (1992). Die Erlebnisgesellschaft. Frankfurt am Main, New York, S. 40 ff.

2 Vgl. A. Hirseland (1999). Schulden in der Konsumgesellschaft. Amsterdam, S. 23 ff.

3 G. Scherhorn (1994). Konsum und Kompensation. In K.-J. Reinhold (Hg.), Konsumrausch. Freiburg i. Breisgau, S. 40, Anm. 41.

4 Vgl. R. Haubl (1998). «Wenn ich Millionen gewinnen würde, ich würde mich wahrscheinlich aufhängen.» Kaufsucht als psychosoziales und sozioökonomisches Problem. In derselbe, Geld, Geschlecht und Konsum. Gießen.

5 D. W. Krueger (1988). On compulsive shopping and spending: A psychodynamic inquiry. American Journal of Psychotherapy, XLII (4), S. 574–584, hier: S. 580.

6 T. C. O'Guinn und R. J. Faber (1989). Compulsive buying: A phenomenological exploration. Journal of Consumer Research, 16, S. 147–157.

7 M. Klein (1972). Neid und Dankbarkeit. In dieselbe, Das Seelenleben des Kleinkindes und andere Beiträge zur Psychoanalyse. Reinbek bei Hamburg.

Neid und die Unfähigkeit, für sich zu sorgen

1 Vgl. W. Schmid (1995). Selbstsorge. Zur Biographie eines Begriffs. In M. Endreß (Hg.), Zur Grundlegung einer integrativen Ethik. Frankfurt am Main.

2 Vgl. D. W. Winnicott (1974). Ich-Verzerrung in Form des wahren und des falschen Selbst. In derselbe, Reifungsprozesse und fördernde Umwelt. München.

3 Ch. Lasch (1995). Die blinde Elite. Hamburg, S. 227.

Selbstsorge und Neidtoleranz

1 Vgl. M. Dornes (1992). Der kompetente Säugling. Frankfurt am Main, insb. Kap. 7.

2 Vgl. P. Ekman (1988). Gesichtsausdruck und Gefühl. Paderborn. – A. R. Hochschild (1979). Emotion work, feeling rules, and social structure. American Journal of Sociology, 85, S. 551–575. – R. Fiehler (1993). Kommunikation und Emotion. Berlin, New York, S. 77 ff.

3 Zur Unterscheidung von Scham- und Schuldgefühlen vgl. G. Piers und M. Singer (1953). Shame and guilt. Springfield.

4 Schopenhauer, Parerga und Paralipomena 2, a. a. O., S. 197 (§ 114).

5 B. Mittelsten Scheid (1995). Neid oder die befreiende Wirkung der Vielfalt. Zeitschrift für Gruppenpsychotherapie und Gruppendynamik, 31, S. 2–15, hier: S. 13 f.

6 Zit. n. Hering, Neid und Psychose, a. a. O., S. 763.

7 H.-J. Seemann und R. Meier (1988). Das Prinzip Bosheit. Weinheim, Basel, S. 209.

8 H. de Balzac (1977). Verlorene Illusionen. Zürich, S. 301.

9 Aristoteles (1909). Nikomachische Ethik. Jena, S. 116.

10 G. Keller (1961). Der grüne Heinrich. In derselbe, Sämtliche Werke. Bd. 4. Berlin, S. 441 f. (2 Bd., 11. Kap.).

Zum Weiterlesen

Deutschsprachige Bücher und Aufsätze

Ardjomandi, M. E., A. Berghaus und W. Knauss (Hg.) (1999). Neid und Eifersucht in Gruppenanalysen. Heidelberg: Mattes.

Augustin, M.-J. (1999). Neid, Neugier und weibliche Kreativität. Düsseldorf: Patmos.

Cohen, B. (1995). Der ganz normale Neid. Positiver Umgang mit einem verdeckten Gefühl. München: dtv.

Kast, V. (1998). Neid und Eifersucht. Die Herausforderung durch unangenehme Gefühle. München: dtv.

Krüger, W. (1989). Der alltägliche Neid und seine kreative Überwindung. München, Basel: Reinhardt.

Lippke, O. (1996). Neid kriecht nicht in leere Scheunen. Über den Zusammenhang von Neid und Ausdrucksverstärkung in sozialen Beziehungen. Regensburg: Roderer.

Mora, G. F. de la (1987). Der gleichmacherische Neid. München: Matthes & Seitz.

Neckel, S. (1993). Neid – Ein Gefangenendilemma. In derselbe, Die Macht der Unterscheidung (S. 111–119). Frankfurt am Main: Fischer.

Pflüger, P.-M. (Hg.) (1982). Neid, Eifersucht, Rivalität. Vom konstruktiven Umgang mit Bösem. Fellbach-Oeffingen: Bonz.

Schoeck, H. (1966). Der Neid. Die Urgeschichte des Bösen. München, Wien: Herbig.

Seidler, G. H. (2001). Phänomenologische und psychodynamische Aspekte von Scham- und Neidaffekten. Psyche, 55 (1), S. 43–62.

Vogel, S. (1992). Neid. Regensburg: Roderer.

Wurmser, L. (1990). Zur Psychoanalyse des Ressentiments. In Chr. Rohde-Dachser (Hg.), Zerstörter Spiegel (S. 47–70). Göttingen: Vandenhoeck & Ruprecht, S. 57 (Definition).

Ziesemer, B. (1999). Die Neidfalle. Wie Mißgunst unsere Wirtschaft lähmt. Frankfurt am Main, New York: Campus.

Englischsprachige Bücher und Aufsätze

Berke, J. H. (1989). The tyranny of malice. London: Simon & Schuster.

Feldman, E. und H. de Paola (1994). An investigation into the psychoanalytic concept of envy. International Journal of Psycho-Analysis, 75, 217–234.

Frankel, S. und I. Sherick (1977). Observations on the development of normal envy. Psychoanalytic Study of the Child, 32, S. 257–281.

Joffe, W. G. (1969). A critical review of the status of the envy concept. International Journal of Psycho-Analysis, 50, 533–545.

Kittay, E. F. (1995). Mastering envy: From Freud's narcissitic wounds to Bettelheim's symbolic wounds to a vision of healing. Psychoanalytic Review, 82 (1), S. 125–158.

Maloney, C. (ed.) (1976). The evil eye. New York: Columbia University Press.

Salovey, P. (Hg.) (1991). The psychology of jealousy and envy. New York, London: Guilford Press.

Sandell, R. (1993). Envy and admiration. International Journal of Psycho-Analysis, 74, 1213–1221.

Schalin, L. J. (1979). On the problem of envy. Social, clinical and theoretical considerations. Scandinavian Psychoanalytic Review, 2, S. 133–158.

Shengold, L. (1994). Envy and malignant envy. Psychoanalytic Quarterly, LXIII, S. 615–640.

Stone, W. N. (1992). A self psychology perspective of envy in group psychotherapy. Group Analysis, 25, 413–431.

Abbildungsnachweis

Abb. 1: *Sammlung Lavater: «Neides Grimm»* aus: I. Bartz-Fliedl und Chr. Geissmar (Hg.) (1992): Die Beredtsamkeit des Leibes. Salzburg, Wien, S. 118

Abb. 2: *Idealtypischer Neidausdruck nach Albert Borée* aus: N. Borrmann (1994): Kunst und Physiognomik. Menschendeutung und Menschendarstellung im Abendland. Köln, S. 165

Abb. 3: *L. Vostermann, Der Neid, Kupferstich nach Adrian Brouwer, 17. Jh.*, aus Museum für Kunst und Gewerbe, Hamburg (Hg.) (1979): Die 7 Todsünden. Sinnbilder des Bösen. Ausstellungszeitung, S. 14

Abb. 4: *Hieronymus Bosch, Invidia, Öl auf Holz, um 1480,* aus: R. H. Marijnissen: Hieronymus Bosch. Weinheim, S. 343

Abb. 5: *Otto Dix, Die sieben Todsünden, 1933, Mischtechnik auf Holz,* aus: E. Karcher (1988): Otto Dix. Köln, S. 207; © VG Bild-Kunst, Bonn 2001

Abb. 6: *Giotto, Invidia, Fresko, um 1305,* aus: Museum für Kunst und Gewerbe, Hamburg (Hg.) (1979): Die 7 Todsünden. Sinnbilder des Bösen. Ausstellungszeitung, S. 7

Abb. 7: *Georg Pencz, Invidia, 1534,* aus: Ausstellungskatalog (1976): Die Welt des Hans Sachs. Nürnberg, Nr. 139

Abb. 8: *Hans Weiditz, Der Neid, Holzschnitt, 16. Jh.,* aus: W. Fraenger (1975): Hieronymus Bosch. Dresden, S. 49

Abb. 9: *Pieter Brueghel d. Ä., Invidia, Federzeichnung mit brauner Tinte,* aus: Ph. und F. Roberts-Jones (1997): Pieter Bruegel der Ältere, Hirmer Verlag, München, Abb. 98

Abb. 10–13: Archiv des Autors

Psychologie und Philosophie bei C.H.Beck

Pauline Boss
Leben mit ungelöstem Leid
Ein psychologischer Ratgeber
Aus dem Englischen von Simone Stölzel
Mit einem Vorwort von Rosmarie Welter-Enderlin.
2000. 185 Seiten. Broschiert

Georg Felser
Bin ich so wie Du mich siehst?
Die Psychologie der Partnerwahrnehmung
1999. 179 Seiten mit 4 Abbildungen und 1 Tabelle. Paperback
Beck'sche Reihe Band 1334

Marie France Hirigoyen
Die Masken der Niedertracht
Seelische Gewalt im Alltag und wie man sich dagegen wehren kann
Aus dem Französischen von Michael Marx
3. Auflage. 2000. 240 Seiten. Broschiert

Detlef Linke
Einsteins Doppelgänger
Das Ich und sein Gehirn
2000. 158 Seiten mit 3 Abbildungen. Klappenbroschur

Colin McGinn
Wie kommt der Geist in die Materie?
Das Rätsel des Bewusstseins
Aus dem Englischen von Susanne Kuhlmann-Krieg
2001. 267 Seiten. Broschiert

Verlag C.H.Beck München

Psychologie und Philosophie bei C.H.Beck

Friedhelm Moser
Keine Philosophie für Nichtphilosophen
2001. Etwa 224 Seiten. Paperback
Beck'sche Reihe Band 1439

Dirk Revenstorf
Wenn das Glück zum Unglück wird
Psychologie der Paarbeziehung
1999. 160 Seiten mit 7 Abbildungen und 9 Tabellen. Paperback
Beck'sche Reihe Band 1333

Herrad Schenk
Glück und Schicksal
Wie planbar ist unser Leben?
2000. 248 Seiten. Broschiert

Alan Sokal/Jean Bricmont
Eleganter Unsinn
Wie die Denker der Postmoderne die Wissenschaften mißbrauchen
Ins Deutsche übertragen von Johannes Schwab und Dietmar Zimmer
2. Auflage. 2000. 350 Seiten. Broschiert

Richard Wollheim
Emotionen
Eine Philosophie der Gefühle
Aus dem Englischen von Dietmar Zimmer
2001. Etwa 320 Seiten. Gebunden

Verlag C.H.Beck München